# ¿Por qué mi plan nunca se cumple?

En un mundo cada día más competitivo, solo las ideas marcan la diferencia.

Ideas que abren puertas, métodos para resolver problemas o simplemente información para entender mejor lo que está pasando en el mundo de la economía y de los negocios. En Pearson contamos con los autores líderes del mundo empresarial y financiero, para presentarle las últimas tendencias del mercado global.

Abrir nuevas vías en su negocio, desarrollar su carrera o ampliar sus conocimientos... Le proporcionamos las herramientas adecuadas para llegar a todas sus metas.

Para más información sobre nuestras publicaciones visítenos en:
www.pearson.es

Pearson

# ¿Por qué mi plan nunca se cumple?

Beatriz Muñoz-Seca

Pearson

**¿Por qué mi plan nunca se cumple?**
Beatriz Muñoz-Seca



PEARSON EDUCACIÓN, S.A.
C/ Ribera del Loira, 28
28042 Madrid (España)
www.pearson.es

**ISBN papel: 978 84 9035 524 4**
**ISBN ePub: 978 84 9035 525 1**
**ISBN pdf: 978 84 9035 526 8**
**Depósito legal: M-31409-2016**

Editor: Jesús Domínguez
Diseñadora: Elena Jaramillo
Coordinadora de producción: Tini Cardoso
Diseño de cubierta: César de la Morena
Composición: Copibook, S.L.
Impreso por: Gráficas Cems, S.L.

IMPRESO EN ESPAÑA - PRINTED IN SPAIN



Este libro ha sido impreso con papel y tintas ecológicos

*A mis hijas, Catalina y Cristina.*
*Lo mejor que he hecho en toda mi vida.*

# Contenido


Introducción .... IX

Preámbulo .... XIII

Guía .... XVI

Capítulo 1 El escenario y el fascinante mundo de las Operaciones .... 1

Capítulo 2 Ideas básicas de SPDM: un modelo integrador para las Operaciones del siglo xxi .... 13

Capítulo 3 La promesa, la esencia y el rojo pasión .... 23

Capítulo 4 Hay que hacer la calle, el control no añade valor .... 35

Capítulo 5 La reducción de costes no lleva a la eficiencia, la eficiencia sí lleva a la reducción de costes .... 53

Capítulo 6 Lo importante no es saber lo que sabes, sino saber lo que no sabes .... 69

Capítulo 7 Trabajamos con cerebro de obra, no con mano de obra .... 91

Capítulo 8 Industrializar el servicio para liberar capacidad del cerebro de obra .... 107

Capítulo 9 Convirtiendo factores de bloqueo en elementos que aporten valor: sí al rediseño del servicio .... 121

Capítulo 10 Transformando una idea en una realidad .... 137

Capítulo 11 Mil mejoras de mil .... 163

Capítulo 12 La calidad es una bailarina del cuerpo de baile puesta a ser *prima ballerina* .... 183

Capítulo 13 ¿Ya has mirado lo que hay en tu nevera? .... 193

Capítulo 14 ¿Sois felices? La gente feliz es más productiva .... 207

Capítulo 15 El gran indicador de un directivo mediocre es contratar gente peor que él .... 227

Capítulo 16 Hacer la pregunta adecuada, en el momento oportuno, pidiendo la información relevante: SPDM Express .... 247

Epílogo . . . . . . . . . . 259

El manual . . . . . . . . . . 265
A. ¿Qué quiero? . . . . . . . . . . 269
B. ¿Cómo hago que hagan? . . . . . . . . . . 274
C. ¿Cómo me hago más eficiente? . . . . . . . . . . 285
D. ¿Qué sé, que no sé y que debo saber? . . . . . . . . . . 297
E. ¿Puedo pensar en un diseño diferente de servicio? . . . . . . . . . . 303
F. ¿Cómo apoyo a mi gente para resolver problemas? . . . . . . . . . . 313
G. ¿Se me olvida algo para conseguir el éxito en la implantación? . . . . . . . . . . 335

Diccionario SPDM . . . . . . . . . . 337

Bibliografía . . . . . . . . . . 355

# Introducción

Escribir un libro siempre es enfrentarse a una página en blanco. Y da vértigo, mucho vértigo. Pero escribir este libro es aún más complicado. Me enfrento a un gran reto personal. Ser capaz de trasmitir mi pasión por las Operaciones en un formato que traspase las barreras del rechazo inicial que el tema puede generar. Parece que las palabras pasión y Operaciones no conjugan bien. Pero para mí ha sido todo lo contrario. Me enamoré de ellas al pisar una fábrica hace 40 años, y me jubilaré pensado que son una de las cosas más importantes que he hecho en mi vida. Ahora, en el final de esta etapa profesional y con el comienzo de mi tercer acto (las tres últimas décadas de mi existir), quiero plasmar en un libro el compendio de ideas que me han guiado durante mis 25 años de experiencia docente.

Mi gran duda ha sido cómo enfocar este libro. Mi deseo es que lo lea mucha gente. No para hacerme famosa, eso no me importa. Mi reto es enamorar. Enamorar al directivo para que entienda cómo a través de las Operaciones consigue todo aquello que anhela. Cómo las Operaciones son ese gran enigma, que una vez descubierto nos hace entender su fuerza y belleza. Sinceramente, sin Operaciones no hay nada. Por ello voy a tratar de hacerlo narrativo, como un viaje. Voy a tratar de huir de muchos tecnicismos y voy a relatar. Contar una historia, buscar mis raíces familiares[1]. Narrar, como diría Luis Pascual, director de escena que aparece en otro libro que escribí y que me dijo una de mis frases favoritas: «Hacer que los otros hagan lo que tú quieres que hagan y que eso sea lo que quieren hacer, se consigue narrando y haciendo. Con ahínco, perseverancia y sin desmoralizarse. Explicando, detallando y contando».

Antes de comenzar, déjeme decirle, estimado lector, que yo soy de Letras. Sí, una doctora en Filosofía hablando de Operaciones. Se me puede considerar una *rara avis.* Pero viendo cómo en la actualidad las empresas se abren a los campos de humanidades, o como la antropología se traduce para las empresas, quizá mi enfoque renacentista no sea tan incongruente. Además, el haber trabajado con ingenieros la mayor parte de mi vida profesional hace que por osmosis adquiera una estructura mental menos *soft.* Mi

[1] Soy nieta de Pedro Muñoz-Seca, autor teatral inventor del género astracán. Nunca conocí a mi abuelo, pero a través de sus anécdotas personales he entendido que fue una persona vital, que amó la vida y se rio de sí mismo. Para mí siempre ha sido un referente de cómo hay que «comerse» el vivir y saber extraer todo lo positivo. Su última anécdota, que creo da una muy buena idea de cómo era mi abuelo, fue lo que le dijo al miliciano que le llevaba a su pelotón de fusilamiento: «Me podéis quitar todo menos el miedo que llevo en el cuerpo».

educación germánica[2] se amolda muy bien al mundo de los ingenieros. En clase siempre acudo a «mi cuerpo de ingenieros» cuando quiero que algo se objetivice. ¡Y nunca me fallan!

He publicado varios libros, siempre en colaboración con mi colega Josep Riverola, un gran ingeniero de pro[3]. Y en ellos se encuentran ideas que he ido generado en mi vida académica. En este libro que ahora empieza a leer, reúno muchas de ellas con otras nuevas que me permiten presentar un enfoque integrador de las Operaciones.

He llegado a mi zenit de vida académica creando un modelo para gestionar las Operaciones en empresas de servicio. Y este es el objetivo principal de este libro: proponer una estructura para que cualquier directivo pueda pensar de forma coherente cómo crear su modelo de Operaciones. No hay recetas, hay un esquema con componentes que cada uno puede adaptar a sus necesidades. Como un cocinero, yo doy un marco de actuación, pero dejo que cada uno ponga su toque personal, sus especias y su sal y pimienta. Cada empresa es única y cada situación es diferente. Las recetas no sirven, lo que se necesita son esquemas y modelos a través de los cuales se desarrolle una estructura operativa individual, competitiva y que aporte valor.

Para narrar esta historia me voy a servir de empresas con las que he colaborado y ejemplos principalmente de dos sectores. A través de ellos mostraré formas de acometer situaciones que ayuden a entender las ideas expuestas. Son dos sectores que *a priori* pueden parecer alejados: cultura y sanidad. Pero no lo son. Después de trabajar en ellos durante años, he comprobado que su similitud es muy elevada. Además, he descubierto que a ambos les fascina el otro. A los profesionales sanitarios les encanta que les dé ejemplos del mundo de las artes escénicas y a los gestores culturales, que comparta con ellos experiencias del sector sanitario. Ambos sectores se basan en «cerebros de obra», ambos tienen procesos artesanales combinados con industriales. Ambos necesitan dar un servicio «perfecto» y ambos están en íntimo trato con el cliente.

El libro está dividido en dos partes. En la primera trasmito las ideas que considero más relevantes para entender el esquema de Operaciones que presento. En la segunda, propongo un Manual que sirva de guía para aplicar las ideas[4].

---

[2] Calvinista diría mi amigo y colega Santiago Álvarez de Mon.

[3] Mi perplejidad con Josep Riverola, coautor de todos los libros que he escrito hasta ahora, fue total cuando al inicio de nuestra colaboración, hace ya casi 30 años, observaba con asombro cómo usaba la parte de atrás de las tarjetas de embarque para escribir integrales. Nunca me había encontrado con algo así y debo reconocer que todavía no me he encontrado con alguien que haga algo igual.

[4] La estructura de este libro ha sido diseñada por petición de los participantes a mis cursos. Me han pedido muchas veces que les entregue una guía con pasos de cómo implantar mis ideas. Ya he dicho que no hay recetas, pero sí he tratado de complacer a mi público dándole método para implantar. ¡Espero que sea de su agrado!

Cada capítulo de este libro lleva uno de mis mensajes de clase. Son mensajes «propagandísticos» ideados para que los oyentes se queden con ello de forma inmediata. La primera parte empieza, siguiendo la tradición familiar, por un escenario y acaba con una propuesta «razonable»: la importancia de saber de lo que se habla.

La segunda parte sigue una secuencia de preguntas que deben responderse de forma muy concreta para poder servir de guía en el proceso de implantación.

Finalizamos con un diccionario, que llamo Diccionario SPDM, pues genero un vocabulario que creo es bueno explicitar y poder usar como referencia[5].

Normalmente debería explicar qué contiene cada capítulo. Pero no quiero, deseo dejar que la imaginación del lector vuele. ¿Cuál le atrae más? Piense por qué. Posiblemente porque le genere curiosidad o le incite a pensar en alguna circunstancia que quiere resolver. Son los mensajes que doy en mis cursos. Si quiere saber más, empiece a leer.

Pero antes de ello debo dar mis agradecimientos. Llevo trabajando desde el 2009 en este libro. El proceso ha sido arduo, pues he tenido que publicar mis notas técnicas, enseñar en clase tanto a EMBA como a directivos de alto nivel, modificar conceptos para hacerlo más digerible y aplicarlo a empresas. Un largo camino de siete años. En mi caminar me han acompañado varias personas. Asistentes de investigación como Rocío Arenas, centrada en el sector Sanidad, y Susana Llerena, centrada en el sector Cultura. Elena Calderón, que me ha apoyado en la confección del Manual que configura la segunda parte del libro. La «Unidad Portuguesa», como la llamo cariñosamente, con el Profesor Jorge Riberinho Machado del AESE y Mónica Pimentel. Con ellos hemos desarrollado el seminario de especialidad que contiene las ideas de este libro y con Jorge el curso de Servicios del EMBA del AESE. Finalmente, Sol, mi secretaria, que ha demostrado una paciencia estoica durante todo el proceso de escritura. A todos, mil gracias por el trabajo y la paciencia de aguantarme[6].

[5] Siempre acabamos mis clases con jocosos comentarios de cómo hablamos en «críptico» y que nadie nos entiende. Es verdad y aunque es muy útil para trasmitir conceptos, luego es complicado para la vida cotidiana de la empresa. Hay que traducirlo a lenguaje normal y dejo a la elección de cada lector cómo hacer esa traducción en su empresa.

[6] Me conozco muy bien. Y sé que soy excesivamente machacona. La perseverancia es una de mis virtudes pero se une con uno de mis defectos: ¡ser una pelmaza!

# Preámbulo

Bien, estimado lector, metámonos en harina. Ante todo, creo importante hacer unas consideraciones básicas sobre el entorno en el que nos movemos y cómo este libro pretende aportar un grano de arena al mejor entendimiento de las Operaciones en las empresas de servicio.

Claramente nos encontramos en un momento de replanteamiento y actualización[1]. Por un lado, los costes de personal son cada vez más elevados. Por otro, la robótica se va infiltrando de forma lenta pero segura en la prestación del servicio[2]. La industrialización del servicio, en su formato clásico, avanza en todas las empresas, la tecnología sustituye al contacto humano[3] y el mundo digital se desarrolla. Las empresas industriales hablan de *servizitation*[4] y contemplan sus fábricas en un entorno de cuarta revolución llamado Industry 4.0[5].

En este escenario, el ser humano debe aportar cada vez más valor añadido. No hablamos de mano de obra, sino de «cerebros de obra». Y la función principal de ese cerebro es resolver problemas. Con mayor magnitud en empresas de servicios en donde el «producto» se acaba con el cliente y la incertidumbre de esa porción de acabado se sustenta en una capacidad de resolución de problemas *ad hoc*. Todo cliente va a necesitar «su respuesta» a «su problema». El coste de poder aportar esta propuesta individualizada puede ser elevadísimo, por ello es absolutamente crucial estandarizar e industrializar todo lo posible para aportar formatos eficientes de soluciones de problema. No será precisamente «su» respuesta, pero será algo aproximado. Y si ese formato no se adecúa a las necesidades del cliente, ahí es donde debe surgir la capacidad de individualizar la solución a cada cliente.

---

[1] *Aggiornamento,* palabra preciosa en italiano.

[2] La prensa está inundada de robots haciendo de cuidadores en hospitales, recepcionistas en hoteles, limpiadores en casa, …

[3] ¿Comparte usted mi desesperación con la máquina cuando hay que comentar una incidencia y el *software* no está programado para ello? Trate de convencer al contestador de su operador telefónico que el fallo en su línea ha vuelto a las dos horas de haberse supuestamente arreglado. Si no han pasado 24 horas desde su aviso de haberse arreglado, la máquina no se lo acepta. Y no le queda más remedio que ¡esperar y sufrir!

[4] Darle componentes de servicio a sus productos y/o hallar formas de ampliar el portafolio de producto incorporando prestaciones de servicio.

[5] Propuesta nacida en Alemania de plantear la cuarta revolución industrial haciendo desaparecer recurso humano y creando un entorno plenamente tecnológico.

Lógicamente el porcentaje de adecuación de la solución varía muchísimo entre sectores, empresas o hasta unidades de una misma empresa. No va a ser lo mismo un servicio en unas urgencias de un hospital que la atención en una cita médica concertada y planificada. La diferencia está en el porcentaje de aleatoriedad de cada demanda. Pero en todos, todos, se va a necesitar capacidad de resolver problemas de los agentes servidores.

Nadie pone en duda que todo lo industrializable se va a industrializar. Eso es obvio. Y la tecnología va a estar aquí para apoyar a ser más eficientes y para sustituir tareas mecánicas de prestadores de servicio. El modelo de Adam Smith está muerto. El ser humano ya no puede ser utilizado como máquina, es demasiado caro. Hay que centrarse en su valor añadido diferencial: prever e individualizar la solución de problemas.

Aparece aquí una gran aportación de este libro[6]. El eje de todo mi planteamiento reside en el proceso de solución de problemas y ello pivota sobre el conocimiento. Es decir, el núcleo fundamental del modelo Operaciones en empresas de servicio que propongo es la utilización y desarrollo del *stock* de conocimiento. Si el conocimiento se vuelve el protagonista principal exige que se analice lo que hay, lo que debería haber, lo que falta, cómo se usa y cómo se desarrolla. Permea por todo el libro.

Aparejado a él se encuentra la eficiencia como una necesidad perentoria. No un diferencial, sino un «higiénico» necesario para sobrevivir. Por eso hablaremos de estructura eficiente de Operaciones, de industrializar, de poder extraer todo el potencial del cerebro de obra y hasta plantearemos cómo exprimir todo ápice de recursos de la estructura operativa incluyendo el cerebro de nuestra gente. Y *hacer que haga lo que queremos que hagan y que eso sea lo que quieren hacer.* No es un trabalenguas, es la gran frustración de cualquier directivo. Se planifica, se organiza y se concreta, pero luego no emerge como una realidad. Es como un páramo. Se siembra y no crece. ¿Por qué? Pues porque operativizar requiere un modelo que tenga en cuenta muchos componentes que son extremadamente sensibles al impacto de unos con otros. Esto es similar tanto en industria como en servicios. Pero en servicios está el añadido de la necesidad perentoria de atacar una montaña de soluciones constantes a problemas individuales que el cliente presenta. La complejidad de las Operaciones exige un modelo conceptual que permita entender todas estas interacciones presentes y poder transmitir indicaciones precisas que incorporen todos los matices. Y para ello hay que *hacer la pregunta adecuada, en el momento oportuno, pidiendo la información relevante.* Es decir, entender el conjunto del problema que se plantea.

[6] Puede que no suene modesto, pero es que creo firmemente que este es un gran diferencial de mi propuesta y llevo más de 30 años trabajando sobre ello.

¿Planteo una revolución? Pues sinceramente, no lo sé. Puede que sí y no me disgusta[7]. De lo que sí estoy segura es de que para gestionar las empresas de servicio en este mundo que vivimos, se necesita una estructura de cabeza organizada que permita readecuar entendiendo todas las relaciones entre las partes. No se hace con sentido común, eso es imposible. Se necesita un esquema, si quiere ser más sofisticado un modelo, que permita entender el delicado equilibrio entre todos los componentes. Un esquema que aúne cerebros, conocimiento, eficiencia, industrialización, sostenibilidad, mejora y servicio[8]. Y todo junto hará que suceda[9] lo que usted ha ideado.

Y este es mi objetivo en este libro. Compartir con usted mi esquema. Para que piense, para que reflexione, para que invente, para que olvide la reducción de costes y descubra nuevos diferenciales. Para que sueñe, para que cambie, para que se le abra el espíritu y la cabeza. Para que haga realidad todo ello y genere empresas enriquecedoras para la sociedad, para su organización y para usted.

Es el sueño de toda una vida y quiero compartirlo. ¡Ojalá le sirva, como les ha servido a muchos de mis alumnos durante todos estos años de docencia!

Comencemos.

[7] Ente usted y yo, este mundo en que vivimos no me gusta nada. Necesita aire fresco y nuevas ideas. Y hay mucha gente por ahí perdida, queriendo hacer cosas. Espero que este libro les ayude a concretar y a operacionalizar. Hace falta redescubrir nuevos caminos.

[8] Y si encima lo adereza con las palabras de «moda» (TPS, *lean*, experiencia del cliente, *service design, design thinking* y un largo etcétera) y las clásicas de la literatura de Operaciones y servicio, pues todavía mejor.

[9] Siempre con matices, el mundo es demasiado caótico.

# *Guía*

*Para acompañarle en su aventura de transformación, le proporciono una guía. Así pues, he agrupado los capítulos del libro en los siguientes apartados:*

***El mundo al que nos dirigimos y qué debemos saber de él.***

1. El escenario y el fascinante mundo de las Operaciones.
2. Ideas básicas de SPDM: un modelo integrador para las Operaciones del siglo xxi.

***Embarcar y activar a los compañeros de la aventura.***

14. ¿Sois felices? La gente feliz es más productiva.
15. El gran indicador de un directivo mediocre es contratar gente peor que él.

***Aventura concentrada para quien piensa que lo ha probado todo.***

16. Hacer la pregunta adecuada, en el momento oportuno, pidiendo la información relevante: SPDM Express.

***El punto de partida para abordar las Operaciones.***

3. La Promesa, la esencia y el rojo pasión.
4. Hay que hacer la calle, el control no añade valor.
5. La reducción de costes no lleva a la eficiencia, la eficiencia sí lleva a la reducción de costes.

***El núcleo de la aventura.***

6. Lo importante no es saber lo que sabes, sino saber lo que NO sabes.
7. Trabajamos con cerebro de obra, no con mano de obra.
8. Industrializar el servicio para liberar capacidad del cerebro de obra.

***Afrontando los obstáculos.***

9. Convirtiendo factores de bloqueo en elementos que aporten valor: SÍ al rediseño del servicio.
10. Transformando una idea en una realidad.

***Avanzando y perseverando.***

11. Mil mejoras de mil.
12. La calidad es una bailarina del cuerpo de baile puesta a ser *prima ballerina*.
13. ¿Ya has mirado lo que hay en tu nevera?

# El escenario y el fascinante mundo de las Operaciones 1

*El Capítulo 1 inicia el libro con una situación de dos directivos que requieren ayuda para mejorar sus Operaciones y su servicio. Esta historia se complementa con una introducción básica de qué son las Operaciones.*

Empecemos con una historia[1]. Miguel Ángel había llegado al INAEM[2] hacía unos meses. Venía del Museo Thyssen-Bornemisza de Madrid. Ahí, como director-gerente, había podido desarrollar su actividad con la autonomía y agilidad que le permitía una fundación del sector público español, un modelo muy cercano a la gestión de una empresa privada. Su idea inicial era trasladar este modelo a las unidades que componían el INAEM. Quería convertirlo en un ente dinámico que apoyara el desarrollo de la cultura. Y para conseguirlo debía acometer cambios, muchos cambios. A todos los niveles. Debía situarlo como un organismo del siglo XXI, y ahora funcionaba como a principios del XX. La propuesta artística era buena, pero la gestión operativa estaba cristalizada.

Miguel Ángel se había desplazado a Salzburgo acompañado de su amigo de la infancia, José Antonio Márquez. Ambos tenían la misma edad, cercana a los 45 años, y ambos estaban en un momento importante de su carrera profesional. José Antonio se había dedicado toda la vida a la empresa. Ingeniero de estudios, en ese momento era director general para EMEA de una farmacéutica multinacional.

[1] A mí siempre me ha encantado el *storytelling*. Puede ser porque cuando era pequeña no había mucha televisión y había que recurrir a entretenimiento de trasmisión oral.

[2] El INAEM es un organismo público español de la Secretaría de Estado de Cultura que se ocupa de articular y desarrollar los programas relacionados con el teatro, la danza, la música y el circo.

«Miguel Ángel, a mí todo esto que me comentas de tu institución me huele a caduco —comentó José Antonio, mientras daban un paseo por la ciudad—. No es posible que en el siglo XXI no puedas enviar un contrato por *e-mail* y dependas de unos bedeles para que te lo entreguen en papel. Eso parece más algo del siglo XIX.»

Miguel Ángel le miró fijamente, sin decir nada. ¿Qué podía responder?

«Mira, yo acabo de terminar todo un programa de reducción de costes —retomó José Antonio—. La empresa lo ha pasado mal, cayeron las ventas en la zona sur de EMEA y nos hemos tenido que poner manos a la obra. No quería echar a gente, pero sí reducir costes operativos. Contraté a unos consultores que me implantaron un enfoque *lean* y ahora tenemos menos reprocesos, menos derroche y más margen. Y los tiempos de respuesta se han reducido. ¿Quieres que te recomiende a esta gente? Claro, que tú no tienes preocupación por los costes, ni por las ventas. A ti eso te da igual, ¿no?»

«Pues mira, las dos cosas me preocupan —le contestó Miguel Ángel—. Debería hacer algo. Estamos perdiendo audiencia. Y eso no únicamente baja mis ventas; casi más importante para mí: disminuye mi impacto y relevancia en la sociedad. Eso es esencial, es parte de la esencia del INAEM. A eso le acompaña que los recortes de presupuesto son constantes. Y sí, tengo la obligación de ser más eficiente. Pero ¿por dónde empezar? Tengo que cambiar, tengo una intuición sobre adónde quiero ir, pero necesitaría verlo todo más claro. Las unidades tienen un acervo diferencial, pero están muy aisladas. No hay colaboración entre ellas, ni tienen ninguna sinergia.»

«Eso me pasaba a mí con las fábricas —dijo José Antonio—. No hablaban entre ellas, ni compartían problemas ni experiencias. Cada una iba por su camino. Bueno, esto todavía me pasa. Aunque ha mejorado un poquito con el proyecto *lean,* tengo un largo trecho de mejora. Me gustaría dinamitar las formas de hacer actuales para conseguir algún cambio, pero no sé dónde poner las cargas. Esa es ahora mi obsesión. Sacar provecho de todo ese potencial que tengo.»

Miguel Ángel le preguntó: «¿Y eso solo te pasa a ti o es algo generalizado?».

«No, no, a muchos nos pasa —contesto José Antonio—. Me encuentro con muchos colegas de otros sectores con el mismo reto. Ahora que ya somos todos "delgados" no sabemos cómo seguir progresando. Y tenemos que mover nuestras empresas de forma mucho más proactiva. Es muy difícil cambiar la forma de operar. Pero hay que hacerlo.»

«Me gustó muchísimo un artículo de la *Harvard Business Review* que se titulaba "First, Let's Fire All the Managers" —continuó José Antonio—. Una empresa americana, que fabrica salsa de tomate, había suprimido toda la cúpula directiva.

Se funcionaba por problemas y la gente estaba focalizada en ellos. Los departamentos llegaban a acuerdos de servicio y todo el mundo tenía su cuenta de pérdidas y ganancias [P&G] particular. Yo estoy en ello, montando grupos interdisciplinares, focalizando, compartiendo problemas. Y no sé si lo estoy haciendo bien. Tengo otros consultores que me ayudan, pero esto no es tan simple como hacer una implantación de *lean*. Esto es muy complicado, tiene muchas facetas. La verdad es que me encuentro un poco perdido. Ojalá tuviera un *road map* que me ayudara…»

«¡Los ingenieros, siempre iguales! —rio Miguel Ángel—. Necesitan tenerlo todo claro y estructurado. Te daría un pasmo si trabajaras conmigo. Aquí las cosas son mucho más etéreas.»

«Ya, pero tenéis problemas parecidos —le dijo José Antonio—. No tienes una cuenta de P&G, pero sí tienes unos gastos, unos objetivos. Es casi lo mismo. Si estuviera en tu lugar, me inventaría una cuenta de P&G para tus unidades, y que así empezaran a entender un poco el frío que pasamos en las empresas. ¿Por qué no las pones a trabajar juntas, como hice yo con mis fábricas? Al fin y al cabo, son fábricas de espectáculos, ¿no?»

«Pues mira, sí. Buena idea, poner a trabajar a las unidades en problemas concretos —dijo Miguel Ángel—. Pero ¿qué hago: centralizo o reparto problemas? Los directores deben ser autónomos y tengo que ponerles objetivos claros. ¿Y la responsabilidad sobre sus decisiones? Yo pienso que el control es necesario en mi entorno. Compaginar esta visión con ser más flexible y ágil es un tema muy arduo…»

«Es interesante ver cómo tenemos similitud de problemas —dijo José Antonio—; tú tienes Servicios Centrales y yo tengo *headquarters* en Estados Unidos. Y no se fían, quieren controlarlo todo. Ya sé que tú te fías, pero me estás diciendo que debería haber un control centralizado, y para mí eso pone una capa que no aporta valor. En tu caso, no lo sé; en el mío, lo tengo claro. Yo en EMEA quiero dar "cancha" a mis fábricas y mis equipos comerciales, pero, a la vez, quiero que colaboren y aprendan unos de otros. Por ejemplo, tengo una unidad de oncología que es fantástica. Quiero entender qué es lo que hace que sea tan buena, y hacer que las demás unidades aprendan.»

«Mmm, eso me da que pensar —replicó Miguel Ángel—. Tú siempre dices que hay que empezar por el principio.»

«Sí —contestó José Antonio—. Pregúntate qué se promete y a quién.»

«Pensemos primero en mi cliente —reflexionó en voz alta Miguel Ángel—. ¿Quién es mi cliente? ¿El espectador? ¿Los clientes potenciales? ¿La sociedad? ¿Los organismos artísticos que vienen a nosotros buscando subvenciones para poder subsistir? Mi audiencia se está haciendo vieja y hay una pérdida de personas y de ingresos. Solo dos centros han tenido incrementos. La bajada general parece indicar que la oferta presentada no es atractiva a nuestros clientes potenciales. Ejemplo palpable es que una representación atractiva atrae a las masas. La representación de *La vida es sueño* lo demuestra. Ha sido un éxito rotundo y la dificultad de encontrar entradas así lo ha indicado. Y el público era una mezcla de todas las edades, con una gran proporción de público joven.»

«Sí, nosotros fuimos —contestó José Antonio—. Espléndido, realmente inmejorable. Nos encantó.»

«Pensemos —continuó Miguel Ángel—: ¿qué debo entregarle al cliente? Ante todo, excelencia, un espectáculo muy bien hecho. Y eso lo hacemos. No vamos a concentrarnos en hacer un par de obras al año, ese no sería nuestro papel. Debemos dar variedad. Los teatros privados no pueden hacer esto, pero nosotros tenemos la obligación de dar variedad. Pero que sea el director de cada unidad quien decida la composición, y la variedad, de su planificación. Yo debo darle un presupuesto cerrado para su temporada. Lo importante es la temporada completa, no de espectáculo a espectáculo. Mis gerentes tendrán que ver cómo se las arreglan para dar la excelencia que quiero. Lógicamente, si repiten obras será más barato, y podrían usar esa reducción para meter obras nuevas. Pero que sean ellos los que tomen la decisión. Yo solo sé que quiero llegar a más público, convertir el INAEM en un valor para la sociedad. Y no pueden perder el pulso con la realidad. Es tan fácil encerrarse en una torre de marfil y no «pisar la calle»… Debemos primar ser un referente artístico y entender las necesidades de la sociedad, desde la accesibilidad hasta la realidad que se vive en el día a día.»

«Oye, ahora está de moda hablar de la "experiencia del cliente". ¿No puedes organizar algo parecido al Festival Internacional de Edimburgo en pequeñito con todas tus unidades? —le replicó José Antonio—. ¿Por qué el conjunto de unidades no ofrece algo diferente, más integrador, para incitar a la audiencia a acudir?»

«Mira, buena idea. ¿Quieres que te contrate como asesor de ideas?» —respondió sonriendo Miguel Ángel.

«Por ejemplo —prosiguió imperturbable José Antonio—, siempre dices que el edificio del Teatro de la Zarzuela tiene 200 años y es, en sí, una obra de arte. ¿Por qué no lo enseñas conjuntamente con las zarzuelas y explicas su historia? Eso podría abrir el abanico de servicios. Tú dices una cosa que yo la veo como quijotesca. Anacrónica. Y es cuando explicas que el INAEM debe preservar un legado cultural y que hay que hacer zarzuela, aunque nadie viniera a ver zarzuelas, para mantener viva la zarzuela. Yo siempre pienso: «De acuerdo, pero no con mi dinero». No me mires horrorizado, es que yo creo que si la zarzuela no se mantiene ella solita, debería desaparecer. La vida es movimiento y no todo tiene que perdurar. Hay unidades tuyas que son espléndidas, ¿no pueden ser autosostenibles? No digo totalmente, pero sí en buena parte ¿pero tienen que dar pérdidas? O a lo mejor debes desaparecer tú, o Servicios Centrales.»

José Antonio miró fijamente a Miguel Ángel y le espetó:

«Oye, la verdad es que tú y yo tenemos cosas parecidas, pero tú necesitas avanzar 200 años y yo, solo 25. Llevo varios meses tratando que mis Operaciones progresen, que la gente cambie de forma de hacer, que se participe y se propongan mejoras.»

«En fin, nos enfrentamos todos a nuevos retos, con nuevas formas de hacer. No nos podemos permitir el lujo de ser lentos o de no aprovechar a fondo el "cerebro de obra". Y el cerebro de obra no se gestiona como la mano de obra, sino de otra forma muy diferente. Y a ti tu ministerio y a mí mis *headquarters* nos imponen restricciones drásticas para poder llegar a este objetivo. O no lo ven, y no se dan cuenta de lo que está pasando, o no se fían de nosotros. No sé qué cosa es la peor.»

«Una idea se me acaba de ocurrir —le dijo Miguel Ángel—. Voy a escribir en un papel (Tabla 1.1) las cosas que tú piensas que yo debería hacer, partiendo de tu experiencia en tus fábricas.»

**Tabla 1.1.** Las notas de Miguel Ángel: cosas que había hecho José Antonio en sus fábricas.

- *Nombrar* una task *force para la eficiencia de las Operaciones.*
- *Grupos de mejora para el* lean.
- *Cuestionamiento de sus procesos a través del ¿por qué?*
- *Quitar reprocesos.*
- *Usar herramientas de calidad como el Ishikawa para ayudar a la gente a pensar.*
- *Mirar todos los desperdicios, sobre todo de tiempos.*
- *Definir las prioridades de la empresa y trasladarlas a su gente.*
- *Analizar su capacidad y ver si tenía exceso o falta.*
- *Poner indicadores para hacer seguimiento.*
- *Buscar que las fábricas encuentren problemas comunes y los trabajen.*
- *Hacer proyectos piloto en las fábricas.*

*Fuente:* El Instituto Nacional de Artes Escénicas y de la Música, INAEM. P-1129, IESE.

«Bueno, pero déjame que te mande otro papel (Tabla 1.2) con las cosas que te debes preguntar. Son preguntas de estrategia de Operaciones y me parecen relevantes para todo el mundo. ¡Dale una pensada en las dos horas de avión de vuelta!» —le dijo riendo José Antonio.

**Tabla 1.2.** Las notas de José Antonio: algunas preguntas de estrategia de operaciones.

- *¿Cómo debería ser la experiencia del cliente?*
- *¿Cuáles son los conocimientos clave de cada unidad?*
- *¿Qué saben hacer mejor que los demás?*
- *¿Es conocimiento a nivel mundial?*
- *¿Cuál es la esencia?*
- *¿Con quién nos comparamos?*
- *¿Qué saben hacer ellos mejor que nosotros?*
- *¿Qué valores tenemos y cuáles son las prioridades?*
- *¿Qué estilo de dirección debemos tener? ¿Y cuál tenemos?*
- *¿Los trabajadores de las unidades tienen claro cuáles son sus obligaciones?*
- *¿Funcionan sin que nadie les tenga que controlar?*
- *¿Hacen las cosas sin que haya que mandarles continuamente?*
- *¿Están abiertos a sugerencias?*
- *¿Los trabajadores son reactivos o proactivos?*
- *¿Están dispuestos a solucionar problemas?*
- *¿Saben identificar los problemas más relevantes para la entrega del servicio en cada unidad?*
- *¿Saben priorizarlos?*
- *¿Hay resistencia al cambio?*
- *¿Hay mucho derroche de tiempo?*
- *¿Nos preocupa ser eficientes?*
- *¿Tenemos el sistema de información necesario para la toma de decisiones?*
- *¿Los trabajadores tienen claro cómo priorizar sus tareas con respecto a nuestras prioridades del servicio?*
- *¿La gente resuelve problemas o se los pasa a su jefe?*
- *¿Usamos mucho el sentido común para la toma de decisiones?*

*Fuente:* El Instituto Nacional de Artes Escénicas y de la Música, INAEM. P-1129, IESE.

Bien, este es nuestro escenario. Miguel Ángel tiene un sueño que quiere ver hecho realidad. Es un *sueño* que acompaña a cada directivo y empresario. Lograr implantar sus ideas para hacer realidad sus deseos empresariales. Y hacerlo es muy arduo.

Empresas, o instituciones, en niveles diferentes de progreso, pero todas buscando lo mismo: utilizar de forma eficiente y sostenible sus recursos y dar el servicio prometido. Las cuestiones planteadas en las Tablas 1.1 y 1.2 son cotidianas en muchas empresas. Por ello hay que atacarlas, pero como muy bien dice José Antonio, con un *road map*. Sin él todo será prueba y error, consumiendo mucho tiempo y esfuerzo, pero sobre todo generando mucha frustración en la organización. Y eso no es factible en nuestro momento actual. No es tolerable prescindir y derrochar ni un segundo que no aporte valor.

Claramente el director general del INAEM se enfrenta a un difícil reto. La Institución pierde dinero, el entorno no es proclive a seguir dando dinero público y el mecenazgo es un enfoque muy nuevo en España. El INAEM necesita redefinir la eficiencia de todas las unidades y, al mismo tiempo, salvaguardar su aportación a la sociedad y atacar una demanda cambiante y menguante. Visto desde mi óptica, debe hacer un replanteamiento integral de sus Operaciones. Su misión está bien definida y no puede cambiar[3]. El director general se ha propuesto este sueño: «Conseguir un cambio en la forma de operar, en mi estrategia de Operaciones, que me lleve a la eficiencia operativa y a dar el servicio deseado». Veamos capítulo a capítulo, cómo darle respuesta a su sueño. Empecemos por entender qué son las Operaciones.

## EL FASCINANTE MUNDO DE LAS OPERACIONES

«Las Operaciones comprenden todas las actividades que van desde una idea hasta un cliente satisfecho». Llevo 25 años con este mensaje, pero en los últimos años se me ha quedado corto. Configurar las Operaciones requiere un planteamiento integrador con un modelo y un método: un modelo que sirva de guía para asegurarse de que no se nos queda ningún concepto sin analizar, y un método que vaya cuestionando cada paso del modelo para adaptarlo a la realidad de cada empresa y que ayude al gestor a identificar los elementos clave de su implantación.

Se requiere pensar de una forma diferente, cambiar lo cambiable y convertir el «no» en un «posible». Y no debemos empezar de cero. Se deben aprovechar todas las ideas relevantes existentes y construir sobre ellas. Hagamos un poco de historia para ver de qué estoy hablando.

El siglo pasado nos ha dejado tres grandes modelos de Operaciones originados en el mundo industrial. Estos son el JIT *(just in time)*, el *lean* y el *agile*. No pretendo hacer una síntesis de ellos, pero, por su relevancia, considero interesante extraer algunas ideas de cada uno.

[3] El INAEM tiene su estrategia fijada por ley. Tiene como objetivos promocionar, proteger y difundir programas relacionados con el teatro, la danza y la música; proyectarlos en el exterior, y coordinar la comunicación entre las comunidades autónomas sobre estas materias.

El JIT nació en Japón y su zenit se encuentra en el Toyota Production System (TPS). Su obsesión: usar solo lo que se necesita en el momento que se necesita y resolver problemas constantemente. Existen tres temas que son esenciales del enfoque JIT/TPS[4] y sus ideas son la inspiración de mucho de lo que se dice en este libro.

1. *Sabe el que hace*[5]*. Quien sabe mejorar algo es quien ejecuta la tarea.* Ya en los años 50, el Profesor Kaoru Ishikawa[6] decía «Cada persona es experta en su propio trabajo, y se persigue aprovechar el poder de reflexión colectivo de todos los empleados para convertir a su organización en la mejor de su ámbito». La mayor parte del trabajo de mejora enunciado por los japoneses en los años gloriosos del TPS o del JIT tiene un fundamento muy sólido en este principio: la unión del problema y la solución con su aplicación por parte del agente que lo utiliza. Es decir, «cuestiónate para qué sirve cada cosa, mejora la operativa de tu quehacer diario e implanta mil mejoras de mil». Estas incrementarán la eficiencia de forma sostenible y harán que los agentes se sientan más satisfechos con su trabajo. Esta es la esencia, *enfocar la mejora como un camino para que el agente vea satisfechas sus necesidades incrementando su productividad y competitividad.*
2. El «andón», otra grandiosa aportación del JIT. Una alerta que puede parar la línea de producción cuando se detecte un error. Si usted ha estado en fábrica, sabe que parar una línea de producción requiere mucha presencia de ánimo. No se detiene una línea de producción de una forma frívola. Poder aceptar que un trabajador la pare, es poder aceptar que hay error, y poder aceptar que lo importante es no construir sobre un error. Lo esencial es detectarlo para resolverlo y mejorar.

[4] El sistema Toyota se resume en cuatro reglas: 1. Lo importante es el detalle. Se deben detectar y resolver problemas. Todo trabajo debe ser especificado en contenido, secuencia, tiempo y resultado. 2. Las relaciones deben enfocarse como cliente-proveedor y deben ser claras y directas. 3. Las conexiones del sistema deben ser sencillas y eficientes. 4. La experiencia no es la única fuente de aprendizaje y el gestor enseña a mejorar. Un trabajador que encuentra un problema pide ayuda a alguien concreto que debe responder inmediatamente.

[5] Curiosamente esta idea tiene gran impacto entre mis participantes. Posiblemente porque nunca se les ha ocurrido que en sus despachos no son capaces de entender la problemática de la gente de Operaciones. Y además este enfoque es muy de fábrica, donde siempre se ha sabido que el que sabe es quien está en planta, no en los despachos.

[6] El creador de la herramienta Ishikawa, de la que soy una gran fan. Aparecerá varias veces en este libro y la segunda parte explica cómo ejecutarla. Es maravillosa para analizar un problema y encontrar sus causas. En cada empresa en la que he trabajado la he instaurado. En una ONG bautizaron a una camioneta que llevaba a niños la «Ishineta», pues la decisión de comprarla se había tomado después de hacer un análisis con el método Ishikawa.

3. El *sueño operativo*: que cada puesto de trabajo refleje minuciosamente todas las mejoras que el trabajador ha soñado para ejecutar mejor su tarea. ¿Qué es esto del sueño operativo? Hace varios años, me fui al Teatro Real de Madrid a entender cómo funcionaba el mundo del teatro. ¿Por qué? Porque en el mundo del teatro, el telón se levanta el día acordado, en el momento establecido, sin ningún retraso. Nadie acepta un retraso. La palabra no existe en su vocabulario. Todos tenían un sueño de cómo querían hacer las cosas. Y todos habían llevado ese sueño a la realidad. Algo similar vi en Japón. Allí lo que más me impactó fue al ver los puestos de trabajo, cómo cada trabajador había hecho mejoras personales, individuales, sobre ese puesto de trabajo. Y esas mejoras personales de los operarios de línea estaban apoyadas por ingenieros, que aportaban conocimiento para ayudar a resolver el problema. Ambos, Teatro Real y japoneses, estaban haciendo realidad su sueño operativo.

Complementado estas tres ideas, el JIT nos aporta conceptos como «no hacer hoy lo que se puede hacer mañana», «no dejar pasar una oportunidad para aprender», «la información en la puerta de la fábrica», «implantar las sugerencias como motor de integración» y «la búsqueda constante a la solución de problemas».

Años después, nació en Estados Unidos el *lean* como resultado de una investigación en el sector de la automoción. Su término quedó acuñado en la obra *The Machine that Changed the World* (Womack, Jones y Roos, 1991). Su foco: erradicar el desperdicio evaluando todos los tipos, no gastar nada en algo que no se necesita, estandarizar, mantener las operaciones en dirección única, equilibrar la carga y hacer públicos los resultados.

El término *agile manufacturing* nació un poco más tarde, en el proyecto *21st Century Manufacturing Enterprise Strategy Project* (De Vor, Graves y Mills, 1997) como una forma de diferenciarse en industria. Su foco: poner productos en el mercado de forma rápida, producción modular y cooperación entre empresas. Igualmente se focaliza en eliminar la incertidumbre evitable, tener un plan B para la incertidumbre residual[7], luchar por tener plazo de entrega 0 minutos y tener estructura operativa con holguras.

El término *agile* se complementa con la idea de *extended enterprise* («empresa ampliada») (Moss Kanter, 1999), en donde se habla del *kereitsu*[8] entre proveedores,

[7] Por muy bien planificado que esté todo, por muy bien ensayado que esté, siempre quedará algo de incertidumbre. Esta es la incertidumbre residual.

[8] Término japonés que hace referencia a un modelo empresarial y de mantenimiento industrial en el que existe una coalición de empresas unidas por ciertos intereses económicos.

distribuidores, empresas y clientes. Configura las Operaciones como un todo interrelacionado, en donde tanto clientes como distribuidores, proveedores y empresa crean el entramado que ofrece el servicio al cliente. La Figura 1.1 describe el enfoque presentado por la empresa ampliada.

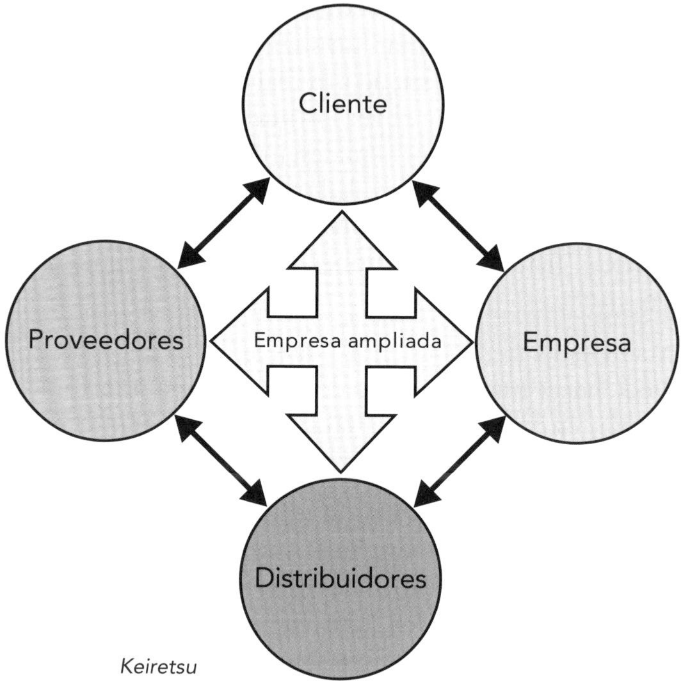


**Figura 1.1.** Empresa ampliada.

Estos modelos han estructurado las Operaciones en los últimos 30 años y sus ideas están totalmente enraizadas entre los conocedores del mundo de las Operaciones. En paralelo, estos modelos han migrado al mundo de las empresas de servicios. Este traslado ha sido desigual. Algunas ideas singulares han sido raudamente aplicadas, pareciendo microideas en busca de un esquema global.

Por ejemplo, el TPS para servicios (Spear y Bowen, 1999) se concentra en las ideas de la importancia del detalle, el proceso continuo de detectar y resolver problemas, y las relaciones deben enfocarse como cliente-proveedor siendo claras y directas. Staats y Upton (2011) proponen que implantar el *lean* en los servicios debe focalizarse en eliminar el desperdicio: tratar de especificar y protocolizar las tareas.

Todas estas ideas son muy interesantes, pero su nivel de abstracción es diferente. Ello puede ocasionar que su relación no sea obvia y que se puedan presentar dificultades. Las ideas abstractas deben definir las concretas y la relación entre ellas debe ser sencilla de entender. Veamos el caso del INAEM. Miguel Ángel necesita «reinventar» sus Operaciones desde el principio hasta el final. Debe acometer muchos cambios, algunos de los cuales pueden sonar a vetustos en empresas de otro sector. Al ser el INAEM un ente público, el salto es mucho mayor que el de una empresa que haya estado al tanto de las ideas «modernas» de las Operaciones. Actuaciones en *lean* y *agile*, ya acometidas en la mayoría de las empresas, son para el INAEM una necesidad.

Miguel Ángel puede tomar decisiones que, de forma aislada, son acertadas, pero que en su conjunto pueden tener un efecto desastroso. Se actúa por «sentido común», y este no es suficiente para la tarea a la que se enfrenta. Esta complejidad no le permite ir «5 minutos por delante» y, por ende, no puede anticipar las dificultades que puedan surgir. Y esto en el mundo de las Operaciones puede ser trágico. Por tanto, Miguel Ángel requiere tener un modelo integrador, que contemple los distintos niveles de abstracción, sepa relacionar actuaciones en los distintos niveles y le provea de un marco conceptual para pensar.

# Ideas básicas de SPDM: un modelo integrador para las Operaciones del siglo XXI 2

*Introducidos los conceptos básicos de Operaciones, el Capítulo 2 introduce el esquema conceptual que guiará todo el libro,* Service Problem Driven Management, *SPDM (la gestión de los servicios a través de problemas). Retomamos la historia del Capítulo 1 y planteamos preguntas relevantes que SPDM nos permite enunciar.*

*Si no te gusta, cámbialo. No te quejes, cámbialo. Aporta ideas. Cámbialo. Vosotros estáis para cambiar el mundo, sin vosotros no vamos a ningún sitio*[1].

La complejidad de las Operaciones necesita una guía que aporte una manera sencilla de estructurar las actuaciones entendiendo el impacto cruzado que estas pueden tener y visionando las posibles dificultades de implantación que van a surgir. Mi vida en las Operaciones siempre ha sido la búsqueda constante del KISS, *keep it simple and stupid.* Y se necesita un enfoque KISS para entender el impacto de las actuaciones en las Operaciones.

La dificultad radica no únicamente en la clarificación del entramado de actuaciones, sino en los requisitos previos que cada una conlleva. Configurar integralmente las Operaciones requiere entender dónde situar cada cosa, y se necesita una *boiserie*[2] mental que facilite tal ordenamiento.

---

[1] Inicio del módulo de estrategia de Operaciones de cualquier EMBA-Madrid que he dado en los últimos 25 años de mi vida en el IESE.

[2] Término usado en decoración para definir los paneles y estanterías de madera que recubren una chimenea.

Llamo a este enfoque *Service Problem Driven Management* (SPDM), término influido por el nombre del libro que escribí hace trece años, *Problem Driven Management* (Muñoz-Seca y Riverola, 2003). Aquí le he añadido la *S* de «servicios», pues es el eje de mi desarrollo conceptual. Y esa *S* implica cambios muy relevantes sobre la idea original de PDM.

¿Por qué he tenido que meterme en el mundo de los servicios y desarrollar mi propio esquema? ¿Ego *trip*[3]? No, la verdad. El ego lo he dejado aparcado hace muchos años. Tres razones sencillas y prácticas[4]. Primera, tenía participantes que me pedían que les ayudara en sus empresas y estas eran básicamente de servicios. Segunda, lo que sabía de la industria se me quedaba corto. Los servicios tienen una propiedad diferencial: el producto se crea conjuntamente con el cliente. Tercera, la investigación desarrollada en el campo de servicios no acababa de ser lo suficientemente práctica y no me proporcionaba un modelo con el cual trabajar. Eran magníficas ideas, pero me resultaba difícil operativizarlas y darles un contexto para la acción[5]. Por eso tuve que crear mi esquema, SPDM.

Un eje diferencial de esta propuesta es que el modelo de Operaciones del siglo XXI debe introducir el desarrollo, uso y explotación del «conocimiento». Un servicio puede concebirse como un porfolio de conocimientos que son entregados al cliente de forma conjunta e indivisible. Es impensable en estos momentos crear una estrategia de Operaciones sin identificar la estructura de conocimiento que debe desarrollar la empresa, la que debe dejar en manos de sus proveedores y la que debe relegar en sus competidores, que a veces son parte integral de la experiencia final del cliente. Estamos hablando de la empresa ampliada de conocimiento, en donde el servicio se visiona como un todo integral prestado por un conjunto de actores, todos unidos por el diseño de la experiencia del cliente[6].

Los problemas y su solución son el eje primordial del enfoque «moderno» de las Operaciones. Un servicio es una beta[7] y requiere que el agente resuelva problemas que no están especificados en procesos o protocolos (Muñoz-Seca, 2011). Y resolver problemas requiere entender lo que cada agente sabe, no sabe y debe saber.

---

[3] Viaje del ego.

[4] Me considero una persona muy práctica. Creo que mi componente académico viene de mi curiosidad. Como dice la Dra. Leah Rosember del Instituto Weitzman: «curiosity, curiosity» (Álvarez de Mon. El instituto Weizman E-156, IESE).

[5] Sinceramente, lo achaco a que posiblemente no lo vea yo. Y ya se sabe, cuando te pegas con una idea lo ves clarísimo. Pero si adoptas ideas de otros, normalmente tienes dificultades de entender toda la estructura.

[6] Parte de este enfoque se ha entendido como coproducción de servicios o hasta de *competition*, donde los competidores colaboran en la prestación del servicio.

[7] Prototipo.

Necesitamos «subir» este discurso al peldaño del diseño del diferencial competitivo, de la estrategia de Operaciones. El conocimiento debe ir unido a la estrategia de Operaciones y debe pertenecer al modelo integrador de Operaciones. La Tabla 2.1 resume cuatro componentes básicos que el uso del conocimiento aporta al SPDM.

**Tabla 2.1.** Componentes del conocimiento en el SPDM.

| El SPDM y el conocimiento |
|---|
| El recurso más poderoso de una empresa es su conocimiento. |
| Hay que considerar la empresa ampliada de conocimiento. |
| Debe entenderse la resolución de problemas como el eje organizativo y de acción. |
| Aprender y aplicar el conocimiento es el diferencial del servicio. |

Pero SPDM es más que conocimiento. Lo necesita, pero no es suficiente. SPDM aporta una estructura y, como tal, necesita combinar muchos conceptos.

Propongo que la *boiserie* se divida en tres niveles de actuación, que van del más abstracto al más concreto. El nivel más abstracto se concentra en analizar qué conocimiento necesitamos y cómo operativizamos la estrategia de la empresa. Nos alerta de aquellos elementos que son diferenciales. Analiza, a través de un esquema de preguntas, los factores de bloqueo que impiden un funcionamiento autónomo de los agentes. De ahí bajamos un nivel de concreción y atacamos cómo diseñar la configuración del servicio. Vamos desde el concepto hasta la prestación del servicio, pasando por el sistema de mejora para la sostenibilidad del servicio. Este es un nivel de concreción intermedia. Finalmente, aterrizamos en el nivel operativo, en el detalle, en el «cómo». Nos «pegamos» con la realidad, bajamos al terreno y analizamos la implantación al detalle.

La Figura 2.1 muestra estos tres niveles con sus diferentes grados de abstracción.

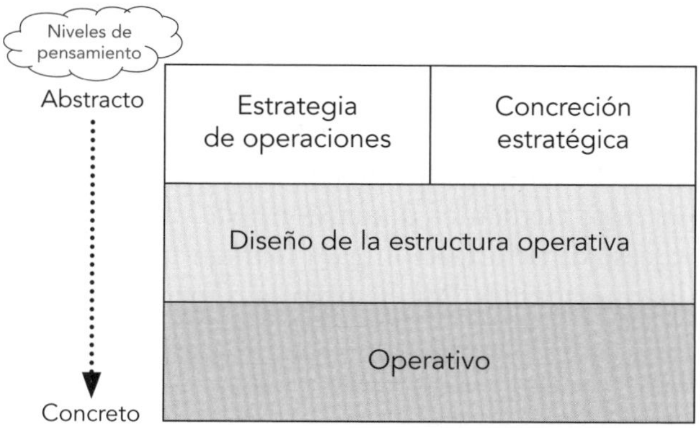


**Figura 2.1.** Los niveles de configuración SPDM.

¿Por dónde empezar? No es un camino de pasos secuenciales. Van de modo simultáneo muchos de ellos. Pero tengo que explicarlos y usted, lector, entenderlos. Por lo tanto voy a ser cartesiana y diseccionar el problema. ¿Tres niveles? Pues tres secciones que se deben explicar. Una vez explicados los pondremos en una coctelera y los mezclaremos[8]. Pero eso va a ser en el trascurso del libro.

## ESTRATEGIA DE OPERACIONES Y CONCRECIÓN ESTRATÉGICA

Una vez definida la estrategia global de la compañía, debemos forjar la estrategia de Operaciones. Una premisa básica: las Operaciones ***siempre*** siguen la estrategia de la empresa. Los de Operaciones no inventamos nada. Concretamos la estrategia, la operativizamos. Y para ello podemos inventar, pero sin meternos en el posicionamiento estratégico. Eso nos viene dado y lo seguimos.

El primer problema con el que nos encontramos es que las Operaciones son femeninas. Como buena fémina hacen lo que les da la gana[9]. Y muchas veces se escapa y no sigue a la estrategia. Por eso la dirección debe estar alerta y reconducirla por el buen sendero. Pero enfatizo, las Operaciones deben dar realidad a lo que quiere la estrategia.

Para conseguir tal fin, en primer lugar, hay que identificar el conocimiento que la empresa posee y el que necesita para cumplir con la estrategia. Esto pasa por valorar lo que sabe su gente, lo que debe saber y qué materializaciones de conocimientos existen (bases de datos, procesos, manuales, procedimientos…). Se necesita identificar los conocimientos clave y el *stock* de conocimiento necesario para la prestación del servicio. Nos guste o no, el cliente nos «mezcla» con servicios de otros y debemos ser conscientes de ello. Si no, piense un momento el lector si su decisión de aerolínea no viene muchas veces unida al aeropuerto desde donde opera o el tiempo de espera en servicios secundarios tales como taxis o la entrega de coches de alquiler.

En paralelo se debe concretar la *Promesa* de la empresa. La Promesa es la traducción de la estrategia a elementos concretos que nos ayudan a configurar las Operaciones. Llamamos a estos elementos dimensiones de valoración. Estas dimensiones deben sufrir un proceso de priorización para mandar una idea clara y focalizada de cómo configurar las operaciones. Por ejemplo, las Operaciones de una empresa que

[8] El cómo los mezcle depende de usted. Puede seguir las indicaciones de James Bond y pedir «*Shaken, not stirred*», todo depende de su empresa.

[9] Note el lector que no parpadeo diciendo esto. Prerrogativas de ser mujer y vieja. Eso me autoriza a decir lo que pienso sin sonrojarme. Y sinceramente ¡es una maravilla!

quiere dar una amplia gama de respuestas al cliente no va a ser igual que la empresa que quiere ser la más barata. La configuración de las Operaciones en el supermercado El Corte Inglés no es la misma que en DÍA. Hasta ahí obvio para todos. Esta traducción y operativización de la Promesa es un paso indispensable para la concreción de la estructura operativa.

Definidos conocimiento y prioridades, debemos centrarnos en pensar cómo debe operar la empresa para conseguir tal fin. La gestión del «cerebro de obra» no permite organizaciones piramidales como las del siglo XX. El siglo XXI promueve organizaciones planas, con asunción de responsabilidad por parte de todos los componentes y con mínimas estructuras de control. La razón es simple. El tiempo de respuesta se ha convertido en una necesidad perentoria y capas organizativas solo hacen que se dilate la toma de decisiones. Y recuerde el lector, la información se convierte en dinero a través de las decisiones. Si no se decide, no se gana dinero.

En este nivel también se analiza la estructura de funcionamiento. Para ello propondremos un esquema sencillo, del que solo mencionaremos en este momento que se basa en la clarificación de 9 preguntas. Estas preguntas atacan cuestiones que tienen que ver con la eficiencia operativa, con el desarrollo del aprendizaje y el crecimiento del individuo, y con los componentes que apoyan la integración del individuo en la compañía. Nos servirán de hilo conductor para clarificar cómo queremos hacer operar la empresa.

Paso imprescindible para clarificar la forma de operar es la identificación de la *esencia del servicio.* La esencia es aquello que es inherente a nuestra forma de diferenciarnos, constituyendo la parte central de nuestra empresa. El *sueño del servicio* es el compañero de viaje de la esencia. Es el deseo, en la mente de la alta dirección, de cómo esa esencia se hará realidad. Es la forma en que visionan cómo debe producirse la prestación del servicio, qué componentes de valor se debe entregar y cómo se debe diferenciar. Va íntimamente unido a la Promesa, pero el sueño se aplica a la realidad del acto de prestación del servicio, mientras que la Promesa se concentra en la traducción operativa de la estrategia.

Cerramos este nivel con una propuesta organizativa, las unidades de conocimiento, UC. Una UC no es una UN, unidad de negocio. Una UC es un clúster[10] de conocimiento que se forma por diferentes individuos, de diferentes partes de la organización, con el nexo común de similitud de conocimientos. Estas unidades desarrollan la *estrategia de conocimiento,* componente del primer nivel de SPDM.

---

[10] Agrupación.

## Diseño de la estructura operativa

El segundo nivel SPDM configura la estructura operativa a través de la secuencia de actividades de servicio, SAS. La SAS tiene siete actividades divididas en tres grupos: diseño de servicios, infraestructura operativa, y prestación y mantenimiento del servicio. El *diseño del servicio* va desde el desarrollo del concepto y el prototipado hasta la Ingeniería de Servicios. La *infraestructura operativa* se ocupa de la configuración de la estructura operativa del servicio y la definición de los indicadores de rendimiento del servicio. La *prestación* y el *mantenimiento* se ocupan de los requisitos de la prestación del servicio propiamente dicha. Asimismo, la SAS engloba los requisitos para mejorar el servicio y extrae nuevas prestaciones para cubrir necesidades latentes de los clientes. Estas prestaciones nuevas, al incorporarse al diseño del servicio, crean el *ciclo de innovación del servicio*[11].

Imbricado en la SAS se halla el sistema de aprendizaje, o la *atractividad* (Muñoz-Seca y Riverola, 2007), y el sistema de mejora permanente a través de un enfoque de innovaciones incrementales o «mil mejoras de mil»[12].

## Operativo

Este es el nivel más técnico y más concreto. Puede que a muchos gestores les asuste, pero teniendo el bagaje de conceptos adecuado su ejecución es limpia y clara. Mi experiencia me dice que cuando un directivo aprende conceptos como cálculos de capacidades, tiempos de espera o reglas operativas, su aplicación es suave. El gran problema es que nadie jamás les ha enseñado estos conceptos. Al introducirlos, se les abre un nuevo mundo. Es un mundo ordenado, en donde el «aleas» juega un papel menor que en el nivel anterior. Las decisiones de diseño ya se han tomado; ahora hay que estructurar la operativa. Pero hay una trampa peligrosa. Al bajar al detalle es cuando se ven las inconsistencias o aparecen los grandes escollos que hasta ahora no habían emergido.

Por eso es necesario formular la composición detallada de las Operaciones. Se necesita definir las seis variables operativas de la «caja de operaciones» (Muñoz-Seca y Riverola, 2003): las capacidades, los flujos o los tiempos, los procesos, el perfil de recursos humanos, el sistema de información y las reglas operativas son los seis pilares que estructuran la operación básica.

Estos tres niveles, estratégico, diseño y operativo configuran el modelo SPDM. Veamos cómo pueden ayudar a Miguel Ángel a hacerse preguntas relevantes y apoyarle a identificar los temas clave del INAEM.

---

[11] ¡No entre en pánico! Todo esto será explicado con detenimiento en este libro.

[12] Contempla tanto el deseo de mejorar como la oportunidad de generar mejoras y el método que está al alcance del agente para llevarlo a cabo.

## VOLVAMOS A NUESTRA HISTORIA

Primero, algunas preguntas iniciales de reflexión general para Miguel Ángel[13].

Dada la situación económica, ¿hay que atacar urgentemente la eficiencia y meterse en *lean*? ¿Necesita el *lean* apoyarse en algo más? ¿Entrará en conflicto con alguna otra medida? ¿Cuál es la esencia y la razón de ser del INAEM? ¿Es sostenible?

Aunque la lista de preguntas es interminable, estas aquí expuestas reflejarían los temas más acuciantes. Organicémoslas según los tres niveles SPDM.

### Nivel 1 Estrategia de Operacionesy concreción estratégica

¿Es diferencial lo que saben las unidades del INAEM? Mirar lo que sabe cada unidad es la primera tarea a realizar. No necesitamos un diagnóstico exhaustivo, pero sí un breve repaso de conocimientos para tener un mapa inicial de los conocimientos diferenciales que poseemos. Para ello hay que definir el esquema de comparación: ¿local o global? Para una entidad como el INAEM, hay que compararse tanto a nivel local como global: local para trabajar en ser el referente en España y global para identificar su diferencial competitivo y configurar un camino de excelencia. Un análisis competitivo del conocimiento con ambos focos servirá para clarificar su posicionamiento. Por ejemplo, hay unidades que tienen conocimientos diferenciales, son las que más saben de su género en el mundo. Pero otras no se encuentran a este nivel. ¿Aporta valor tenerlas? El INAEM puede concebirse como un clúster de conocimientos. ¿Qué sinergia tienen entre ellos? ¿Qué conocimientos deberían tener como grupo? ¿Cuáles no tienen y deberían conseguir uniéndose a terceros?

¿Qué promete el INAEM? Miguel Ángel dice: «Un espectáculo muy bien hecho, ofreciendo variedad; ser un referente artístico y entender las necesidades de la sociedad». Traducción para las Operaciones: variedad, fiabilidad e innovación. Estas tres dimensiones prioritarias ya nos permiten tener un primer atisbo de la configuración de las Operaciones. Y el hecho de que sean un ente público no debe pararnos. El Teatro Real, en una época de su vida, tuvo esas prioridades y sus Operaciones funcionaban maravillosamente. No es cuestión de ser una entidad pública o privada. Es cuestión de tener una buena o mala gestión.

Definidas estas prioridades, debemos analizar qué factores de bloqueo tenemos que nos impiden materializarlas en realidades a través de las Operaciones. ¿Cuál es

[13] En este capítulo, aunque doy algunas ideas de actuación, me centro más en enmarcar preguntas que ayudarán a la reflexión general. Proponer contestación a estas preguntas es el cometido de este libro.

la esencia del INAEM? Miguel Ángel lo explicita así: «Impacto y relevancia para la sociedad». Lograrlo posiblemente requiere una organización diferente a la actual, identificando unidades de conocimiento de los centros del INAEM, donde miembros de los diferentes centros colaboren y desarrollen un conocimiento diferencial que apoye el cumplimiento de la esencia.

¿Y el sueño del servicio? Miguel Ángel no lo dice explícitamente, pero habla con entusiasmo de una representación de *La vida es sueño*. Ahí habla de hacer «una oferta atractiva a los clientes, captando público joven...».

## Nivel 2 Diseño de la estructura operativa

La esencia guía todo nuestro diseño de la estructura operativa. Unida a las prioridades de la Promesa, nos aporta una guía muy clara para la concepción del diseño del servicio. La experiencia del cliente en el INAEM debe ser algo integrado que aporte un valor de todas las unidades en su conjunto. O bien dejamos al INAEM como un mero ente administrativo o bien hacemos de él un prestador de un servicio sinérgico que aglutina todas las unidades. Los departamentos estancos deben desaparecer y cada unidad debe analizar cuál es su aportación a esta esencia y a la Promesa, para así poderlo consolidar dentro del paraguas del INAEM.

El servicio se debe diseñar pensando en el viaje integral del cliente por todo el repertorio y en cómo abrirle las puertas del INAEM de forma global. Y este diseño de concepto debe contemplar la caída de audiencias desarrollando nuevas maneras de atraer nuevos públicos.

Se requiere una SAS diseñada para buscar la eficiencia, pues la situación económica así lo exige. Y para ello la sinergia de recursos en busca de la eficiencia debe ser una guía para la configuración de las Operaciones. Un posible camino es identificar problemas concretos de prestación de servicio que afecten a diferentes unidades, las hagan trabajar conjuntamente y vayan configurando la resolución de problemas.

## Nivel 3 Operativo

Entramos en el detalle. A mi entender, todo pasa por simplificar tremendamente los procesos administrativos, la gran batalla en instituciones como estas. Se debe considerar un enfoque *lean*, donde grupos de trabajo se obsesionen con simplificar y eliminar el desperdicio. Ello requiere voluntad política, pero, si se decide que hay que mantener la esencia de «impacto y relevancia en la sociedad», es imprescindible acometer cambios de esta índole. Actuaciones como los contratos llevados por bedeles deben desaparecer. Constricciones burocráticas que dificultan la operativa deben esfumarse.

¿Es esto posible en un ente público? Aquí es donde podemos encontrar los grandes escollos de una institución pública que no puede permitirse implantar actuaciones «higiénicas» de eficiencia operativa. Suele acontecer que estos escollos hagan que tengamos que subir dos niveles y replantearnos si es posible continuar con la Promesa y la esencia cuando no hay fondos para llevarlas a cabo. Se puede requerir un nuevo rediseño donde se reestructuren totalmente las unidades para poder dar viabilidad a unas cuantas, no teniendo más remedio que sacrificar otras. La escasez de recursos puede llevarnos a ello. Por eso, es imprescindible dibujar el nivel operativo al mismo tiempo que se dibujan los anteriores. En la anatomía es donde emergen los detalles de implantación que pueden matar un precioso diseño estratégico.

Hasta aquí un resumen reflexivo de cómo aplicar SPDM al INAEM. Ahora entraremos en cada nivel y en todos los detalles, para que usted pueda entender a fondo toda la propuesta.

A partir de ahora, cada capítulo llevarás dos cosas. Primero, a su inicio, sombreado en gris el nivel SPDM a que se refiere. Segundo, a su final, una tabla resumen de lo que se ha aprendido.

Espero que lo disfrute.

**HEMOS APRENDIDO**

- Los problemas y su solución son el eje primordial del enfoque «moderno» de las Operaciones.
- Un servicio es una beta que se acaba de construir con el cliente.
- El conocimiento debe ir unido a la estrategia de Operaciones y debe pertenecer al modelo integrador de Operaciones.
- SPDM, *Service Problem Driven Management*, es la guía que nos ayuda a concebir las Operaciones en empresas de servicio.
- Estructurar SPDM requiere tres niveles:

— Estrategia de Operaciones y concreción estratégica.

— Diseño de la estructura operativa.

— Operativo.

# 3 La promesa, la esencia y el rojo pasión

*Una vez situado el enmarque general, el Capítulo 3 presenta los componentes de la traducción operativa de la estrategia. Nos centramos en la capa más abstracta de SPDM.*

| | |
|---|---|
| Estrategia de operaciones | Concreción estratégica |
| Diseño de la estructura operativa | |
| Operativo | |

Una vez presentados en escena, entremos a desarrollar los componentes del SPDM. Comencemos con los elementos del nivel más abstracto, la capa superior. Analizamos «la concreción estratégica» presentando tres conceptos: la Promesa, la esencia y el rojo pasión. Como punto de partida voy a aportar el esquema básico de Operaciones, que podríamos denominar *vintage*[1], que identifica quiénes son sus actores. A partir de ahí entraremos a entender Promesa, esencia y rojo pasión.

## LOS ACTORES DE LAS OPERACIONES

Los actores de las Operaciones son tres, la Promesa, el cliente y la caja de Operaciones (Figura 3.1). En este capítulo nos adentramos a entender la Promesa, en el capítulo siguiente atacamos la caja de Operaciones. Y el tercer actor, ¿el cliente? ¿No vamos a mencionarlo?[2] No es mi objetivo principal hacer aquí una larga disquisición sobre el cliente. Pero sí considero relevante identificar unas ideas clave.

¿Amamos a los clientes? Pues la verdad es que no. El cliente es «frívolo, caprichoso, vengativo y rencoroso»[3]. ¿Le necesitamos?, definitivamente, sí. No confundamos

---

[1] Objetos con cierta edad, que no pueden aún catalogarse como antigüedades, y que se considera que han mejorado o se han revalorizado con el paso del tiempo.

[2] Mire, no voy a volver a contarle muchas de las cosas que ya sabe sobre los clientes. No. Solo quiero hacer mención a nuevos papeles.

[3] Definición dada en otra obra escrita con anterioridad (Muñoz-Seca y Riverola, 2003) pero que uso continuamente.

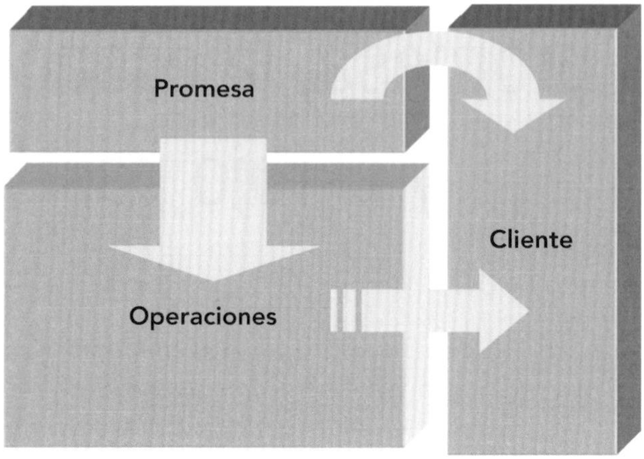


**Figura 3.1.** Los actores de las operaciones, Muñoz-Seca y Riverola, 2003.

términos. Amar se ama a la familia, a personas cercanas. El amor no pertenece a la empresa[4]. Los sentimientos que deben aflorar en la empresa son otros y la verdad es que, últimamente, veo más sentimientos de los deseados. No sé si el lector estará de acuerdo conmigo, pero creo fervientemente que las empresas están para trabajar, para perseverar, para sentirte satisfecho con algo bien hecho. ¿Para divertirse? Pues también, para crecer y sentir que estás aportando a la sociedad. Pero de ahí a amar va mucho trecho.

Bien, no amamos al cliente, le necesitamos. Perfecto. ¿Y el cliente qué es? ¿Un mero receptor del servicio? El papel del cliente está cambiando muchísimo. Como decíamos en el Capítulo 1, es parte del entramado de la empresa ampliada. No únicamente como receptor, sino como actor, colaborador y ejecutor del servicio. Estos papeles tienen un nexo en común. Sea el que sea, el cliente debe sentir que gana adoptándolos. Si el cliente percibe que pierde, el papel no es sostenible ni aporta valor. *Win-win*, ganar-ganar[5].

Veamos un ejemplo. InQuicker es un sistema de registro a tiempo real para emergencias, que hospitales como el de San Francisco han estado utilizando desde 2011. Al ir a saintfranciser.com, los pacientes pueden ver aproximadamente

[4] Amar, amar solo amamos a poca gente, siempre digo no más que los dedos de las dos manos, ¡dependiendo del número de hijos que tengas claro! (me viene a la mente algún colega que tiene muchos).

[5] Mi ejemplo favorito: en los desayunos de los hoteles, ¿qué prefiere usted, *self service* o que le sirvan? En *self service* usted trabaja para el hotel. Pero se puede servir cinco platos de fruta o de lo que quiera… ¿vale la pena?

cuánto tiempo será su espera, hacer una cita y esperar en casa en lugar de en la sala de espera de emergencias. Las reservas también se pueden hacer a través de una aplicación móvil. Una enfermera a cargo revisa cada cita, incluyendo los síntomas del paciente, y llamará al paciente a entrar antes si suena demasiado serio como para esperar. Los pacientes también reciben una llamada si las citas deben ser pospuestas debido a la afluencia de casos de emergencia. Enfoque *win-win*, el programa ha permitido a San Francisco aumentar el volumen de pacientes significativamente. En enero de 2011 en urgencias se vieron cerca de 50 pacientes promedio en un día, mientras que en julio de 2012 se vieron 107 (Memphis Medical News, 2012).

El cliente toma, pues, un papel protagonista en la ejecución del servicio. El axioma «ponga a trabajar a su cliente» (Fitzsimmons, 1985; Frei, 2006) muestra claramente cómo los clientes pueden formar parte del proceso de producción de un servicio. El cliente está muchas veces deseando ser actor principal de la ejecución del servicio y puede estar tremendamente satisfecho al realizar esas tareas. La idea es atractiva, pues puede aportar a la empresa beneficios al pasar parte del coste al cliente.

La Clínica Mayo entrega a sus pacientes un iPad con información para entender cómo debería progresar su día a día de recuperación después de su cirugía. El iPad avisa de qué es normal o no. Los pacientes tienen acceso a vídeos educativos y distintas páginas en las que se les pregunta sobre sus dolores. La información que ellos mismos facilitan se transfiere de inmediato al equipo sanitario y el médico tiene acceso a esta información en tiempo real. Esto hace que los pacientes sientan que tienen el control cuando les acontece algo que les asusta.

Otra gran diferencia entre productos y servicios es que en los servicios el cliente «se pasea por la fábrica», ve con sus propios ojos el proceso de producción y forma parte de él. Health Hero Network (Palo Alto, California) lanzó Health Buddy, un dispositivo de sobremesa para crónicos que residen en sus hogares[6]. Health Buddy se desarrolló a partir de una observación sistemática del comportamiento de los pacientes, cuya retroalimentación ayudó a determinar aspectos críticos del servicio. Todos los días, el Health Buddy System ofrece a los pacientes una serie de cuestiones personalizadas y consejos útiles para ayudarles a cuidar mejor de su salud. Los datos generados se envían a un centro donde se analizan rápidamente para dar la oportunidad de intervenir antes de que la condición del paciente sea crítica.

[6] Es un pequeño dispositivo con cuatro botones y una pantalla de fácil lectura de uso doméstico. Tiene una pantalla LCD iluminada y una interfaz sencilla que se controla mediante cuatro grandes botones situados en el panel frontal.

El cliente se convierte también en «cocreador del servicio» (Chesbrough, 2006) ya que se puede «extraer» su conocimiento para ajustar el servicio. El Management Center Innsbruck (MCI) ha desarrollado MyServiceFellow, una aplicación para recoger las impresiones de los clientes. Permite a los usuarios definir los puntos críticos del servicio documentándolos con facilidad empleando notas de texto, fotos, vídeos y mensajes de voz. Estos ejemplos nos hacen ver cómo el cliente está tomando un papel cada vez más activo en la prestación del servicio. Pero nunca lo olvide, debe ganar algo si está haciendo algo para la empresa.

Vistos los actores y enunciadas algunas propiedades de los clientes como protagonistas activos de la prestación del servicio[7], adentrémonos en el concepto Promesa y entendamos su relación con las Operaciones.

## PROMESA: LA CONCRECIÓN DE LA ESTRATEGIA EN UNA FRASE QUE TODA LA ORGANIZACIÓN ENTIENDE

Toda empresa tiene su estrategia. Aunque no haya sido hecha en bonitos *power points*, la empresa sabe[8] adónde va, qué quiere y cuál va a ser su camino.

Punto absolutamente crítico. Toda empresa debe aportar algo diferente al mercado. Da igual qué, pero algo. Por muy sencillo que sea. Cuando uno va a una peluquería, el servicio básico, higiénico lo llamo yo, es que te corten el pelo y te lo laven. Pero el servicio diferencial reside en tener identificada la singularidad de cada cliente, sus gustos, y traducirlos a través del corte de pelo. Por ello toda empresa tiene componentes higiénicos y diferenciales en su Promesa. Diferenciales aportan un valor diferencial, higiénicos son necesarios para sobrevivir, pero no aportan diferencial[9]. Si la empresa no tiene elementos diferenciales, es un muerto viviente[10].

La literatura clásica define cuatro formas básicas de competir. Por precio, por especialidad, por flexibilidad y por innovación. Competir por *precio* es la menos atractiva, pues siempre habrá alguien en algún lugar del mundo que, en algún momento, sea más barato. Por ello, competir por precio no suele ser sostenible[11]. Diferenciarse por *flexibilidad*, darle al cliente lo que quiere cuando quiere, suele ser caro y requiere una configuración operativa muy estudiada para ser eficiente. Ser un

[7] Y no mero receptor.

[8] Y si no lo sabe hay un problema serio que trasciende a las Operaciones.

[9] Lavar y cortar es higiénico. Hacer el corte de la forma que el cliente lo aprecia, es diferencial.

[10] Me disculpo por volver a decirlo y me seguiré disculpando, pues lo voy a volver a decir más veces.

[11] No confundamos competir por precio con ser eficientes. Ser eficientes es una obligación en cualquier forma de competir.

*especialista* es magnífico. ¡Eres totalmente diferente! Y los clientes te compran por lo diferencial que aportas. Por último, diferenciarte por ser *innovador* requiere mucho músculo de generación de ideas y nuevas propuestas diferenciales.

La estrategia consigue adaptar la forma de competir a la singularidad de cada empresa pero, normalmente, el nivel de abstracción de la estrategia hace muy difícil su aplicación al día a día. Su discurso está muy alejado del normal «entender» de la organización. La gente se pierde y acaba haciendo «su» composición de lugar sobre cuáles son las prioridades definidas en la estrategia. Y esto es peligrosísimo.

Es, por tanto, imprescindible enviar a toda la organización un mensaje nítido de cómo la estrategia debe integrarse en sus actuaciones del día a día. Hay que traducir, creando *la concreción operativa de la estrategia.* Esta traducción tiene como resultado que cada miembro de la organización tiene muy claro lo se le promete al cliente y cuáles son las prioridades del servicio. Ese paso, entre estrategia y concreción operativa, es lo que llamo la Promesa.

Cada empresa tiene una Promesa para su cliente. Y lo curioso es que, la explicite o no, la Promesa existe. Yo le prometo a mi cliente algo, y ese algo se hace realidad a través de las Operaciones. Así de sencillo[12].

¿Qué le prometo a mi cliente? Una cena magnífica, una noche tranquila para descansar, una visita médica diligente, un rúter que le funcione... Pero ¿quién hace realidad esa Promesa? ¿Quién entra en contacto con el cliente? Las Operaciones. Ellas traducen la Promesa y se la entregan al cliente. La cena puede ser muy buena en comida, pero un desastre en atención, la habitación espléndida, pero el aire acondicionado de la habitación de al lado no deja dormir, el médico bueno, pero las esperas insoportables, el rúter se puede estropear en garantía y el servicio posventa ser un desastre. Y así una lista interminable, porque cumplir con la Promesa y mantenerla es tremendamente difícil. El papel de las Operaciones queda, pues, claro: son las que hacen realidad la Promesa. Sin Operaciones no tenemos realidad del servicio.

Una de las actuaciones que más éxito ha tenido en la mejora del servicio de un hospital en la zona este de España es mostrar a los celadores la importancia del trato personalizado. Se identificó como diferencial de la Promesa y el hospital vio crucial transmitirlo a todos los celadores que estaban en contacto con los clientes[13].

---

[12] O complicado, porque complicado lo es, aunque yo trate de simplificarlo.

[13] No sé si usted ha sufrido alguna cirugía. Si así ha sido recordará cómo ese momento de estar solo y desvalido en la camilla yendo al quirófano es un duro trago. Una interacción amable y reconfortante configura un valor para el servicio.

Era un momento de la verdad[14] (MMV) del servicio que no se estaba utilizando de forma positiva y podía aportar un tremendo valor para generar satisfacción del cliente[15]. Por ello, se explicó la Promesa y el valor diferencial de esta interacción y se impartieron cursos específicos sobre cómo mejorarla. El objetivo era dar al paciente información y hacerle sentir un trato más cercano a su situación particular. Los celadores quedaron muy satisfechos, pues su puesto se vio reforzado con los cursos y los pacientes percibieron una individualización en el servicio. La interacción entre ellos pasó de ser mecánica e impersonal a convertirse en una experiencia positiva para ambos. Una actuación en la cual los tres protagonistas (hospital, paciente y celador) sintieron que ganaban algo.

Primer paso esencial: definir la Promesa, para que esta definición se traduzca en realidad a través de las Operaciones. Y ello requiere, como paso previo, sintetizar la estrategia en una frase que configure la Promesa. Y esto es tarea del CEO[16]. Solo el CEO puede hacerlo. Él[17] es el único dueño de la estrategia y quien debe concretarla.

Esta síntesis es necesaria, pero no suficiente. Una frase puede ser ambigua. Hay que focalizarla y descomponerla para entenderla plenamente. Es esta concreción la que guía a la configuración de las Operaciones, pues cada Promesa tiene su estructura específica. Un supermercado que ofrece un servicio de pescadería y carnicería[18] que incluye asesoramiento en las piezas que vende, propuestas de menús e información nutricional, no puede tener la misma estructura operativa que un supermercado que «despacha» carne o pescado. En el primer supermercado el cliente paga un precio más alto por todos los complementos del servicio. Y normalmente la especificación del producto es de un grado mayor de «deliciosidad» que en el otro supermercado. El segundo supermercado se limita a tener una oferta estándar, con una especificación razonable pero no deliciosa y sin ningún añadido complementario de servicio. Y el precio es más ajustado. Cada cual puede ser excelente cumpliendo con su Promesa. Pero cada configuración operativa es diferente y, si se intercambiaran, sería un auténtico desastre a nivel económico y de servicio. Cada forma de competir y cada Promesa tiene su configuración específica de su caja de Operaciones.

---

[14] Ian Carlzon presidente de la Scandinavian Airlines durante los años 80, denominó momentos de la verdad (MMV) a los instantes de interacción del cliente con las realidades de las Operaciones.

[15] Haga usted una prueba. Pregúntele a sus colaboradores cuáles son los cinco momentos en donde se juega la empresa el servicio. Encontrará sorpresas en sus respuestas. Pero más sorpresas encontrará si le pregunta directamente al cliente. Hay muchos momentos que toman la categoría de jugártelo, que son muy valorados por los clientes pero de los que la empresa no es consciente.

[16] Y a veces les cuesta mucho, pero ¡para eso son CEO!

[17] Voy a utilizar siempre el masculino cómo genérico él-ella.

[18] En el cual ha invertido mucho dinero en horas de formación para darle al cliente un servicio completo.

No tener bien encajada la Promesa con la estructura operativa puede llevar a dos caminos. Uno, no cumplir la Promesa. Otro, cumplirla, pero a un coste elevadísimo que la hace ineficiente. Y la unión no es un matrimonio fácil de conseguir. Hace 22 años hicimos un estudio de PYMES europeas y el 90% tenía esquizofrenia entre lo que prometía y lo que entregaba su caja de Operaciones[19]. Desgraciadamente es un problema muy común. Pero de fácil[20] solución. Se requiere introducir elementos que sirvan de filtro, un tamiz.

Para tal fin, les presento[21] cinco dimensiones que nos ayudarán a concretar. ¿Por qué cinco y no seis o diez? Porque con cinco basta y no es necesario complicarse más la vida. Las cinco dimensiones son: coste, tiempo, amplitud, innovación y consistencia. Veamos qué significa cada una.

1. *Coste.* Todo aquello que va asociado con el flujo de dinero.
2. *Tiempo.* Todo aquello que incorpora magnitudes de tiempo.
3. *Amplitud.* Variedad planeada, cartera de servicios, tanto potencial como real.
4. *Innovación.* Capacidad de realizar cambios en el servicio.
5. *Consistencia.* Grado de variabilidad entre lo previsto y lo real. El cumplimiento de las especificaciones del servicio rige esta dimensión.

Guardando la singularidad de la empresa, cada dimensión debe ser traducida a un criterio específico[22]. Estos criterios se convertirán en la clarificación que guíe la traducción de la estrategia al quehacer diario. Un ejemplo de criterios puede ser el siguiente:

1. *Coste*: margen bruto, margen de contribución o coste del servicio.
2. *Tiempo*: tiempo de respuesta al cliente, tiempo al mercado del producto o del servicio.
3. *Amplitud*: gama de servicios o productos.
4. *Innovación*: número de nuevos productos al año, número de nuevos servicios cada seis meses.
5. *Consistencia*: fiabilidad del tiempo de servicio, cumplimiento de las especificaciones del servicio.

---

[19] Por lo que veo de mis participantes europeos, actualmente existe una situación similar, sin excepciones de nacionalidad.

[20] Fácil conceptualmente, endiabladamente complicado en la vida real.

[21] Realmente las presentamos en sociedad hace 13 años, pero vuelvo a traerlas, pues son absolutamente imprescindibles.

[22] Otra vez tarea del CEO. Se le puede ayudar dándole alternativas, pero quien decide ¡es el CEO!

Una vez definidos los cinco criterios, el siguiente paso es priorizarlos[23]. La razón de esta priorización es concretar cuáles son los criterios más relevantes del servicio. Una forma de realizar esta concreción es entregarle al CEO diez puntos y solicitarle que los divida entre los cinco criterios de la Promesa[24]. El orden de asignación vendrá dado por la criticidad que cada criterio sustenta para el cumplimiento de la Promesa. La priorización sirve para bajar al terreno individual algo tan abstracto como la estrategia. De esta forma cada agente la entiende, la hace suya y la introduce en su quehacer diario[25].

La Figura 3.2 muestra un ejemplo de una empresa que vendía pizzas y quería diferenciarse por una gama de pizzas reducida pero introduciendo sabores nuevos de forma constante. El DG dio 5 puntos a nuevos sabores, 3 al cumplimiento del tiempo del servicio y 2 al margen neto. Claramente daba prioridad a los nuevos sabores y esto logró que todo el mundo en la organización empezara a mandar mensajes de WhatsApp sugiriendo ideas que los propios clientes habían dado. Igualmente, toda la organización era consciente de la importancia de cumplir con el tiempo acordado al servicio y priorizaba la solución de problemas que afectaba

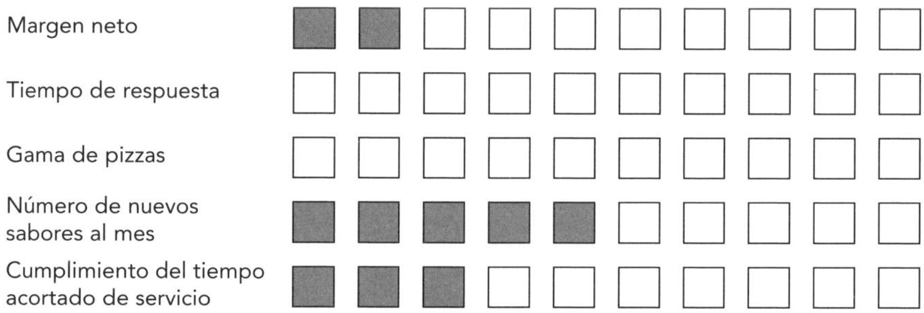


**Figura 3.2.**

[23] ¿Adivina el lector quién debe hacer la priorización? Efectivamente, otra vez el CEO.

[24] No vale que ponga 2 puntos a cada criterio. Eso no facilita la priorización. Hay que encontrar *trade offs* y saber discernir cuáles son los realmente críticos.

[25] Una anécdota que siempre cuento en clase: ¿Cuántas veces un 1% de diferencia de precio en algún producto nos ha costado una gran penalización? Muchas, ¿verdad? Y siempre le echamos «la culpa» al departamento de compras. Pues no, no es de ellos. Es claramente una falta de transparencia y claridad de las dimensiones prioritarias. Si el tiempo de respuesta y el cumplimiento del tiempo acordado son las dos dimensiones prioritarias de la Promesa, no podemos asumir una desviación en ninguna de ellas, aunque sea para conseguir rebajar precios. La rebaja será secundaria. Y ¿quién se lo ha aclarado a los de compras? Nadie, ¿verdad? Pues lógicamente ellos siguen trabajando con su priorización, que es el coste. Y esta mezcla de mensajes hace que la ineficiencia impere y sufra la CP&G. ¿Solución? Aclarar las prioridades de la Promesa.

a este criterio. El mensaje era claro y todo el mundo lo aplicaba a su día a día de forma espontánea[26].

Se sorprendería el lector al constatar cuánta gente en su empresa no tiene bien identificadas las prioridades y cómo sus actuaciones se ven guiadas por hipótesis sobre cuáles son estas prioridades. Y normalmente estas hipótesis son erróneas. La elección del problema y el impacto de la solución del problema para la mejora del servicio deben apoyarse en una prioridad claramente identificada por la dirección. De esta forma no hay malentendidos. Lógicamente esto requiere coherencia por parte de la dirección, que debe mantener esta priorización cuando surgen conflictos[27].

Un añadido complementario a la priorización de los criterios de la Promesa es que cada miembro de la organización tenga su cuenta de resultados (CP&G) individual. La CP&G debe reflejar la repercusión de las actuaciones individuales en las prioridades de la Promesa. Es una forma tangible, medible y evaluable que logra que cada agente entienda su efecto en la CP&G global de la empresa y, por ende, en el servicio final. Los números no son todo, pero son hechos tangibles y objetivables[28]. No tienen por qué ser opinables, son realidades. Y se trabaja muy bien con realidades. El ejemplo clásico es la gestión de proyectos. Si un gestor se ha comido todo el margen de un proyecto en su dedicación a él, habrá que discutir si el proyecto es una inversión interesante para la compañía, algo de futuro. Pero se sabrá que el proyecto da pérdidas y se tendrá que evaluar si se quiere continuar. Hay que tener la foto de la situación, entenderla y luego actuar. Y para ello los números son un gran apoyo. La cuenta de resultados es una herramienta de gestión muy potente y muy mal usada. Si cada agente viera, lo más físicamente posible, su efecto en las ventas y gastos de la empresa, entendería mejor la relevancia de sus decisiones.

## LA ESENCIA

¿Qué es la esencia? La RAE define esencia como «Aquello que constituye la naturaleza de las cosas, lo permanente e invariable de ellas». Según Aristóteles *esencia* es la

---

[26] Llevo muchos años queriendo que alguien haga una pequeña aplicación para poner un salvapantallas con las prioridades de la Promesa de cada empresa. Nadie me hace caso, quizá con este libro tenga más éxito…

[27] Todavía no me he encontrado a ningún CEO que me diga que su equipo de dirección necesita ayuda para clarificar prioridades. Todos me dicen que el equipo está perfectamente «entonado». Y luego, cuando se hace el ejercicio de priorización, salen sapos y culebras. No asuma nada, clarifique y dele un valor numérico a su priorización. Eso ayuda muchísimo a que todo el mundo lo tenga clarísimo.

[28] Cuando están bien hechos, porque hay CP&G que parecen más una obra de arte abstracto que una realidad.

naturaleza o rasgos que hacen de algo lo que es y no otra cosa[29]. Por tanto, la esencia es el ADN de la empresa. ¿Difícil de definir? Pues sí, la mayoría de los directivos no lo ha pensado nunca. ¿Importante de tener identificada? Absolutamente esencial para las Operaciones.

La mayoría de los emprendedores reconocen inconscientemente esta esencia y únicamente necesitan un apoyo para verbalizarla. Los directores generales, en cambio, suelen necesitar ayuda para identificarla. Proponemos que jueguen un papel activo en su definición para, así, poder tomar posesión del «alma» de su empresa.

La Clínica Mayo define su esencia como «El cuidado del paciente de forma personal y detallista». ¿Cómo lo hace realidad? En el momento en que el paciente conoce que debe ser ingresado, las habitaciones tienen todo lo que necesite para sentirse como en casa y se proporciona todo lo posible para que la familia pueda estar cerca de él. Por ejemplo, se reserva, con un gran descuento, en el hotel del campus una habitación para la familia mientras duren las pruebas médicas o el paciente esté ingresado. El paciente siempre podrá ir acompañado de un familiar durante las fases y pruebas médicas. El médico hablará constantemente con los familiares para que tranquilicen al paciente. Y para los que no puedan tener a su familia, existe un servicio web privado y gratuito, el CarePages, que ayuda a la familia y a los amigos a comunicarse durante la enfermedad.

Aunque he puesto el ejemplo de la Mayo escrito por ellos, y su definición de esencia es largo, a mí personalmente me gusta mucho más identificar la esencia con una palabra. Por lo tanto, si tuviera que sintetizar la esencia de la Mayo en una palabra diría «cercanía»[30].

La esencia debe permear en toda la organización. Desde la recepcionista hasta el celador o el auxiliar administrativo, todos deben transpirar la esencia de la empresa. Este es un factor crítico en los servicios pues, muchas veces, el mensaje del ADN se difumina y se pierde. Tenerlo identificado, explicitado y comunicado sirve de vehículo de cohesión. En una empresa con la cual he colaborado, han puesto en el comedor un cartel con su esencia y su Promesa. Y a la gente realmente le ha encantado verlo y comentarlo. La esencia se ha convertido en una palabra clave y he visto que su significado ha sido utilizado para aclarar muchas actuaciones que se estaban

[29] Frente a los accidentes (formas que se pueden perder sin dejar de ser la misma cosa), la esencia designa el *rasgo —o rasgos— que le conviene a algo necesariamente* y que no puede perder más que aniquilándose y dejando de ser.

[30] Es una opinión personal. Usted puede traducirlo a otra cosa. Quien debe traducir, sin embargo, es el CEO de la Mayo. Es el que cuenta.

realizando. Haga la prueba, defínala y trasmítala. Verá que rápidamente su organización la absorbe[31].

Pasemos al siguiente apartado, el rojo pasión[32]. La esencia se sustenta a través del rojo pasión, que es el fundamento que la hace operativa.

## EL ROJO PASIÓN

Un ejemplo que no falla para entender «el rojo pasión». Pregunto: «¿Cuál es la esencia de un circo?». Recibo respuesta unánime: «Divertirse». Y ahora pregunto: «¿Y qué es lo que hace que un circo sea un circo y que, si desaparece, ya no es un circo?». Otra respuesta unánime: «¡Los payasos!». Querido lector, acaba de descubrir cuál es el rojo pasión del circo: los payasos. El rojo pasión es aquello que sustenta la esencia en la estructura de Operaciones. Normalmente está muy escondido y no es fácil saber qué es. Esta es la razón por la que muchas veces la reducción de costes hace que matemos el rojo pasión, sin darnos cuenta.

El concepto es muy potente pero desagraciadamente nadie piensa en él. Se suele tener claro el diferencial competitivo de una empresa, pero pensar en esencia y rojo pasión suele ser un ejercicio muy alejado de la cotidiana[33] reflexión directiva.

La Clínica Mayo implanta su esencia a través de los voluntarios (Mayo Clinic, 2012). Cuando un paciente llega al hospital, ya sea para solicitar el ingreso o para una simple revisión, se le asigna un voluntario a él y a su familia. Los voluntarios tranquilizan a los visitantes inquietos, ayudan al personal médico a preparar al paciente, facilitan indicaciones e información, desempeñan su misión de atención al paciente, ofrecen un trato individualizado, ayudan con los trámites administrativos y hacen que los pacientes se sientan cómodos durante toda su estancia[34].

Encontrar el rojo pasión de cada empresa no es tarea fácil. Tener identificada la esencia es un paso inicial crítico. A partir de ahí, la reflexión debe centrarse en identificar aquello que lo sustenta. No suele ser nada glamuroso, suelen ser elementos que pueden pasar francamente desapercibidos. Pero que, si desaparecen, desaparece algo íntimo y diferencial de la empresa. ¿Puede usted identificar el suyo?

---

[31] Y si no la absorbe, pregúntese rápidamente por qué. A lo mejor no hay coherencia entre su esencia y la realidad del servicio.

[32] Sí, totalmente de acuerdo. Una cursilada de nombre. ¡Pero engancha! Todo el mundo se acuerda de él. Y como creo que el concepto que trasmite es muy relevante, pues sigo llamándolo rojo pasión después de muchos años.

[33] Sí, de acuerdo. Soy una optimista. Pensar que diariamente los directivos reflexionan es cuasi utópico. Que actúan, sí. Que reflexionan, quizás…

[34] Una auténtica maravilla, ¿verdad?

Promesa, esencia y rojo pasión configuran una parte esencial de SPDM. Es absolutamente crítico tenerlos identificados, pues sin ellos no se podrá desarrollar todo el resto del modelo. Conforman el primer paso de cualquier actuación en Operaciones. Vayamos ahora, en el siguiente capítulo, a entender la caja de Operaciones.

**HEMOS APRENDIDO**

- Los actores de las Operaciones son la Promesa, la caja de Operaciones y el cliente.
- Los clientes asumen nuevos papeles.
  - — Pon a trabajar a tu cliente.
  - — El cliente como coproductor del servicio.
  - — Apoyo para identificar los momentos en donde la empresa se juega el servicio.
    - Constate empíricamente con sus colaboradores que todos conocen los 5 MMV del servicio.
- La Promesa es la traducción de la estrategia.
- Las Promesa se define a través de cinco dimensiones.
  - — Coste, tiempo, amplitud, innovación y consistencia
- Cada dimensión debe ser especificada en un criterio singular para cada empresa.
- El CEO da una valoración numérica a cada criterio para trasmitir un orden de prioridad en la solución de problemas de servicio.
- La esencia es el ADN de la empresa.
  - — Es una palabra que contiene el mensaje fundacional del servicio.
- El rojo pasión es aquello que sustenta la esencia y reside en las Operaciones.

# Hay que hacer la calle, el control no añade valor 4

*De la capa más abstracta de SPDM vista en el capítulo anterior, bajamos a la más concreta. El Capítulo 4 desarrolla las seis variables básicas de acción de las Operaciones.*

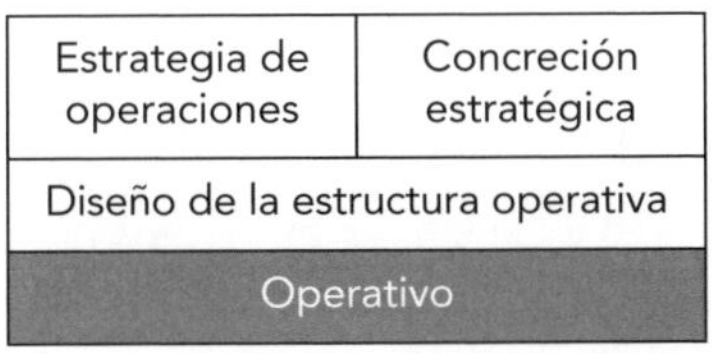


El título del capítulo puede extrañar al lector. Déjeme que se lo explique. Es una frase que utilizo primordialmente cuando doy los programas de alta dirección. Ellos suelen tener una cierta aversión al mundo de las Operaciones, sobre todo porque lo desconocen[1] y no se sienten cómodos. He descubierto que se convierten en verdaderos «fans» cuando se les explica de una forma clara y sucinta. Una vez absorbido, les pido que bajen al terreno, «hagan la calle»[2], y vean lo que realmente sucede en su empresa. Que se olviden de controlar, que eso no va a ningún sitio[3]. Hay que tener indicadores para el seguimiento operativo, pero no policías. El control en plan policía es más gasto que inversión. La dirección debe dar cancha a su gente, pero para ello es imprescindible que entiendan la problemática de las Operaciones. «Hacer la pregunta adecuada, en el momento oportuno, pidiendo la información relevante[4]» es el enfoque que propongo. Y para ello la dirección debe entender unos conceptos básicos de estructura operativa[5] que le permitan ponerse unas gafas que le dan una nueva visión. Este capítulo, y el siguiente, presentan la

[1] Lo han llegado a llamar «agujero negro galáctico» o «campo de minas».

[2] Ya sé que no queda muy elegante que una Sra. como yo diga esto. Pero como soy una señora a punto de entrar en la *silver economy*, me puedo permitir decirlo…

[3] Este es otro *leitmotiv* del libro. El control no aporta ningún valor.

[4] Título del último capítulo, pues si llega usted a él y no sabe plantear esto, ¡habré fallado estrepitosamente!

[5] Cada año tengo más de un directivo que viene y me dice: «esto que nos has enseñado me permite ver cosas que hasta ahora ni veía y es tremendamente útil».

montura de estas gafas. Las dioptrías del cristal van a depender de la complejidad de cada empresa.

Vistas la Promesa, la esencia y el rojo pasión, nos vamos a la capa operativa[6], a la caja de Operaciones. Para lograr este objetivo, debemos bajar dos niveles de concreción en nuestro esquema. La razón es sencilla. Hay que empezar por los cimientos de la empresa y esos se encuentran en la capa operativa.

## LAS SEIS VARIABLES

La capa operativa se configura[7] a través de seis variables de acción:

1. Los procesos.
2. La capacidad necesaria para prestar el servicio.
3. La estructura de los flujos y la configuración de la estructura del tiempo.
4. El perfil de los recursos humanos.
5. El sistema de información.
6. Las reglas operativas por las que se rige el servicio.

### Procesos

De procesos se ha hablado mucho, muchísimo. De hecho, mucha gente entiende Operaciones solo como procesos. Visión totalmente miope del tema. Los procesos son parte esencial de las Operaciones, pero tienen que entenderse en conjunción con las otras cinco variables.

Un *proceso* es un conjunto de actividades que describen las transformaciones que deben tener lugar en un servicio. Normalmente están definidas en forma de protocolos, que guían las actividades diarias. Los protocolos son un punto de partida, pero no son suficientes en la prestación del servicio. Todos los servicios tienen agentes que realizan las actividades. Los agentes pueden ser seres humanos o máquinas. Los humanos necesitan poseer capacidad para la resolución de problemas no cubiertos en los protocolos y unos criterios claros para la toma de decisiones. Un

[6] ¿Recuerda el lector? La capa operativa está en el suelo, es la más concreta. La más abstracta es la capa de estrategia de Operaciones en donde están la Promesa y la esencia. Y en medio, como el jamón del sándwich, se encuentra la capa de diseño de la estructura operativa.

[7] En casi todos los libros que he escrito hablo de las seis variables. Por ello aquí voy a dar un breve resumen y en el próximo capítulo voy a incidir sobre aquello que considero que debe tener un conocimiento más profundo: el análisis de capacidades. Mis colegas de Departamento Lago y Mosco- so acaban de publicar un libro sobre el análisis operativo de una empresa. Se lo recomiendo al lector si desea profundizar en dicha capa.

tema que está encima de la mesa, y que abordaremos en el Capítulo 8, es la industrialización del servicio[8].

Los procesos han sido los grandes protagonistas del movimiento japonés. El cuestionarse cinco veces[9] por qué en todo y el hacer el análisis de las 5W y la H (ver Tablas 4.1 y 4.2) son algunas de sus aportaciones.

**Tabla 4.1.**

| | |
|---|---|
| Qué («What») | Finalidad. |
| Por qué («Why») | Necesidad. |
| Dónde («Where») | Lugar. |
| Cuándo («When») | Secuencia. |
| Quién («Who») | Operador. |
| Cómo («How») | Método. |

Muchas de estas ideas se resumen en un concepto que cariñosamente llamamos «la búsqueda del banco verde». El término lo acuñó un amigo refiriéndose a una anécdota que le aconteció cuando hacía su servicio militar en Sevilla. Según él cuenta, en el cuartel donde le habían enviado, le encomendaron la tarea de poner soldados en las guardias. Y dentro de las ubicaciones había una que vigilaba un banco verde, viejo, desvencijado y casi decrépito. Al preguntar por qué, nadie supo responderle, hasta que un sargento que llevaba en el cuartel 20 años le explicó lo siguiente: «Hace 5 años pintamos el banco de verde y para que nadie se sentara en la pintura fresca, pusimos un soldado de guardia. Y desde entonces siempre hemos puesto a un soldado ahí». ¿Cuántos bancos verdes tiene el lector en su empresa?

La búsqueda del banco verde se refiere a cuestionarse todo. TODO. Por todo el mundo, es decir por todos los agentes. El objetivo es «matar» todo lo estúpido e innecesario, *kill the stupid rule* lo llamaban en el Commerce Bank (Frei, 2003). Este enfoque ayuda a quitar desperdicios, encontrar reprocesos, reducir consumos y liberar capacidad. Desgraciadamente la inercia se cristaliza en las empresas y acabamos haciendo las cosas porque siempre se han hecho así sin cuestionarnos cómo hacerlas mejor y cómo rebajar consumos. Por ello, reglas como la del Commerce son diamantes en bruto.

---

[8] Como dice mi colega Pedro Nueno: «todo lo industrializable se va a industrializar».

[9] Los japoneses dicen que hay que preguntarse diez veces por qué. Es realmente agotador, pero da unos resultados estupendos.

**Tabla 4.2.** Cuestionamiento sistemático de un proceso, (modificado) Muñoz-Seca y Riverola, 2003.

| | |
|---|---|
| *Por qué (Why)* | 1. ¿Por qué se hace?<br>2. ¿Es necesario?<br>3. ¿Podría ser eliminado?<br>4. ¿Podría ser reemplazado por un proceso más sencillo?<br>5. ¿Podría combinarse con otro?<br>6. ¿Podría subcontratarse? |
| *Dónde (Where)* | 1. ¿Dónde se hace?<br>2. ¿Por qué se hace allí?<br>3. ¿Podría localizarse en otro momento?<br>4. ¿Podría hacerse fuera de la percepción del cliente?<br>5. ¿Dónde debería hacerse? |
| *Cuándo (When)* | 1. ¿Cuándo se hace?<br>2. ¿Se necesita siempre?<br>3. ¿Interrumpe el flujo de otro proceso?<br>4. ¿Podría hacerse con menos frecuencia?<br>5. ¿Añade valor al servicio?<br>6. ¿En qué otro lugar podría hacerse? |
| *Quién (Who)* | 1. ¿Quién lo hace?<br>2. ¿Por qué lo hace esa persona?<br>3. ¿Qué cualificaciones se necesitan?<br>4. ¿Podríamos reemplazarlo con alguien menos cualificado?<br>5. ¿Podría hacerlo un subcontratista?<br>6. ¿Podría hacerlo una máquina? |
| *Qué (What)* | 1. ¿Qué se hace?<br>2. ¿Qué debería hacerse?<br>3. ¿Qué otra cosa podría hacerse?<br>4. ¿Qué otra cosa debería hacerse? |
| *Cómo (How)* | 1. ¿Cómo se hace?<br>2. ¿Por qué se hace de ese modo?<br>3. ¿De qué otro modo podría hacerse?<br>4. ¿Cómo debería hacerse? |

Muchas de estas ideas están incluidas en el movimiento *lean*[10] mencionado en el Capítulo 1. *Lean* se centra en los «siete desperdicios»[11]. Ejemplo de actuación *lean* en una empresa: cuando los clientes llaman a la central de una tienda de venta de libros *online* para quejarse de que su libro no fue entregado, un miembro del equipo entrenado *lean* trabajará con el cliente para resolver el problema de inmediato y difundirá el problema mediante la publicación en un tablón visual que muestre los problemas que el equipo ha encontrado. A continuación, el equipo buscará, encontrará y eliminará los desperdicios[12] en el proceso que causó el defecto. Esto evitará que otros clientes tengan esa misma experiencia negativa.

Unidas al *lean*, encontramos las 5 S (Tabla 4.3) japonesas[13] que aportan un enfoque complementario de actuación en procesos. Las 5 S simplifican el entorno de trabajo, reducen la actividad residual y mejoran la eficiencia.

**Tabla 4.3.** Las 5 S, Muñoz-Seca y Arenas, 2015.

| 5 S: Seiri; Seiton; Seiso; Seiketsu; Shitsuke |
|---|
| 1. *Seiri* es para clasificación *(sort)*: Consiste en la eliminación de algo del área seleccionada que simplemente no tiene cabida en ella. El equipo tendrá que romper cualquier apego que sienten por algunos de esos artículos. «En caso de duda, tírelo a la basura». |
| 2. *Seiton*: Establecer en el lugar. «Un lugar para cada cosa y cada cosa en su lugar». El objetivo es que para encontrar cualquier cosa que se necesite, se tarden tan solo unos segundos. |
| 3. *Seiso*: Superlimpieza. Hay que centrarse no solo en la limpieza de la zona, sino también en encontrar la(s) causa(s), raíz o el(los) origen(orígenes) de contaminación. |
| 4. *Seiketsu*: Normalizar. La estandarización es la asimilación de la nueva forma de trabajo tan solo mirando, sintiendo y funcionando. Todos en la empresa deben sentir que son parte de este éxito y se beneficiarán de ello. |
| 5. *Shitsuke*: Mantener. Es fundamental hacer todo lo que se pueda para preservar el progreso. |

[10] Recordemos (Alsmadia, 2012) que *lean* es un modelo y una colección de métodos que ayudan a eliminar los residuos al tiempo. *Lean Six Sigma* (Zhang, 2012) es una combinación de las técnicas de mejora de eliminación de desperdicios y de procesos.

[11] Sobre producción, tiempos de espera, transporte, reprocesos, *stocks*, movimientos, defectos y potencial humano subutilizado.

[12] O *mudá*, palabra japonesa para desperdicio. Realmente este enfoque que expongo recuerda mucho a las actuaciones en fábricas japonesas, pero ahora se enfoca como actuación *lean*.

[13] Sobre la base de cinco palabras japonesas que comienzan con S, la filosofía 5 S se centra en la organización eficaz del lugar de trabajo y procedimientos de trabajo normalizados.

## Capacidad

La *capacidad* está relacionada con el número de agentes que necesita un servicio y su uso. La configuración de la capacidad está estrechamente vinculada a la Promesa del servicio y puede tener efectos devastadores en las percepciones de los clientes. Su importancia es tal, que le dedico un capítulo entero, el siguiente[14].

## Flujos o tiempos

La tercera variable se refiere a los movimientos (o flujos) en el sistema. Son dos los aspectos que han de considerarse: el *layout* y la estructura del tiempo.

El *layout* es la configuración física del lugar en donde se presta el servicio. En fábrica es reconocido como un componente esencial, pero en servicios es, muchas veces, menospreciado. Y su impacto es inmenso. Le ruego que mire un segundo su configuración física del servicio y piense si añade eficiencia y valor. Hay mucho tiempo perdido en movimientos innecesarios generados por una mala distribución física que condiciona el proceso de prestación del servicio. Por ejemplo, el personal auxiliar de un hospital, al deambular constantemente por los pasillos para satisfacer las demandas de los procesos, puede fracasar en satisfacer las expectativas de los clientes, y puede ser enormemente improductivo.

El mal uso del tiempo es el generador de gran improductividad en los servicios. Hay que detenerse a entender la estructura del concepto tiempo, pues, normalmente, no se comprende en su totalidad. La *estructura del tiempo* se refiere a la asignación de tiempo para las diferentes actividades. Es decir, ¿tenemos el tiempo bien distribuido en la prestación del servicio? Para atacar esta pregunta hay que enunciar otras, como: ¿hay que procesar a los clientes de uno a uno o juntos? ¿Cuál sería un tiempo razonable de espera en cola?

Son preguntas que tienen un impacto directo sobre el servicio. El MedRite Project consistió en la observación del servicio de las enfermeras de un hospital y detectó que las interrupciones eran la principal causa de error. Para suprimirlo se introdujo la NIW (*no interruption wear* o «prenda antiinterrupciones»), una banda que indica que nadie debe interrumpir (hablar) a la enfermera que lo lleva, salvo en caso de emergencia. El chaleco se pone en la sala de medicación y se quita al abandonar la habitación del paciente, evitando así que se interrumpa a las enfermeras mientras dispensan medicamentos. La enfermera solo lleva la NIW cuando dispensa medicamentos. Otro resultado fue la «zona sagrada», un área señalada con cinta pegada en el suelo donde las enfermeras trabajan preparando medicamentos. Y nadie las podía interrumpir. Resumen, interrupción igual a improductividad.

---

[14] Si no aguanta la curiosidad, váyase al Capítulo 5, léalo y vuelva. No pasa nada.

Entendamos la lógica detrás de una interrupción[15] ¿Qué hace una interrupción? Pues parar la tarea que se está haciendo con el fin de iniciar la nueva. Y el problema reside en que, al parar y cambiar de tarea, hay que organizarse para hacer la nueva. Esta organización es el llamado tiempo de preparación. Cuanto mayor es el tiempo de preparación para una tarea, mayor es la repercusión de la interrupción.

En los trabajos intelectuales la repercusión de la interrupción es terrorífica. Contestar una pregunta de un colega, atender al jefe, alguien entrando en el despacho sin avisar o cualquier otra actividad que detiene lo que se está haciendo, es sinónimo de improductividad. ¿Qué se puede hacer? Pues lo obvio es reducir el tiempo de preparación. Esta es una de las grandes lecciones del JIT y debemos aplicarlo a los servicios. Lotes de 1 y tiempos de preparación bajo, esa es la fórmula. Pero hay trabajos en los que eso es muy difícil. Debemos siempre tratar de reducir los tiempos de preparación, pero cuando no se puede más, es muy conveniente introducir unas reglas de funcionamiento que potencien reducir las interrupciones.

Hablar del tiempo de preparación sin mencionar los otros tipos de tiempo sería no entender la estructura del tiempo[16], una gran belleza de la capa operativa. Son los famosos 7 tiempos que deleitan a todos nuestros alumnos. Sí, 7. Fíjese el lector, que cuando piensa en tiempo, normalmente está pensando en tiempo de operación. Pero, en promedio, el tiempo de operación es solo el 30% del tiempo total. Por ello, le propongo una estructura que permite entender que actuar solo para reducir el tiempo de operación es un trabajo desperdiciado. Hay que actuar sobre todos los otros seis tiempos. Ello mejorará nuestra eficiencia y seremos capaces de atender más clientes y/o producir más servicios.

Los 7 tiempos o tiempos básicos de operaciones, son:

1. *Operación:* tiempo de realizar la tarea *per se.*
2. *De preparación:* tiempo para preparar la tarea que se va a realizar.
3. *De lote*: tiempo que consume un ítem esperando a que el otro ítem sea procesado, pues ambos viajan juntos.
4. *De interferencia o tiempo de cola*: tiempo haciendo la cola.

[15] Las interrupciones son un mal endémico del siglo XXI. No hay nada que enfurezca más a la autora que ver en clase a alguien con su teléfono mandando mensajes. Puede que el tema que se discute no le interese, pero con su atención situada en otro contexto es imposible darle una oportunidad al tema y que se produzca un mínimo aprendizaje. Aun sabiendo que esto le llevará a la animadversión del participante, la clase se detiene para comentar la importancia del mensaje que seguro será la diferencia entre un mundo feliz o catastrófico.

[16] Para un estudio más profundo de este tema, ver Muñoz-Seca y Riverola, (2003).

5. *Planificado:* tiempo que de forma voluntaria hemos adjudicado a la tarea o a la secuencia de ejecución de la tarea[17].
6. *De seguridad, o tiempo por si acaso*: el colchón de tiempo que el procesador se adjudica para asegurarse de que tareas de otros le llegaran con suficiente antelación para así poder usarlas en su tarea.
7. *De desorganización* o *tiempos de olvido*: el tiempo que consumimos buscando cosas[18].

Mi ejemplo favorito. Voy a las 8:30 am a mi sucursal bancaria (en España las sucursales se abren a esa hora). Soy la primera, no hay ninguna espera, entro, doy un talón, la cajera me da mi dinero y me voy. Tiempo de servicio igual al *tiempo de operación* de cambiar el talón por dinero.

Otra situación, al llegar a la caja, la cajera me mira y me dice: «un segundito, arranco el sistema». Eso es *tiempo de preparación.* Por lo tanto, tiempo de servicio igual a la suma del tiempo de preparación más el tiempo de operación.

Ahora acontece que, aunque he llegado a las 8:30, se me ha adelantado una persona. Por lo tanto me tengo que esperar en *cola.*

Otra circunstancia. Me acompaña al banco una de mis hijas. Pues con esta condición, yo me espero hasta que mi hija haya sido atendida. Somos un *lote* y cada una se espera a la otra[19].

Ahora resulta que, para cobrar los talones, necesito que esté en el banco el responsable de empresas, pues necesito aclarar con él unos temas. Y el responsable de empresas solo está a las 8:30 los jueves. Por lo tanto, solo puedo ir los jueves y tengo que esperarme a que sea jueves para poder resolver mi situación. Esto es *tiempo planificado.*

Como no me fío de poder resolver el asunto yendo solo un jueves, me anticipo y voy el jueves anterior para preguntarle al responsable de empresas y luego resolver el tema el jueves siguiente. Nos hallamos ante el *tiempo de seguridad.*

Finalmente, como tengo que buscar papeles, le dedico la noche anterior una porción de mi velada a buscar ese «maldito papel que no encuentro»: *tiempo de desorganización.*

---

[17] El comité de riesgos se reúne una vez a la semana. Por lo tanto las decisiones de riesgos se toman una vez a la semana.

[18] Correos electrónicos, archivos en el ordenador, papelitos amarillos en donde hemos apuntado una idea crucial que hemos tenido...

[19] Ejemplo típico: aterriza en un aeropuerto e inmediatamente mira si va a ir en *finger* o en autobús. Si va en *finger* usted es lote de 1 y sale corriendo del avión. Si es autobús se toma su tiempo, pues sabe que se tiene que esperar a que todo el mundo ingrese en el autobús y además la regla operativa es LIFO (*last in first out*), ¡el último en montarse es el primero en salir!

¿Verdad que se siente muy identificado? Es nuestro día a día, pero nunca hemos reparado en ello. Ahora se «ha hecho la luz», y atacando todos los tiempos incrementaremos nuestra eficiencia de una forma espectacular. La Tabla 4.4 provee un breve resumen de cada tiempo, cómo se puede reducir[20] y qué preguntas hay que hacerse para atacar cada uno.

Última anotación final del tema tiempos. Tengo que añadir aquí una cuña. Puede que no sea crítico para una empresa de servicios, pero si no lo digo, muero[21]. No voy a meterme con los *stocks* en este libro[22], pero quiero dar cuatro pinceladas sobre ellos. Realmente en las empresas de servicio los *stocks* son el tiempo. Y estas las traduzco al entorno servicios.

- **Pincelada 1:** el gravísimo problema de los *stocks* es que esconden errores. Sumergidos en *stock*, los verdaderos problemas no emergen. Traducción: las ineficiencias de tiempo esconden errores.
- **Pincelada 2:** los *stocks* no son ni buenos ni malos. Todo depende de la estrategia de servicio de la empresa. Sí son dinero que no genera ninguna rentabilidad. Traducción: ¿cuántos *buffers* de tiempo hay en su empresa?
- **Pincelada 3:** los *stocks* se reducen reduciendo el tiempo de entrega y reduciendo la aleatoriedad de la demanda. A menor tiempo de entrega de los proveedores más posibilidad de tener menos *stock* para dar servicio. A mayor información y conocimiento de lo que el cliente nos va a pedir, más facilidad de acotar el *stock* necesario. Traducción: para reducir tiempo de servicio reduzca tiempo de búsqueda de solución de problemas.
- **Pincelada 4:** una buena gestión de *stocks* requiere transparencia de información en toda la cadena. Cuanto más sepamos del comportamiento del cliente final y lo compartamos entre todos los actores de la cadena, se podrá focalizar más la necesidad de *stocks*. Traducción: cuanta más transparencia de información sobre cliente final, mejor idea de los conocimientos que necesitamos.

---

[20] Una anotación. Si no puede reducir el tiempo de cola, por lo menos trátelas psicológicamente. Este es el modelo que instauró la Disney Corporation. Aporte entretenimiento mientras la gente espera en cola. En un libro anterior explicamos cómo el tratamiento psicológico de la espera hizo maravillas en las esperas de la Operación paso del Estrecho del Puerto de Algeciras. Funciona, no lo dude.

[21] He luchado mucho, mucho con los *stocks*. Y creo que todo directivo debe tener cuatro ideas muy claras sobre ellos. Por eso meto la cuña. Si no le interesa, no lo lea. Pero realmente, no iría mal que se lo mirara…

[22] Es un tema de expertos y hay muy buenas notas técnicas en el IESE escritas por profesores del departamento. Recomiendo al lector buscar en la web del IESE el tema *stocks* o *supply chain*.

**Tabla 4.4.** Los 7 tiempos, tomado de Muñoz-Seca y Riverola, 2003.

| Tipo de tiempo | Definición | Reducción por | Cuestiones |
|---|---|---|---|
| **1. De operación** | Tiempo estándar de realización de tareas | – Medir para analizar.<br>– Simplificar el proceso eliminando las operaciones innecesarias. | – ¿Podemos reducir el tiempo de actividad?<br>– ¿Podemos incrementar la productividad del procesador?<br>– ¿Podemos combinar mejor la tecnología con la actividad? |
| **2. De preparación** | Tiempo necesario para cambiar un procesador de actividad | – Ingeniería del proceso.<br>– Analizar actividades para reducir.<br>– Métodos.<br>– Tecnología.<br>– Los propios agentes. | – ¿Podemos eliminar los cambios?<br>– ¿Podemos eliminar la preparación?<br>– ¿Podemos hacer las preparaciones fuera de la vista de los clientes?<br>– ¿Podemos mejorar los métodos para cambiar de tarea? |
| **3. De lote** | El tiempo de espera por viajar juntos | – Disminuyendo el tamaño del lote.<br>– Reduciendo tiempo de preparación.<br>– Lotes de 1. | – ¿Podemos reducir el tamaño del lote?<br>– ¿Podemos eliminar las economías de escala debidas al lote?<br>– ¿Podemos suavizar el flujo para que este se produzca por unidades? |
| **4. De interferencia** | Tiempos de cola, aleatorio | – Reduciendo aleatoriedades.<br>– Incrementando capacidad.<br>– Identificar y no tener ocupación > 70%.<br>– Analizar variabilidad proceso.<br>– Actuar sobre demanda. | – ¿Podemos dar citas?<br>– ¿Podemos reducir la variabilidad del servicio?<br>– ¿Podemos hacer rentables las esperas?<br>– ¿Podemos diversificar la capacidad? |
| **5. De planificación** | Tiempo resultado de la planificación | – Rediseñar proceso.<br>– Orientar proceso a unidad. | – ¿Podemos eliminar variabilidades de llegada?<br>– ¿Podemos cambiar fácilmente la capacidad? |
| **6. De seguridad** | Tiempo «por si acaso» | – Eliminar seguridades innecesarias.<br>– Actuar sobre la incertidumbre.<br>– Actuar sobre la demanda. | – ¿Podemos disminuir los retrasos?<br>– ¿Y la variabilidad durante aquellos?<br>– ¿Podemos penalizar el no llegar a tiempo? |
| **7. De desorganización** | Tiempos de olvido | – Actuar sobre sistema de información.<br>– Reglas sencillas y claras. | – ¿Hay retrasos inexplicables?<br>– Explicar lo inexplicable. |

## Sistema de información y reglas operativas

Las variables cuarta y quinta están estrechamente relacionadas. Tienen que ver con el sistema de información y las reglas operativas que rigen la prestación del servicio. Empecemos por el sistema de información.

Los agentes necesitan la información adecuada para tomar las decisiones correctas. El *sistema de información* es el «conjunto de mecanismos que mueven, almacenan y suministran información a los diferentes agentes» (Muñoz-Seca y Riverola, 2003). Voy a centrarme en los temas que considero esenciales para el funcionamiento operativo del servicio[23].

*Primera idea.* La información se convierte en dinero a través de las decisiones. Sin decisiones la información se queda en abstracción y no sirve para mucho[24]. Por lo tanto, hay que mirar quién decide qué, qué información recibe y si es la apropiada. Podemos estar «matando moscas a cañonazos» dándole a los decisores información que no necesitan de nada. Y ya saben, ¡se puede morir de hambre o de empacho!

*Segunda idea.* Hay dos tipos de decisiones, las operativas y las estratégicas. Y se debe identificar quién toma qué y cuándo. Una persona puede estar tomando en paralelo decisiones operativas y estratégicas para diferentes temas. Por ejemplo, la farmacéutica de un hospital, cuando es miembro del comité de farmacia que decide qué medicamentos debe haber en el hospital, es decisora estratégica. Sin embargo, cuando cambia una amoxicilina por otra para dársela a un paciente siguiendo la prescripción del médico, es operativa.

Suele acontecer que a veces se mezclan los papeles y quien debería tomar una decisión operativa toma una estratégica. Esto es muy común en las Operaciones, pues hay un hecho ineludible. En Operaciones si la dirección no decide, alguien va a decidir por ellos. Esto es así. Y el problema reside en que, con su mejor voluntad, el operativo toma una decisión estratégica totalmente incongruente con la Promesa de la empresa. Por lo tanto, hay que identificar quién toma qué tipo de decisiones y darle a cada uno la información relevante para ella.

Para facilitar esta clarificación de decisores, propongo un esquemita sencillo y que funciona de mil maravillas. La Figura 4.1 lo describe. Veamos. En la parte superior están los protagonistas, en este caso tres empresas de una *holding* eléctrica y la

[23] Es imposible desarrollar en este libro el amplísimo campo de los SI y de estructuras de las decisiones, como los *Decision Support Systems*, DSS (Muñoz-Seca y Riverola, 2006). Además, yo no soy experta en ellos. Todos mis colegas del departamento de SI saben mucho más que yo. Voy a focalizar en aquellos aspectos que en el día a día operativo son imprescindibles.

[24] Sí para ser sabio, pero nosotros queremos ser ricos a largo plazo…

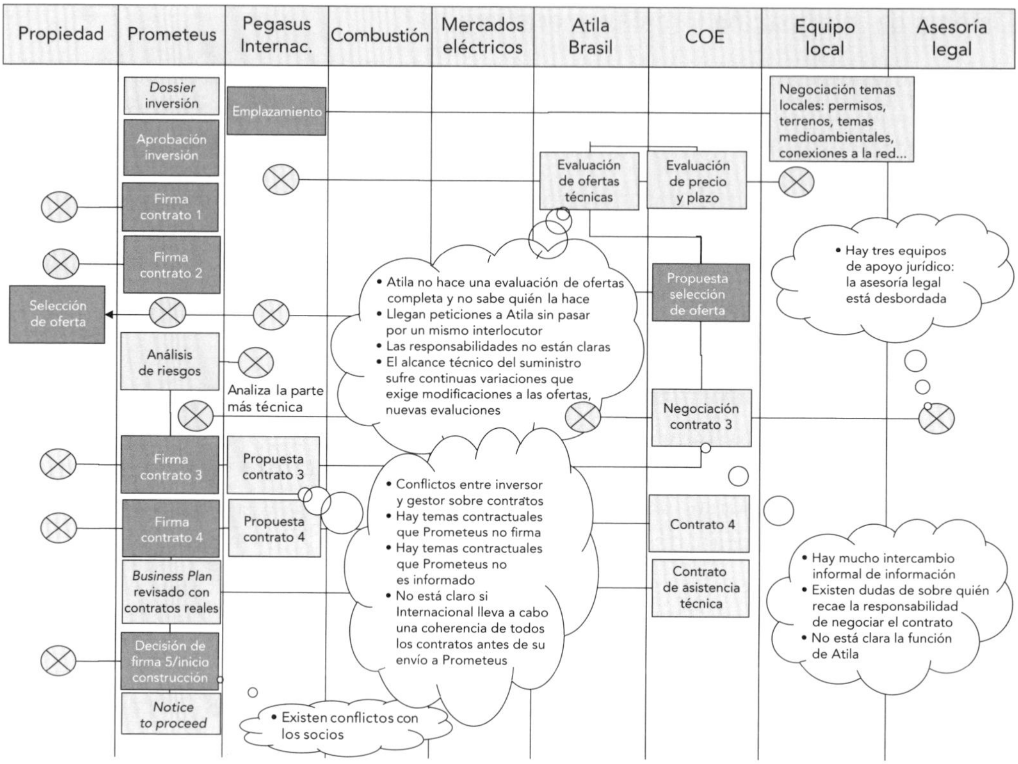


**Figura 4.1.** Esquema decisores/decisiones.

cabecera. El problema era la creación de contratos en donde se mezclaban decisiones de todos y era muy ineficiente. Se reunieron representantes de las empresas y la cabecera y describieron el proceso y las decisiones. Al lado de las actividades, o decisiones, más críticas pintaron «nubes» con los conflictos. En una sesión de trabajo identificaron con toda nitidez que se estaban tomando decisiones por actores no adecuados, ocasionando ineficiencias innecesarias. Al acordar quién debía ser el dueño de cada decisión, se limpió el aire y se llegó a un plan de acción de implantación operativa satisfactorio para todos. Usando este esquema acordaron todo el funcionamiento a futuro e incrementaron su eficiencia.

Recomiendo enfáticamente el uso de esta herramienta. Es clara, concisa y todo el mundo inmediatamente entiende la situación y los posibles problemas. Se crea un lenguaje común que facilita el entendimiento entre las partes.

Hablar de sistemas de información sin hablar de tecnología parece imposible, ya que la tecnología está jugando un papel importante en el uso de la información, permitiendo grandes eficiencias y mejora del servicio. Pero nunca olvidemos que la tecnología debe introducirse una vez quitadas todas las ineficiencias[25]. Como un ejemplo menciono el registro electrónico de administración de medicamentos (eMAR)[26] del Doylestown Hospital (Pensilvania) (Doylestown Hospital, 2011). Las dosis individuales se codifican en la farmacia del hospital, se entregan a enfermería y, posteriormente, llegan al monitor de cabecera del paciente. Durante el ingreso, a todos los pacientes se les da una pulsera con un código de barras para identificarles. La enfermera escanea la pulsera del paciente en el monitor de cabecera antes de administrar los medicamentos y si se detectan interacciones entre medicamentos, incompatibilidades o alergias, el sistema eMAR avisa a la enfermera.[27]

*Tercera idea*, no se puede permitir decidir «por sentido común» ya que el sentido común no existe. El sentido común[28] es el acervo que cada persona tiene originado por sus experiencias y conocimientos (Muñoz-Seca y Riverola, 2007). Por lo tanto, dos personas en la misma empresa haciendo tareas similares pueden tener diferente sentido común. Y si dejamos que decidan por él, pueden tomar decisiones contrapuestas basadas en su experiencia. Y eso es totalmente disfuncional. En el mundo de la empresa hay que racionalizar este sentido común a través de reglas operativas.

Recuerde lo dicho con anterioridad. En el mundo de las Operaciones, si la dirección no encauza el proceso de decisión, alguien siempre toma alguna decisión. Y, con la mejor voluntad del mundo, esa decisión puede ser totalmente contraproducente para la empresa. La razón es muy simple. El agente por «sentido común» piensa que su priorización es la adecuada.

---

[25] Ruego que el lector me disculpe. Esto lo voy a decir mil veces en el libro hasta aburrirle. ¡Pero es que quiero que quede totalmente imbuido con esta idea! La tecnología es tan sexy que seduce y luego, al implantarla, vienen los problemas.

[26] El sistema eMAR, un *software* plenamente integrado, aúna dos tecnologías: escáneres de mano e inalámbricos con Bluetooth para leer los códigos de barras (la misma tecnología de códigos de barras utilizada en los supermercados). Un equipo multidisciplinar de más de 25 asociados del Doylestown Hospital, entre ellos, personal de enfermería, farmacia y los sistemas de información médica, colaboraron con Meditech en la creación del sistema.

[27] La inversión del Doylestown Hospital en el sistema eMAR fue de más de 500.000 dólares. Durante las dos primeras semanas que estuvo en uso, se escanearon 90.000 medicamentos y se produjeron 6.000 avisos, de los cuales 1.200 tenían implicaciones clínicas.

[28] Nuestra propuesta es clara: no existe el sentido común tal como se entiende de forma coloquial. Definimos el sentido común como el *stock* de conocimientos necesario para resolver la mayoría de los problemas que surgen en la operación de un sistema. Y si no hay ese *stock*, no hay conocimiento para resolver los problemas. Desgraciadamente, en mi vida de asesora me topo constantemente con directivos que abogan a este sentido como algo innato para la toma de decisiones y soluciones de problemas de sus colaboradores. Y, lógicamente, su sentido común no es el de sus colaboradores y se inicia un círculo vicioso de incomprensión.

*Cuarta idea.* Identificar las reglas operativas apoya a la solución eficiente de problemas. ¿Qué es una regla operativa? Las *reglas operativas* son conocimientos encapsulados que proporcionan directrices, especifican prioridades y generan coherencia en el sistema. Estas reglas son materializaciones del conocimiento listas para su uso inmediato por parte del agente. A veces, forman parte de la cultura operativa de la empresa: leyes no escritas, criterios «en los que creemos» y procedimientos aprobados como «ejemplares» o «correctos».

La alta dirección debe formular un conjunto de reglas de referencia, las cuales deben poder ser aplicadas en cascada. ¿Y cómo sería una regla operativa? Una regla podría ser esta: «En esta empresa no se puede plantear un problema sin ofrecer a su vez un diagnóstico y alternativas de acción». Otra regla operativa de funcionamiento: «Todo paciente que llegue a urgencias con la mano en garfio en el pecho no pasará por triaje[29]». Otros ejemplos de reglas operativas de algunas empresas con las que he colaborado, son:

- Toda decisión debe venir soportada por hechos y análisis.
- De varias alternativas, elegimos siempre la más sencilla.
- Una vez acordado un tema no se cuestiona hasta que se haya implantado.
- Las tiendas franquiciadas tienen prioridad sobre las tiendas propias.
- Todo pedido de El Corte Inglés pasa a ser el primero.

Enunciar las reglas operativas se convierte en un trabajo muy arduo para la alta dirección. Nunca se lo han planteado y les cuesta muchísimo. Pero una vez enunciadas, es un trabajo muy gratificante. La organización agradece enormemente la clarificación y facilita el funcionamiento interno.

Un CEO con el que trabajé una temporada ha definido cinco reglas operativas que ha entregado a su equipo de dirección en una cartulina plastificada. Su forma de funcionar ha sido, durante unos meses, solo dar números cuando le hacían preguntas. Su gente tenía que mirar la cartulina. Después de este proceso, que recuerda a los experimentos de Pávlov[30], su equipo ha asumido las reglas de una forma

[29] El Manchester Triage System es un sistema empleado por el personal sanitario para clasificar a los pacientes a su llegada al centro hospitalario, especialmente urgencias, según la gravedad de su estado. Los pacientes en estado crítico serán tratados inmediatamente; los que llegan en estado de emergencia serán tratados en 10 minutos, y quienes lleguen en estado de urgencia serán tratados en un máximo de 60 minutos, y así sucesivamente.

[30] ¿Recuerdan el perro del Pávlov que salivaba cuando le ponían electrodos y llegó a salivar solo con ver los electrodos? Esa es la versión que me enseñaron a mí, aunque según otra gente fue hacer sonar un metrónomo justo antes de dar alimento en polvo a un perro, llegando a la conclusión de que, cuando el perro tenía hambre, comenzaba a salivar nada más al oír el sonido del metrónomo.

natural y ya no requiere el uso numérico. ¿Drástico? Sí, mucho. Efectivo, también mucho.

## Los RRHH

La última variable son los Recursos Humanos. Lógicamente, en un libro como este, no vamos a extendernos en todo el universo de los RRHH. Pero sí tenemos que abordarlo, pues son los que entregan el servicio. Su corazón lo dejo para otros, a mí solo me interesa su cerebro.

Necesito hacer aquí una pausa para un tema que, aunque no pertenece al mundo de las Operaciones, tiene un efecto devastador sobre él. El sistema de incentivos. El sistema de incentivos manda un mensaje muy claro de las prioridades de la dirección para cada puesto de trabajo. Si el personal de compras está incentivado por ahorro de costes, su prioridad será ahorro de costes. Si el personal de pizzería tiene incentivos por venta de pizzas directas al cliente y no tiene incentivos por venta de pizzas en casa, priorizará sobre el primero. Y así puedo dar mil ejemplos. Es absolutamente indispensable que el sistema de incentivos tenga coherencia con las prioridades de la Promesa y con las reglas operativas de la empresa. Si no, se generará esquizofrenia y el recurso humano optará por tomar la decisión que considere más beneficiosa a nivel individual.

Una vez aclarado este foco de problema, la alternativa que nos atañe aquí como variable operativa es el perfil de tareas del recurso humano. Puede ser monovalente o polivalente. Este último es muy caro, por lo que la recomendación es si se necesita polivalencia, hacerla polivalencia-parcial asignando grupos de tareas a distintos agentes. Esto mejora la rentabilidad y permite tener agentes multitarea que faciliten el servicio.

Por ejemplo, en EEUU los *registered nurses,* RN[31] constituyen el colectivo de trabajadores mayoritario en el sector de la atención sanitaria[32]. Su trabajo es parecido al de los médicos. Al igual que ellos, pueden hacer las tareas de un proveedor de atención primaria y ofrecer atención médica a pacientes de todas las edades. Están legalmente autorizados a recetar medicamentos y también pueden llevar a cabo pequeñas intervenciones quirúrgicas ambulatorias. Ponen gran énfasis en la

[31] Una RN es una enfermera con un nivel de formación avanzado. Debe tener al menos un título de máster, así como un nivel superior de formación en diagnóstico y tratamiento de un conjunto de dolencias y enfermedades comunes. Puede ofrecer servicios médicos de manera independiente.

[32] Existen cargos muy diferenciados en el ámbito de la enfermería: enfermeras registradas *(registered nurses),* enfermeras practicantes *(nurse practitioners)* y médicos asociados *(physician assistants).*

prevención de enfermedades, en la educación y en el bienestar de los pacientes (Bureau of Labor Statistics, 2010). Por su parte, los médicos asociados (MA)[33] practican la medicina bajo la supervisión de médicos y cirujanos. Están oficialmente cualificados para efectuar diagnósticos y ofrecer servicios terapéuticos y preventivos de acuerdo con las órdenes del médico. Los MA también registran la evolución de los pacientes, los instruyen y asesoran, y solicitan para ellos o llevan a cabo directamente terapia. Además, pueden recetar determinados medicamentos. Este enfoque permite que los médicos se centren en las actividades más complejas y que aportan mayor valor[34].

El ejemplo nos permite ver cómo repartiendo tareas y responsabilidades, se puede focalizar el trabajo de cada agente haciéndolo polivalente parcial. Ello apoya a extraer el valor diferencial de cada uno incrementando la eficiencia de su actuación al focalizarlos en tareas de valor añadido.

Resumiendo, hemos analizado, de forma somera, cinco de las seis variables que configuran en nivel Operativo SPDM. La sexta variable, capacidad, será vista con más profundidad en el siguiente capítulo.

Como punto final al capítulo, propongo unas preguntas para ayudar a reflexionar sobre la estructura[35] (Tabla 4.5) de las variables operativas.

[33] Algunos MA buscan formarse en una especialidad. Existen programas de posgrado en áreas como medicina interna, atención primaria en el medio rural, medicina de emergencia, cirugía, pediatría, neonatología y medicina ocupacional para los médicos asociados. Los candidatos deben ser diplomados de un programa acreditado y estar certificados por la NCCPA.

[34] Llevo muchos años diciendo que debíamos copiar este sistema en otros países. Es francamente, a mi parecer, muy eficiente y entrega un servicio excelente.

[35] En el Capítulo 10, veremos cómo cada variable debe configurarse dependiendo de la Promesa de cada empresa.

**Tabla 4.5.** Reflexionando sobre las variables.

| | |
|---|---|
| Flujos | ¿Hay esperas? ¿Por qué? ¿Las puedo hacer psicológicamente más reducidas?<br>¿Hay lotes?<br>¿Cuánto duran los tiempos de preparación?<br>¿Los puedo eliminar? ¿Reducir?<br>¿Cómo es el *layout* de mi servicio?<br>¿Cómo son los movimientos en el sistema?<br>¿Cómo llegan mis clientes? ¿Los puedo ordenar? ¿Puedo reducir la aleatoriedad? |
| Procesos | ¿Son las tareas complejas?<br>¿Cuántas operaciones tienen que hacer?<br>¿Quién hace qué? (WWWWH)? |
| Perfil RRHH | ¿Monovalentes o polivalentes? ¿Polivalentes parciales? |
| Reglas operativas | ¿Quién decide? ¿Quién se encarga de qué? ¿Quién ordena qué?<br>¿Cuáles son las decisiones relevantes? |
| Sistema de información | ¿Qué información se necesita para cada decisión?<br>¿Cómo llega la información?<br>¿Se recibe en el momento adecuado? |
| Capacidades | ¿Cuánta capacidad se necesita?<br>¿Cuántos agentes hay?<br>¿Dónde veo constricciones?<br>¿Dónde se atascan las cosas? |

## HEMOS APRENDIDO

- La caja de operaciones se compone de 6 variables.
  — Procesos; capacidades; flujos/tiempos; sistema de información; reglas operativas, y perfil de los recursos humanos.
- En los procesos hay que buscar «los bancos verdes».
- Los tiempos se dividen en 7 tiempos, y el tiempo de operación es solo el 30% del tiempo total de servicio.
  — Resto de tiempos son: de preparación, de lote, de cola o interferencia, planificado, de seguridad y de desorganización.
- La información se convierte en dinero a través de las decisiones.
- Hay decisiones operativas y decisiones estratégicas
- Cada decisión requiere un tipo diferente de información.
- Los RRHH pueden ser monovalentes, polivalentes o polivalentes parciales.

# 5

# La reducción de costes no lleva a la eficiencia, la eficiencia sí lleva a la reducción de costes

*La capacidad, una de las variables introducidas en el capítulo anterior, y su gestión merece un capítulo para ella sola. El Capítulo 5 presenta un enfoque directivo para profundizar en esta variable y desentrañar todo su esplendor.*

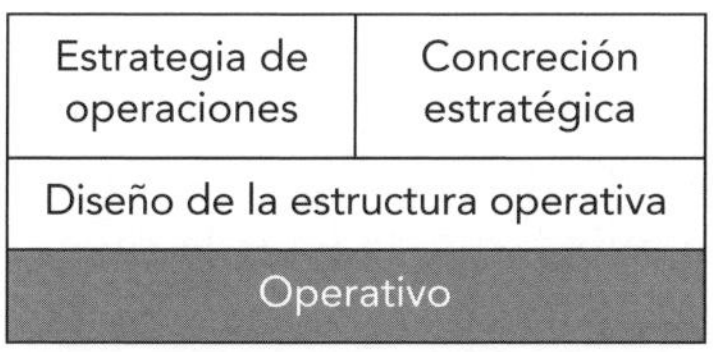


Vamos a dedicar este capítulo a transmitir algunas ideas esenciales del análisis de capacidades. En el capítulo anterior hemos introducido las seis variables de acción de las Operaciones dando una visión general de cada una de ellas. Sin embargo, hemos pasado de puntillas por la capacidad. La razón es sencilla, creo que se merece un capítulo entero. Yo no sé hacer un análisis operativo sin adentrarme en la capacidad. A través de ella, puedo atacar toda la capa operativa de la empresa. Sin ella, estoy perdida[1]. En este capítulo presento el análisis de capacidades como forma esencial de buscar la eficiencia operativa. Vuelvo al KISS para el enfoque de este capítulo.

Una advertencia. Considero «pecado capital» contratar a nadie, ampliar el *head count*, sin antes haber «exprimido» todo el recurso que tenemos. Exprimir el cerebro de obra no es negativo. Es darle el entorno necesario para que aporte valor y use

[1] Esto está sonando a declaración de amor de culebrón latinoamericano. Pero es verdad. Yo, sin análisis de capacidades no sé funcionar.

de verdad «su» cerebro. Por ello el nombre del capítulo: focalizar[2] en la eficiencia. La reducción de costes es una reacción espasmódica por no haber realizado previamente un análisis completo de las Operaciones tal como el que propongo en este libro[3].

## SI HAY, HAY, SI NO HAY, NO HAY[4]

¿Por dónde debemos empezar? Pues entendiendo lo que tenemos (lo que hay), entender cómo lo usamos y analizar lo que necesitamos. Esto se resume en hacer un análisis de capacidades. Espero que le fascine como a mí.

Empecemos.

Primer concepto con el que debemos estar de acuerdo. *En una hora de tiempo hay una hora de tiempo de trabajo.* Es decir, tenemos *1 hora por hora.* Más sencillo. Si tengo un quirófano y estoy haciendo operaciones de rodilla y cada operación de rodilla consume 1 hora, pues en 1 hora puedo hacer 1 operación de rodilla. Y ahora voy a hacer una operación de pie en donde cada cirugía consume ½ hora. En este caso a la hora puedo hacer ½ + ½, es decir, 2 operaciones de pie, pues cada una me consume ½ hora[5]. Si tengo 2 quirófanos, pues a la hora puedo hacer 2 operaciones de rodilla y 4 de pie.

¿Se entiende? Pues ¡ya está! Ese es el concepto primario y básico del análisis de capacidades. Una hora por hora (o 60 min por 60 min, o 1 día por 1 día), esa es la capacidad que se tiene. A partir de aquí, todo fluye armoniosamente.

Por ejemplo, una cajera de un banco. ¿Cuantos clientes puede atender a la hora? Ah, pues tendremos primero que saber el tiempo que cada cliente *consume* con la cajera... es decir, el tiempo que cada cliente tiene a la cajera ocupada. Caray, ¡qué problema! Cada cliente consume tiempos diferentes y además un mismo cliente consume tiempos diferentes según el día que viene y las tareas que quiere que le haga la cajera. ¿Cómo calcularlo? Pues tendremos que hacer una hipótesis y hacer un *cálculo promedio*: contar cuántos clientes vienen a caja en un día y dividir las horas totales que la caja está abierta entre el número de clientes. Por ejemplo, hoy han venido 84 clientes,

---

[2] Focalizar, focalizar, una necesidad imperiosa. Steve Jobs lo ponía como uno de sus mantras y yo estoy totalmente de acuerdo. Dispersarse es sinónimo de improductividad.

[3] Seamos honestos con nosotros mismos, ¡que tire la primera piedra quien no haya hecho reducción de costes! Pero tenemos que ser conscientes de que lo que estamos haciendo es, realmente, una «estulticia» (docta palabra para decir estupidez, pero ¡queda muy bien!), que puede matar nuestro rojo pasión y llevarnos por caminos no deseados. Por favor, olvidémonos de la reducción de costes y usemos este capítulo para ser preventivos, para ir 5 min por delante.

[4] Gran lección de mi abuela sevillana. Principio básico del análisis de capacidades para un servicio.

[5] Sí, sí, ya sé. No estoy teniendo en cuenta el tiempo de preparación del quirófano... Pero quiero que se vea así para simplificarlo. Recuerde, querido lector, ¡KISS!

he estado disponible 7 horas (420 min) con lo cual cada cliente *en promedio* me ha consumido 5 min. Y así nos sale un promedio. Y si tomamos datos de clientes de muchos días, nos saldrá un consumo promedio a largo plazo (PLP) y el dato será más certero, pues habrá más observaciones que lo han creado. Esta es una gran diferencia entre servicios e industria. En industria el tiempo consumido es perfectamente medible y determinista. En servicios hay que usar promedios por la sencilla razón, como veremos a fondo en el Capítulo 9, de que el servicio se acaba con el cliente. Y este viene, cada vez, con un portafolio de problemas aleatorio[6] que nos impide dar un consumo determinista. Por lo tanto, hay que usar promedios, ¡no queda más remedio!

Veamos el caso que nos ocupa. Nos sale que el tiempo de consumo promedio por cliente es de 5 min. Pues entonces decimos los siguiente: 1 hora tiene 60 min, y cada cliente consume 5 min, por lo tanto, a la hora la cajera puede atender 60/5 = 12 clientes. En nuestro ejemplo esto encaja perfectamente, por lo tanto, tener una cajera es correcto para dar un buen servicio[7]. Y si, en promedio, a la hora llegaran más de 12, pues se tendrán que esperar. Y habrá cola.

La cola se genera porque la cajera no puede atender a los clientes que tiene y por tanto hay esperas. En promedio, si llegan más de 12, la cajera tiene una ocupación por encima de su capacidad y diremos que su ocupación está por encima de 100%. La ocupación de la cajera, a quien llamaremos *procesador*, la definiremos con la letra griega $\boldsymbol{\rho}$ *(rho)*. Cuando la cajera está totalmente ocupada diremos que su $\boldsymbol{\rho}$ es igual a 1 (o 100% de ocupación).

Con estos datos que tenemos, podemos crear una *tabla de capacidades* que nos ayudará a entender cómo tenemos de ocupados a nuestros trabajadores. Veamos la forma proceder.

Primero enumeremos los datos que tenemos que tener:

1. Tipos de puestos de trabajo con su nombre, cada puesto definirá a un *procesador.*
2. Número de trabajadores por puesto o número de procesadores.
3. FTE[8] si tenemos trabajadores a tiempo parcial.

[6] De alias, âlea, ae (f): azar.

[7] Por ahora dejémoslo así, más adelante veremos cómo aun así se pueden producir colas, pues la variabilidad de llegada de clientes no es la misma cada hora. Es decir, a las 8:30 no llega nadie y en cambio a las 12 llegan 36. Paciencia, llegamos a este tema un poco más adelante. Ahora estamos en análisis de capacidades en promedios.

[8] FTE, o *full time equivalent*, es la forma de calcular números de personas asignadas a puestos de trabajo cuando se tienen jornadas menores de las 8 horas. Así dos personas que trabajan una media jornada de 4 horas se convierten en un FTE de 1 persona

4. Número de horas trabajadas al año por cada trabajador, es decir, la capacidad unitaria. Normalmente se usan las horas convenio.
5. Número total de horas de capacidad disponible. Esto sale de multiplicar el número de procesadores por el número de horas trabajado por año.

Todos estos datos los resumimos en la Tabla 5.1.

**Tabla 5.1.**

| 1. Procesadores | 2. Número | 3. FTE | 4. Horas/año | 5. Número total de horas |
|---|---|---|---|---|
| | | | | |

Esta sería nuestra *tabla de capacidades* o, si queremos ponerlo más sofisticado, «matriz de capacidades». En cada columna iremos poniendo los datos.

Hagámoslo con un ejemplo de Ecosaúde, empresa portuguesa del sector de Sanidad. Ecosaúde es una empresa con 20 años de actividad, con un equipo especializado en servicios de salud y seguridad en el trabajo y con la misión de prevenir la enfermedad profesional y accidente de trabajo. Su meta es apostar por un alto nivel de competencia y experiencia en diversas áreas del conocimiento y la entrega de servicios integrados que mejoren el desempeño profesional de sus clientes. Cuenta con 85 empleados altamente cualificados e instalaciones en las principales áreas de población de Portugal continental. Opera un segmento de medias y grandes empresas del mercado B2B portugués de servicios de soporte, centrándose en actividades con riesgos laborales elevados.

Para una Unidad específica de Ecosaúde, la Tabla 5.1 quedaría de la siguiente forma[9] (Tabla 5.2):

**Tabla 5.2.**

| Procesadores | Núm. | FTE | Capacidad unitária (minutos/ano) | Capacidad (minutos/ano) |
|---|---|---|---|---|
| Administrativo *front office* | 2 | 0, 88 | 112.800 | 98.700 |
| Técnico de análisis clínicos | 2 | 0, 75 | 146.640 | 109.980 |
| Enfermero | 3 | 2, 38 | 112.800 | 267.900 |
| Médico de trabajo | 7 | 1, 50 | 112.800 | 169.200 |
| Administrativo *back office* | 3 | 1, 18 | 112. 800 | 132. 540 |

[9] Dejo la tabla con elementos en portugués, pues se entiende perfectamente y es como me lo ha dado el DG de Ecosaúde.

Ahora debemos ver qué *consumos* tiene Ecosaúde con sus clientes.

La empresa tiene varias áreas de desarrollo de negocio, pero la que vamos a estudiar se dedica a hacer exámenes médicos para los trabajadores de las empresas. En esta área, cada procesador hace tres tipos de servicios:

| | | |
|---|---|---|
| Exámenes de admisión a la empresa | Exámenes médicos periódicos | Exámenes médicos ocasionales |

Ahora debemos encontrar el *consumo promedio* de cada tipo de servicio. Es decir, consumo promedio para examen de admisión, periódico u ocasional.

Cómo hacerlo es sencillo. O bien se toman datos durante unos días y se saca el promedio o bien se le pregunta al procesador. Y cuando se le pregunta, se le regala un cronómetro y se le dice que se mida durante unos días y aporte datos[10]. Suele funcionar bastante bien. Advertencia. Hay que explicar para qué estamos haciendo esto, pues lo primero que va a acontecer es que el procesador piense que se le va a despedir. Hay que dejar muy claro que se está haciendo un trabajo de mejora de eficiencia y que los despidos no están contemplados[11]. A cada persona hay que darle conocimiento para que tenga empleabilidad. A los procesadores se les puede trasmitir el mensaje de que se quieren hacer las tareas más eficientes para poderles dedicar a realizar otras que aporten mayor valor para ellos y a la empresa. Esto integra e incrementa la productividad. ¡Y eso es lo que de verdad debemos hacer!

Bien, pues ya tenemos el consumo promedio de cada tipo de examen. Y este es el número que se pone en la tabla. Veamos, por ejemplo, en el caso del enfermero de Ecosaúde (Tabla 5.3).

**Tabla 5.3.**

| | Cantidad | Cantidad FTE | Capacidad unitária (minutos/ ano) | Capacidad (minutos/ ano) | CONSUMOS (minutos por examen) | | |
|---|---|---|---|---|---|---|---|
| | | | | | **Admisiones** | **Periódicos** | **Ocasionales** |
| Enfermero | 3 | 2,38 | 112.800 | 267.900 | 56,0 | 26,0 | 4,0 |

[10] O que lo haga con su iPhone, o le regala un iPhone. Como usted quiera, pero el cronómetro es más barato.

[11] Mi opinión es que un despido es un fracaso personal. Hay que ser muy cuidadosos al contratar y tenerlo todo muy medido, pero cuando se contrata es para que la persona aporte valor a medio plazo a la empresa. Despedir es posiblemente no haber sabido gestionar bien la adecuación de la persona a sus tareas. Cada uno sirve para lo que sirve y un desajuste de puesto de trabajo suele generar un despido.

Así, a primera vista, parece que 56 min para un examen de admisión es mucho consumo de tiempo de enfermero. Y nos lo anotamos para, en el devenir de nuestro capítulo, hacernos las preguntas pertinentes que nos pueden llevar a rebajar este consumo. Esta es una de las grandes ventajas de este análisis de capacidades. A medida que se ven datos, uno se va preguntando si no hay manera de cambiarlos. Y eso es el camino de la eficiencia. Pero, por ahora, dejémoslo así.

Ya tenemos los *consumos PLP*. Ahora, el siguiente paso es entender qué porcentaje del servicio total representa cada uno de estos servicios.

En Ecosaúde, los exámenes de admisión son un 2% de su cartera de servicios, los exámenes médicos periódicos, el 91% de su cartera, y los exámenes médicos ocasionales, el 7%. Esta división, 2%, 91% y 7%, es lo que llamamos el *mix del servicio*. Es decir, la composición del servicio con sus porcentajes.

¿Cómo hallamos este mix real de un servicio? Pues contando cuántos tipos de servicio tenemos al año (o en un mes o en el tiempo que queramos) y sacando un promedio. Por ejemplo, en una empresa de abogados el mix está compuesto por divorcios, herencias y pleitos familiares. Primera consideración importante con el tema del mix. Debemos diferenciar entre el *mix real*, lo que hacemos, y el *mix estratégico*, lo que deseamos hacer. El mix estratégico es hijo directo de la estrategia de la empresa, de su plan de negocio. Lamentablemente muchas veces el mix real no es igual que el mix estratégico, y este es un punto a tener muy en cuenta. En la empresa de abogados, las herencias son lo más rentable, por lo tanto, son el tipo de servicio que más queremos hacer. Su porcentaje deberá ser mayor que el de pleitos. ¿Lo es? Pues no, hay más pleitos que herencias. En esta situación, la empresa deberá considerar qué actuaciones tomar, o bien para cambiar su cartera por el mix deseado o bien aceptar lo que se está vendiendo y hacer sus cálculos con la realidad[12]. El mix nos va a clarificar la foto global del servicio que damos, dónde tenemos el *cuello de botella*[13], y por ello es un factor muy relevante de decisión. El mix es una decisión estratégica que depende de la alta dirección de la empresa, pues sus repercusiones operativas son muy relevantes.

En Ecosaúde, nuestra tabla, o *matriz* de capacidades, quedará de la siguiente forma (Tabla 5.4).

Con estos datos ya podemos proceder a encontrar dos nuevas cosas: el *consumo medio* que cada procesador tiene con el mix real del servicio que acontece y *la producción de clientes* que cada procesador puede hacer. Y esto es lo que nos interesa, saber cuántos clientes puede procesar cada uno para saber quién de ellos nos está constriñendo y dificultando atender a más clientes. Es decir, queremos saber quién

[12] Yo esto no lo recomiendo, hay que llevar a la empresa a conseguir lo que quiere la estrategia y eso lo define el mix estratégico.

[13] Paciencia, en dos segundos explico el término con nuestro ejemplo de Ecosaúde.

Tabla 5.4.

| | Cantidad | Cantidad FTE | Capacidad unitária (minutos/ano) | Capacidad (minutos/ano) | CONSUMOS (minutos por examen) | | |
|---|---|---|---|---|---|---|---|
| | | | | | Admisiones | Periódicos | Ocasionales |
| Administrativo *front office* | 2 | 0,88 | 112.800 | 98.700 | 12,0 | 10,0 | 10,0 |
| Técnico de análisis clínicos | 2 | 0,75 | 146.640 | 109.980 | 8,0 | 8,0 | 0,0 |
| Enfermero | 3 | 2,38 | 112.800 | 267.900 | 56,0 | 26,0 | 4,0 |
| Médico de trabajo | 7 | 1,50 | 112.800 | 169.200 | 45,0 | 35,0 | 30,0 |
| Administrativo *back office* | 3 | 1,18 | 112.800 | 132.540 | 15,0 | 15,0 | 5,0 |
| | | | | Mix | 2% | 91% | 7% |

es nuestro *cuello de botella*[14] o procesador que produce menos y por la tanto se convierte en nuestra constricción de servicio. Vayamos a ello.

Para encontrar el *consumo medio* de cada procesador según el mix, lo que tenemos que hacer es multiplicar cada consumo individual por su porcentaje (mix) y luego sumarlos todos. En nuestro caso, si seguimos analizando al enfermero, el cálculo sería $56 \times 2\% + 26 \times 91\% + 4 \times 7\% = 25,1$ min, que en promedio consume el enfermero en hacer sus tareas. Nuestra matriz quedaría ahora de la siguiente forma (Tabla 5.5).

Tabla 5.5.

| | Cantidad | Cantidad FTE | Capacidad unitária (minutos/ano) | Capacidad (minutos/ano) | CONSUMOS (minutos por examen) | | | Média |
|---|---|---|---|---|---|---|---|---|
| | | | | | Admisiones | Periódicos | Ocasionales | |
| Administrativo *front office* | 2 | 0,88 | 112.800 | 98.700 | 12,0 | 10,0 | 10,0 | 10,0 |
| Técnico de análisis clínicos | 2 | 0,75 | 146.640 | 109.980 | 8,0 | 8,0 | 0,0 | 7,4 |
| Enfermero | 3 | 2,38 | 112.800 | 267.900 | 56,0 | 26,0 | 4,0 | 25,1 |
| Médico de trabajo | 7 | 1,50 | 112.800 | 169.200 | 45,0 | 35,0 | 30,0 | 34,9 |
| Administrativo *back office* | 3 | 1,18 | 112.800 | 132.540 | 15,0 | 15,0 | 5,0 | 14,3 |
| | | | | Mix | 2% | 91% | 7% | |

[14] Ya que estamos con una empresa portuguesa, comentemos que en portugués el cuello de botella tiene un nombre que a mí me encanta, *gargalo*.

Detengámonos un momento en analizar los datos que hemos encontrado. Vemos que el consumo medio mayor es el del médico. El mix real le afecta mucho, pues su consumo promedio de exámenes periódicos es elevado. Hay un 91% de estos y el médico consume 35 min en promedio por cada uno. Es el procesador que mayor tiempo consume en este examen. ¿Y esto que nos dice? Pues que será el procesador que menos servicios produce. Sabemos esto porque ahora estamos en disposición de encontrar la producción con el mix real que tenemos. Para hacerlo, dividimos la capacidad total entre el consumo medio. Las producciones de cada procesador serán las siguientes:

**Tabla 5.6.**

| | Cantidad | Cantidad FTE | Capacidad unitária (minutos/ ano) | Capacidad (minutos/ ano) | CONSUMOS (minutos por examen) | | | Média | Producción | Ocupación |
|---|---|---|---|---|---|---|---|---|---|---|
| | | | | | Admisiones | Periódicos | Ocasionales | | | |
| Administrativo *front office* | 2 | 0,88 | 112.800 | 98.700 | 12,0 | 10,0 | 10,0 | 10,0 | 9.831 | 49% |
| Técnico de análisis clínicos | 2 | 0,75 | 146.640 | 109.980 | 8,0 | 8,0 | 0,0 | 7,4 | 14.782 | 33% |
| Enfermero | 3 | 2,38 | 112.800 | 267.900 | 56,0 | 26,0 | 4,0 | 25,1 | 10.690 | 45% |
| Médico de trabajo | 7 | 1,50 | 112.800 | 169.200 | 45,0 | 35,0 | 30,0 | 34,9 | 4.855 | 100% |
| Administrativo *back office* | 3 | 1,18 | 112.800 | 132.540 | 15,0 | 15,0 | 5,0 | 14,3 | 9.269 | 52% |
| | | | | Mix | 2% | 91% | 7% | | | |

En esta nueva matriz (Tabla 5.6) vemos que la producción menor (4.855) es la del médico, con lo cual el médico se convierte en nuestro *cuello de botella*. Es decir, no podemos ver más pacientes que los que ve el cuello de botella, y eso nos va a generar que tengamos al resto de los procesadores ociosos. ¿Cuánta ociosidad? Encontremos la *rho* de los procesadores en relación a la constricción que los médicos nos presentan, es decir, la tasa de ocupación con respecto al cuello de botella. Es muy sencillo. Si dividimos el número de pacientes que ve el médico-cuello de botella entre los pacientes que puede producir cada uno de los otros procesadores, vemos la tasa de ocupación de cada procesador dependiendo del cuello de botella. En la Tabla 5.6, nuestro enfermero tiene una tasa de ocupación del 45% (hemos divido 4.855/10.6090 = 0, 45 o 45%). (véase la última columna de nuestra matriz titulada ocupación). ¿Qué podemos hacer? Pues lo primero que se le ocurrió a Ecosaúde al hacer la matriz, fue pasarle tareas del médico al enfermero. Eso haría que el médico en promedio consumiera menos tiempo y por tanto liberaría capacidad del médico para ver más pacientes[15].

En este momento ya hemos finalizado nuestro primer objetivo: entender la matriz de capacidades, saber cuántos clientes podemos producir, saber las ocupaciones de nuestra gente según el cuello de botella y ver cómo podemos analizar la realidad con «hechos», no opiniones.

La primera conclusión que le propongo, querido lector, es que la próxima vez que alguien entre en su despacho y le diga la famosa[16] frase «es que no me da la vida», le mire a los ojos y le diga tajantemente: «Hazme una matriz de capacidades y discutamos». Y a partir de ahí se puede negociar con hechos, no con opiniones[17].

Prosigamos, pues ahora debemos analizar una situación como la que a continuación relato de Ecosaúde. Una vez terminada la matriz de capacidades, Eduardo[18], el DG de la empresa, me miró y me dijo: «Profesora[19], entonces si mi cuello de botella son los 4.855 pacientes y el año pasado atendimos a 5.400 pacientes, claramente estoy atendiendo el extra de pacientes pagando horas extra. Y esto es carísimo. ¿Podríamos hallar la ocupación real de los procesadores dado este número de pacientes?».

La respuesta es sí. Haciendo una *matriz de cargas.*

Y ¿cómo se hace? Pues de forma muy similar a la de capacidades, pero con una gran diferencia. Ahora vamos a ver la ocupación dado un número concreto de pacientes que queremos tratar. En Ecosaúde este número era 5.400 pacientes. Veamos cómo.

Primero analicemos el cuadro de matriz de cargas que mostramos a continuación (Tabla 5.7). Fíjese el lector en los dos cambios entre esta matriz y la anterior. Lo he sombreado.

---

[15] Recuerde lo que comentamos en el capítulo anterior sobre tareas de enfermeros en EEUU.

[16] Por su constante utilización en los últimos años, no porque aporte ningún valor...

[17] Y le dará a su gente método para entender la lógica de la situación y poder actuar de forma coherente. Una vez se acostumbre, verá que la vida es imposible sin hacer análisis de capacidades.

[18] Alumno mío del EMBA de nuestra escuela hermana portuguesa, el AESE. Este libro, como verá el lector, es un recopilatorio de experiencias de mis alumnos. Veinticinco años de clase dan para muchos alumnos que ahora son gente muy importante en empresas.

[19] Mis alumnos portugueses son extremadamente corteses y nunca bajan del «profesora». Los latinoamericanos de «maestra», y aquí en España soy, simplemente, Beatriz...

**Tabla 5.7.**

| | | | | Mix | 2% | 91% | 7% | Clientes reales | 5.400 |
|---|---|---|---|---|---|---|---|---|---|
| | | | | Mix | 108 | 4.914 | 378 | | |
| | Cantidad | Cantidad FTE | Capacidad unitária (minutos/ ano) | Capacidad (minutos/ ano) | CONSUMOS (minutos por examen) | | | Consumo medio | Ocupación |
| | | | | | Admisiones | Periódicos | Ocasionales | | |
| Administrativo *front office* | 2 | 0,88 | 112.800 | 98.700 | 12,0 | 10,0 | 10,0 | 54.216 | 55% |
| Técnico de análisis clínicos | 2 | 0,75 | 146.640 | 109.980 | 8,0 | 8,0 | 0,0 | 40.176 | 37% |
| Enfermero | 3 | 2,38 | 112.800 | 267.900 | 56,0 | 26,0 | 4,0 | 135.324 | 51% |
| Médico de trabajo | 7 | 1,50 | 112.800 | 169.200 | 45,0 | 35,0 | 30,0 | 188.190 | 111% |
| Administrativo *back office* | 3 | 1,18 | 112.800 | 132.540 | 15,0 | 15,0 | 5,0 | 77.220 | 58% |

En primer lugar, el mix lo hemos convertido en un número entero. Es decir, como sabemos el número de clientes que hemos tenido, podemos sacar el número real de exámenes de admisión, periódicos y ocasionales que hemos tenido. Así, tenemos 108 admisiones, 4.914 periódicos y 378 ocasionales. Y ese es el número que vamos a usar para sacar los consumos medios de los procesadores. En vez de multiplicar porcentajes por consumo, ahora multiplicamos el número de pruebas por cada consumo de cada procesador. Si tomamos otra vez el ejemplo del enfermero, ahora para calcular el consumo medio haríamos $56 \times 108 + 26 \times 4.914 + 4 \times 378 = 135.324$ min (Tabla 5.7).

El segundo cambio es que la ocupación ya no depende del cuello de botella, sino de la capacidad total. Es decir, para saber la *rho* de nuestro enfermero, dividimos el consumo medio entre la capacidad total, 135.324/267.900 = 51% (Tabla 5. 7) es la ocupación del enfermero en media. Recordemos que eso significa que un día puede estar ocupado al 100% y otro al 2%, pero eso en media da 51%.

El médico está ocupado al 111%. Claramente es nuestro problema. ¿Qué podemos hacer? Ya le hemos pasado tareas al enfermero, pero lo ideal será reducir el consumo. Para atacar este problema debemos pasar a la sección titulada «reduciendo consumos». Pero antes tratemos un caso particular cuando los procesadores son independientes y el cuello de botella no es tan relevante.

## UN CASO PARTICULAR ES CUANDO EL CUELLO DE BOTELLA NO ES RELEVANTE, YA QUE LOS PROCESADORES SON INDEPENDIENTES

Antes de entrar a reducir consumos, quisiera detenerme brevemente en un caso particular: cuando los procesadores son independientes y el cuello de botella no es crítico. Para ello, nos vamos ir a una cadena de supermercados en Lisboa, llamada TEN TO TEN[20].

Supermercados TEN TO TEN —marca 100% portuguesa— nació en 2009 y tiene en este momento siete tiendas. Su reto de servicio se centra en que el cliente encuentre una oferta que se adapte a sus necesidades sin tener que cambiar su rutina diaria. Esta proximidad es el ADN o esencia de la empresa. El foco de TEN TO TEN ha sido unir la «pequeña distribución moderna» con una oferta diversa que garantice encontrar el producto buscado, a unos precios competitivos, desarrollando campañas promocionales que generen valor añadido real para el comprador. Todo ello estableciendo relaciones a largo plazo con sus proveedores. Un espacio acogedor y confortable en cada tienda crea una experiencia del cliente diferencial.

La matriz de capacidades que la dueña de TEN TO TEN, Beatriz, realizó, quedaba de la siguiente forma (Tabla 5.8).

**Tabla 5.8.**

| Procesadores | Número | Horas mes | Cap. total horas/mes | Preparación | Limpieza | Organización | Proveedores | Tratamiento (básico + excelencia) | Reposición | Condumo medio | Producción |
|---|---|---|---|---|---|---|---|---|---|---|---|
| Gerente | 1 | 220 | 220 | 3 | 1 | 2,33 | 0,75 | 1,25 | 0,30 | 2,1 | 106,4 |
| Asistente | 8,5 | 176 | 1.496 | 0,25 | 0,25 | 0,40 | 0,00 | 3,75 | 2,00 | 0,9 | 1.729,5 |
| Cortador | 1 | 220 | 220 | 4 | 1 | 1 | 1 | 2 | 0,8 | 2,2 | 101,0 |

En este caso, la producción no son solo clientes, sino servicios (clientes y otras actividades) que hacen los procesadores. Lo interesante de este caso es que, aunque el cortador puede parecer el cuello de botella, realmente para el servicio de Beatriz esto carece de importancia. No todos los clientes van a este servicio y al ser cada procesador independiente, la relevancia es nula.

Sin embargo, un tema que fue extremadamente importante al hacer estos cálculos con Beatriz fue la identificación del mix real *versus* el estratégico (Tabla 5.9).

Era la primera vez que veía esto en números y su impacto fue revelador. Como se ve en la Tabla 5.9, la diferencia entre lo que Beatriz quería que aconteciera y lo que acontecía en realidad era significativa.

---

[20] Beatriz y Pedro son los dueños. Pedro es EMBA del AESE. Y Beatriz ha estado trabajando en su mejora de servicio conmigo y con el profesor de Operaciones del AESE, Jorge R. Machado.

**Tabla 5.9.**

| | Preparación | Limpieza | Organización | Proveedores | Tratamiento (básico + excelencia) | Reposición | |
|---|---|---|---|---|---|---|---|
| MIX ideal G | 25% | 0% | 40% | 5% | 30% | 0% | 100% |
| MIX ideal A | 15% | 10% | 5% | 0% | 45% | 25% | 100% |
| MIX ideal C | 20% | 10% | 5% | 10% | 50% | 5% | 100% |
| MIX G | 35% | 5% | 30% | 10% | 14% | 6% | 100% |
| MIX A | 15% | 10% | 20% | 0% | 35% | 20% | 100% |
| MIX C | 40% | 10% | 10% | 15% | 20% | 5% | 100% |

Este análisis ha provocado que Beatriz se replantee muchas de las tareas que acometen sus procesadores e identifique de estas tareas cuáles son primarias y secundarias.

- *Tarea primaria* es aquella que requiere un tiempo de respuesta de 0 minutos.
- *Tarea secundaria* es aquella que puede realizarse en el momento que el procesador encuentre más conveniente o tenga un valle de clientes.

Por ejemplo, en TEN TO TEN las tareas primarias se concentran en la zona de atender directamente al público, en la charcutería o panadería, atender a proveedores cuando vienen con pedidos o atender a clientes en la caja.

Tareas secundarias son colocar los periódicos en las estanterías, hacer el recuento de *stock*, o realizar tareas de reposición.

Haciendo un resumen de las tareas de los tres procesadores, Beatriz concluyó que el 44% de las tareas que realizaban eran primarias y un 46% eran secundarias[21].

Beatriz siguió investigando acerca de la ocupación de los asistentes de tienda. Ellos eran los responsables directos de la atención al cliente y, por tanto, su mayor preocupación (Tabla 5.10). Al preguntarme cuál era la *rho* ideal, le recordé el principio básico de ocupación en los servicios: «ocupaciones mayores del 80% generan colas y congestión en los servicios». Por lo tanto, Beatriz tenía un problema con sus ocupaciones tal como vemos en la Tabla 5.10.

¿Qué hacer? La regla de oro, recuerde el inicio del capítulo, es no contratar a nadie hasta haber analizado a fondo las capacidades y reducido los consumos. Veamos pues, cómo atacar esta situación.

[21] No suma 100 porque las calculó sobre los consumos reales y estos dejaban tasa de desocupación u ociosidad.

Tabla 5.10.

| Tipología | Número | Horas mes | Cap. total horas/mes | Panadería | Charcutería | Caixa | Excelencia | Consumo medio | Ocupación |
|---|---|---|---|---|---|---|---|---|---|
| Asistente Caixa | 4,50 | 10.560,0 | 47.520,0 | 0,00 | 0,00 | 2,00 | 2,00 | 36.116,00 | 76% |
| Asistente panadería | 2,50 | 10.560,0 | 26.400,0 | 1,75 | 0,00 | 0,00 | 2,00 | 19.176,18 | 73% |
| Asistente charcutería | 1,50 | 10.560,0 | 15.840,0 | 0,00 | 3,00 | 0,00 | 2,00 | 15.712,20 | 99% |

## REDUCIENDO CONSUMOS

Volvamos con Eduardo y Ecosaúde. Una vez encontradas las ocupaciones, el objetivo es reducir consumos. El primer paso es entender lo que realmente acontece[22]. Para ello se hizo una descripción de los procesos[23] y un análisis de cada situación para entender cómo se podían reducir consumos.

Tomemos, por ejemplo, un proceso sencillo en Ecosaúde: el proceso de bienvenida de un cliente.

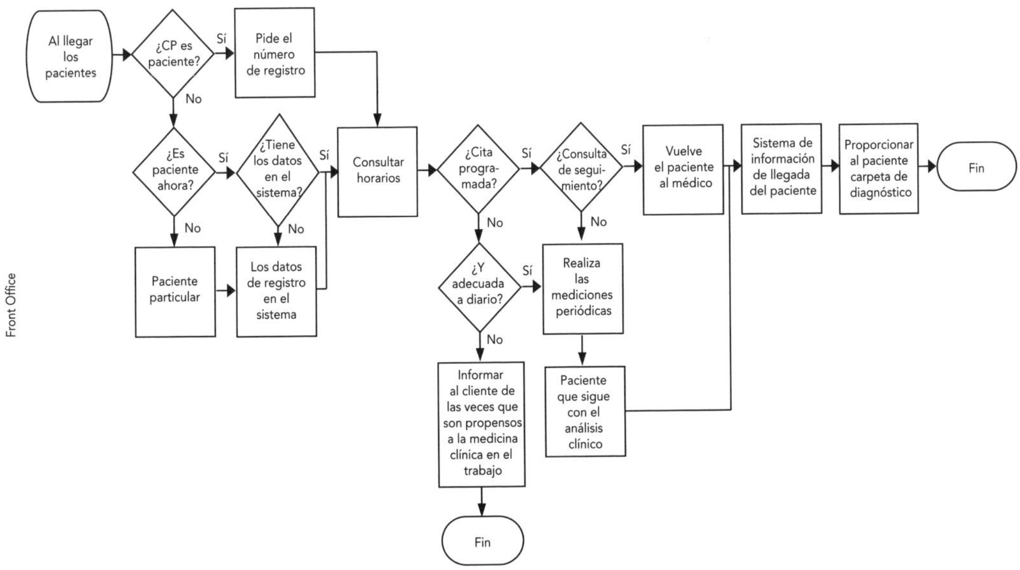


Figura 5.1.

---

[22] Los consultores usan el término anglosajón *as is* para describir lo que hay. Y para describir lo que se quiere hacer usan el término *to be*. Yo encuentro que estos dos términos son muy explícitos y ayudan a entender la diferencia entre lo que hay y lo que queremos tener.

[23] No voy a entrar en describir cómo hacer un análisis de proceso, pues asumo que es algo bien conocido. Si el lector se encalla ponga en Google *análisis y diseño de procesos* y le saldrán las técnicas aplicables. O, si quiere, váyase a uno de nuestros anteriores libros.

Solo con describirlo, inmediatamente empezaron a surgir preguntas. Para seguir una forma ordenada, Eduardo utilizó las 5 W y la H, visto en el capítulo anterior y que había aprendido en el EMBA.

Realizado este análisis, Eduardo extrajo varias conclusiones (Figura 5.2). Con respecto al *front office* y el servicio de bienvenida, vio cómo las tareas encuadradas en la Figura 5.2 podían sacarse de la actuación del procesador. Ello liberaría más del 30% de ocupación de dicho procesador, el cual podría dedicarse a otras tareas de mayor valor para el servicio. ¿Cómo se podría acometer este cambio? Pues realizando una serie de actuaciones tales como permitir que el paciente rellene sus datos desde su casa o llegue a la cita con un código BIDI que le permitiera darse de alta directamente. Eduardo está, en estos momentos, reconfigurando las actividades que realizan sus procesadores para focalizarlos en actuaciones que aporten mayor valor al servicio.

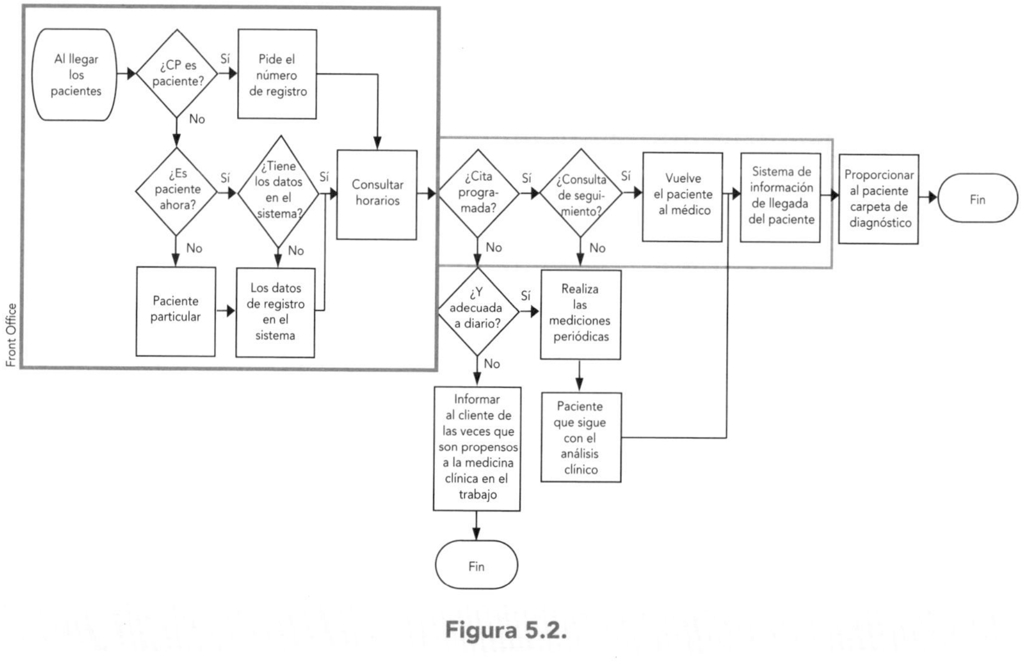


**Figura 5.2.**

El análisis del proceso, el cuestionamiento de la razón por la cual actuamos como actuamos y tener una mentalidad abierta a hacer las cosas mejor siempre rebajan los consumos. Si a ello le unimos, como último paso, el uso de la tecnología, el resultado es espectacular. La tecnología siempre lo último, una vez hayamos limpiado los procesos, reducido consumos y cuestionado lo que hacemos.

No olvide el lector, sabe el que hace. Por ello es crítico que este tipo de trabajo de análisis lo haga la gente que realiza la tarea. Eso sí, hay que darles método.

Ese es uno de los mensajes esenciales de este libro: «Demos método a cada persona para poder extraer todo el potencial que encierra su cerebro». Recuerde, cada uno de ellos tiene su «sueño operativo», su forma ideal de hacer su tarea. Es crítico poder extraerles este sueño, pues con ello tendremos multitud de pequeñas innovaciones que nos facilitarán el encontrar reducciones de consumo y mejora del servicio.

En el Manual de la segunda parte de este libro, encontrará pasos metodológicos concretos para liberar capacidad de sus procesadores[24]. Es la aplicación sistemática de las variables que hemos visto en el capítulo anterior.

Este capítulo ha presentado cómo enfocar un análisis de capacidades en la empresa. Su utilidad no es únicamente numérica. La matriz de capacidades sirve de base de reflexión directiva que permite readecuar recursos e identificar ineficiencias.

Finalizamos, aquí, el análisis de la capa operativa. Ha sido un resumen sintético de la actuación con las seis variables que permite actuar sobre ella para extraer eficiencia y sostenibilidad. En el siguiente capítulo volvemos a la capa más abstracta de SPDM para analizar el conocimiento y sus portadores: el cerebro de obra.

[24] El Manual está pensado para ir paso a paso. Liberar capacidad es un trabajo minucioso y exhaustivo que necesita una guía y un *check list* para atacarlos. Ese el propósito del Manual, ir ayudando a cada lector a implantar de forma sistemática todo lo expuesto en los capítulos.

## HEMOS APRENDIDO

- Capacidad: 1 hora por hora.
- Consumo: el tiempo que se tarda en hacer una tarea.
- Cálculo promedio: hacer los cálculos pensando en medias.
- PLP: promedio y largo plazo, forma de hacer cálculos para los servicios.
- Procesador: agente que hace la tarea.
- $\rho$ (*rho*): letra griega que usamos para identificar la tasa de ocupación.
- Matriz de capacidades: esquema que nos permite encontrar la producción de clientes.
- Producción de clientes: número de clientes que podemos atender.
- Consumo medio: el consumo que cada procesador tiene dependiendo del mix.
- Mix: la composición, en porcentajes, de la cartera de servicios.
- Cuello de botella: procesador que produce menos y se convierte en la constricción de servicio.
- Matriz de cargas: dada una producción te permite encontrar la ocupación individual de cada procesador.
- Tarea primaria: es aquella que requiere un tiempo de respuesta de 0 minutos.
- Tarea secundaria: es aquella que puede realizarse en el momento que el procesador encuentre más conveniente o tenga un valle de clientes.
- No se debe contratar a nadie hasta haber realizado un análisis en profundidad de los consumos y las ocupaciones.

# 6 Lo importante no es saber lo que sabes, sino saber lo que NO sabes

*Hasta este momento hemos visto el enmarque general, se ha presentado la traducción operativa de la estrategia y, a través de las seis variables, se ha expuesto qué elementos es necesario contemplar para estructurar las Operaciones. El Capítulo 6 introduce el otro gran componente de las Operaciones, el conocimiento, y cómo utilizarlo de forma operativa.*

| | |
|---|---|
| Estrategia de operaciones | Concreción estratégica |
| Diseño de la estructura operativa | |
| Operativo | |

Hablemos de conocimiento. Aunque su uso ha sido introducido en el Capítulo 2 como elemento diferencial de nuestra propuesta, hay que dedicarle un capítulo entero para dar operatividad al enfoque que se presenta[1]. El conocimiento es el centro del apartado Estrategia de Operaciones del modelo SPDM.

¿Para qué nos sirve el conocimiento? Teniendo en cuenta nuestro objetivo de excelencia del servicio, el conocimiento nos sirve para algo muy concreto: resolver problemas de hoy y de mañana[2]. Ligado a la resolución de problemas del servicio,

---

[1] Mucho se ha hablado de conocimiento en estos últimos 15 años. Y necesitamos concretarlo para hacerlo operativo.

[2] El tema conocimiento es un tema estrella en mi historia académica. Llevo muchos años pegándome con este tema. He coescrito dos libros, uno hace 20 años, otro hace 15. He dado seminarios en diferentes partes del mundo, he trabajado con empresas, he desarrollado un curso electivo de segundo año, GESCO, en nuestro *full time* MBA. Es decir, muchas, muchas horas de pensar y trabajar. En este libro quiero ser totalmente práctica e ir al grano. Si el lector quiere profundizar en las raíces del tema y tener una visión más completa, le recomiendo estos dos otros libros antes mencionados.

el conocimiento adquiere un papel primordial en la consecución de los objetivos de excelencia de servicio.

**Tabla 6.1.** Algunas nociones básicas acerca del conocimiento (Muñoz-Seca y Riverola, 2000, 2003).

El diccionario *Webster* define el conocimiento como la «circunstancia o condición de aprehender la verdad o los hechos por medio de la razón». El conocimiento se almacena en cada persona; en su mayor parte, probablemente, en las interconexiones neuronales cerebrales.

El conocimiento tiene varias propiedades

- *Tasa de olvido.* Si no se usa, el conocimiento se evapora como el agua.
- *Volatilidad.* El conocimiento se almacena en la mente humana y, por tanto, su evolución está sujeta a los cambios que sus portadores experimentan.
- *Desarrollo a través del aprendizaje.* El desarrollo cognitivo es, fundamentalmente, un proceso de aprendizaje.
- *Su transferencia no implica una pérdida.* El conocimiento puede comprarse y venderse, de manera que el comprador adquiere la capacidad que posee el vendedor para resolver un determinado problema.

Este papel requiere enunciar, de forma inmediata, una premisa clave en el planteamiento SPDM: *conocimiento igual a problema* (véase Tabla 6.2 para definición de problema).

**Tabla 6.2.** Definición de problema.

Un problema (Muñoz-Seca y Riverola, 2003) es una «situación que alguien encuentra desagradable». Un problema es el resultado de la actividad de servicio de un agente, la cual propicia una situación determinada. Un problema es, forzosamente, un problema «para alguien»; los problemas «universales» solo existen cuando todas las partes implicadas coinciden en hallar desagradable una situación.

Conocimiento igual a problema nos lleva a proclamar que, *si entendemos el problema, podemos identificar qué conocimientos precisamos para resolverlo.* De esta forma podemos diagnosticar si la empresa los tiene o no los tiene, y trazar un plan para su obtención o desarrollo (Muñoz-Seca, 2013). Ello se convierte en un eje fundamental del enfoque SPDM (Figura 6.1). Es un enfoque eminentemente pragmático que huye de unir conocimiento con estructuras tecnológicas carísimas de recuperación de conocimiento y de propuestas sofisticadas. Cero. Visión totalmente pegada al terreno. Concebida para dar respuesta, entre otros, a una dueña de una PYME a quien presto asesoría. Fátima, ese es su nombre, me preguntó: *Profesora ¿para qué me sirve todo esto del conocimiento? ¿Cómo lo uso?*

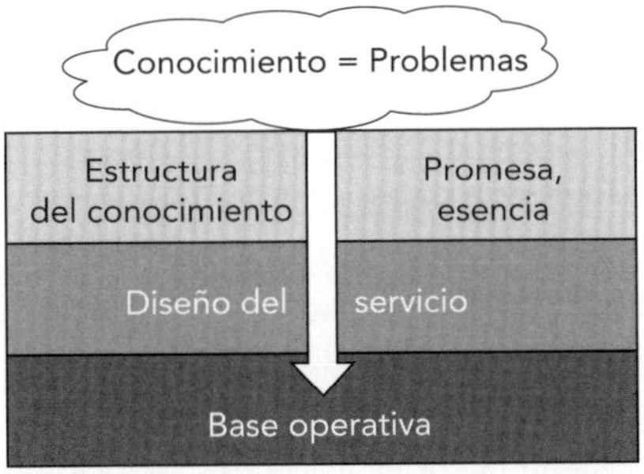


**Figura 6.1.** Conocimiento = problemas en todos los niveles de SPDM.

*¿En qué tengo que pensar que ahora no concibo?*[3]. Este capítulo está dedicado a Fátima, que ha sido el motor para generar el planteamiento presentado. Fátima me exige no hacer disquisiciones filosóficas sobre el conocimiento. Tengo que centrarme en dar una visión utilitaria que puede ofender a algunos. Espero que me perdonen, pero Fátima, al ser una mujer extremadamente pragmática, no me permite circunloquios.

## IDEA CENTRAL N.º 1: NECESITO ENTENDER EL CONCEPTO *STOCK* DE CONOCIMIENTO PARA ENFRENTARME A MIS PROBLEMAS DE SERVICIO

¿Qué es un stock *de conocimiento?* Definamos primero *stock*. La palabra *stock* significa «tener existencias de», por ejemplo, plumas, tijeras o clips. Es decir, cosas materialmente físicas. Pero entonces *¿el conocimiento se puede hacer físico o materializar?* Tajantemente sí, la Tabla 6.3 nos propone las formas de materialización del conocimiento. Necesitamos[4] darle al conocimiento un componente material para poder trabajarlo. Si no, su abstracción lo convierte en algo difícil de gestionar. Por eso utilizamos el término *stock* de conocimiento, con la idea de adjudicarle una concreción material que le permita ser fácilmente incorporado a la gestión operativa de la empresa.

Ahora bien, aquí nos topamos con una primera dificultad. Fátima estaba muy preocupada por lo que sabía su gente y cómo poder utilizarlo de forma que aporte

[3] Para mí esto es algo crítico: abrir horizontes, hacer pensar a la gente en cosas que no existían en su estructura mental. «Cariñosamente» les digo que no hay que ser gallinas, ¡sino patos salvajes! Y no se puede ser pato salvaje si no se es consciente de que se puede volar.

[4] Válgale al lector entender que mi ánimo es el dar una visión tangible de algo que es intangible: el conocimiento. El gestor necesita empezar a considerarlo como algo físico, indispensable para estructurar sus Operaciones.

**Tabla 6.3.** Materialización de conocimiento (Muñoz-Seca y Riverola, 2003).

- *Productos o cajas negras.* Conocimiento encapsulado para el que se suele emplear únicamente una descripción en términos de aportación y prestaciones. A través de la ingeniería inversa (copiar) se puede extraer conocimiento de un producto.
- *Procesos.* Secuencias de operaciones básicas que, cuando se ejecutan debidamente, permiten resolver un problema. Cada proceso es la respuesta a un problema que se ha materializado y se ha metido en la descripción del proceso.
- *Libros o representaciones escritas.* La representación de conocimiento en un determinado idioma; se basa en la codificación del conocimiento en los símbolos de dicha lengua. Este libro es materialización de conocimiento.

valor a la empresa. De ahí su siguiente pregunta: ¿Es *todo el conocimiento capaz de ser materializado?*[5]. Desgraciadamente la respuesta no es la que ella buscaba, pues solo se puede materializar una parte del conocimiento.

*¿Y lo que está en la cabeza de la gente?* Efectivamente, el *stock* de conocimiento es el sumatorio de lo materializado más lo que tienen los trabajadores guardado en sus cerebros. Y se debe añadir una clarificación. Es imprescindible identificar las actuaciones informales que se desarrollan en la empresa, pues en ellas hay mucho *stock* de conocimiento que no se ha materializado pero que se debería formalizar en algún momento.

*Actuaciones informales ¿eso qué es?* Pues todas aquellas actuaciones (tareas o decisiones) que se ejecutan en el día a día de la empresa, que no están identificadas en procesos o procedimientos, y que emergen a través de la forma de funcionar habitual. Las reglas operativas informales[6] se deben incluir también en este apartado. Recuerdo una empresa farmacéutica en donde su Unidad de Oncología tenía excelentes resultados y averiguando la razón de ellos, vimos que tenía multitud de actuaciones informales que apoyaban su consecución. Reuniones para tomar café antes de empezar a trabajar el lunes y así repasar la agenda de la semana; cervezas el viernes para ver qué se había conseguido en la semana; contactos esporádicos para apoyarse unos a otros. Todo informal, nada materializado, pero tremendamente eficaz[7].

[5] Voy a ir poniendo las preguntas de Fátima en itálica sin mencionar que es ella quien las pregunta. Creo que hace fluir mejor la lectura.

[6] Recordemos el Capítulo 4 y la definición de regla operativa como una de las seis variables de acción de la capa operativa de la empresa.

[7] ¿Nos jugamos una botella de Ribera del Duero (mi vino favorito) a que en su empresa hay multitud de actuaciones informales de las que no es consciente pero que son los pilares para alcanzar muchos de los resultados que se consiguen?

*Y ¿lo no materializado puede ser de la empresa?* Pues depende de si el trabajador, o el grupo, quiere ponerlo a disposición o no. La mayoría de las veces el ser humano piensa que vale lo que sabe y no quiere compartir. Mi única respuesta a esto es hacerle ver que vale lo que es capaz de aprender y que una forma de aprender es extraer de las experiencias de los demás al compartir las suyas. Ambos, él y la empresa, ganan si se comparte y desarrolla nuevo conocimiento. Al ser humano lo único perdurable que le queda es «su empleabilidad», su capacidad de aportar soluciones a la sociedad. Y esto se desarrolla, entre otras actuaciones, compartiendo conocimiento.

Existe una propiedad muy relevante del *stock* de conocimiento ya mencionada en la Tabla 6.1: cuando se usa no se pierde, ya que el conocimiento no desaparece cuando se aplica. Al contrario, cuando se usa, se mantiene o incrementa. El *stock* de conocimiento solo se pierde cuando se evapora por no usarse[8]. Una de mis frases favoritas sobre la gestión de *stocks* es: «Todo lo que se mueve es flujo; si se para, es *stock*». Si lo aplico al conocimiento, «todo lo que se mueve son flujos de resolución de problemas; si está quieto, es *stock*». Y si no hay flujos, el *stock* de conocimiento no perdura, sino que se evapora y mengua. Y cuando se necesita, ya no se encuentra. El movimiento, o los flujos de conocimiento, vienen por la resolución de problemas. Por tanto, sin problemas, el conocimiento se esfuma. La implicación competitiva es brutal. ¿Quién puede refutar esto? Nadie, pero curiosamente este discurso no es parte de los planteamientos comunes de la dirección. Pero se debe integrar, pues sin él no hay sostenibilidad en el servicio[9].

Resumiendo, el *stock* de conocimiento se compone de lo que la empresa tiene materializado y de aquello que está en el cerebro de sus trabajadores[10]. Debemos tener en cuenta dos cosas. Primero, al conocimiento que está en el cerebro de los trabajadores hay que darle alguna forma de materialización para poderlo gestionar. Segundo, solo vamos a poder materializar aquel conocimiento que utilizan tanto en su día a día como en la resolución de problemas futuros.

Fátima sigue preguntando. *¿Cómo extraigo el conocimiento del cerebro de los trabajadores y cómo materializo las actuaciones informales?*

Veamos un ejemplo. La empresa de abogados Yo Gano Tu Caso (YGTC) quería hacer más eficiente su servicio. Tienen diferentes productos legales, cada uno con

[8] Es un *stock* curioso que desaparece. Esta propiedad sería muy bienvenida en otros tipos de *stocks*, pero en este no. Recordemos la tasa de olvido como propiedad inherente y recordemos todo lo que «se ha olvidado» que podría aportar desarrollo empresarial.

[9] Del proceso de aprendizaje y de cómo se genera el conocimiento hablaremos en el Capítulo 11.

[10] Este razonamiento lleva a la misma conclusión a la que me ha llevado a mí durante toda la vida. Echar, o prejubilar, a un trabajador es descapitalizar el *stock* de conocimiento de la empresa. Acontecimientos bastante trágicos para todos los involucrados...

diferente grado de complejidad. Siguiendo nuestro enfoque, YGTC debe identificar los problemas de los diferentes productos y analizar qué conocimientos requiere para resolverlos.

Por ello, YGTC debe resolver la situación de la siguiente manera:

1. Identificar qué tipos de problemas van aparejados con cada tipo de productos.
2. Agrupar los productos por similitud de problemática, crear agrupaciones y con cada una crear un *track*[11]. Los *tracks* oscilarán entre aquellos que manejan productos/problemas básicos y sencillos hasta aquellos que acogen a productos/problemas sofisticados.
3. Identificar qué tipo de conocimiento va aparejado con cada tipo de problema.
4. Identificar quién sabe qué para poder resolver los problemas de cada *track*.
5. Asignar personas a *tracks* dependiendo de su *stock* de conocimiento.
6. Crear puestos de polivalencia parcial que cubren más de un *track* para poder dotar de cierta flexibilidad la asignación de personas a *tracks*.
7. Identificar qué falta de *stock* de conocimiento existe.
8. Desarrollar actuaciones para rellenar el *stock* de conocimiento[12].

Estos ocho pasos contienen un racional impoluto alejado de personalismos y opiniones[13], a saber: «este es el *stock* de conocimiento que tenemos, estos son los problemas a los que nos enfrentamos y este es el *stock* de conocimiento que debemos tener». Un discurso, limpio, objetivo y fácilmente asumible.

*¿Y cómo sé lo que sé?* Pues una vez aclarado lo que es *stock* de conocimiento, debemos pasar a entender cómo hallarlo. Nuestro objetivo es poder ejecutar los ocho pasos del plan de YGTC.

## IDEA CENTRAL N.º 2: NECESITO SABER LO QUE SÉ

La forma más sencilla de extraer conocimientos es analizando las tareas que ejecuta una persona. Con más precisión, sacándolo de los procesos que utiliza y las decisiones que toma. Tanto formales como informales.

[11] Un *track* es una palabra inglesa que significa pista, pensemos en una autovía.
[12] En la siguiente sección veremos cómo.
[13] No se puede trabajar sobre opiniones, sí se puede trabajar con hechos.

- De los procesos salen las actividades y de ahí los conocimientos que se aplican para realizarlas.
- De las decisiones salen los problemas que se resuelven y de ahí los conocimientos que se aplican en cada decisión.

En el año 2003 exponíamos (Muñoz-Seca y Riverola, 2003) una metodología basada en estas ideas. Aunque en aquel momento nos pareció sencilla, con el paso de los años nuestros lectores nos han comunicado que la ven enjundiosa[14]. En este capítulo toca darle una vuelta más de simplificación. Por lo tanto ¡súper KISS de diagnóstico de conocimientos!

Una pausa. Deseo hacer varios comentarios de entorno organizativo antes de enumerar las actuaciones que deben realizarse para identificar conocimientos de forma KISS. Propongo ser muy transparente y anunciar que se está analizando el conocimiento para que la empresa funcione de forma más eficiente y competitiva. Aclarar que el planeamiento es ganar-ganar *(win-win)*. El fantasma de los despidos se va a instalar y hay que pinchar globos de forma inmediata.

Otro tema es reutilizar actuaciones que ya se han acometido en la empresa para otros objetivos. Por ejemplo, muchas empresas tienen ya hechas evaluaciones de desempeño o evaluación 360. Todo esto se puede utilizar para identificar quiénes son los que realizan mejor su tarea y empezar analizando su composición de conocimientos. Serán los referentes y, sabiendo lo que saben, se podrá identificar cómo resuelven los problemas para prestar un resultado tan óptimo.

Por último, mi recomendación es compartir los hallazgos de conocimientos inmediatamente con todo el grupo. El resultado es francamente positivo, pues cada uno puede identificar cuál es su forma diferenciada de atacar problemas y ser consciente de su singularidad.

Hechos estos comentarios, pasemos a nuestro diagnóstico KISS. Los pasos a realizars on los siguientes:

1. Identificar el proceso para el cual se va a extraer el conocimiento.
2. Diagramar el flujo del proceso.

[14] Tengo que reconocer que en estos últimos 13 años me he propuesto simplificar lo más posible el método para poder hacer más asumible un diagnóstico y plan de acción de estrategia operativa completa tal como este libro relata. Hay momentos en que me parece que lo estoy sobresimplificando, pero luego lo comento con los participantes y ellos me ponen los ojos en blanco y me dicen que necesita otra pasada de simplicidad. Espero que ya este libro sea la última, pues ya no sé cómo simplificarlo más.

3. Identificar quiénes son los que hacen las tareas y clasificar.
   a) Los que hacen mejor su tarea, serán un referente o *benchmark* de conocimiento para comparar con los demás.
   b) Los que hacen su tarea de forma estándar, tendrán el conocimiento adecuado, pero posiblemente no sabrán resolver cierto tipo de problemas novedosos.
   c) Los que son de baja productividad, posiblemente tendrán falta de conocimiento.
4. Sentarse con cada uno, explicar para qué se está buscando el conocimiento y preguntar:
   - ¿Cómo haces tu actividad?
   - ¿Qué problemas encuentras?
   - ¿Qué decisiones tomas?
5. Los problemas de ineficiencia apuntarlos en una hoja aparte para ser atacados en un proceso paralelo[15], ya que introducen mucho «ruido» y hay que hacerlos desaparecer. Para el diagnóstico de conocimientos, centrarse en los problemas técnicos del servicio, que son los que aportan el conocimiento necesario para realizar la tarea.
6. Crear una lista de problemas técnicos sacados de actividades y decisiones.
7. Confeccionar una base de datos de conocimientos[16], KDB *(knowledge data base).*

Una vez ejecutados los seis primeros pasos, estamos en disposición de rellenar la Tabla 6.4. Véase que he añadido una columna de criterios personales en la toma de decisiones. Este punto es relevante, pues ayudará a identificar si las prioridades de la Promesa están bien traducidas y asimiladas por la organización. De

**Tabla 6.4.**

| Actividad | ¿Qué problemas te encuentras? | ¿Qué decisión tomas? | ¿Por qué la tomas? | Criterios personales para la toma de decisiones |
|---|---|---|---|---|
| | | | | |

[15] Hemos hablado de problemas de ineficiencia en los dos capítulos anteriores. Al identificar estos problemas ahora, podemos atacarlos frontalmente con el esquema de las seis variables.

[16] ¡Nadie se asuste! Un Access es más que suficiente. Nada caro y complicado, todo KISS, sobre todo con la tecnología.

igual forma que atacamos las ineficiencias, también aprovechamos la oportunidad para constatar empíricamente si todo el mundo está «entonado» con la Promesa.

La Tabla 6.5 nos aporta un ejemplo concreto de la realización de estos pasos en YGTC.

**Tabla 6.5.**

| Actividad | ¿Qué problemas te encuentras? | ¿Qué decisión tomas? | ¿Por qué la tomas? | Criterios personales para la toma de decisiones |
|---|---|---|---|---|
| 1. Denominación de documentos no estándar. | 1. Pensar el nombre adecuado jurídicamente para que pase el filtro. | 1. Depende del contenido de la demanda, utiliza una descripción u otra. | 1. Para unificar denominaciones. | 1. Decidir el mejor nombre o descripción para que tenga el mejor criterio. |
| 2. No hay unidad de criterios en determinados aspectos. | 2. Si la demanda es auditada por alguien con un criterio jurídico diferente, puede hacer que se lo hagan cambiar. | 2. Primero pregunta cuál es el criterio imperante (jurídico), si no está claro utiliza su propio criterio, siempre justificándolo. | 2. Toma la decisión de introducir su criterio jurídico, porque considera que es la mejor opción. | 2. Dar coherencia al modelo, bajo sus conocimientos jurídicos. |

Veamos algunas dificultades que YGTC se encontró para ejecutar estos seis pasos. En una situación ideal, el problema identificado puede ser concreto y claro. La extracción del conocimiento necesario para resolverlo es, por tanto, sencilla. Pero en YGTC se encontraron problemas más enjundiosos con los cuales no se sabía cómo actuar. No se acababa de entender el problema. Si no se entendía el problema, había que actuar para entenderlo.

Por lo tanto, nos hallamos ante una situación con dos caminos para progresar y extraer el conocimiento. Cada camino viene identificado por la capacidad de entender o no entender el problema.

1. Se entiende el problema bien, en el sentido de tener una idea clara de las variables causales de acción y su efecto sobre la solución (ver Tabla 6.6, ejemplo de YGTC).
2. No se entiende el problema. Si no se entiende bien, realizar un Ishikawa[17] o diagrama de causa-efecto (ver Figura 6.2, que muestra un Ishikawa simplificado de YGTC para encontrar los subproblemas del problema madre «ralentización»).

[17] Si no está familiarizado con esta técnica váyase a la sección D (¿Qué sé, que no sé y qué debo saber?) del Manual y vea la guía para realizarlo.

Tabla 6.6.

| Actividad | ¿Cómo lo hace? | ¿Qué problemas te encuentras? | ¿Qué decisión tomas? | ¿Por qué la tomas? | Criterios personales para la toma de decisiones |
|---|---|---|---|---|---|
| 1. Elección de modelo | 1. Estudiar documentación | 1.1. Diferenciar en la hoja de encargo, no siempre viene reflejado o no está bien definido. | 1.1. Estudiar la documentación para poder diferenciar el producto. | 1.1. Para poder continuar con la demanda. | 1.1. Si aun mirando los documentos le queda alguna duda, lo comenta con su jefe de equipo basándose en la antigüedad del expediente y, si no es muy antiguo, llama al cliente para aclararlo. |
| | | 1.2. Falta de organización en las carpetas de modelos y, además, no avisan cuando añaden un modelo nuevo. | 1.2. Buscar versión más actualizada. | 1.2. Para su organización y agilidad. | 1.2. Por experiencia previa. |
| | | 1.3. En el estudio de la documentación los nombres de los documentos. | 1.3. Renombrar los archivos | | 1.3. Teniendo muy clarala fecha de compra. |

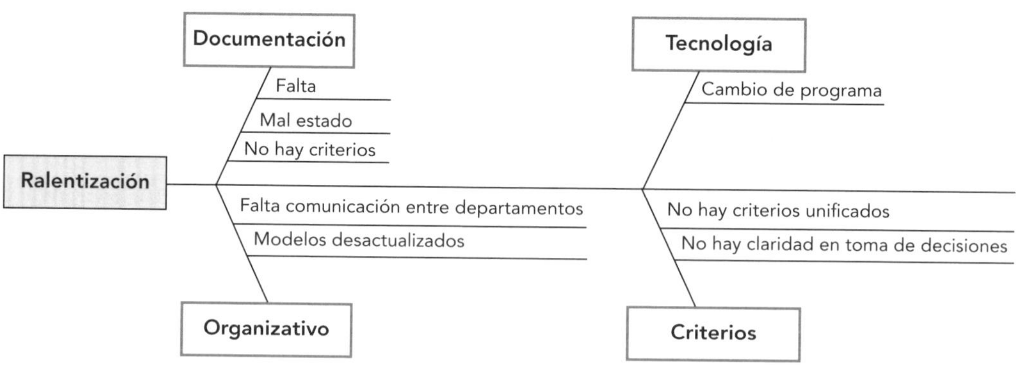


Figura 6.2.

YGTC hizo de forma correcta su ejercicio y analizó las tareas extrayendo los problemas aparejados a ellas. Para aquellos problemas que no se entendían, se hicieron diagramas Ishikawa de cada uno. El resultado fue identificar cómo se realizan las actividades, los problemas que se encuentran y las decisiones que se toman. A partir de este material, se puede identificar una lista «en bruto» de los conocimientos que se tienen. Con esta lista en bruto, pasamos al paso 7, la creación de la base de datos de conocimiento KDB[18].

Para la creación de la KDB debemos traducir la lista en bruto a una lista que identifique los conocimientos con una estructura de indexación «verbo-objeto-condición»[19], VOC. El esquema VOC es sencillo y manejable, ya que permite recuperar un conocimiento a través de cualquiera de estos tres componentes[20]. La recuperación de conocimiento es un punto muy relevante para la aplicación del conocimiento de manera pragmática. Si se recupera fácilmente, la gente lo usará para ver soluciones a sus problemas. Si la recuperación es complicada, nadie lo usará y habrá sido un trabajo cuasi inútil. El «quid» de este planteamiento es que la gente pueda hallar conocimientos de forma KISS y, si cada uno se presenta con una estructura diferente, la tarea puede volverse imposible. Por eso, se propone homologarlos con esta estructura y así facilitar su identificación.

Entendamos qué significa cada uno de estos tres componentes.

- *Verbo*: un verbo transitivo que implica la realización de una acción sobre un destinatario.
- *Objeto:* el objeto destinatario de la acción indicada. La acción modifica de alguna forma este objeto.
- *Condición:* condiciones complementarias que debe cumplir una solución de un problema.

La Figura 6.3 muestra un ejemplo de una entidad bancaria. Se ha añadido una breve descripción para poder facilitar el entendimiento del conocimiento en cuestión. La forma más sencilla de recuperar un conocimiento es buscando a través del «objeto», pues al ser el destinatario de la acción proporciona una nítida representación del uso del conocimiento. Tomando el ejemplo de la Figura 6.3, si se busca a través de «redes comerciales» (objeto) se encontrarán conocimientos concretos sobre dichas redes, entre los que se encuentra el conocimiento «saber formarlas».

[18] Por confidencialidad no voy a usar ejemplo de KDB de YGTC. Para la KDB usaremos un ejemplo general sacado del análisis de varios bancos.

[19] Sí, sí, como cuando estudiábamos gramática en el colegio.

[20] Además, permite tener una lista de los verbos más utilizados en la empresa y ello proporciona una clara idea de la forma de operar de la empresa.

Si se buscara a través del verbo saldría la actuación «formar» con un elevado nivel de abstracción difícilmente operativizable.

***Verbo:*** Formar.

***Objeto:*** Redes comerciales.

***Condiciones:*** Productos financieros.

***Descripción:*** Se trata de formar en técnicas de venta de productos financieros de pasivo e inversión a los gestores de la red comercial.

**Figura 6.3.**

Un ejemplo de cómo quedaría una KDB sencilla está expuesto en la Tabla 6.7.

**Tabla 6.7.**

| Verbo | Objeto | Condición |
|---|---|---|
| Priorizar | Proyectos de desarrollo. | En función de necesidades áreas usuarias (cliente interno). |
| Presentar | Cambios realizados en el área usuaria. | Para recabar su aceptación y con ello validar el cambio. |
| Presentar | Objetivos planificados del equipo. | A integrantes del mismo como un reto a cumplir. |
| Detectar | Desviaciones en la planificación. | Por nuevas prioridades (tareas) y/o bajadas de rendimiento. |
| Solicitar | Cambios sobre los sistemas. | Por nuevas necesidades negocio y/o para corregir un error. |
| Consultar | Modo de manejo del sistema. | Para hacer uso correcto de la funcionalidad implementada. |
| Revisar | Incidencias operativas. | Para evaluar el grado de cumplimiento del SLA pactado. |
| Discutir | Tecnologías recomendadas. | Para la elaboración del plan de sistemas a medio-largo plazo. |
| Revisar | Dimensionado de los sistemas. | Para asegurar que son capaces de asumir carga de trabajo. |
| Evaluar | Grado satisfacción del área usuaria. | Para asegurar que se trabaja con ajuste a expectativas. |
| Solicitar | Evolución prevista líneas de negocio. | Para asegurar que los sistemas están alineados con negocio. |
| Revisar | Rendimiento integrantes equipo SGT. | Para controlar el ajuste al SLA contratado y la planificación. |
| Solicitar | Información técnica de proveedores. | Para evaluar su capacidad de afrontar proyectos concretos. |

Ahora se necesita introducir una novedad: los conocimientos tienen niveles o rangos de intensidad sobre su dominio. Es decir, podemos saber muy poquito o saber muchísimo sobre cada conocimiento. Para identificar este rango propusimos 5 niveles de conocimiento (Tabla 6.8) que cubren el espacio entre poco y mucho[21]. La KDB debe identificar el nivel de cada conocimiento.

**Tabla 6.8.** Niveles de conocimiento (Muñoz-Seca y Riverola, 2003).

Establecemos cinco niveles de conocimiento:

1. Saber acerca de (SA/KA[22]): El sujeto posee información sobre el estado de un determinado conocimiento.
2. Saber cómo (SC/KH): El sujeto cuenta con habilidades que permiten el uso procedimental del conocimiento.
3. Saber por qué (SP/KW): El sujeto tiene capacidad para entender el fundamento lógico del conocimiento y razonar al respecto.
4. Saber mejorar (SM/KI): El sujeto dispone del nivel de conocimientos necesario para resolver problemas relacionados con el cambio y el progreso. El sujeto puede ampliar los conocimientos y modificar su uso.
5. Saber aprender (SAp/KL): El sujeto puede modificar el fundamento lógico del conocimiento y tiene capacidad para el autoaprendizaje. Este conocimiento propicia una alteración de la estructura mental del sujeto e impulsa su capacidad de aprendizaje.

YGTC realizó este ejercicio de forma completa. El resultado fue tener identificado en cada *track* los conocimientos necesarios, quiénes eran sus portadores y cómo se podía ajustar el *track* a la demanda de peticiones que llegaba[23]. Esto era un punto crucial para YGTC dado que la demanda entre productos era muy fluctuante, requiriendo una necesidad constante de ajuste de gente por *track*. Este ajuste semanal funcionó de forma muy suave. Al realizarse por conocimientos/niveles y llegada de solicitud de productos, nadie mostró ningún «disconfort», permitiendo al directivo responsable ajustar eficientemente su recurso más caro: el cerebro de obra.

¿Recuerda Ecosaúde? Ecosaúde identificó sus conocimientos (Tabla 6.9) y Eduardo, el DG, vio que el nivel que tenían no era el deseado para su servicio. Y en esta situación Eduardo tenía dos alternativas: o bien desarrollar el conocimiento dentro de la empresa, o bien comprarlo incorporando nuevas personas a la organización. Se decantó por la segunda, ya que el tiempo de respuesta era para él crucial y consideró que desarrollar el conocimiento iba a ser un proceso más largo.

---

[21] Lógicamente dándole nombres un poco más sofisticados que diferencien los niveles de sapiencia.

[22] En inglés, *know about* (KA), *know how* (KH), *know why* (KW), *know how to improve* (KI), *know how to learn* (KL). En alguna figura están los acrónimos en inglés.

[23] Este ajuste requiere un análisis de capacidades.

Tabla 6.9.

| ¿Qué sé? | ¿Qué nivel tengo? | ¿Qué necesito para un servicio 5 estrellas? | ¿Cómo lo obtengo? | |
|---|---|---|---|---|
| VOC | De I a V | VOC<br>De I a V | Compro | Desarrollo |
| a) Saber que la información está en otro formato | I | II | ✓ | |
| b) Saber la razón por la que nos mandan la información incompleta | I | III | ✓ | |

Hasta aquí hemos ido desgranado el encontrar el conocimiento formal, identificar sus niveles de dominio y analizar la forma de adquirirlos. Volvamos, otra vez, a las preguntas de Fátima. *¿Y cómo formalizamos todo lo informal?*

La formalización de lo informal debe seguir exactamente el mismo procedimiento que el realizado hasta ahora para lo formal. La dificultad radica en identificar aquello que es informal y realmente útil. Por ello, la forma de proceder propuesta es la siguiente. A medida que se van analizando decisiones formales y procesos materializados, ir extrayendo lo informal para poder evaluar su utilidad. Es muy común que lo informal aniquile lo formal y por ello es muy relevante entender el origen de la actuación. El objetivo es materializar todo aquello que funcione y no depender de singularidades personales para ejecutar las tareas de forma eficiente y competitiva.

No obstante, puede acontecer que hay que mantener lo informal para facilitar caminos alternativos de actuación que apoyen la eficiencia. Una de mis grandes aportaciones en una empresa en la que fui directiva fue poner una máquina de café entre I+D y Producción asignándoles a ambos departamentos el turno de almuerzo a la misma hora. Ello facilitó de sobremanera la comunicación informal entre los dos departamentos y la solución operativa de miles de problemas que por los canales formales consumían un tiempo infinito[24]. Se mantuvo esta actuación informal siendo todos muy conscientes del porqué al tenerse muy bien diagnosticada la situación.

[24] Los directores de cada departamento tenían una relación poco fluida que dificultaba la solución ágil de problemas.

*Muy bien Profesora* —sigue nuestra Fátima— *ya sabemos cómo saber lo que sabemos*[25]. *Y ahora ¿qué debemos buscar?* Pues lo que **no** sabemos, las lagunas de conocimiento (Tabla 6.10).

**Tabla 6.10.** Lagunas de conocimiento (Muñoz-Seca y Riverola, 2003).

| |
|---|
| Una laguna de conocimiento es la diferencia entre el conocimiento del que dispone un agente y el conocimiento necesario para resolver un problema determinado. |

Una laguna es un *gap,* aquello que no tenemos y debemos tener. *Y ¿por qué es necesario identificarlas?* Respuesta operativa sencilla: si no se resuelven los problemas de servicio hay una probabilidad muy alta de que los servidores no tengan *stock* de conocimiento para aplicarlo y por ello no sepan resolver estos problemas[26]. Por tanto, el próximo paso es rellenar la laguna de conocimiento[27], tanto del agente servidor como de la empresa.

¿Cómo? Veamos la siguiente sección.

## IDEA CENTRAL N.º 3: NECESITO SABER LO QUE NO SÉ, LAS LAGUNAS DE CONOCIMIENTO

*¿Cómo sé lo que «no sé» y debo saber para atacar los problemas de servicio?* La respuesta es obvia si hemos leído las secciones anteriores: identificando los problemas de hoy que no sé cómo resolver y, por ende, conocimiento que no tengo.

Esto significa equiparar lagunas a problemas que no sé cómo resolver. De esta manera, se puede identificar:

- Qué conocimientos se necesitan para resolver un cierto problema.
- Qué conocimientos se poseen.
- Que lagunas de conocimientos existen.

[25] Bonito trabalenguas, ¿verdad?

[26] Si pensamos que no quieren hacerlo, refiero al lector al capítulo 11.

[27] En un trabajo anterior (Muñoz-Seca, 2000) basándome en la metodología KADS (Finke et al., 1992) proponía que estas lagunas se componen de conocimientos de área, tarea e inferencia. Aunque no quiero complicar la identificación de las lagunas, sí creo relevante hacer mención a esta composición por si el lector desea profundizar. El *conocimiento área* es el conocimiento pertinente sobre el sistema al que corresponde una determinada tarea. La categoría de conocimiento área corresponde a las formas, la estructura y los contenidos. El *conocimiento de tarea* se asocia con el objetivo de esta y con las actividades que permiten alcanzar tal objetivo. Este conocimiento se compone de capacidades, pericia técnica y habilidades relacionadas con la tarea. El *conocimiento de inferencia* habla de las deducciones básicas que se pueden efectuar en un ámbito de conocimiento. Hablamos de la absorción de innovación, la creatividad y la resolución de problemas como de «competencias de inferencia».

Una laguna es la diferencia entre la base de conocimiento del agente y el conocimiento que se precisa para resolver dicho problema (Figura 6.4).

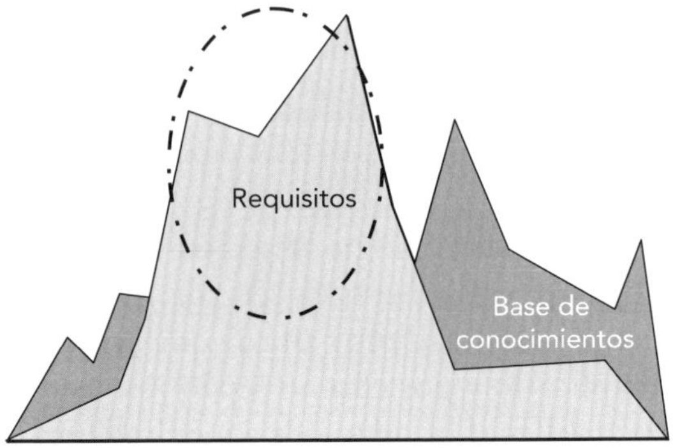


*Fuente:* Muñoz-Seca y Riverola, 2003.

**Figura 6.4.** Lagunas de conocimientos.

La Figura 6.4 enmarca la laguna de conocimiento de una situación. Existe una base de conocimiento, pero el problema exige unos requisitos que la base de conocimiento no puede aportar. Esa laguna de conocimiento puede ser o bien de una persona o bien de un grupo.

Proponemos 5 pasos para identificarlas lagunas de conocimiento.

1. *Identificar la base de conocimientos del agente.* Esto ya lo hemos hecho siguiendo la metodología propuesta en este capítulo.
2. *Identificar,* a través de la descomposición de sus partes, *los conocimientos que el problema requiere para ser resuelto.* Esta identificación debe ser concretada con el nivel de conocimiento requerido (de I a V).
3. *La laguna será la diferencia* de conocimiento, explicitado con su nivel de conocimiento, entre lo que existe y lo que se necesita.
4. *Establecer el perfil necesario para rellenar la laguna.* Este perfil emana de los conocimientos necesarios para resolver el problema. De esta forma se establece una guía objetivo de conocimientos. La Figura 6.5, muestra, en el primer recuadro, el perfil de los conocimientos existentes y, en el último recuadro, el necesario para resolver el problema.
5. *Trazar el itinerario de adquisición de conocimientos* desde el nivel que el agente tiene hasta el nivel que debería tener, elaborando una lista de los conocimientos concretos (y su nivel) que deben tenerse. El recuadro intermedio de la Figura 6.5 muestra con las flechas el camino que cada conocimiento debe recorrer.

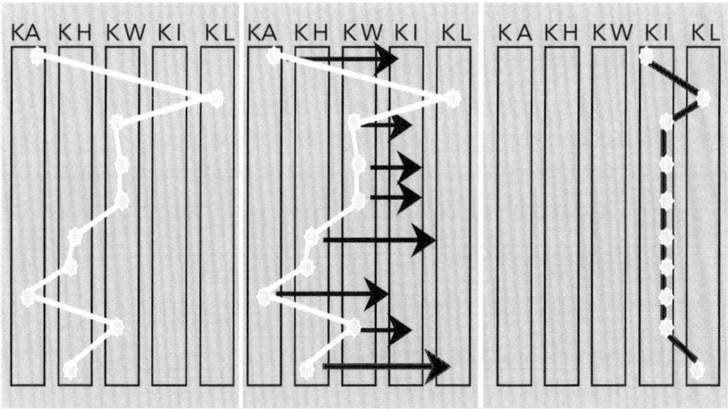


*Fuente:* Muñoz-Seca y Riverola, 2003.

**Figura 6.5.**

La Tabla 6.11 muestra los objetivos de Ecosaúde para la adquisición del conocimiento que le faltaba.

**Tabla 6.11.**

| ¿Qué sé? | ¿Qué nivel tengo? | ¿Qué necesito para un servicio 5 estrellas? | ¿Qué lagunas tengo? | ¿Cómo lo obtengo? | |
|---|---|---|---|---|---|
| VOC | De I a V | VOC<br>De I a V | | Compro | Desarrollo |
| a) Saber legislación de medicina de trabajo sobre periodicidad de exámenes. | III | III-IV | | | ✓ |
| b) Conocer el funcionamiento del sistema informático de medicina del trabajo de Ecosaúde. | III | IV | | | ✓ |
| c) Clasificar tipo de cliente para adjudicar citas | I | II | | | ✓ |

Fátima hace su última pregunta, consideración incluida. *Ya entiendo mi* stock *de conocimiento como algo físico, ya comprendo de qué se compone, lo que tengo y lo que me falta. Ahora, necesito plantearme cómo seguir progresando para conseguir el conocimiento que me apoye en alcanzar mis objetivos futuros de servicio. ¿Cómo lo hago?*

## IDEA CENTRAL N.º 4 (Y FINAL): ¿QUÉ CONOCIMIENTO NECESITO PARA LOS PROBLEMAS DE MAÑANA?

Esta pregunta nos lleva a reflexionar sobre la estrategia operativa de conocimiento. La estrategia operativa de conocimiento, ya enunciada en el Capítulo 2 al presentar SPDM, nos aboca a plantearnos el conocimiento necesario para resolver los problemas de mañana[28]. Requiere analizar, entre otras, las siguientes preguntas:

- ¿Qué conocimiento nos quedamos?
- ¿Qué conocimiento desarrollamos?
- ¿Qué necesitamos hoy y qué necesitamos mañana?
- ¿Cómo estructuramos la empresa ampliada basada en conocimientos?

Paso inicial imprescindible es identificar si la empresa, en su totalidad, tiene el portafolio de conocimiento adecuado para implantar su estrategia de servicio. La composición de ese portafolio puede ser propia o conjunta con terceros. Es utilizar el concepto de empresa ampliada presentado en el Capítulo 1, pero ahora identificando el servicio como un todo de conocimiento.

Veamos un ejemplo práctico con una compañía telefónica aquí en España. Esta compañía quiere trasladar a todos sus usuarios a la red de fibra y poder abandonar, así, sus centrales de cobre, que son viejas y costosas. No sé si el lector ha tenido esta experiencia de instalar fibra en su casa. Si lo ha hecho, quizá resuene con esta situación: subcontratista que viene a instalarla que solo tiene un conocimiento muy parcial del portafolio de problemas que pueden surgir y que ante cualquier problema que no sea el estándar, se atasca. Y eso genera un rosario de llamadas y esperas insostenibles. ¿A quién perjudica? A todos, pero especialmente al proveedor del servicio. Hoy en día vivimos integrados en la empresa ampliada de conocimiento y el servicio lo entregan diferentes actores. Pero el garante del servicio es el actor principal, el que subcontrata los servicios. No hay excusas. Claramente, cuando no existe este conocimiento, la implantación operativa fallará. Por ello, la estrategia operativa de conocimiento, tanto de la empresa como de la empresa ampliada, se convierte en un tema de la Dirección, ya que requiere entender dónde se sustenta el diferencial competitivo del servicio y cómo debe desarrollarse.

Una clarificación. Diferenciemos entre los problemas de hoy y los problemas de mañana. Los problemas de hoy requieren, en la mayoría de los casos, trazar un plan de formación adecuado para los agentes servidores, propios o ajenos, rellenando sus lagunas. Esto lo hemos visto en los apartados anteriores. Los problemas de mañana necesitan

[28] Esto va íntimamente unido a la estrategia de diseño de servicio, del cual hablaremos en el Capítulo 10.

un análisis diferente. Se requiere analizar si el conocimiento se debe generar «en casa», o bien se debe desarrollar con otros, o bien se debe comprar[29]. Independientemente de la alternativa elegida, se debe identificar qué nivel de conocimiento se quiere poseer y qué valor aporta este conocimiento en el mercado. Aparecen conceptos como *hub*[30] de conocimiento, codesarrollo de conocimiento o competitividad de conocimientos.

La matriz ACC (Tabla 6.12) proporciona un excelente esquema para estructurar la respuesta a la pregunta de Fátima. Parece lógico que lo primero que debemos saber es si lo que sabemos es diferencial o higiénico. Hay conocimientos higiénicos que no aportan ningún valor diferencial, pero se necesita tener para poder sobrevivir. Hay otros conocimientos que sí hacen que la empresa sea diferente, buena en algo, que aportan un diferencial. Estos son los conocimientos diferenciales.

**Tabla 6.12.** La matriz ACC (Muñoz-Seca y Riverola, 2003).

La empresa puede valorar la competitividad de su estructura de conocimientos, a fin de comprender cuál es el valor diferenciador de su propuesta de servicio. Es deseable que las empresas lleven a cabo un análisis competitivo de conocimiento (ACC). El ACC sirve para comparar la situación del conocimiento de una empresa con su situación en el entorno y diagnosticar así su ventaja competitiva. Recomendamos utilizar un cuadro de doble entrada cuyas coordenadas sean las situaciones interna y externa de cada elemento de conocimiento.

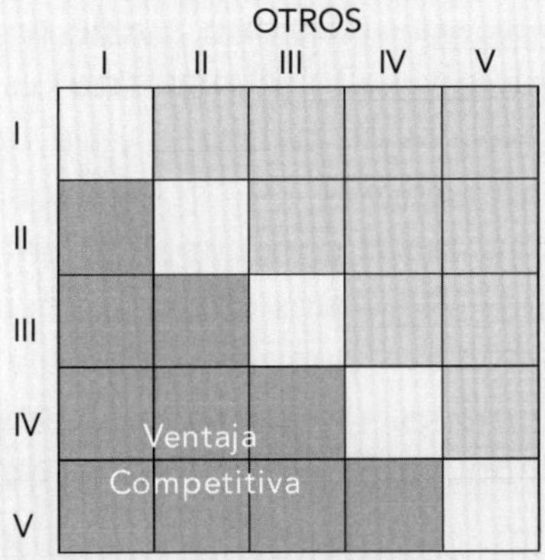


*Fuente:* Muñoz-Seca y Riverola, 2003.

**Figura 6.6.** Análisis competitivo de conocimiento (ACC).

*(continúa)*

[29] Estas actuaciones también pueden ser realizadas para los problemas de hoy. Pero en mi experiencia los problemas de hoy se suelen resolver con actuaciones a corto plazo a través de formación inmediata de los agentes servidores. Son los problemas de mañana los que requieren una reflexión más a medio plazo.

[30] En logística: centro de distribución de tráfico de personas y mercancías. En transportes: centro de conexión. Para este libro: centro agregado de servicios. En este caso: centro agregado de conocimiento.

**Tabla 6.12.** *(Continuación).*

| |
|---|
| El área más oscura, en la parte inferior izquierda del cuadro, es la zona de ventaja competitiva. En esta zona, los conocimientos de los que dispone la empresa superan a los de su entorno. Se trata de una posición ventajosa respecto al entorno, de manera que existe la posibilidad de emplear un conocimiento del que otras empresas carecen. El área sombreada con un color intermedio indica que existe una desventaja, es decir, el conocimiento de la empresa está en una situación peor que el de otras empresas del entorno. Por último, el área de color más claro indica que el conocimiento de la empresa y el del entorno están en igualdad. |
| El análisis no tiene en cuenta las relaciones y sinergias entre distintos tipos de conocimiento; estas podrían plasmarse en una gráfica de competencias en lugar de conocimiento. Una competencia (Muñoz-Seca, 1998) es un conjunto organizado de conocimientos que permite resolver un grupo de problemas compuestos. |

Situar el *stock* de conocimiento en la matriz ACC permite entender qué conocimientos higiénicos necesito y qué conocimientos diferenciales debo desarrollar. Igualmente proporciona un esquema sencillo para reflexionar si la empresa debe desarrollar conocimientos por sí sola o debe buscar codesarrollos que aceleren el tiempo a la implantación. Finalmente, generar conocimiento puede ser muy costoso y la opción compra puede ser una alternativa muy viable.

Convertirse en un *hub* de conocimiento puede ser otra idea interesante si la demanda de conocimiento de nivel alto (el más caro) es suficientemente adecuada. Recordemos los principios básicos de los *stocks*[31]. Un *hub* centraliza conocimiento que pasa a proveer a diferentes actores. Esta agregación permite una operativa eficiente en coste, pues al repartirse el conocimiento entre muchos, la inversión se puede recuperar antes. Nunca olvidemos que el conocimiento es la inversión más importante que hace una empresa y por ello se necesita buscarle rentabilidad. Este es el típico enfoque de una empresa de desarrollo de software con muchos agentes. La empresa madre genera conocimiento de alto nivel que luego vende y/o aplica en numerosos intermediarios.

Bien, querido lector, hemos cubierto los objetivos del capítulo. Fátima nos ha acompañado y sé que se ha ido satisfecha con mucho trabajo por delante. Espero que usted haga lo mismo.

---

[31] Recordemos un principio básico de los *stocks* y los almacenes. Si agregas demanda necesitas menos *stocks* y menos almacenes.

### HEMOS APRENDIDO

- Problema = conocimiento.
  - Identificando problemas, identificamos conocimientos
- El *stock* de conocimiento se compone de lo que la empresa tiene materializado y de aquello que está en el cerebro de sus trabajadores.
  - Si no se usa, se pierde: tasa de olvido.
  - Si no se usa, frustra al portador.
- Se ve en materializaciones, pero gran parte de él no se ve. Hay que manejarlo como si se viera físicamente.
- El mix del *stock* de conocimiento depende de la estrategia de Operaciones.
- Hay que diagnosticar el conocimiento formal y el informal.
- La KDB nos presenta los conocimientos que tenemos en la empresa.
  - Indexamos en formato VOC.
- La empresa ampliada de conocimiento es el modelo de servicio a seguir.
- Si agregamos y utilizamos *hubs* de conocimiento, damos mejor servicio.

# Trabajamos con cerebro de obra, no con mano de obra 7

*Aparejado al conocimiento expuesto en el capítulo anterior, este Capítulo 7 presenta al cerebro de obra como el actor principal de las Operaciones. Sus características singulares requieren un entendimiento específico y unas condiciones de entorno especiales.*

| | |
|---|---|
| Estrategia de operaciones | Concreción estratégica |
| Diseño de la estructura operativa | |
| Operativo | |

Mire usted qué casualidad, querido lector, que acaba de salir de mi despacho un directivo que venía a plantearme el problema que quiero tratar en este capítulo. José Manuel acaba de incorporarse a una empresa de ingeniería alemana que hace seguridad industrial en Europa. Tiene a su cargo 150 ingenieros y él es ingeniero químico. Su pregunta era muy concreta. «Estos ingenieros hacen lo que les da la gana. Y yo quiero controlarles. Me he leído los artículos de la *Harvard Business Review* que habla de empresas de ingeniería, de cómo entrar de jefe en estos entornos, cómo gestionar el talento. Pero me pierdo y no sé cómo enfocar la situación. ¿Qué hago?»

Sinceramente, sonreí. Era exactamente el mismo problema que 35 años antes me había propuesto el presidente de una empresa española de Defensa, que en aquel momento me quería contratar como director de Recursos Humanos[1]. La solución no es fácil, pero es totalmente factible siempre que entendamos como premisa indiscutible que no estamos gestionando mano de obra, estamos gestionando cerebro de obra[2].

Voy a dedicarle este capítulo a los directivos que, como José Manuel, no saben cómo atacar el problema. Pero antes de entrar en diseccionar los conceptos que voy a exponer, déjeme decirle lo mismo que le he dicho a José Manuel. «Partamos de 0

[1] Y me contrató, y me quedé en la empresa 5 años gestionando ingenieros y fábricas.

[2] José Manuel me miró y me dijo: «Es verdad, una cosa que dicen es que ellos son un colectivo aparte, que no se les puede tratar como a los demás».

y olvídate del control[3]. Tú como directivo tienes unos objetivos de EBITDA, ¿no? Pues focalízate en conseguir esos objetivos conjuntamente con tus 150 ingenieros. El "cómo" lo haces es lo diferente, pero el foco está claro. Si tú consigues tus objetivos, tú ganas, pero para conseguirlos, tu gente tiene que ganar también. Y tu gente es "diferente", es cerebro de obra que funciona bajo premisas particulares. Entendamos estas particularidades para ver qué actuaciones te puedes plantear.»

Empecemos por el principio[4]. El término *per se* «cerebro de obra» se acuñó (Muñoz-Seca y Riverola, 2007) hace más de 8 años, aunque llevamos trabajando más de 30 años en el concepto. Yo en mi vida anterior, mi vida de directiva, había trabajado con personal sanitario y con ingenieros. Y vi claramente que ambos necesitaban una forma diferente de ser gestionados. La forma de proceder «normal» no iba con ellos, había que tener otras consideraciones, gestionarlos de forma diferente, ¡entenderlos y hasta mimarlos![5]. Todo era diferente y lo que funcionaba para el resto de la plantilla, con ellos no funcionaba. Muchos no querían progresar a través de la carrera de gestión directiva, querían quedarse como ingenieros hasta el final de su vida profesional. El poder no les atraía en absoluto, estaban enamorados de su profesión y querían seguir en ella. Eran gente que necesitaba un enfoque de gestión singular.

Mandar no servía para nada, ellos hacían lo que les parecía más apropiado. Conseguir que hicieran algo era convencerles, que vieran que era necesario. De ahí la frase «hacer que la gente haga lo que quiero que hagan y que eso sea lo que quieren hacer».

Primera consideración. Ojo, esto no es *laissez faire-laissez passer*[6]. Hay que poner claras las reglas del juego y ser coherente. El gestor tiene la responsabilidad de la CP&G y ello conlleva definir muchos temas. Y eso hay que hacerlo. Gestionar cerebros de obra no es gestionar ácratas. Si no les gusta la forma de proceder de la empresa, «ancha es Castilla»[7]. Pero hay que dejarles que sean DG «5 minutos al día». Y en esos 5 minutos que digan en lo que no están de acuerdo, que rebatan la estrategia o la operativa. Pero pasados esos 5 minutos, en la empresa se hace lo que la alta dirección dice[8]. Y si les gusta bien, y si no les gusta, la puerta está abierta.

---

[3] Sí, sí ya sé, lo he dicho en el Capítulo 4. Pero ¡lo repetiré hasta cansarle! A ver si así me hace caso. El control es un gasto que hay que eliminar.

[4] Obvio, ¿verdad? Entonces, ¿por qué muchas veces empezamos la casa por el tejado?

[5] Le parecerá curioso esto, pero en mi época de directora de RRHH tuve que mandar a muchos ingenieros a vivir temporadas a EEUU por temas de la empresa. Después de tantos años (más de 30), algunos, que me he encontrado, me recuerdan cómo agradecieron que estuviera tan pendiente de sus necesidades, de sus problemas familiares y de su adecuación. Mi enfoque de TLC *(tender loving care)* funcionó maravillosamente y todo el proceso fue de una forma muy suave.

[6] Expresión francesa que significa «dejen hacer, dejen pasar», refiriéndose a una completa libertad en la economía. Para nosotros, dicho de otra manera: haz lo que te dé la gana.

[7] Bonita forma de decir, búscate otra empresa, ¿verdad?

[8] Que para eso cobra y para eso está ahí.

Segunda consideración. El pecado capital de gestión con el cerebro de obra es la falta de coherencia directiva. Si la dirección va por la izquierda o va hacia la derecha es su prerrogativa. Y puede cambiar de rumbo cuantas veces quiera. Para eso definen la estrategia. Pero lo no aceptable, lo pecaminoso, es decir que se va hacia la izquierda y actuar como si se fuera a la derecha. Eso no lo toleran. Y el problema no es que no lo toleren sino que genera lo que yo llamo el «güiri-güiri»[9], causando perturbaciones innecesarias que perjudican la excelencia en el servicio.

¿Complicado? Pues sí y no. Depende de cómo sea usted. Es un estilo transparente y claro, sin tapujos ni vericuetos. No hay lugar a planteamientos emocionales que tanto gustan ahora en las empresas[10]. Es un enfoque pragmático que necesita unos requerimientos. Veamos cuáles.

Primero que el superior sea una persona a la que se le admire. Esta admiración puede generarse, entre otras condiciones, porque el jefe es un gran experto en su tema, porque sabe ayudar a la gente a crecer o porque entiende la situación y está siempre dispuesto a ayudar. Pero ¡no es carismático, ni líder! Es humano y, como tal, tiene sus defectos[11].

Segundo, que haya trasparencia de información. Lógicamente, en una empresa no puede haber *open books* total, pues hay muchos temas de estrategia que pertenecen a la alta dirección. Pero la operativa debe ser transparente. El problema es que esta transparencia operativa requiere coherencia y ahí fallan muchas empresas.

Tercero, basar las decisiones en hechos y datos, no en opiniones. Con hechos se llega a soluciones, con opiniones no se llega a nada. Resolver problemas requiere datos objetivos que se ponen encima de la mesa. Y a partir de ahí, se encuentra la solución más adecuada[12]. Recuerdo una lucha entre cirujanos y anestesistas[13] por el tiempo de estancia de los pacientes en la sala de recuperación. No había manera de que se pusieran de acuerdo. Pero cuando se les presentó la teoría de colas, los

[9] Jamás lo había oído, ¿verdad? Palabra Muñoz-Seca que significa chismorreo constante que es mortal para la eficiencia y productividad operativa. Es gastar tiempo en estar cuestionando temas que realmente no aportan ningún valor.

[10] Y que yo aborrezco. Yo y muchos, pues tengo más de un DG que dice que está exhausto y no puede más con toda esta gestión emocional que hay que hacer. Sinceramente, la empresa no está para esto.

[11] O sea, una persona normal, que llora, que tiene sus miedos, tiene dolor de estómago, sufre y persevera. A mi estos supermanes carismáticos me ponen de los nervios. Yo me quedo con el directivo que trabaja arduamente y suda mucho para conseguir resultados.

[12] Si se sigue este enfoque, que un colega te caiga bien o te caiga mal es irrelevante. Se soluciona el problema y punto. Nadie pide a nadie que se vayan a tomar cervezas. Eso se hace con los que te caen bien, pero trabajar se trabaja con todos.

[13] Dos colectivos que se aman mucho…

tiempos de preparación y las ineficiencias generadas operativamente por sus planteamientos, se pusieron rápidamente de acuerdo en cómo gestionar las estancias y el hipotético traslado a la UCI. Ellos solos[14]. Solo hubo que darles conceptos de Operaciones y método.

Cuarto, hacer desaparecer el aburrimiento. Gestionar cerebro de obra es gestionar retos constantes. Si se aburren, son improductivos y eso le cuesta a la empresa mucho dinero. La empresa debe ser un lugar emocionante en donde se aprende y se crece. En estos entornos son productivos. Pero si se aburren, son un coste insoportable.

Quinto, destruir la ineficiencia. La ineficiencia es una molestia que les agrede[15] y no les deja funcionar bien. Todo aquello que les dificulta su operativa, les irrita. Y si están irritados no son productivos ni colaboradores. Como muy bien me decía un cirujano traumatólogo «que no me pida nada la dirección del hospital, hasta que tenga fiabilidad al 100% de que voy a tener los tornillos en la caja[16]. Si no me aseguran eso, yo no puedo comprometerme a colaborar en nada».

La Tabla 7.1 propone las características esenciales del cerebro de obra que he compartido anteriormente con mis lectores en obras previas. Las recuerdo aquí, pues siguen plenamente vigentes. Sinceramente creo que son atemporales, pues las llevo enumerando más de 25 años.

**Tabla 7.1.** Características del cerebro de obra (Muñoz-Seca, 2006).

- *Lo único que tiene es su conocimiento y se siente orgulloso de él.* Siente orgullo por haber alcanzado las metas que se ha propuesto y encuentra que su esfuerzo debe ser apreciado por la sociedad. Es indudable que su alta cualificación suele ser una de las bases del núcleo diferencial de la empresa y que posiblemente debería ser reconocido. Hace falta entender la situación y no buscar fantasmas en ella. No es que se crea diferente, es que realmente lo es. Ni mejor ni peor que el resto de los trabajadores, pues cada individuo tiene su aportación individual para la empresa.
- *Cree que su jefe no comprende la situación.* Jamás pensará que su jefe lo hace bien. Siempre considerará que él podría hacerlo mucho mejor y que el jefe no entiende ni comprende la situación. Acepte la situación y no pretenda que le «amen». El objetivo del directivo debe ser que le respeten. Y eso se consigue haciendo eclosionar el potencial de cada uno.

[14] Trabajar con cerebro de obra es francamente gratificante. Absorben conocimiento de forma fácil y están dispuestos a mirar el mundo bajo diferente óptica.

[15] La palabra está elegida con cuidado. Y es «agredir»: cometer agresión. No llega a física, pero a veces la bordea.

[16] Para aquellos que no entiendan, estos cirujanos usan tornillos, martillo y herramientas similares. A este particular cirujano en las tres últimas cirugías le había faltado material y eso había ocasionado que tuviera que posponer las cirugías con el paciente ya anestesiado. Y, lógicamente, estaba muy irritado del mal funcionamiento de la estructura operativa del hospital.

- *Conoce muy bien lo que sucede en su entorno.* Conoce perfectamente la realidad del servicio y la problemática que se genera. Vive personalmente las ineficiencias de la organización y siente frustración al no poder entregar la solución óptima. En este entorno lo más adecuado es poner la información con claridad y transparencia encima de la mesa.
- *Tiene muy bien evaluadas a las demás personas.* Una singularidad suya es saber perfectamente las debilidades y fortalezas de cada una de las personas que le rodean. Sin tener que emitir ningún juicio de valor, conoce a la perfección las competencias de cada uno y para qué son adecuados.
- *Cultiva su identidad, buscando diferenciarse.* Tiene la necesidad de sentirse único, diferente. Lógicamente esta diferenciación viene por su conocimiento y por ello es crítico que desarrolle su área de especialidad. La necesidad de esta singularidad hace imprescindible que busque su camino de diferenciación. Es indispensable saber en qué es bueno y tener identificados los conocimientos diferenciales que posee.
- *Acepta la* autoritas *pero no la* potestas. Es intransigente con el uso de la *potestas.* No se le imponen soluciones, se le presentan problemas.
- *Requiere consistencia y claridad de planteamientos.* Exige claridad en los planteamientos. No tiene que estar de acuerdo con la estrategia de la compañía, pero sí debe entender por qué se produce y el camino que la empresa va a seguir.

Solo hacer una observación. A medida que va pasando el tiempo veo crecer el colectivo de «cerebro de obra». Antes estaba constreñido a ingenieros o personal sanitario cualificado. Ahora veo su comportamiento en una amplia gama de colectivos. Creo que en un futuro irán creciendo, pues la mano de obra a lo siglo XX va a tender a desaparecer. Como hemos dicho en el preámbulo de este libro, la industrialización y la robótica se van a ocupar de ello[17].

¿Propongo alguna prioridad en la gestión del cerebro de obra? Sí, cinco actuaciones que están detalladas en la Tabla 7.2. Funcionan francamente bien. Requieren cambio de mentalidad directiva y de gestión. Pero es absolutamente necesario. La delegación por confianza, *delegation by trust,* es uno de los pilares de la gestión del cerebro de obra[18]. Y la confianza no sobreviene por arte de magia. Se consigue paso a paso, con mucho trabajo, demostrando y actuando. Aquí no hay palabrerías ni discurso altisonante. Aquí hay realidades.

[17] No quiero sonar ni apocalíptica ni ingenua (no sé lo que es peor). La tecnología tiene todavía un gran trecho a caminar, pero ya se están viendo en zonas como Singapur y Japón robots de uso para tareas domésticas y para cuidados sanitarios de la tercera edad. La necesidad manda, y como no hay cuidadores, las empresas están inventando robots para suplirlos.

[18] Esto ya lo decía hace 25 años en mi primer documento de investigación. Puede que al lector le surja una duda (o le haya surgido ya). ¿Esta señora no se cansa de ir diciendo lo mismo todos estos años y que la gente le haga tan poco caso? Entre usted y yo, un poco. Pero la perseverancia es mi tercer apellido (estoy muy orgullosa de los dos primeros) y no voy a cejar en el intento. De vez en cuando voy recibiendo *e-mails* de exparticipantes que me dicen que han repasado sus notas de Operaciones para resolver un problema o que se acuerdan de mis clases y sonríen. Eso es gratificante y merece todo el esfuerzo puesto.

**Tabla 7.2.** Cinco actuaciones (Muñoz-Seca, 2006).

1. *Mayor necesidad de clarificación de la estrategia de la empresa.*

Una de sus grandes necesidades es entrever el futuro. Así como todo el personal debe tener cuantificados y priorizados los componentes de la Promesa de la compañía, aquí debemos ampliar la idea y priorizar también el futuro. El presente es suyo, el futuro, de la dirección. Es por ello necesario hacerles partícipes de los planes que se preparan, de las ideas que se discuten. No es únicamente lo que ellos puedan aportar, sino que en este compartir de la información ellos pueden ver cómo hacer progresar su conocimiento. La visión de los conocimientos que se van a necesitar les permite dibujar su propio camino de progreso personal. Esto transmite tranquilidad y sosiego, permitiendo rellenar sus lagunas de conocimiento. Existe una gran necesidad de que tengan una idea clara de su porvenir en la compañía y de cómo este depende de su esfuerzo.

2. *Identificación de sus realidades individuales.*

Las personalidades aquí descritas requieren un mayor grado de concienciación de su realidad individual. Se convierte en imprescindible para poder extraer y aplicar ese conocimiento que ellos portan. Mi propuesta es que los mandos deben estar imbuidos en la realidad de la operativa para entender las situaciones personales y tener tiempo para escuchar. No es únicamente actuar entendiendo su *stock* de conocimiento sino compartiendo sus singularidades y analizando cómo manejar las frustraciones.

3. *Necesidad de ayudarles constantemente a desarrollar su potencial.*

La organización debe implantar infraestructura que apoye el camino de incrementar el *stock* de conocimiento individual. No estoy hablando de cursos en manos del departamento de Formación o Recursos Humanos. El mando debe conocer las debilidades de cada uno de los colaboradores y apoyarles a rellenar sus lagunas de conocimiento. Las sesiones clínicas de los médicos son un buen ejemplo de este tipo de apoyo. En ellas se analizan los procesos que se han seguido, lo errores que se han cometido y qué se debería haber hecho que no se ejecutó. Son una forma positiva de desarrollo de potencial.

4. *Delegue por confianza, deles espacio para decidir.*

Si hay un dicho clásico castellano que encaja en este epígrafe, este sería «es imposible ponerle cercas al campo». El directivo debe aceptar claramente que el cerebro de obra requiere iniciativa y capacidad de decidir. Tener un cerebro preparado sin usarlo es un fallo de la dirección. La única salida que tiene la organización es darle capacidad de iniciativa, dejar que hagan. Es un deber y un derecho el de ser eficientes y competitivos. Desarrollar su conocimiento es una ganancia tanto para la empresa como para el individuo.

5. *Diferenciación de su rol directivo: dirigir es servir.*

Existe hoy una realidad irrefutable. Un gestor es incapaz de tener más conocimiento que sus subordinados de alta cualificación. El gestor debe entender, tener un grado inicial de conocimiento, pero no tiene por qué ser excelente en ello. La adquisición y contratación del personal ya se hizo pensando que iban a aportar una especialización a la compañía. El gestor debe ser el lazo simbiótico que una y aproveche todos esos conocimientos.

Y a José Manuel ¿cómo le ayudamos? Pues sobre todo haciendo hincapié en que debe mandar un mensaje muy claro. «Céntrate en construir con ellos un servicio excelente. Empieza con lo operativo, sigue el esquema SPDM que hemos visto en clase, focaliza en cosas concretas, crea un grupo de trabajo[19]. Pero importantísimo, que sean ellos los que definan sus propios indicadores, que sean ellos los que sigan sus cumplimientos, que sean ellos los protagonistas.»

Hasta aquí las características del cerebro de obra y algunas indicaciones de actuación. No obstante, hay una consideración más. Las ideas expuestas conforman un lienzo que debe estar enmarcado en un bastidor[20] que lo sostiene adecuadamente. Este bastidor se compone de dos listones.

- El primero es gestionar a través de soluciones, no de problemas. Una idea potente en la gestión del cerebro es que aporten soluciones. Si son cerebros y los usan, deben pensar. Si opinan le van a llevar la contraria a su superior, pero como muy bien dice el fundador de IDEO[21], David Kelley, «yo suelo estar bastante de acuerdo conmigo mismo, necesito gente que me lleve la contraria». Esto es muy sano y confiere un estilo de gestión colaborativo.
- El segundo, la creación de una red de infraestructura que apoye el desarrollo de conocimiento. Esta red se llama la conjunción de unidades de conocimiento (UC). Como hemos visto en el Capítulo 2, una UC es una unidad organizativa que agrupa un portafolio de conocimientos y su propósito principal es desarrollar los conocimientos del cerebro de obra que la compone. Aporta un entorno de crecimiento profesional alejado de la gestión y centrado en generar *stock* de conocimiento.

Adentrémonos a trasmitir estas ideas con mayor profundidad.

## NO ME TRAIGAS PROBLEMAS, TRÁEME SOLUCIONES

En el capítulo anterior hemos igualado conocimiento a problemas. Y hemos ayudado a Fátima a identificar sus conocimientos. Ahora volvemos a sacar los problemas, no tanto para extraer conocimientos, sino para entender las implicaciones de

[19] Una anotación complementaria. Los grupos de trabajo deben tener su ciclo de vida: nacimiento, desarrollo y muerte. Los grupos de trabajo cristalizados son totalmente improductivos. Un grupo de trabajo está para resolver un problema o conjunto de problemas. Una vez conseguido, debe desintegrarse.

[20] La función del bastidor es sostener y conseguir una buena tensión uniforme en todo el lienzo.

[21] IDEO es una compañía californiana de diseño, fundada por un profesor de Stanford, David Kelley (el creador del ratón del Macintosh de Steve Jobs), de la cual usaremos varios ejemplos en este libro.

gestionar por problemas. O, mejor dicho, *gestionar por soluciones.* Porque esa es la belleza del axioma: que cada cerebro proponga alternativas y aporte soluciones[22].

Implantar esta forma de gestionar requiere tres actuaciones. Primero, entender que existe una tipología de problemas que los clasifica en problemas estructurados y problemas no estructurados. Segundo, unir el *stock* de conocimiento al tipo de proceso de solución, ya sea aplicativo o exploratorio. Tercero, y último, adecuar la forma de presentar el problema de manera que se adecue al perfil de aprendizaje del agente. Veamos cada uno.

## PRIMERA ACTUACIÓN: TIPOLOGÍA DE PROBLEMAS

Manejamos una tipología de problemas que los clasifica en estructurados y no estructurados (Tabla 7.3).

**Tabla 7.3.** Dos tipos de problemas (Muñoz-Seca y Riverola, 2003).

Distinguiremos dos categorías de problemas (Pérez-López, 1991): los estructurados y los no estructurados).

- *Problemas estructurados.* En ocasiones, la persona que decide puede definir con precisión y de manera comprobable qué constituye una «situación agradable». En ese caso, resolver el problema exige construir o determinar un objeto al que se puedan aplicar todos los criterios de «resolución de problemas» y que responda de forma positiva a todos ellos. Entre estos problemas están aquellos que se pueden resolver mediante la aplicación de una secuencia de operaciones o «proceso» de resolución de problemas. Es posible que la persona responsable de las decisiones desconozca el proceso; no obstante, una vez que lo conozca, será capaz no solo de resolver un problema concreto, sino toda una familia de problemas relacionados. Esa persona sabe que aplicar el proceso para resolver el problema le permite eliminar las divergencias entre la situación actual y la situación deseada. La utilización de procedimientos estándar, por lo general clasificados en rutinas, encierra y materializa el conocimiento y facilita una solución rápida a una situación insatisfactoria.
- Los *problemas no estructurados* son aquellos para los que, *a priori*, resulta imposible determinar qué soluciones son satisfactorias. La persona responsable de las decisiones no percibe si una situación es agradable hasta que la experimenta; es más, incluso entonces cabe la posibilidad de que no pueda, o le resulte muy difícil, demostrar su validez de forma objetiva. Para este tipo de problemas resulta complicado, si no imposible, establecer un proceso que propicie soluciones aceptables. Así pues, se precisan respuestas a medida cuyo resultado a menudo es una incógnita. Para resolver este tipo de problemas, la persona que decide debe buscar activamente una solución e interesarse personalmente por el problema.

[22] Menuda utopía ¿verdad? No se sonroje, querido lector, esto es lo que usted está pensando. Y es lógico. A ver si logro convencerle de que este planteamiento es el único para que el cerebro sea productivo y eficiente. Otro tipo de planteamientos es tirar el dinero por la ventana. Pero no me crea, haga la prueba. Como dicen los anglosajones: *the proof is in the eating.*

Si son problemas estructurados y conocidos, las soluciones vendrán con un proceso de solución aplicativo (Tabla 7.4) y pueden ser objeto de industrialización[23]. En entornos de reducción de costes, estos son los tipos de problemas que se resuelven constantemente. Y son positivos para buscar soluciones eficientes pero negativos para hacer crecer la empresa. Una empresa que solo resuelve problemas aplicativos no tiene futuro. Buscar la eficiencia es positivo, pero eso requiere aplicar y también explorar. Y de ahí surgen los problemas nuevos. Tal como se explica en la Tabla 7.4, el proceso aplicativo suele ser rápido (aplicar) y el exploratorio es lento (probar y aprender). Si son problemas nuevos, en donde hay que buscar la solución por prueba y error, la solución vendrá por un proceso exploratorio. La elección del tipo de proceso de solución depende del *stock* de conocimiento del agente. Si conoce, aplica; si es nuevo, explora. Las empresas deben tener un portafolio equilibrado entre ambas. Estar todo el día explorando puede dejar a la empresa exhausta. Como siempre, el equilibrio es la meta[24].

**Tabla 7.4.** Dos tipos de proceso de solución de problemas (Muñoz-Seca y Riverola, 2003).

En los procesos de resolución de problemas se alternan dos situaciones: la búsqueda (o exploración) y la aplicación de conocimiento. Sus características son las siguientes:

| Exploración | Aplicación |
|---|---|
| Ocupa mucho tiempo. | Rápido. |
| Puede resultar frustrante. | Puede resultar sencilla. |
| No garantiza resultados en un plazo determinado. | Garantiza resultados a corto plazo. |
| Favorece el aprendizaje. | Aporta información y experiencia. |
| Espacio para la creatividad. | No se aprende demasiado. |
| Permite encontrar soluciones inéditas. | No se obtiene nada nuevo. |
| Ensayo y error. | |

Gestionar por «tráeme soluciones» requiere entender varias implicaciones de funcionamiento. Para ello, pasemos a la segunda actuación.

[23] Para saber cómo hacerlo y qué significa industrializar, ruego paciencia hasta el capítulo siguiente.

[24] Y el porcentaje de cada uno depende de la situación de cada empresa. Esta es la palabra mágica de Operaciones, «depende». Y es verdad, cada empresa es un mundo y cada situación tiene sus connotaciones específicas.

## SEGUNDA ACTUACIÓN: EL *STOCK* DE CONOCIMIENTO DEL AGENTE DEFINE LA ELECCIÓN DEL TIPO DE PROCESO DE SOLUCIÓN DE PROBLEMAS

El gestor debe anticipar el tipo de proceso de solución de problemas que va a acontecer para así esperar un tiempo de respuesta acorde con el tipo de proceso. No hay nada más desazonador para un cerebro de obra que se le pida resolver un problema exploratorio con exigencia de tiempo de respuesta aplicativo[25].

La exploración, al enfrentarse a lo nuevo, requiere mayor apoyo. «Gestionar por soluciones», apoyando la exploración, lleva imbricado las siguientes implicaciones.

- *Implicación 1.* Entender un problema exploratorio requiere medidas de apoyo y proveer de herramientas que ayuden a entender la estructura del problema. Propongo que dichas herramientas se basen en las normas heurísticas[26] de Polya[27] (Polya, 1957). La heurística consiste en una serie de reglas cognitivas elementales que no parten de la deducción lógica. Estas reglas ayudan a entender problemas que no resultan evidentes. En el Manual de la segunda parte de este libro presentamos algunas de estas reglas para su uso.
- *Implicación 2.* Una vez identificados los componentes del problema, se identifican las lagunas de conocimiento. Hay que poner a disposición de los agentes alternativas para rellenarlas y apoyarles en hacerlo. Proveer de *stock* de conocimiento para rellenar las lagunas es una función crítica, ya que acelera el proceso de exploración. Si no se rellenan, la exploración puede ser dolorosísima.
- *Implicación 3.* El proceso de exploración debe ser facilitado creando un encuadre. Enunciar prioridades, clarificar límites de medios y objetivos esperados son algunas de las actuaciones que pueden generarse. Un muy buen ejemplo de este tipo de actuación está en la película *Apolo XIII.* Houston debe hacer que un elemento cuadrado entre en otro redondo y le entrega, al grupo que debe desarrollar la respuesta, todo lo que existe en la nave espacial. Solo se puede usar eso. Y con esos mimbres hay que trabajar[28].

---

[25] La percepción es que el jefe no entiende nada. Ni el problema ni al colaborador.

[26] Heurística, palabra del griego clásico que significa *Εύρίσκ*, «encontrar» o «descubrir».

[27] Polya (Polya, 1957) describe cuatro fases para la resolución de problemas: entender el problema, trazar un plan, ejecutar el plan y echar la vista atrás.

[28] Y lo consiguen. Si no ha visto la película, se la recomiendo. Yo uso trozos de ella en clase para analizar el proceso de solución de problemas aplicativo *versus* exploratorio.

## TERCERA ACTUACIÓN: PROPUESTA INDIVIDUAL AL PLANTEAMIENTO DEL PROBLEMA

Entendamos que cada agente necesita una propuesta individual de *planteamiento* del problema[29]. Es decir, cada uno «entra» a los problemas por caminos diferentes, como si nos pusiéramos una «gafas» diferentes para entender el alcance del problema y nos sintiéramos retados a solucionarlo. Esta «gafas» están compuestas por el portafolio de dimensiones educativas, PDE.

El PDE es una galería de perfiles que pueden ajustarse a cualquier persona a partir de cuatro dimensiones. Estas dimensiones definen el perfil de reto individual y se relacionan con el estilo de aprendizaje del sujeto. El grado de intensidad de cada dimensión define el perfil PDE. La combinación PDE de cada persona es una vía de acceso a su proceso de resolución de problemas, permitiendo ajustar la propuesta de problema a los requisitos individuales de cada persona (Tabla 7.5).

**Tabla 7.5.** El portafolio de dimensiones educativas (PDE) (Muñoz-Seca, 2002; 2008).

Partiendo del trabajo de Kolb (1984), Anderson y Adams (1992, 1995) y Honey (1988), el portafolio de dimensiones educativas (Muñoz-Seca, 2002) o PDE ofrece una vía para individualizar las propuestas de problemas. Así, la resolución de problemas resulta más eficiente y rápida.

1. Proporcionar experiencias (PE). El individuo puede percibir, mediante el uso de un conjunto de experiencias, los posibles resultados y consecuencias inmediatos de su actividad de resolución de problemas. Se contempla aquí la posibilidad de percibir inmediatamente las implicaciones y los resultados reales del proceso.
2. Analizar alternativas (AA). El individuo profundiza en su valoración de las distintas alternativas que se le plantean. Para ello es necesario prever las consecuencias positivas y negativas de cada una de ellas.
3. Apoyar en el proceso (AP). El individuo puede recurrir a un tutor que le vaya indicando, de manera gradual, cómo actuar. El proceso señala los pasos y obstáculos que el individuo encuentra en su actividad de resolución de problemas.
4. Dar conocimientos (DC). El individuo precisa un marco conceptual abstracto al que asociar el problema. Dicho marco constituye una fuente de conocimiento que facilita la resolución del problema.

[29] Por ello la relación entre las características individuales y la resolución de problemas se convierte en un ámbito especial de estudio en el cual me vi sumergida durante más de 5 años. Cuento con una base de datos de más de 3.000 personas de la cual he extraído investigación que he publicado. Pero para este libro, lo importante es entender que las «gafas» para retar a cada individuo están compuestas de cuatro dimensiones.

Las dimensiones PDE participan tanto en la aceptación de la propuesta de problema como en su elaboración. El gestor propone un problema. Si actúa de manera espontánea, intentará hacerlo aplicando sus «gafas», su propio perfil PDE. Si trata con una persona de su mismo perfil, la propuesta de problema se presentará de manera acorde. Imaginemos ahora que tienen perfiles diferentes. En esta situación habrá una disfuncionalidad que puede dar pie a todo tipo de desencuentros e ineficiencias. Y es un desgaste inútil.

Entender «las gafas» permite proponer problemas a cada uno acorde con su estilo de aprender. Veamos un ejemplo. El gestor es una persona que requiere entender los problemas con un enmarque conceptual importante, por tanto, tendrá como dimensión prioritaria «dar conocimiento». Al colaborador le fascina saber las actuaciones de la competencia y su estilo de aprender se encuadra en proporcionar experiencias. ¿Cómo casarán? Pues mal. El jefe propondrá los problemas aportando teorías que el colaborador considerará innecesarias y el colaborador preguntará experiencias de competidores que el jefe considerará frivolidades. Resultado: desencuentros e ineficiencias. Pero el origen no es un tema personal[30], es un tema de estilo de aprendizaje. Una vez detectado este componente, la presentación de problemas se adecuará al estilo de cada uno y el proceso de solución se generará de forma más suave.

Resumiendo, cada uno tenemos un perfil singular. Este perfil está compuesto por las cuatro dimensiones y la variación reside en la intensidad de cada dimensión[31]. Cada perfil implica un modo diferente de afrontar los problemas, por lo que debe considerarse al plantear problemas. La Figura 7.1 resume esta propuesta de individualización. Llega un problema. Se le plantea al agente siguiendo sus preferencias de PDE. Si el agente no entiende el problema, busca apoyo en las reglas heurísticas que le ayudan a entenderlo. Una vez entendido, busca conocimiento para rellenar sus lagunas y aplica el proceso de solución más acorde que, siguiendo este razonamiento, sería la exploración[32].

---

[30] Muchas veces oigo decir «yo con Juan no puedo trabajar, es cuestión de piel». No, no es cuestión de piel. Es cuestión de estilo de aprendizaje y de proponer los problemas de forma adecuada. Juan puede caerte bien o mal a nivel personal porque su estilo es diferente. Pero para trabajar con él, basta saber cómo proponerle problemas para que los resuelva de forma eficiente.

[31] Cada dimensión puede valorarse en positivo, negativo o de forma neutra. Si desea saber cómo es, vaya al test www.iese.edu/pde

[32] Si fuera aplicación no tendría que entrar en heurísticas, ni a descomponer el problema. Aplicaría directamente.

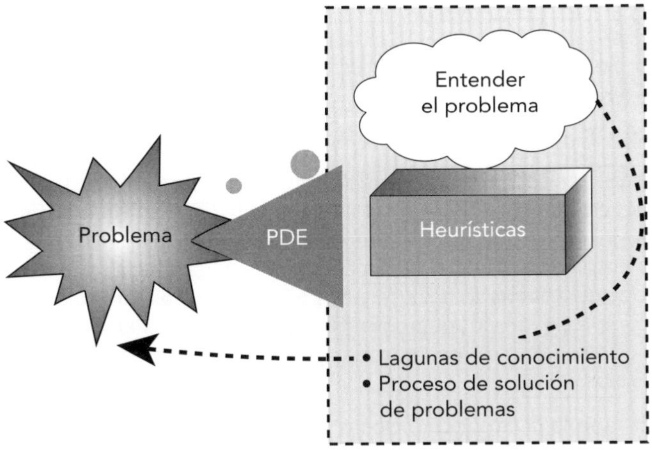


**Figura 7.1.** Abordar los problemas.

Analizado el primer listón del bastidor, gestionar por soluciones, entremos ahora en el segundo listón para la gestión del cerebro de obra, las unidades de conocimiento.

## LAS UNIDADES DE CONOCIMIENTO, UC: UNA FORMA DE POTENCIAR AL CEREBRO DE OBRA

Los cerebros de obra requieren un camino organizativo que potencie el desarrollo de su conocimiento sin tener que entrar en la carrera directiva. Por otro lado, la empresa debe desarrollar su *stock* de conocimiento y buscar sinergias entre sus portadores. Ambas necesidades nos obligan a diseñar estructuras flexibles que potencien ambos objetivos de forma conjunta y eficiente.

Proponemos para ello la creación de una UC. Una UC no es una unidad funcional de negocio. No. Es un entramado que une agentes con diferentes tipos y niveles de conocimientos, conformando un clúster. Ese clúster se crea por la unión de varios conocimientos que conforman una unidad. La composición y definición de cada clúster, o UC, depende de cada empresa. Las UC pueden ser de la propia empresa o combinándolas con otras empresas colaboradoras bajo el paraguas de la empresa ampliada. Esta es una forma muy potente de integración del entramado de conocimiento para la solución de problemas de servicio y es una aportación muy positiva. Genera cohesión de estrategia de operaciones y de resolución conjunta de problemas de servicios.

Cuando presento esta idea en clase, siempre tengo algún participante que me comenta que, con nombre diferente, tiene implantados esquemas similares en la empresa. En un par de ocasiones también han compartido ideas interesantes como unir la UC a una bolsa retributiva. La idea es sencilla. Cada UC recibe una cuantía

**Tabla 7.6.** Estructura de una UC (Muñoz-Seca y Riverola, 2003).

| |
|---|
| La idea es simple. Se trata de imitar la estructura social de los clubes. Los ciudadanos de una sociedad pertenecen a clubes o asociaciones, en las que hallan el ambiente adecuado para su desarrollo físico, intelectual o profesional. Los clubes ofrecen actividades a sus miembros, liderados por una junta directiva, responsable de la actividad del club. Un ciudadano puede pertenecer a cuantos clubes quiera, y esta estructura se superpone a su propia actividad crematística. Pueden dejarse mensajes, mantener reuniones virtuales, lo que no implica sincronización de sus agendas, y minimiza las pérdidas de tiempo. La idea es que todo empleado de la empresa pertenezca a los clubes necesarios para que pueda tener el soporte adecuado a su desarrollo. Estos clubes, en su mayoría, serán clubes virtuales, es decir, no exigirán de reuniones para llevar a cabo su labor. La tecnología nos proporcionará la oportunidad de hacer trabajo en grupo sin necesidad de que el grupo exista físicamente como tal. |
| Además, la UC desarrolla la capacidad de las personas que la componen para utilizar ese conocimiento en las operaciones de sus unidades de negocio. La UC no tiene responsabilidades acerca del resultado de la aplicación de los conocimientos. Este resultado está asociado con el servicio al cliente, y por tanto es responsabilidad de las unidades de negocio, UN, no de las UC. |

de la masa salarial para dividirla entre sus afiliados. ¿El criterio? Pues depende de cada empresa. He visto criterios como los siguientes: por desarrollar conocimientos que mejoren la CP&G, por desarrollar conocimientos que apoyen a las prioridades de la Promesa, por desarrollar conocimientos que apoyen la CP&G del futuro. Pero en todas había una característica en común. Quien decidía a quién iba el dinero eran los propios componentes de la UC. Y no se generaban fricciones. Los cerebros de obra son gente muy razonable, que enfrentados a un reto como este y con manera de cuantificar, solucionan armoniosamente el problema.

La Tabla 7.7 enuncia los pasos propuestos para configurar una UC. Pero déjeme advertirle algo. Cada empresa lo hace a su manera. Lo único que le ruego es que no metan sofisticadas tecnologías que compliquen la vida a los miembros. Un sencillo grupo de WhatsApp funciona perfectamente. Por favor, no nos metamos a crear estructuras rígidas. La belleza de la UC es que son amebas[33] y funcionan como tales. Pero necesitan retos constantes y estos deben venir de las unidades de negocio, UN. Si no, como las amebas, se enquistan. Las UN proporcionan los problemas del servicio y las UC están para desarrollar conocimiento que sirva para solucionarlos. Nunca olvidemos esto. Una UC tiene un fin último: generar conocimientos para la competitividad sostenible de la empresa.

El diseño de la estrategia de la compañía pertenece a la alta dirección, pero su operativización e implantación corresponde a las Operaciones, el corazón de la compañía

[33] Ameba procede del griego *amoibè* (αμοιβή), que significa cambio de forma.

**Tabla 7.7.** Manera de configurar una UC (Muñoz-Seca y Riverola, 2003).

1. *Identificación de las UC.*

Del diagnóstico de conocimiento podemos obtener las UC de la empresa. Las personas portadoras de alguno de estos conocimientos deben pertenecer a la UC, son los socios de esta. Como puede verse, esta estructura hace que una persona pueda pertenecer a un conjunto variopinto de UC, en función de su perfil de conocimientos. La naturaleza virtual y polimorfa de la UC hace factible esta pertenencia múltiple sin complicaciones.

2. *Identificación de los componentes de la UC.*

Para ello deben identificarse los portadores de la competencia. Esta tarea es sencilla y habitualmente se solapa con la fase anterior. Todas las personas de la empresa deben quedar asignadas a, por lo menos, una UC. En caso contrario hemos identificado una persona que no aporta conocimiento a la empresa. Esta situación es un indicio de que el proceso de inventario de conocimientos ha sido superficial o incompleto. Conviene replantear el análisis para identificar la causa de la anomalía.

3. *Documentar las relaciones entre componentes de la UC.*

Ahora hay que dotar de estructura interna a la UC. En una UC no hay jefes, sino maestros. Y ya que se trata de una estructura basada en la autoridad, es más fácil constituir esta estructura alrededor de las relaciones naturales, existentes (y probablemente aceptadas) entre los miembros de la UC. Se deben identificar los papeles que juega cada portador, para ello hay que identificar las personas que facilitan la resolución de problemas de otros, se consideran más creativos por los otros participantes y se acude a ellos en la implantación de las ideas.

4. *Identificar las personas críticas dentro de la UC.*

Las personas críticas son aquellas que soportan el mayor número de relaciones. Por lo menos uno de ellos debe jugar el papel de custodio de la UC. El principal papel del custodio de la UC es el manejo y funcionamiento de la UC para la mejora de los conocimientos contenidos en la competencia que lo define. El custodio de la UC es el catalizador de la mejora y debe tener un papel muy proactivo.

5. *Tareas de la UC.*

El objetivo de la UC es desarrollar la capacidad de sus componentes para aplicar el conocimiento existente en la mejora de las UN representadas en la UC. Por tanto, el objetivo de cada uno de los participantes en una UC es identificar formas de aplicar el conocimiento en la mejora de la UN a la que pertenecen.

y el quehacer del día a día. Y para que se lleve a cabo de la forma en que se ha diseñado, todos los implicados deben estar enfocados en la tarea. Este es el gran tema, y en un entorno de cerebros de obra no podemos funcionar por «ordeno y mando». El nuevo estilo de operar requiere un marco de actuación en donde cada cerebro pueda pensar y crear, pero guiado por un esquema global que conduzca toda esta energía. Si este esquema no está presente, la energía puede malgastarse en actuaciones que no llevan al fin deseado, aunque en su concepción cada miembro de la Organización pensará que sí.

Hay que dejar libertad y cancha al cerebro, pero hay que guiarlo. Si no se entrega un marco de actuación, puede ocurrir que gente valiosa se perciba como díscola o desobediente. Y puede que lo sea, pero puede también que el problema radique en la falta de claridad sobre los límites de actuación de cada uno y de sus obligaciones y responsabilidades. Normalmente, la historia acaba con la alta dirección prescindiendo de estas personas por falta de sintonía en la implantación de la estrategia. Es imprescindible, si dejamos libertad al cerebro, conducirlo e implantar una infraestructura que focalice sus energías. Esta infraestructura es la necesaria para la materialización del sueño operativo: que la gente haga lo que la alta dirección quiere que haga, sin tener que ordenarles.

Conseguirlo se basa en gestionar el cerebro de obra por soluciones y aportarle la infraestructura organizativa de desarrollo de conocimiento basada en UC. Pero eso no es lo único. Hay que eliminar la irritación y aprovechar su valor añadido. De ello hablamos bajo el epígrafe «Industrialización del servicio» en el siguiente capítulo.

### HEMOS APRENDIDO

- La gestión del cerebro de obra es diferente a la de la mano de obra.
  - Tiene sus propias características.
  - Y se debe actuar con 5 ejes de implantación.
- Gestionar cerebros de obra es retarles constantemente.
- Se gestionan con el axioma «no me traigas problemas, tráeme soluciones».
  - Hay dos tipos de problemas: estructurados y no estructurados.
  - Hay dos tipos de proceso de solución: aplicativo y exploratorio.
    - El *stock* de conocimiento del agente define el tipo de aplicación de proceso.
- El portafolio de dimensiones educativas singulariza la presentación de problemas.
  - Se presentan problemas de la misma forma que se aceptan.
- Las unidades de conocimiento son una forma de potenciar el cerebro de obra.

# 8 Industrializar el servicio para liberar capacidad del cerebro de obra

*El valor añadido del cerebro de obra se debe eclosionar industrializando todo lo posiblemente industrializable y utilizando soluciones informales a problemas cotidianos. Este capítulo hace una revisión de la idea clásica de industrialización y presenta la industrialización de soluciones informales como una respuesta a la necesidad de utilización de todo el* stock *de conocimiento, tanto formal como informal, de la empresa.*

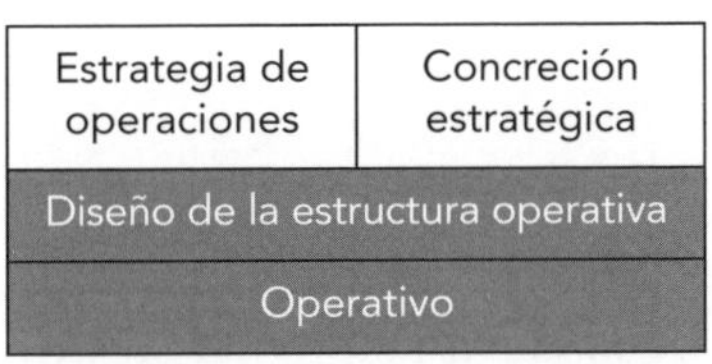


Mirar la industrialización bajo la óptica de liberar capacidad del cerebro de obra es un tema esencial para SPDM. Una obsesión recurrente en este libro es generar valor de cada segundo del cerebro[1]. No podemos permitir que malgaste su tiempo en tareas que pueden industrializarse y que, además, le aburren tremendamente. Recuerde, si no está retado está aburrido y si está aburrido es improductivo. Quitemos todo lo industrializable para que realmente se concentre en tareas que le aporten valor a él y a la empresa. Pero jamás, jamás nos olvidemos de la Promesa y el diferencial que se ha propuesto en el servicio. Industrializar debe aportar valor a la Promesa y al servicio. Y debe ayudar a liberar capacidad. No tergiversemos y caigamos en planteamientos que abortan el servicio.

Existe en la actualidad cierta confusión[2] sobre el término industrialización del servicio. Hace unos días, un CEO me decía: «Yo quiero industrializar, pero no puedo meter tecnología que me dé rigidez, tengo que ser flexible, me tengo que adaptar al

[1] Valor a corto y medio plazo. Puede estar desarrollando una idea, un código fuente, una mejora del servicio cuyos resultados no se aprecian de inmediato. Pero está generado valor para la empresa.

[2] Por lo menos esa es mi percepción y mi muestra es de aproximadamente 600 directivos anualmente.

cliente. Pero quiero quitar todo lo manual». Rápidamente le hice ver que la industrialización del servicio no es meter tecnología rígida, es mucho más. Y después de leer este capítulo, espero convencerle de que, además, es abrir una nueva puerta para eficientar[3] nuestro gran recurso: el cerebro de obra.

El término «industrialización del servicio» fue acuñado en 1976 por T. Levitt, en su artículo de la HBS «The industrialization of service» (Figura 8.1). Poco parece haber cambiado en estos 40 años, ya que muchos entienden industrializar servicios como desplazar actividades al *back office*, aplicar métodos de estandarización de procesos[4] y utilizar tecnología[5]. Este planteamiento de industrialización siglo xx desmerece[6]. Claramente al industrializar no se han planteado ni Promesa, ni esencia ni rojo pasión. Y sin esto se generan situaciones de pérdida de competitividad del servicio e ira de los clientes.

**1976 T. Levitt «The industrialization of service»**

- Sustitución de personas por un proceso basado en máquinas y tecnología.
- Sistemas planificados que hacen más eficiente el trabajo del operativo.
- Combinación de las anteriores, máquinas y sistemas planificados.

**Figura 8.1.**

Nos encontramos ante una realidad irrefutable. El entorno actual exige que todo lo industrializable se industrialice. La razón principal: los elevadísimos costes de personal[7]. Ello hace insostenible malgastar cualquier minuto de su tiempo en tareas que pueden realizarse de otra forma. Aparejado a la búsqueda de la eficiencia, y a los

[3] Esta palabra no existe en la RAE. Pero en mi familia, empezando por mi abuelo, nos gusta inventar palabras. Espero que sea indulgente con esta cuasi frivolidad.

[4] Solo un comentario, Levitt habla de sistemas planificados, que es mucho más amplio que estandarizar procesos.

[5] En un libro que edité conjuntamente con el profesor Josep Riverola (Muñoz-Seca y Riverola, 2012), mis colegas Philip Moscoso y Alejandro Lago, al hablar de la industrialización del servicio, decían: «La industrialización de servicios busca la aplicación de las técnicas provenientes de la organización industrial al sector servicios. Sus elementos más importantes son: *el desplazamiento de actividades a una "zona invisible" para el cliente, la aplicación de métodos de estandarización de procesos* y la *utilización de tecnología* como sustituto del contacto personal».

[6] No oigo más que quejas de participantes sobre situaciones totalmente absurdas de rigidez de procesos, estandarización y falta de respuesta del servicio. Esto es abominable.

[7] Los costes de Seguridad Social en España son el 33% del coste del salario de cada trabajador. Un auténtico calvario para PYMES y emprendedores.

enfoques *lean* con la desaparición de cualquier desperdicio, la industrialización se yergue como una respuesta para trasladar al mundo de los servicios formas de realizar tareas hasta ahora aplicadas a la industria. Y funciona. Pero siempre unida a la esencia del servicio, nunca lo olvide. En YGTC los abogados son capaces de hacer *rolling forecast*[8], se planifica la demanda, se asignan recursos, se gestionan capacidades y ocupaciones, se identifican cuellos de botella y se hace programación de la producción. Se comparte un lenguaje puramente industrial que ha llegado a generar una forma de operar consensuada por todos. Esto, unido a la gestión del *stock* de conocimiento como elemento que se puede planificar, resulta en una notable mejora de satisfacción y eficiencia para todos.

Sin embargo, este enfoque «tradicional» de industrialización desaprovecha incidir sobre un componente básico de improductividad: la búsqueda recurrente de soluciones a problemas ya solucionados con anterioridad en la empresa. Pare un segundo y pregúntese: ¿cuánto tiempo gasta mi gente en resolver situaciones que antes ya han sido resueltas por otros?[9]

- Propuesta diferencial SPDM: industrializar el servicio debe atacar esta improductividad, y liberar capacidad del «cerebro de obra», al poner a disposición de la organización el conocimiento informal generado por soluciones de problemas informales.
- Propone, por tanto, crear una estructura para recoger parte del conocimiento informal que se genera en la empresa.
- Su objetivo: hacer más eficiente el proceso de solución de problemas al incorporar parte del *stock* de conocimiento informal de la empresa.
- ¿Por qué es esto necesario? Sencillamente, porque no hay más remedio. No es cuestión de que le guste o no. Es cuestión de supervivencia, no se puede desperdiciar ni un segundo del tiempo del recurso más caro de la empresa.

Lógicamente esta actuación hay que incorporarla al modelo íntegro SPDM. Por sí sola, puede ser disruptiva, ya que puede modificar la esencia de la empresa. Antes de industrializar, hay que realizar un análisis del servicio prestado[10] para identificar tanto su esencia como el diferencial de Promesa[11]. Pero industrializar, va a tener usted que industrializar.

---

[8] Término que se refiere a la revisión periódica del *forecast* (previsión) de ventas para ajustar las previsiones a la realidad.

[9] Yo lo pregunto en mis clases y la respuesta es, en promedio, un 50% de su tiempo.

[10] A partir del siguiente capítulo nos metemos en el diseño del servicio y vamos a profundizar en este tema y en su configuración operativa a través de la SAS.

[11] Haga lo que haga en Operaciones, no puede mover un dedo sin antes haber hecho esto. La repercusión puede ser fatídica si no lo hace, pues puede estar tocando lo más delicado de su empresa.

Cómo lo hace, depende de cada empresa. Para facilitar esta adaptación considero relevante proporcionar una visión histórica[12] de la industrialización del servicio. Ello facilitará que no se quede atascado en conceptos antediluvianos y entienda cómo introducirla aportando sostenibilidad y diferencial en su servicio. Pero sobre todo, que piense en ella aportando una forma diferente para su empresa. Recuerde un *leitmotiv* de este libro, pensemos fuera de la caja *(out of the box)* para construir nuestro modelo diferencial.

## UNA BREVE HISTORIA DE INDUSTRIALIZACIÓN DEL SERVICIO

Empecemos por el principio: el origen de la palabra. La RAE define industrializar, en su primera acepción, como «Hacer que algo sea objeto de industria o elaboración». Otros autores (Roman, 2004) como «la sistematización de la actividad humana, ya sea a través de máquinas o de procesos modelados por máquinas, con el fin de hacer la tarea más eficiente (más rápida y, por ende, más barata) y más efectiva (predecible)».

Aclaremos, ahora, la cierta confusión existente entre los términos industrialización, estandarización (ver Tabla 8.1) y el uso de la tecnología dentro de la industrialización.

**Tabla 8.1.** Estandarización (Muñoz-Seca, 2015).

| |
|---|
| ¿Qué es la estandarización del proceso? Según Argi (2011), es «la capacidad de reproducir los niveles consistentes de un servicio desarrollando para ello métodos de trabajo, codificándolos, creando las circunstancias en la organización para obtener la adherencia a largo plazo de estos métodos y las condiciones óptimas. La estandarización es la capacidad de poner en práctica, tanto en el corto como en el largo plazo, un conjunto de métodos y condiciones que hacen posible un alto rendimiento repetido». La estandarización permite una reducción significativa de la variabilidad. |

La industrialización tiene a la estandarización como un componente. McDonald's tiene como principios fundamentales en su operación la simplificación, estandarización y automatización de los procesos para que los trabajadores, con limitadas habilidades y escasa formación, puedan producir de forma fiable los productos y el servicio. Es una perfecta «fábrica» de servicios[13]. ¿Y cuál es el papel de la tecnología en esa estandarización? Pues la tecnología sirve para simplificar y quitar tareas de sus operarios. Por ejemplo, McDonald´s presenta ahora unos quioscos en los que el cliente pide el menú, haciendo innecesario tener personas físicas tomando la comanda.

[12] La Historia siempre ayuda. Da un contexto que permite entender más a fondo las ideas.

[13] Es uno de los referentes clásicos.

Otro ejemplo proviene del mundo sanitario indio, el Grupo Narayana[14]. El eje de sus hospitales es la estandarización del proceso, con un enfoque TPS[15]. En la sala de operaciones los médicos jóvenes completan todos los pasos preliminares, dejando que el cirujano cualificado realice el paso crucial. Esto permite a los cirujanos del Narayana llevar a cabo hasta tres cirugías al día, frente al máximo de una cirugía diaria que efectúan los cirujanos en Occidente.

¿Y la tecnología? La tecnología tiene un papel de apoyo para la eficiencia y aportar que el cliente realice tareas que le den valor al servicio. Nunca debe ser una constricción. La tecnología debe ayudar, no ser un impedimento a ninguna prestación del servicio. El CEO del inicio del capítulo quería un apoyo, no que le quitaran flexibilidad, y así debe ser[16]. Si no es apoyo, no la use. Ya sé que es muy «sexy», pero no se deje deslumbrar. Está para ser un *enabler* (facilitador) como decía Hammer, (1992) el creador de la reingeniería de procesos. Como una parte industrializable de determinados servicios, Meuter et al. (2005) hablan de las *self service technologies* (SST). Las SST, como la banca telefónica, propician que los clientes produzcan por sí mismos procesos estandarizados, sin la ayuda de personas físicas[17]. El sistema My Met Museum (Museo Metropolitano de Arte, Nueva York), incluye herramientas de planificación de visita, calendarios personales en línea, suscripciones a boletines, enlaces personales a la tienda *online,* y un My Met Gallery[18] donde los visitantes, utilizando una página web personalizada, pueden guardar los objetos seleccionados de las colecciones del museo.

---

[14] Narayana Salud ofrece centros de atención terciaria a través de áreas de especialización, incluyendo cirugía cardíaca, cardiología, gastroenterología, cirugía vascular, servicios endovasculares, nefrología, urología, neurología, neurocirugía, pediatría, obstetricia y ginecología, psiquiatría, diabetes, endocrinología, cirugía y rehabilitación estética, trasplante de órganos sólidos para el riñón, el hígado, el corazón y trasplante de médula ósea, así como medicina general. También tiene servicios de oncología para la mayoría de los tipos de cáncer, incluyendo neurológico, cabeza y cuello, mama, cuello uterino, pulmonar y gastrointestinal. Lleva a cabo, en un solo día, más de 32 cirugías de corazón por 800 dólares de coste total, desde el ingreso al alta.

[15] Devi Shetty, su fundador, afirma: «Japanese companies reinvented the process of making cars. That's what we're doing in health care. What health care needs is process innovation, not product innovation». Por su parte, Lloyd Nazareth, COO del Grupo Narayana, dice: «The organization can no longer be people driven. We need to have written down procedures, and processes that can then be replicated in every new hospital».

[16] Podríamos aquí escribir un libro sobre ERPs, las noches en blanco y culebrones aparejados. Pero no es este el lugar. Si por alguna casualidad, se encuentra usted ante la eventualidad de contratación de un ERP, lea con detenimiento la parte de este libro que habla de innovación y cómo se deben entender sus diferentes tipos.

[17] Y hasta tenemos hoteles en Japón con robots haciendo ¡el *check in*!

[18] El sistema permite a los usuarios crear varias colecciones, anotar los artefactos en sus colecciones con las observaciones, y compartir sus colecciones a través de correo electrónico o Facebook, Twitter y otras herramientas de redes sociales.

Bien, está claro, ¿no? Industrializar el servicio se refiere, en parte, a estandarizar y meter tecnología.

Y ¿qué pasa cuando el cliente quiere preguntar algo? ¿Quién le soluciona sus problemas y quién se ocupa de él? Esta pregunta ya se la hicieron en el siglo pasado unos colegas de Harvard. En 1991, Schlesinger y Heskett, en su artículo «The Service-Driven Service Company» (*Harvard Business Review,* sept-oct, 1991) atacan el modelo de Levitt, aduciendo que, en los servicios, la producción en masa estaba abocada al fracaso, ya que no apoyaba actuaciones de retención de clientes. Su tesis era que el enfoque de Levitt relegaba al agente que presta el servicio al último lugar en la cadena de prioridades de la empresa. Schlesinger y Heskett abogan por poner al agente servidor como prioridad. Señalan la necesidad de diseñar sistemas que apoyen la realización de un servicio sostenible y satisfactorio. Introducen los conceptos de «ciclo del éxito y ciclo del fracaso» en los servicios, haciendo énfasis en la selección, formación y retribución del agente servidor para resolver los problemas del servicio. En el éxito todo funciona perfecto. El ciclo del fracaso se caracteriza por la incapacidad de resolver problemas de forma satisfactoria y por poner el énfasis en las reglas (Figura 8.2). Y el servicio se convierte en desastroso.

**Figura 8.2.** El ciclo del fracaso de Schlesinger y Heskett (1994).

Con Schlesinger y Heskett, y la creación del Grupo de Servicios en HBS, se inicia toda una corriente de posicionamiento en los servicios que tiene como eje primordial el contacto cliente-servidor y la *service profit chain*[19] (ver la Figura 8.3). En este marco, se configura como un elemento crítico la necesidad de resolver los problemas presentados por los clientes y cómo la ausencia de esta resolución conlleva al fracaso en el servicio.

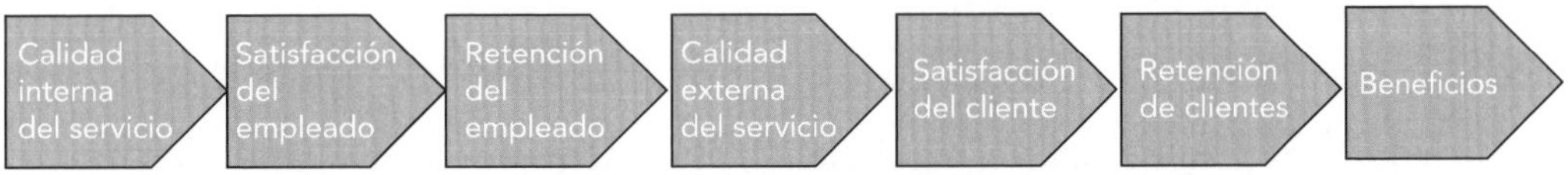


**Figura 8.3.** *Service profit chain.* Heskett, Sasser, Schlesinger (1997).

Mi contacto con el mundo empresarial me permite observar que las empresas de servicios enfocan industrializar en estandarización y/o uso de tecnología. La banca es un claro ejemplo de ello. En estos entornos, hablar de industrialización es sinónimo de estandarización, de uso de tecnología para realizar tareas, de procesos eficientes, de crear un *back office* en forma de fábrica de grandes lotes y un proceso centrado en el coste. En la actualidad, muchas empresas parecen abandonar el eje cliente-servidor como punto de partida para la resolución de problemas y vuelven a enfoques mecanicistas del siglo pasado. Recuperan, bajo el sagrado lema de la «eficiencia operativa», las teorías de Levitt, olvidando la gran aportación de Schlesinger y Heskett: la importancia del proceso de solución de problemas.

Una propuesta muy atractiva[20] sería combinar ambos, Levitt unido a Schlesinger y Heskett, bajo un nuevo enfoque de industrialización más acorde con el escenario actual. Dicha propuesta significaría:

1. *Estandarizar y usar la tecnología* para hacer desaparecer las ineficiencias y destruir la «irritación» organizativa que estas producen. Una aplicación a fondo de las seis variables y nuestro enfoque operativo conseguiría tal fin.
2. Utilizar tecnología para *eliminar trabajos repetitivos.* La introducción de robots en la vida cotidiana y en la empresa es el camino que actualmente está presente para hacer desaparecer el uso de cerebros para estos fines.
3. Utilizar tecnología para que el *cliente trabaje para nosotros 24/7.* Aunque este punto caería más en diseñar el servicio[21] para que el cliente lo ejecute, la tecnología proporciona un vehículo eficaz para conseguirlo y por ello lo situamos dentro del parámetro industrializar.

---

[19] Hay que mencionar al tercer colega de la HBS, Sasser, que trabajó conjuntamente con ellos.

[20] Por lo menos a mí me lo parece. Y es por eso que la hago.

[21] De esto hablamos en el próximo capítulo.

4. *Destruir desperdicio de tiempo* al proporcionar la solución de problemas informales a toda la organización y así evitar que vuelvan a inventar[22]. Esto es lo que yo llamo «no descubrir el Mediterráneo cada día» y es mi concepto de nueva aportación[23]. Veamos cómo.

## «NO DESCUBRAMOS EL MEDITERRÁNEO CADA DÍA»: INDUSTRIALIZAR LA SOLUCIÓN DE PROBLEMAS INFORMALES

El núcleo de mi propuesta es el siguiente: la eficiencia se reduce cuando los miembros de una organización no aprenden de los procesos aplicativos[24] informales de otros miembros, e inician un proceso exploratorio para hallar soluciones que otros miembros de la empresa ya han encontrado[25].

Quizá quede complicado de entender. Lo simplifico. Lo que dice esta frase[26] es que la gente en la empresa se pasa el día inventando soluciones de problemas que otros ya han resuelto. Y no son problemas estándar, que todo el mundo conoce. Son problemas diferentes, que se resuelven sobre la marcha de manera informal y que solo quedan grabados en la cabeza del que lo resuelve. Es lo típico que preguntas a un colega cuando te lo encuentras almorzando o tomando un café. «Oye, ¿tú te has encontrado una situación en donde el cliente...?» Y el colega te responde: «Pues sí, y lo que hice fue...». ¿Le suena esta situación? Muy común en el mundo de la empresa. Pues mi propuesta es hacer algo que facilite este intercambio de soluciones. Y como debe ser algo que sirva para cualquier ubicación, pues debe ser industrializado. Y de aquí mi siguiente pregunta. ¿Podríamos ampliar el concepto de industrialización a crear una infraestructura para capturar las soluciones de *problemas informales*, que la empresa no tiene materializados, y así ponerlo a disposición de toda la organización facilitando compartir soluciones informales?

De esta forma se liberarían recursos del agente, logrando que se construyan soluciones a partir de un *stock* de conocimiento que no está materializado de forma convencional en la empresa[27]. Si un problema se ha resuelto con anterioridad, esta

---

[22] O que lo hagan, pero no partiendo de 0, sino de experiencias anteriores.

[23] Es decir, mi grano de arena a todo este tema de industrializar servicios.

[24] Recordemos del Capítulo 7, en los procesos de resolución de problemas se alternan dos situaciones: la búsqueda o exploración y la aplicación de conocimiento, o proceso aplicativo.

[25] De aquí el nombre de la sección «descubrir el Mediterráneo cada día». Si ya lo hemos solucionado antes, usemos ese conocimiento.

[26] Lo admito un poco docta, pero la forma correcta de decirlo es esta.

[27] Esta propuesta de industrializar combina conceptos que, a fecha de hoy, no he visto expuestos en la literatura. Según lo que he investigado, no parece que en este momento nadie esté valorando este planteamiento, ni académicamente ni en el mundo de la empresa.

solución debe ser puesta a disposición de toda la empresa para que se aprenda y se utilice como punto de partida en situaciones similares. La eficiencia requiere construir soluciones a partir de esta base.

Industrializar significaría crear un esquema que facilite mostrar a toda la organización las soluciones singulares informales encontradas por otros agentes. Es darle al concepto de industrialización una vuelta de tuerca que lo sitúe en el siglo XXI, uniéndolo al proceso informal aplicativo[28]. Hasta cierto punto lo que abogo es por facilitar la comunicación de soluciones informales que hasta ahora siempre ha fluido por canales informales. Pero esta estructura facilitará el poder recuperar lo informal, que de otra manera tiene muchas oportunidades de perderse.

Si bien es cierto que dos situaciones nunca son iguales, el hecho de que un problema se haya resuelto antes facilita, sin duda, la eficiencia de la solución. Los agentes parten de soluciones a problemas anteriores y ello agiliza el proceso de solución. Así, industrializar se convierte en «pescar» lo informal poniéndolo a disposición con una taxonomía. Industrializar amplía su contenido y se traduce en materializar el esfuerzo invertido por cada agente, aprovechándolo para toda la empresa. No estoy hablando de estandarizar y protocolizar soluciones, sino de usar las soluciones que no han sido previamente «encapsuladas» en procesos. Es absurdo gastar tiempo en construir soluciones novedosas sin aprender de la experiencia informal de los demás.

¿Cómo propongo industrializarlo? Creando una estructura (con el apoyo de la tecnología, pero KISS), en donde se puedan volcar las soluciones informales a los problemas de servicio. Estas soluciones deben estar indexadas en un formato amigable, que sugiero sea el VOC[29]. Hasta cierto punto es la creación de un entorno virtual de soluciones informales. Como la máquina de café de su empresa, o la hora del cigarro, en donde se comparten experiencias y soluciones[30].

Sugiero lo que coloquialmente llamo el enfoque Moleskine. Su nombre se origina de *regalar* un cuaderno Moleskine[31] (Figura 8.4) a cada agente para *apuntar*

---

[28] Recordemos lo que hemos dicho ya con anterioridad en este libro. El eje de las empresas de servicio está en el proceso de solución de problemas. La aleatoriedad de la demanda y el papel activo del cliente en desarrollar el servicio (Muñoz-Seca, 2014) hacen indispensable que los servidores sean capaces de resolver todo tipo de problemas, tanto viejos como nuevos, sencillos o complejos.

[29] ¿Recuerda el lector? Verbo, objeto y condición, VOC, del capítulo 6 en indexado de conocimientos.

[30] Pero aquí de una forma más eficiente y productiva. Aunque jamás quitaría las máquinas de café, son un centro importante de búsqueda de conocimiento.

[31] Personalmente me encantan. La verdad, no sé por qué, pero son atractivos y apetece apuntar cosas…

**Figura 8.4.** Enfoque Moleskine.

los dos problemas informales más relevantes que solucionan cada día. En las reuniones semanales del equipo se *comparten* estas soluciones y a aquellas que se consideran más relevantes se les da una *estructura* para poderse compartir de forma industrializada. Esta estructura puede ser un simple Access en donde las soluciones informales llevan un indexado VOC. De esta forma cuando el agente se encuentra con un problema a solucionar, recupera del Access la solución informal hallada por otro colega y esta le sirve de referencia.

Implantar estas ideas requiere ciertas condiciones.

- **Primera.** Asegurar al agente que su solución se toma como una referencia a un problema que no está considerado en los procesos de la compañía y que no tiene protocolo de actuación. Es decir, el protocolo de actuación vigente no contempla esta eventualidad, y ello ha requerido una solución *ad hoc* por parte del agente.
- **Segunda.** Es necesario afianzar el mensaje, a través de reglas operativas, que aseveren que son soluciones individuales para resolver situaciones particulares. No se toman como propuestas a mimetizar, sino como puntos de referencia.
- **Tercera.** Hasta que la solución no esté formalizada, la industrialización de lo informal aporta *stock* de conocimiento a todos, además de agilizar la solución de problemas. Reglas operativas como «no hay culpables, sino problemas» trasmiten mensajes de compartir riesgos y aprender de todos. Y todo esto es indispensable para este enfoque.
- **Cuarta**. A partir de todas estas situaciones, la empresa podrá analizar la reformulación de procesos o procedimientos y encapsular el conocimiento informal en una propuesta formal. Pero no tiene que ser todo, solo aquello que la empresa considera que aporta valor para ser materializado en un proceso formal.

El enfoque Moleskine puede funcionar por un tiempo y en una organización relativamente pequeña. Pero pasado el tiempo, cuando se suman muchos problemas informales, hay que dar una solución más estable y más amigable para el resolvedor. Se necesita dar una cierta estructura que imbrique, de forma sencilla, componentes del servicio con problemas ya resueltos de forma informal. Puede acontecer que los problemas emerjan con gran variedad de componentes. Cuando esto sucede, el paso lógico es descomponer para, una vez troceado, aplicar soluciones. La respuesta integral se encuentra en la combinación de estas soluciones.

Mi propuesta es aparejar problemas con módulos de servicio. Los módulos (Tabla 8.2) componen partes de un puzle que, al integrarse, definen un servicio completo. Cada módulo debe poder relacionarse con otros a través de una interfaz sencilla. Defino un módulo como un clúster de actividades que juntas tienen una identidad. Cada módulo es un subproceso. Por ejemplo, en un hospital los módulos podrían ser los eventos que acontecen a un paciente dentro del hospital. Así, Analítica es un proceso completo compuesto por cuatro módulos: Admisión, Extracción, Facturación y Entrega de resultados.

**Tabla 8.2.** Algunas definiciones de módulos de servicio (Muñoz-Seca, 2015).

| |
|---|
| Los módulos y la modularidad no son un concepto nuevo. La modularización ha sido muy popular en el campo de la investigación operativa y está muy extendida en el campo del *software*. No obstante, su difusión para empresas puras de servicio (aseguradoras, bancos, bufetes de abogados, hoteles...) no está muy extendida. Tomando la idea de Tuunanen (2012), definimos un módulo de servicio como «una agrupación de componentes que ofrece una funcionalidad bien definida a través de una interfaz perfectamente explicitada». La arquitectura o el esquema de integración constan de la composición de los módulos, la relación entre ellos, su interfaz y la infraestructura tecnológica que la acompaña. Esta interfaz permite personalizar y hacer a medida cada agrupación. Baldwin y Clark (2000) aseveran que «los módulos hacen que la complejidad se vuelva gestionable; propicia el trabajo y la mejora en paralelo, y crea formas de afrontar la incertidumbre». Böttcher y Klinger (2011) delimitan el problema diciendo que «los clientes exigen el servicio individualizado y los mercados exigen un alto nivel de estandarización. El reto es cómo unir ambos y la modularización parece ser una forma de conseguirlo». Tuunanen et al. (2012) clarifican la idea diciendo que «los servicios deben ser diseñados en unidades modulares que se pueden agregar en diferentes respuestas para entregar necesidades específicas de clientes y mercados. La oferta modular puede consistir en una oferta estándar de servicio, en servicio a medida y en la unión de ambos. Lo importante es crear interfaces para todas ellas y ver su conectividad. Interfaces estandarizadas son un prerrequisito para combinar los módulos de servicio». La forma en la que los módulos pueden relacionarse puede ser combinatoria o por menú, dependiendo de la complejidad del servicio. En la combinatoria se ofrece un único servicio que combina un grupo de módulos. En la relación por menú, se escogen diferentes módulos para crear uno nuevo, según las necesidades del cliente. |

Una descomposición del servicio en módulos facilita una clara identificación de los componentes del servicio. La tarea se agiliza al poder aplicar soluciones parciales a módulos descompuestos y las soluciones singulares, unidas a módulos específicos, pueden combinarse. De esta manera el agente confecciona agrupaciones a medida, dependiendo de la tipología de problemas de servicio a los que se enfrente. Cada agente puede construir su propio puzle con las piezas (módulos) que tiene a su alcance. Si el hospital decide que Admisiones se puede hacer desde casa por el propio cliente, este módulo se considerará desgajado y tendrá otro tipo de tratamiento de servicio a si el cliente lo hace físicamente en el hospital. Se trata, pues, de crear miniagrupaciones de actividades (con sus indexados de problemas, soluciones y combinaciones) que se pueden agregar de distintas formas, según el agente vea necesario.

Volviendo a nuestro ejemplo de Analítica, de cada módulo de Analítica las enfermeras y auxiliares pueden «colgar» problemas informales resueltos en el día (la Figura 8.5 muestra tres módulos de un proceso). La forma de colgarlos debe hacerse siguiendo el indexado VOC, pues eso facilita que otras enfermeras y auxiliares, del mismo centro o de otros centros, puedan recuperarlos para utilizarlos como referencia[32]. Es facilitar a todo el personal la experiencia que la singularidad y aleatoriedad de cada cliente trae y cómo las soluciones *ad hoc* a problemas *ad hoc* sirven para que todos se beneficien.

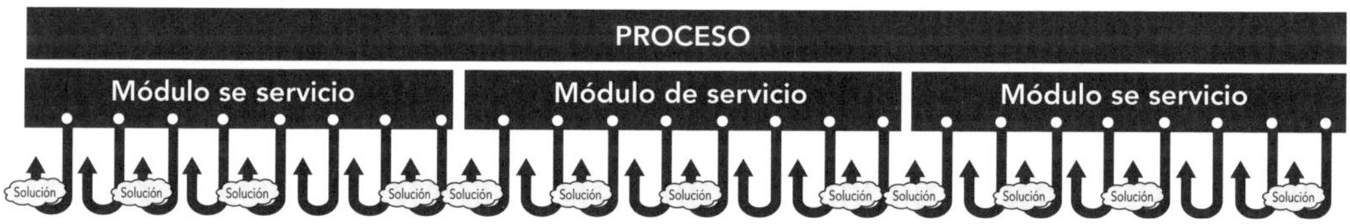


**Figura 8.5.** Proceso compuesto por módulos de servicio con soluciones informales enganchadas a problemas.

Resumiendo, la propuesta de este capítulo concreta industrializar el servicio en aplicar métodos de estandarización de procesos, utilizar enfoques industriales de organización operativa, agilizar con tecnología y modularizar el servicio para crear una estructura que apoye compartir problemas aplicativos informales. Y nunca olvidando esencia y Promesa. El entorno así lo requiere e industrializar no es una elección, es una necesidad. Pero industrializar no debe ir aparejado a rigidez y debe realizarse de forma flexible. Los módulos de servicio facilitan esa flexibilidad[33], ya que permiten desgajar el servicio en componentes que pueden ser recompuestos según las necesidades de eficiencia operativa y requerimientos de la Promesa. Los módulos también permiten crear una infraestructura que apoya «pescar» soluciones informales para ser compartidas con el resto de la organización. Esta industria-

[32] O si siguen el enfoque Moleskine se cuelgan una vez a la semana.

[33] Recordemos, un módulo es una agrupación de actividades que compone una pieza del servicio.

lización de las soluciones informales reduce drásticamente el tiempo[34] que consume diariamente cada agente en resolver problemas ya resueltos por otros. Liberar capacidad del cerebro de obra requiere implantar estas propuestas.

Cerramos aquí el apartado de cerebro de obra y sus necesidades. Nos adentramos ahora en el segundo nivel de SPDM, el diseño de la estructura operativa.

### HEMOS APRENDIDO

- El recurso humano es el recurso más caro de la empresa.
- Por ello todo lo industrializable se debe industrializar.
- Jamás industrializar sin antes identificar Promesa, esencia y rojo pasión.
- La versión convencional de industrializar es:
  — Desplazar actividades al *back office.*
  — Aplicar métodos de estandarización de procesos.
  — Utilizar tecnología.
- Las empresas gastan mucho tiempo en inventar soluciones nuevas a problemas ya resueltos.
- Industrializar el servicio actualmente debe estructurar el conocimiento informal que se genera en la empresa.
  — Ese conocimiento viene de los problemas aplicativos informales resueltos y que nadie materializa.
- Para facilitar la recuperación de este tipo de soluciones, el servicio debe descomponerse en módulos.
- De cada módulo deben colgar problemas aplicativos informales resueltos:
  — Con un indexado VOC.
  — Para ser utilizados por todos como punto de referencia de posibles soluciones.

[34] Cuando pregunto en clase la estimación es de entre un 30 hasta un 50% del tiempo de cada agente.

# 9 Convirtiendo factores de bloqueo en elementos que aporten valor: sí al rediseño del servicio

*Ya hemos analizado la capa más abstracta de SPDM con la Promesa/esencia/rojo pasión y el* stock *de conocimiento. Hemos presentado a los cerebros de obra y cómo hacer más «rica» su vida a través de la industrialización. Las 6 variables nos han permitido entender la estructura básica operativa. Ahora, en este Capítulo 9, nos adentramos a entender cómo reinventar la configuración operativa trasformando factores de bloqueo en elementos de valor añadido.*

| Estrategia de operaciones | Concreción estratégica |
|---|---|
| Diseño de la estructura operativa | |
| Operativo | |

Con este capítulo comenzamos toda una serie centrada en el diseño de la estructura operativa. Empezamos con el diseño del servicio para luego trasladarnos, en los siguientes capítulos, a su implantación operativa a través de la Secuencia de Actividades de Servicio. Va a ser un viaje fascinante, pues el diseño de la estructura operativa transforma los puntos de bloqueo en algo positivo, ya que abre la puerta a concebir nuevas respuestas a problemas operativos que parecían insalvables. «Me tengo que reinventar», me decía un DG de una empresa de telecomunicaciones, «tengo que hacer las cosas de manera diferente». Bueno, pues ¡ahí vamos!

Empecemos con el diseño del servicio, tomando como punto de partida conceptual el diseño de producto[1]. Esta es un área bien conocida y consolidada.

[1] En este capítulo voy a resumir ideas que tengo expuestas con mayor profundidad en mis notas técnicas del IESE. Si el lector desea profundizar conceptualmente más en ello, le refiero a ellas, que están numeradas en la bibliografía general de este libro.

Integrar el diseño de producto a su propuesta de valor ha sido una manera de darle la vuelta a muchas empresas y de posicionar nuevas propuestas en el mercado. El sector de la industria del mueble es un claro ejemplo. Italia fue la abanderada de este movimiento, reconvirtiendo toda la industria a través de una propuesta innovadora de nuevos conceptos de muebles. Ikea ha sido la respuesta nórdica al imbricar el diseño en todo su portafolio de productos. En España quisiera mencionar la empresa Artespaña. Artespaña era[2] una empresa pública dedicada a la comercialización del producto artesanal español, incluyendo una gran variedad de muebles «de toda la vida». La empresa necesitaba una modernización, una reconfiguración de todas sus operaciones y un cambio de rumbo, pues llevaba varios años de pérdidas continuadas. Entre las muchas actuaciones que se acometieron, se lanzó una nueva línea de mobiliario y complementos que juntaba ideas novedosas del diseño industrial con conceptos artesanales tradicionales. Para conseguir dicho objetivo, se contó con la colaboración de los mejores diseñadores industriales españoles[3] del momento. Esta línea, AZIMUT, fue la punta de lanza de la modernización de la empresa. El diseño del producto tomó una relevancia crucial y fue la manera de trasmitir al mercado el resurgir de la compañía, atesorando los valores autóctonos de la artesanía española.

El enfoque que propongo es concebir el diseño del servicio como una forma de aniquilar[4] problemas[5]. Para ello hay básicamente dos opciones: o los hacemos desaparecer o los reconfiguramos. Miren el Circo del Sol. Se han quitado lo más caro (los animales), se han quedado con la esencia del circo y su rojo pasión (divertirse y los payasos) y han reconfigurando su servicio a través de la acrobacia unida a propuestas diferentes. Perfecto ¿verdad? Pues sí, eso es lo que hay que hacer[6].

Este es el enfoque siglo XXI. Reinventarse. Lo que impide que sea el mejor, darle la vuelta y reconfigurarlo. No decir nunca «no»[7], decir «voy a pensar una nueva forma de plantearlo». Y esto solo se puede hacer rediseñando el servicio juntamente con la estructura operativa que lo acompaña.

---

[2] Desgraciadamente debo hablar en el pasado. La empresa ya no existe, fue vendida y luego no supo sobrevivir. Yo fui Presidenta-Directora General de Artespaña durante tres años y lo recuerdo como una etapa muy grata de mi trayectoria profesional.

[3] Solo por mencionar algún nombre, Oscar Tusquets, Miguel Milá, André Ricard o Rafael Moneo participaron en AZIMUT.

[4] Tome nota del verbo. Aniquilar, es decir, hacer añicos para luego recomponer.

[5] Y reinventar los servicios.

[6] Muchos ingenieros verán similitud con el «análisis del valor» que se hace de un producto.

[7] En algún sitio he leído que Steve Jobs no aceptaba el NO. Y la verdad es que es un enfoque muy potente. ¿Se imagina una vida sin que nadie en la empresa le diga que no? Que digan, «lo voy a estudiar, vamos a ver, depende...». Un cambio cualitativo importante.

Este capítulo es denso en conceptos[8] y vocabulario[9]. Para mantener su interés, voy a entrelazarlos con ejemplos de la empresa IMPROVE para aportar una visión bajada al terreno de los conceptos que voy exponiendo. IMPROVE es una empresa de seguros de hogar que deseaba transformar un área típica de siniestros en un área más concentrada en entregar servicios. Era pasar de ser un área reactiva que solo actuaba cuando un cliente tenía un siniestro, a un área proactiva que apoyaba y ayudaba a los clientes aportando un mayor valor a su servicio. Era un cambio importante, y para realizar dicha tarea querían explorar enfoques novedosos. Por ello decidieron aplicar ideas y técnicas de «diseño de servicio». Crearon un grupo de trabajo multidisciplinar en donde estaban representados todos los componentes del área y de otras áreas relacionadas con el servicio final. El primer cometido del grupo de trabajo fue analizar si realmente se podía «diseñar» un servicio y qué ideas del diseño de producto podían rescatar para apoyarles en su trabajo.

## ¿SE PUEDE DISEÑAR UN SERVICIO?

En los diez últimos años, los conceptos *diseño de interacciones* y *diseño de experiencias* han inundado (Bitner y Stephen, 2008; Frei, 2006) el ámbito de los servicios. El diseño de interacciones[10] se centra principalmente en satisfacer las necesidades y deseos de las personas que usarán el producto. El diseño de experiencias[11] se centra en diseñar productos, procesos, servicios, eventos y entornos, prestando atención, sobre todo, a la experiencia del usuario y a las soluciones culturalmente relevantes. Nuevas tendencias incluyen, también, pensar en el diseño sensorial del servicio. Es decir, cómo los clientes experimentan un servicio con los cinco sentidos: la vista, el oído, el olfato, el gusto y el tacto. Yo considero que esto es especialmente relevante en entornos de Sanidad. Aquí el olfato se convierte en un gran acelerador de una experiencia positiva o negativa.

### ¿Existen, pues, diferencias entre diseño de un producto y diseño de un servicio?

Muchas, pero sobre todo que *un servicio es un producto inacabado que se finaliza con el cliente.* Un servicio jamás es una propuesta acabada, está inmerso en un proceso

[8] Esta es mi experiencia cuando hablo en clase. Si usted es docto, perdone el atrevimiento.

[9] Además, le voy a entregar todo un vocabulario para que pueda manejarse con fluidez en el tema y de paso quedar muy bien en conversaciones con otros colegas.

[10] Diseño de interacciones (A. Cooper, R. Reimann y D. Cronin (2005), About Face 3: The Essentials of Interaction Design, Wiley).

[11] E. H. L. Aarts y S. Marzano (2003), *The New Everyday. Views on Ambient Intelligence,* 010 Publishers.

continuo de evolución y es una «beta»[12] en constante definición (Zomerdijk y Voss, 2009). El margen de definición de un servicio puede oscilar entre bajo y alto, digamos del 10 al 90%, dependiendo del porcentaje de conocimientos materializados. Un servicio con un porcentaje alto de conocimientos materializados, en forma de producto o protocolos estrictos puede comportarse de una manera más estandarizada. No obstante, siempre hay un porcentaje, por pequeño que sea, de comportamiento beta. La exposición de un museo probablemente solo tendría un 10%, mientras que una obra de teatro interactiva, con la participación directa del público, podría alcanzar el 90%. Los servicios de atención sanitaria, en general, tendrían un 50% de redefinición constante, aun cuando los protocolos de atención sanitaria están estandarizados y estructurados.

Esta configuración provoca que un gran reto sea la constante variabilidad de la demanda (Fagan et al., 2007). En servicios, más que en ningún otro entorno, siempre estaremos abocados a lidiar con la incertidumbre residual[13]. La variabilidad es, pues, la característica principal del diseño de servicios. Cuanto más industrializable sea un servicio, mayor similitud tendrá a la estabilidad del producto. Cuanto mayor sea su inestabilidad, mayor necesidad de adecuación constante deberá tener. Es como un «termómetro de la inestabilidad». Y ¿cuál es el eje que define estos cambios del termómetro? Pues la capacidad de proveer respuestas singulares a peticiones singulares.

Por ello, diseñar un servicio tiene una parte estática, y una parte aleatoria que depende de la capacidad de resolver problemas del agente. Dentro de esta parte estática, se pueden utilizar técnicas como el *lean start up*[14] para acortar el ciclo de generación al servicio, *time to service,* y al mismo tiempo acortar el lanzamiento al mercado, el *time to market.* Los japoneses hace 25 años ya acortaron muchísimo estos tiempos en el sector de la automoción[15] cuando empujaron el proceso de diseño simultáneo *versus* el proceso de diseño secuencial que se promovía en

---

[12] Beta es la fase de desarrollo de *software* que sigue a alfa. Empieza generalmente cuando el *software* contiene todas sus funciones. El foco de las pruebas beta está en reducir los impactos sobre los usuarios y a menudo incorpora pruebas de usabilidad. La versión beta suele aplicarse la primera vez que el *software* está disponible fuera de la organización que lo ha desarrollado.

[13] Por mucho que ensayes, por mucho que planifiques y organices, el mundo es caótico y siempre quedará algo de incertidumbre. Esa es la llamada «incertidumbre residual» (Muñoz-Seca y Riverola, 2007), la que queda después de haber hecho mil análisis, planificaciones y ensayos. «C'est la vie», es lo que hay y hay que aprender a vivir con ella (a mí me ha costado 60 años aceptarla).

[14] Ries, E. *The Lean Startup: How Today's Entrepreneurs Use Continuous Innovation to Create Radically Successful Businesses.* Crown Business, Random House, 2011. Poner en marcha diversas prácticas que acortan el ciclo de desarrollo del producto, miden el progreso real sin recurrir a los indicadores complicados y ayudan a entender qué es lo que realmente quieren los clientes.

[15] Ahí hablábamos de *time to product.*

Occidente[16]. En servicios se deben tratar de adoptar todas las técnicas posibles de rapidez dado que el servicio se fundamenta en la variabilidad.

¿Esta inestabilidad hace imposible diseñar un servicio? Creo que no, pero sí plantea problemáticas que el diseño de producto no tiene que afrontar. La estabilidad es la característica principal del diseño de producto. Una vez realizados todos los prototipos, el diseño queda estático hasta el próximo cambio. Véase la estabilidad temporal y los cambios de los iPhone, producto estrella del diseño.

Y ¿en servicios? Una de las grandes aportaciones del servicio del AVE en los últimos tiempos ha sido la introducción del vagón de silencio en Turista. Es un vagón en donde no se puede hablar y no se puede utilizar el teléfono. ¡Maravilla, maravilla! Esta parte del servicio es totalmente estática y mantenible y una grandiosa idea. No obstante, surgen muchas dudas en su diseño al ver que no hay protocolos sobre qué hacer cuando los clientes no siguen la norma. En este momento está dejado al libre albedrío de los otros clientes el mandar callar al díscolo o si por casualidad pasa el interventor, decírselo para que actúe. Tampoco está claro por qué existe en unos trenes y en otros no, y por qué no se ofrece en clase Preferente. Parece como que se ha diseñado, parcialmente, la parte estática, pero no se ha tenido en cuenta la dinámica. O que se ha lanzado la idea sin realmente hacer un diseño del servicio contemplando todas sus facetas.

Complementarios al componente estático y dinámico de su diseño, existen dos aspectos específicos que requieren una atención especial: el impacto de la existencia de otros clientes en el proceso de prestación del servicio[17] y la necesidad de que los agentes servidores comprendan la experiencia completa del servicio.

Primero, el impacto de la presencia de otros clientes. Algunos servicios son individuales y, por tanto, su interfaz de uso es individual. Los clientes no se ven afectados por otros clientes en el uso del servicio. Sin embargo, en otros tipos de servicios, como la atención sanitaria o la cultura, el efecto de otros clientes es devastador. Un teatro de Broadway, con una multitud de personas delante que quieren entrar, necesita tener en cuenta este impacto sobre la experiencia del cliente. Un servicio de recuperación de pacientes de un hospital no puede pasar por alto el efecto que oír y ver el dolor de otros pacientes puede tener sobre una persona que acude a

[16] La idea es sencilla y bella (todo lo sencillo es bello). Hay que aflorar los problemas de diseño de producto en cuanto surgen, no enterrarlos. En el diseño simultáneo en cuanto se entrevé un posible problema de fabricación, de materiales, o de lo que sea, se pone encima de la mesa para destruirlo. Esto acorta el tiempo de forma increíble y los productos se generan con mayor agilidad y rapidez.

[17] Esta idea está tomada de una de las características de los servicios centrados en la experiencia (Zomerdijk y Voss, 2009).

rehabilitación. La existencia de otros clientes hace perentorio prestar una atención especial al impacto emocional y sensorial en el diseño del servicio.

Segundo. Todos los agentes servidores deben entender la experiencia completa de servicio que los clientes están experimentando. Los clientes valoran los servicios por su experiencia *total*, de ahí que los agentes deban tener clara la importancia de la integridad de la experiencia. Es el viaje del cliente que describe la realidad del servicio percibida por el prestador de servicio, pero desde la óptica del cliente. Se obtiene, de primera mano, una identificación de la realidad, de la percepción del cliente y de la percepción del realizador del servicio. SSM Health Care[18], en San Luis (Missouri, Estados Unidos) quería rediseñar su servicio. Su objetivo era desarrollar un nuevo modelo de atención al paciente en el DePaul Health Center. Gracias a la observación, a entrevistas a los pacientes y a vivir como un paciente más, el equipo de trabajo del DePaul hizo un mapa visual del viaje del paciente. El mapa documentaba toda la experiencia desde el ingreso hasta la recuperación. Visualizar el viaje ayudó a identificar retos reales, momentos de confusión, y ver cómo se transformaba lo negativo en «puntos de conversión» donde los nuevos diseños podrían tener un impacto significativo. Esto brindó a DePaul un marco de trabajo para crear su nuevo modelo de atención al paciente, y desarrollar conceptos que lo respaldasen.

Resumiendo, un servicio se puede y se debe diseñar. Un servicio se acaba con el cliente y ello genera la necesidad de afrontar situaciones no protocolizadas. Por tanto, diseñar se configura como proponer la especificación de la parte estable (estática) del servicio uniéndolo a la dinámica (la capacidad de resolver los problemas que presenta el cliente al finalizar el servicio).

IMPROVE decidió diseñar proactivamente su servicio analizándolo desde el punto de vista del cliente. Partiendo de los procesos en el funcionamiento diario, se analizó la realidad del servicio siguiendo físicamente los pasos del servicio prestado. Utilizaron la técnica del «viaje del cliente» (Figura 9.1) que es una herramienta para visualizar cómo el cliente vive el servicio. Para ello se basa en una serie de «puntos de contacto». Un punto de contacto (PC) es un agente, persona o tecnología, que interacciona con el cliente, convirtiéndose en el protagonista de la interacción[19].

[18] SSM Health Care es un sistema sanitario sin ánimo de lucro con presencia en todo Estados Unidos que persigue prestar asistencia a los miembros de sus comunidades independientemente de su situación económica. SSM Health Care posee 16 hospitales, tiene una participación minoritaria en otros 5, gestiona un hospital, tiene vínculos con varios hospitales rurales, posee 2 residencias geriátricas y tiene diversas asociaciones con el colectivo médico, entre ellas, el Dean Health Plan de Wisconsin.

[19] Son similares a los «momentos de la verdad» vistos con anterioridad.

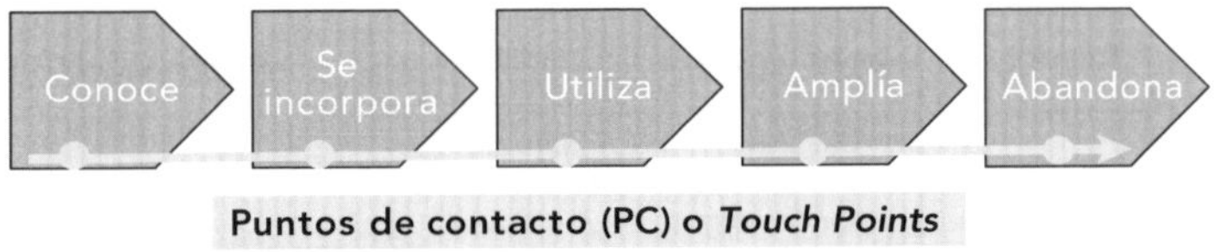


**Figura 9.1.** El viaje del cliente.

El viaje del cliente descompone el servicio en cinco fases (Figura 9.1) que se cruzan con los Puntos de Contacto. Estas fases son:

1. *Conoce*: cómo conoce el cliente el servicio.
2. *Se incorpora*: la forma en que el cliente se incorpora al servicio.
3. *Utiliza*: la utilización del servicio por parte del cliente.
4. *Amplía*: cómo encauza el cliente su deseo de adquirir otros productos o servicios de la compañía.
5. *Abandona*: la forma en que la compañía aborda la finalización del servicio y la percepción que el cliente tiene de ello.

Los miembros del grupo de IMPROVE se dividieron en subgrupos y acompañaron a peritos y reparadores para ver la realidad del servicio. La Figura 9.2 describe los PC y su interacción con las cinco fases del viaje del cliente en IMPROVE.

Los componentes del grupo fueron apuntando las distintas interacciones y rellenando el cruce entre punto de contacto y fase del servicio. A medida que la prestación del servicio iba aconteciendo, cada una de las actividades se iba clasificando como realizada de forma adecuada (buena), inadecuada (mala), no se utiliza (ausente) o es indiferente (neutra).

El ejercicio concluyó con un diagnóstico del servicio que se resumió en los siguientes puntos:

- La interacción con los clientes tiene un carácter principalmente «reactivo».
- Los clientes no reciben un trato suficientemente personalizado; no hay un punto de contacto único para la gestión de todo lo relacionado con un siniestro.
- Es necesario medir y evaluar la prestación del servicio desde el punto de vista del cliente.
- La saturación de tareas administrativas necesarias para la correcta gestión impide una mayor dedicación al cliente.
- La mayor parte de las comunicaciones que recibe el cliente final son farragosas y poco atractivas.

| Puntos de contacto | Conoce | Se incorpora | Utiliza | Amplía | Abandona |
|---|---|---|---|---|---|
| Web-tecnología | Teléfonos del Contact Center. | Dar parte por fax o por correo electrónico. | Comunicar parte de siniestro y solicitar información. | Da a conocer productos y servicios. | No abandona nunca. |
| Contact Center | Pegatina, imán, documentación de la póliza. | Comunicar datos. Derivar a un tramitador. | Pedir información. Resolución de incidencias. Solicitar documentación. | Si el cliente lo solicita. | Abandona con envío de documentación, respuesta a consulta, pasando información al tramitador. |
| Perito | Mediador, tramitador, envío SMS. | Llama al cliente para concertar cita. | Valora (protocolos de servicio). | Asesorando al cliente (recomendación de nuevas coberturas p. e.). | Control de calidad. |
| Reparador | Reparador contacta con cliente. | Reparador contacto con cliente. | Protocolo de servicios. Gremios. | | Control de calidad. |
| Tramitador | Contact Center, mediador. | Contact Center, Asitur, mediador. | Siniestros indemnizables, incidencias. | | Fin siniestro. |
| Abogado colaborador | Tramitador. | Tramitador. | Proceso judicial. | | Termina el proceso judicial. |
| Mediador | Publicidad, amigos, local, recomendación. | Canal de comunicación + información para gestión del siniestro. | Canal de comunicación + información para gestión del siniestro. | Acción comercial. | Cuando termina la relación comercial por anulación de póliza o cambio de mediador. |
| Emisión de la póliza | Pegatina, imán, documentación de la póliza. | Momento de la contratación/ Cliente recibe. | Comunicación de siniestro. Solicitud de información. | Suplemento. | El cliente anula la póliza. |

**Figura 9.2.** PC y fases del viaje del cliente.

- Limitada asignación de competencias y capacidad de decisión sobre los problemas planteados en los diferentes puntos de interacción.
- Durante la prestación del servicio no tenemos suficiente información sobre el tipo de cliente al que estamos tratando y su valor para la compañía.
- Tras la ocurrencia de un siniestro, el tiempo de respuesta es percibido por el cliente de forma distorsionada.
- No acompañamos adecuadamente al cliente en el abandono del servicio.

El grupo de trabajo llegó a dos conclusiones. Primera: había que rediseñar el servicio desde el punto de vista de un cliente. El cliente mostraba unos requerimientos que hasta ahora no se habían identificado y que exigían modificar el portafolio de servicios. Segunda: rediseñar el servicio requería utilizar alguna metodología que les ayudara.

## ¿QUÉ NUEVO PAPEL TIENE EL CLIENTE EN EL DISEÑO DEL SERVICIO?

Pieza fundamental en este puzle es entender que el cliente y los agentes «cocrean» (Prahalad y Ramaswamy, 2004)[20] el servicio. Los *focus groups* son el pasado. El presente es la antropología, la sociología y la observación. Se requiere entender antropológicamente los comportamientos de los clientes, generar atributos e involucrarles activamente en la definición del servicio. Todo ello nos conduce a inferir tres nuevos papeles del cliente: ser un miembro de una tribu de Papúa Guinea[21], ser considerado como un arquetipo[22] (que se llama «persona») y ser un actor activo en el diseño del servicio.

- *Un miembro de una tribu de Papúa Guinea.* El mundo de la antropología se está haciendo hueco en el mundo de la empresa y a los clientes se les puede estudiar con técnicas antropológicas como la etnografía[23]. Ello permite identificar factores clave de su comportamiento que permiten redefinir los servicios. Para identificar estos factores en el uso de historias clínicas electrónicas (HCE), la técnica etnográfica (80 horas de observación, 52 entrevistas de pacientes y 29 historias clínicas) aportó 14 factores clave en su uso en el servicio. A partir de ahí, se redefinió cada uno para poder mejorar la prestación del servicio.
- *Un arquetipo* o la creación de una «persona»[24]. Una persona son personajes ficticios creados para representar a los diferentes tipos de usuarios dentro de un conjunto determinado de perfiles demográficos, identificando sus

[20] La *cocreación* es la creación conjunta de valor por la empresa y el cliente, a través de la definición y la resolución conjunta de problemas, permitiendo al cliente coconstruir la experiencia del servicio conforme a su propio contexto. Crea un entorno en el cual los consumidores pueden mantener un diálogo activo y coconstruir experiencias personalizadas (Prahalad y Ramaswamy, 2004).

[21] Tomo el nombre de la antropóloga Margaret Mead, que estudió tres sociedades de Papúa Nueva Guinea. En mi juventud me encantaban sus libros.

[22] RAE. Arquetipo: modelo original y primario.

[23] La investigación etnográfica clásica recurre a tres métodos para recoger datos: las entrevistas, la observación y los documentos. De este modo obtiene tres grupos de datos: las citas, las descripciones y los extractos de documentos. Resultado de todo ello es una única descripción narrativa que a menudo se acompaña de gráficos, diagramas y otros elementos que ayudan a «contar la historia» (Hammersley, 1990; Genzuk, 2003).

[24] Para más información, véase J. Pruitt y T. Adlin (2006), *The Persona Lifecycle. Keeping People in Mind Throughout Product Design*, Morgan Kaufmann.

actitudes y conductas. Cada persona tiene su conjunto de atributos. Como ejemplo, el Museo de Detroit visitó a numerosas madres de familia para identificar cómo atraer a más familias al museo. Crearon cinco «personas» dependiendo del portafolio de atributos y a cada «persona» se le generó un diseño de servicio diferenciado. De esta manera se identificaron prestaciones, circuitos y servicios específicos que se debía ofrecer a cada grupo.

- *Un actor más en el diseño del servicio* o implicar a los clientes en el diseño y desarrollo del servicio. De esta manera adquieren un papel activo ayudando a identificar oportunidades de mercado, a generar y evaluar nuevas ideas de servicio y a determinar las ventajas y las características, que se persiguen. Contar con el cliente logró que la TSA (Transportation Security Administration EEUU) mejorara el diseño de su servicio. Los datos recogidos en entrevistas realizadas en docenas de aeropuertos, ayudaron a descubrir áreas potenciales de servicio. Así, la identificación de los estados de ánimo, los arquetipos de los viajeros y los comportamientos reactivos en diversas situaciones de seguridad, hicieron emerger prestaciones de nuevo servicio. Otro ejemplo se encuentra en el Museo de Arte Moderno (MoMA) de Nueva York. El MoMA se enfrentaba al reto de la disminución de la participación de los jóvenes, desde dieciocho hasta treinta y cuatro años. Por ello pidió a sus miembros más jóvenes adquirir un protagonismo activo en el diseño de los programas. Resultado de este esfuerzo fue el programa Pop Rally, que contaba con proyecciones, visitas a galerías, colaboraciones con artistas y conciertos. Los eventos Pop Rally atrajeron de 500 a 1.000 asistentes, la mayoría del grupo de edad en el que el museo había puesto interés.

## ¿QUÉ METODOLOGÍA SE PUEDE USAR PARA DISEÑAR UN SERVICIO?

IDEO con su *design thinking*[25] (Brown, 2008) ha creado todo un movimiento de diseño en el mundo de las empresas de servicios. El *design thinking* empieza con un problema, o una oportunidad, que activa la búsqueda de soluciones a partir de la investigación de campo generando ideas que conducen a soluciones (Tabla 9.1).

IMPROVE se metió de lleno en rediseñar su servicio. La primera tarea que acometieron fue investigar otros entornos y propuestas de servicio. Querían ampliar miras y entender cómo un servicio 5 estrellas se entregaba en sectores totalmente dispares al suyo. El objetivo era matar la endogamia y abrir el proceso creativo[26] al

[25] Ideas como «el viaje del cliente» son hijas del planteamiento de IDEO.

[26] Potencia nuevas estructuras de creatividad de los individuos, haciendo aflorar nuevas ideas de actividades en la prestación de un servicio. (Nos adentraremos en la creatividad en el Capítulo 13.)

**Tabla 9.1.** Las fases del *design thinking* (Muñoz-Seca y Arenas, 2014, tomado de Brown y Wyatt, 2010).

| |
|---|
| • *Inspiración:* el problema u oportunidad que motiva a las personas a buscar soluciones. El punto de partida es el *brief*, que es un conjunto de condicionantes mentales que proporcionan al equipo del proyecto un marco a partir del cual empezar, puntos de referencia con los que medir los progresos, y un conjunto de objetivos que han de alcanzarse, como el nivel de precios, la tecnología disponible y el segmento de mercado. |
| • *Conceptualización:* después de invertir tiempo en la observación de campo y la investigación de diseños, el equipo pasa por un proceso de síntesis en el que se filtra lo que han visto y oído para obtener ideas que puedan conducir a soluciones u oportunidades para el cambio. Este enfoque ayuda a multiplicar las opciones de crear alternativas y percepciones diferentes sobre la conducta humana. Si se contraponen ideas que compiten, el resultado será más imaginativo y atractivo. |
| • *Implantación:* las mejores ideas generadas se transforman en un plan de acción concreto y completo. En el centro del proceso de implantación está el prototipado, es decir, la conversión de ideas en servicios reales que luego se prueban, se repiten y se perfeccionan a través del *rapid prototyping* (prototipado rápido) |

analizar un servicio totalmente ajeno bajo los mismos parámetros bajo los que se ha estudiado el propio. Podríamos hacer un paralelismo con el sueño del servicio en donde se plasman los deseos ideales del servicio.

**Figura 9.3.** Viaje completo del cliente.

El nuevo entorno se analiza siguiendo la misma estructura de las cinco fases del viaje del cliente, pero identificando no solo la situación actual, sino también las necesidades de las «personas», el sueño del servicio y los puntos de bloqueo que impiden conseguir estos sueños (Tabla 9.2).

El grupo de IMPROVE realizó cuatro viajes a servicios 5 estrellas de sectores totalmente ajenos al suyo:

- Una tienda Nespresso, haciendo un viaje de querer comprar una cafetera y/o otro servicio.

Tabla 9.2. Plantilla a rellenar en el viaje del cliente.

| | Puntos de contacto | Conoce | Se incorpora | Utiliza | Amplía | Abandona |
|---|---|---|---|---|---|---|
| Hoy | | | | | | |
| | | | | | | |
| Necesidades de las personas | | | | | | |
| | | | | | | |
| Sueño del servicio | | | | | | |
| | | | | | | |
| Factores de bloqueo | | | | | | |
| | | | | | | |

- Un desayuno en el Hotel Ritz de Madrid.
- Un almuerzo en el restaurante del Teatro Real de Madrid.
- Una visita a un concesionario de VW.

En cada viaje, se rellenó la misma guía de análisis del servicio que se había utilizado para su diagnóstico anterior. El resultado de los viajes fue ampliamente discutido por el grupo, surgiendo muchas ideas de mejora del servicio propio que se concretarían en el nuevo diseño. Pensar en esta experiencia novedosa y foránea bajo los mismos parámetros bajo los que se ha pensado el servicio propio ayuda a identificar soluciones diferentes en la prestación del servicio.

La conjunción de ambos requerimientos, viaje en el servicio propio/viajes a otros sectores, crean la base para la concebir las prestaciones del servicio deseado. Estos deseos pueden venir por problemáticas cotidianas de servicios que nunca han sido resueltas o por ideas diferentes y novedosas que los prestatarios del servicio han identificado en su quehacer diario o que los mismos clientes han demandado[27].

IMPROVE también decidió utilizar la técnica del *storyboard* para diseñar un componente identificado como crítico en el viaje, «el traslado de un reparador a

[27] Este enfoque de demanda insatisfecha de clientes está propuesto por el profesor del MIT Eric von Hippel, «Lead users a source of novel product concepts», *Management Science*, vol. 32, n.º 7, julio del 86. Von Hippel habla de los *lead users* como clientes avanzados de cualquier compañía que deben ser fuente de inspiración para el diseño de nuevos productos. Sus ideas son perfectamente aplicables al diseño de nuevos servicios.

un siniestro». El objetivo era profundizar en el significado de «ser proactivo» y qué implicaciones llevaba aparejado.

Un *storyboard* es una descripción pictórica del servicio identificando las actividades de cada paso del *script*. Permite a los componentes del grupo identificar la historia del servicio y los detalles necesarios que deben especificarse para cumplirse los objetivos que se persiguen[28]. El ejercicio fue muy positivo en la identificación de actores clave, pues la representación pictórica ayuda a concebir características físicas del servicio.

Una vez finalizados los trabajos hasta aquí expuestos, el grupo de IMPROVE diseñó el nuevo servicio con las nuevas características y actividades que se debían englobar. Para facilitar la implantación de las ideas, encuadraron todas las características en 7 proyectos. La lista de proyectos fue la siguiente

1. Convertir al tramitador en gestor de servicios.
2. Delegación de competencias a los puntos de interacción con el cliente.
3. Centro de gestión activa con clientes.
4. Protocolos de actuación de abandono del servicio.
5. Proyecto de personalización.
6. Ficha de cliente con oferta de valor para la prestación de servicios.
7. Tratamiento psicológico de la espera.

Estos proyectos compusieron las actuaciones que el grupo consideró necesarias para transformar el servicio aportando componentes de proactividad y de mayor valor añadido. Estas conclusiones fueron presentadas al CEO de IMPROVE y aprobadas.

## DISEÑO DEL SERVICIO EN LA EMPRESA AMPLIADA

Como punto final a este capítulo, deseo abordar un tema clave en el entorno actual. Un servicio, desde un principio hasta el fin, puede venir dado por varias empresas. Pero no nos podemos permitir el lujo de no diseñar la «experiencia integral». Es imprescindible diseñar el servicio entero siguiendo la idea «empresa ampliada» presentada con anterioridad.

[28] La descripción pictórica debe estar imbuida de la esencia del servicio. Se requiere diseñar una forma de actuación de los agentes que consiga transmitir la esencia del servicio introduciendo alarmas que apoyen la prevención de comportamientos negativos.

El cliente puede percibir que el servicio es entregado por varias empresas o puede percibir que el servicio es entregado por una única, pero para él siempre es una unidad. La experiencia de todos repercute en todos. Y si hay una empresa principal, esta debe ser garante del servicio integral. La parcelación del servicio puede ser ocasionada por deseo del servidor principal pues, por ejemplo, puede considerar que el *stock* de conocimiento necesario para proveer parte de él es muy especializado y es innecesario tenerlo «en casa». Pero garante, debe ser de toda la experiencia. Y si no es garante que sea consciente de qué actuaciones de las otras empresas repercuten sobre su servicio.

La empresa YGTC[29], presentada en el capítulo 6, tenía esta situación. Su conocimiento de ciertos temas de especialidad era bajo y hasta no consolidarse la demanda, no deseaba desarrollar o comprar este conocimiento. Tras una sesión utilizando el esquema del viaje del cliente, el comité de dirección decidió que estos temas de especialidad se subcontratarían, pero que la garantía del servicio era responsabilidad de YGTC. Por ello, dividiendo la prestación del servicio en sus 5 fases, se decidió (Figura 9.4) que las dos primeras y la última las gestionaría directamente YGTC. En las fases tercera y cuarta el servicio lo proveería la empresa subcontratada, pero siempre custodiando YGTC la realidad de la experiencia del cliente.

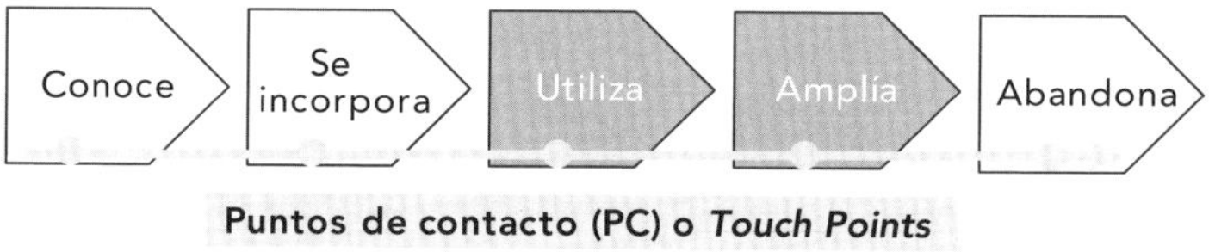


**Figura 9.4.** La empresa ampliada y el viaje del cliente.

El servicio fue diseñado acorde con estas indicaciones y con los diferentes puntos de contacto identificados en todo el viaje del cliente. Y la garantía del servicio y la retroalimentación del cliente quedaron en YGTC.

Diseñar la estructura operativa comenzando por el diseño del servicio es un elemento diferencial de las empresas de servicios. No hay muchas que parezcan hacerlo y animamos al lector a que identifique los factores de bloqueo que tiene en su estructura operativa y los empiece a destruir rediseñando el servicio. Recuerde, el Circo del Sol, no animales y ¡sí payasos, acróbatas y divertimento!

[29] Recuerde, la empresa de abogados.

## HEMOS APRENDIDO

- El diseño de la estructura operativa transforma los puntos de bloqueo en algo positivo.
  - El diseño del servicio es una forma de aniquilar problemas.
  - Reinventarse: identificar lo que impide que sea el mejor, darle la vuelta y reconfigurarlo.
- Un servicio es un producto inacabado que se finaliza con el cliente.
  - Es una beta en constante definición.
  - Hay que considerar el impacto de la presencia de otros clientes.
  - Hay que entender la experiencia completa de servicio.
- El cliente cocrea el servicio.
- Hay que identificar los arquetipos de clientes.
- El diseño del servicio debe ser para toda la empresa ampliada.
  - Los defectos de servicio de otras empresas afectan al nuestro.
  - Es imprescindible tener un garante del servicio.

# Transformando una idea en una realidad 10

*Diseñar un servicio no es suficiente, hay que hacerlo realidad. Este capítulo desarrolla la Secuencia de Actividades de Servicio, SAS, como la respuesta operativa para realizar tal fin. Este capítulo desentraña la SAS y todos sus componentes.*

| Estrategia de operaciones | Concreción estratégica |
|---|---|
| Diseño de la estructura operativa | |
| Operativo | |

Continuamos atacando el diseño de la estructura operativa. En el capítulo anterior nos centramos en el diseño del servicio. Ahora toca estructurar operativamente cómo implantar.

El origen de las ideas aquí presentadas han sido conversaciones con una diseñadora de *user experience* que en aquel momento[1] trabajaba en la empresa France Telecom. Ella me introdujo a algunos de los conceptos que hemos visto[2], me generó curiosidad y, sobre todo, me propuso un reto concreto: «¿Qué esquema uso para implantar las ideas de servicio que estoy desarrollando? Desde las Operaciones, ¿puedo tener una guía que me acompañe para identificar aquello que no he considerado?» Este reto[3] ha sido el origen de la creación de la Secuencia de Actividades de Servicio, (SAS) introducida en el Capítulo 2 y que presento aquí en detalle.

Ahora bien, una pequeña reflexión. Crear la SAS era necesario para contestar a las preguntas antes mencionadas, pero ¡no iba a partir de cero! Debía construir sobre los cimientos de más de 35 años de vida profesional y académica. Mi

[1] Estoy hablando de hace 7 años.

[2] *User experience, design thinking,* persona, etc., eran palabras y conceptos que yo no manejaba.

[3] Conjuntamente con las necesidades que mi trabajo de asesoría para empresas de servicio me estaba creando.

planteamiento debía ser consecuente con todo el trabajo realizado años anteriores. Por ello, la SAS es una adaptación a la Secuencia de Actividades de Negocio, SAN[4] (Muñoz-Seca y Riverola, 2003), que a su vez es una ampliación de la parte de Operaciones de la Cadena de Valor de Michael Porter (Porter, 1995).

La SAN era el esquema conceptual que había utilizado para darle la vuelta a Artespaña[5] y que utilizaba, tanto académicamente como en mis trabajos de asesoría, para estructurar las Operaciones. Era lógico utilizarla como punto de partida, pero claramente necesitaba crear una adaptación a los servicios. La SAN estaba enfocada a industria fabril y los servicios guardaban diferencias de planteamientos. Quería atesorar la idea original de la SAN de apoyar a entender la estrecha relación que todas sus actividades[6] mantenían. Por ejemplo, permitía ver cómo una actuación de diseño del producto cambiaba no solo la producción, sino las compras, la logística, el mantenimiento o el diseño del proceso. Para entender esta imbricación de actividades era indispensable tener un esquema conceptual. Han pasado muchos años desde aquel momento y la SAN me ha acompañado durante todos ellos. Pero al enfrentarme a los servicios, entendí que se requerían modificaciones y nuevos planteamientos que hasta ese momento no había contemplado. En concreto tuve que enfrentarme a tres factores de bloqueo que consideré críticos.

El primero, tal como hemos introducido en el capítulo anterior, fue que en empresas de servicio «el cliente acaba el servicio con el agente que lo provee». Ello iba a requerir que el marco de implantación fuera muy dinámico, ya que debía incorporar las constantes «adaptaciones a las necesidades individuales de cada cliente». Gestionar «por soluciones»[7] adquiría, en este entorno, una fuerza imponente. La constante incertidumbre residual hacía imprescindible proveer al agente de capacidad de resolver problemas como herramienta estrella. Y esa capacidad no se podía dejar al buen hacer de la gente o del equipo directivo de la empresa. La empresa tenía que tomar la iniciativa de estructurarlo y dar esquemas de apoyo para su ejecución.

---

[4] La SAN comprende todas las actividades que van desde una idea hasta un cliente satisfecho. En total son 10 actividades, 1) investigación, diseño y desarrollo, 2) garantía de calidad, 3) diseño del proceso, 4) compras, 5) logística de entrada, 6) logística de salida, 7) producción, 8) integración a medida, 9) mantenimiento de la promesa y 10) continuidad en la interacción. La SAN se divide en tres subcadenas: cadena de diseño, de adición de valor y de servicio.

[5] ¿Se acuerda el lector? La empresa de muebles y artesanía que menciono en el capítulo anterior y de la que fui Presidenta-DG.

[6] La creación de AZIMUT y la introducción de un Departamento de Diseño generó una revolución en Artespaña y en sus proveedores. Todo se dio la vuelta.

[7] Recuerde el Capítulo 7 y que gestionamos cerebros de obra a los que se les piden «soluciones».

- Primera idea: el esquema de implantación de la SAN para servicios debería tener una actividad centrada en apoyar el proceso de solución de problemas del agente. Lo llamaremos Ingeniería de Servicios[8].

El segundo punto de bloqueo[9] se centraba en el nuevo papel del cliente como cocreador y trabajador de la empresa. Incluir al cliente en la prestación del servicio abría inmensas posibilidades de entender mejor sus necesidades. Un gran tesoro de los servicios se ubica en estar en constante contacto con el cliente y las Operaciones no pueden desaprovecharlo. Los agentes servidores deben convertirse en prestatarios de servicios, resolvedores de problemas, pero también en «detectives» de posibles necesidades. Al trabajar conjuntamente con el cliente, podían extraer conocimiento que nadie concebía. Las empresas no estaban aprovechando estas constantes interacciones de solución de problemas, para «aprender» de las necesidades ocultas de los clientes.

- Segunda idea: el esquema debía incluir una actividad que se ocupara de identificar las demandas «latentes y ocultas» de los clientes y que las condujera a la creación de nuevos servicios, o de servicios complementarios a los ya existentes. La fuerza comercial aporta muchas ideas, pero la fuerza operativa está enquistada en dar el servicio sin entender que su aportación, a través de la solución de problemas del día a día, puede generar un potencial espectacular para la competitividad de la empresa.

Tercer bloqueo: la gran tragedia de los servicios es el «apoltronamiento»[10] de los agentes servidores. Los servicios se «pudren» a consecuencia de la monotonía, la falta de crecimiento de los agentes y la falta de deseo de progreso[11].

---

[8] Qué nombre tan complicado pensará el lector… ingeniería de Servicios. Mire, si no le gusta el nombre, lo cambia, con eso no tengo problema. Por mi cámbielos todos si no le gustan. Solo quédese con los conceptos. Y me manda un *e-mail,* que a lo mejor a mí me gustan más sus nombres y ¡los incluyo en mis clases! Pero la idea no me la cambie, que es muy potente.

[9] Aunque yo creo que debería llamarlo mejor reto, pues realmente era un punto que me abrió muchos horizontes que hasta ese momento no había ni soñado.

[10] RAE. Apoltronamiento: dicho de una persona, especialmente de la que lleva vida sedentaria. En este contexto, inmovilista.

[11] Huyo como de la peste de la palabra «motivación». Es una palabra que yo no entiendo, mal usada por muchos y cajón de sastre cuando la gente no hace lo que debe hacer. Los directivos dicen «no está motivado» y ¡hala!, no hay más que hacer. Me niego en rotundo a este planteamiento. Hay mucho que hacer, pero lo que nunca se debe hacer es «esconderse» de una situación y no luchar. Además, si nos vamos a la RAE su significado literal es: «Conjunto de factores internos o externos que determinan en parte las acciones de una persona». Claramente la motivación no es un fin, es un medio. Igual que la tecnología, un medio para conseguir algo. La tarea es descubrir el conjunto de factores. ¿Qué factores? Los iremos viendo en los próximos capítulos.

- Tercera idea: el esquema debía tener actuaciones muy concretas contra el inmovilismo y así ayudar al directivo a conseguir que el servicio no solo se mantenga, sino que se busque mejorarlo constantemente.

Con estas tres ideas en la mano, diseñé la SAS. Mi objetivo: crear un marco integrado que *guiará al directivo a no olvidarse de nada* y a entender las implicaciones en otras actividades de las actuaciones que iniciaba. Debía ser un instrumento de reflexión, un marco que guiara la implantación, pero no un proceso mecánico. Estructurar servicios requiere no olvidar nada, tener una guía de análisis de *check*. Un esquema como la SAS propone un conjunto de actividades que obligan a pensar de forma sistemática y aportan un encuadre para entender las repercusiones del cruce de actuaciones.

Veamos cómo fueron los pasos que fui desentrañando para la construcción de la SAS.

- Como aportación innovadora, introduje *dos nuevas actividades*, la *Ingeniería de Servicio* para custodiar todo el proceso de solución de problemas y *Demanda de Nuevas Prestaciones*, DNP, para apoyar en recolectar las necesidades latentes y ocultas de los clientes.
- Era imprescindible *introducir* actividades de *Diseño del Servicio*, ya que este adquiere un papel crucial en dar la vuelta a factores de bloqueo operativos que pueden parecer insalvables. Generar un servicio significaba generar su *Concepto* complementándolo con un *Prototipo* que revelara los detalles reales de la propuesta.
- La estructura operativa de las seis variables debía ser contemplada para implantarse a partir del nivel de *configuración estratégica de Operaciones*, aportando los valores de cada variable según la Promesa. De esta forma se plantearía, por ejemplo, el objetivo estratégico de ocupación, el tipo de procesos que hubiera que utilizar o la monovalencia de los agentes.
- Debía incluir mucha de la investigación que los colegas de Harvard habían generado en su planteamiento de Operaciones de Servicio. Esto se encuadraría en una actividad de *Prestación del Servicio* que debía ir unida a otra actividad de *Mejora Constante del Servicio*. Todo lo aprendido con el TPS debía tener traslado a los servicios manteniendo su mismo eje: *el aprendizaje del individuo para la mejora de las Operaciones.*
- Era necesario *hacer florecer todo el potencial de ideas que los agentes podían recolectar de los clientes y dar un cauce estructurado dentro de la empresa.* Por ello las ideas sobre las necesidades latentes de los clientes se canalizarían a través del Ciclo de Innovación del Servicio, que uniría la Demanda de Nuevas Prestaciones con el Diseño del Concepto.

- Se crearían *tres grupos de actividades* que cubrirían desde la generación de la idea hasta la mejora de su implantación, convirtiendo a los agentes servidores en recopiladores de las demandas latentes de los clientes.

Todo esto junto dio como resultado la SAS. Resumiendo: la SAS describe las actividades que intervienen en la transformación de una idea a la prestación del servicio. La SAS ha de configurarse teniendo en cuenta la propuesta estratégica[12] de la empresa, y responderá generando un servicio materializado que haga realidad la intención estratégica. Concibe un servicio como una propuesta inacabada que necesita reajustes constantes, como un ente «vivo» en constante movimiento. Las actividades de la SAS están diseñadas para proporcionar a los directivos una comprensión clara de la situación y guiarles para conseguir un éxito de implantación. La SAS proporciona los medios para ese viaje (Muñoz-Seca, 2011).

Los tres grupos de las SAS (ver la Figura 10.1) son: Diseño del Servicio, Infraestructura de Operaciones, y Prestación y Mantenimiento del Servicio. Sus actividades

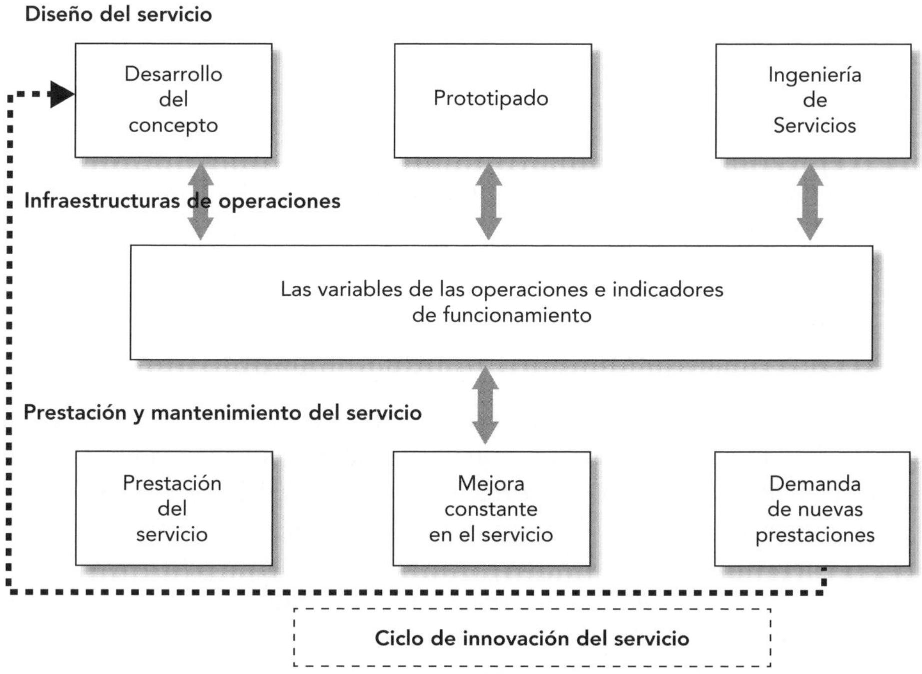


**Figura 10.1.** La SAS, Muñoz-Seca 2011.

[12] La estrategia de la empresa dicta tanto la actividad de marketing como la SAS. Marketing debe tener una interrelación estrecha con el *desarrollo del concepto,* proporcionando directrices y especificando los requisitos de los clientes, como la configuración de las «personas».

están totalmente interrelacionadas, y una modificación en cualquiera de ellas afecta a todas las demás.

Cada grupo tiene sus actividades específicas. *Diseño del servicio* cuenta con Desarrollo del Concepto, Prototipado e Ingeniería de Servicios. *Infraestructura de Operaciones* se ocupa de las seis Variables y los Indicadores de Servicio. Por último, *Prestación y Mantenimiento del Servicio* incluye la Prestación y la Mejora Constante en el Servicio añadiendo la Demanda de Nuevas Prestaciones.

Vamos a analizar cada grupo de forma individual. Para facilitar su comprensión he incluido unas tablas con ideas complementarias. Dejo al lector la elección de leerlas de forma inmediata o dejarlo para una segunda lectura. Igualmente he seleccionado ejemplos de los dos sectores estrella de este libro, Cultura y Sanidad, para mostrarle cómo otras empresas han atacado algunas de estas actividades. Pretendo ayudarle a entender cómo tiene usted configurada su SAS y qué actividades no tiene lo suficientemente desarrolladas para lograr su excelencia de servicio[13]. Mi objetivo es abrir horizontes y conseguir trasmitirle una mejor comprensión de cada grupo de actividades de la SAS.

## I. DISEÑO DE SERVICIO

En el capítulo anterior hemos introducido los conceptos básicos de diseño de un servicio. Aunemos lo ya expuesto a los siguientes párrafos. En la SAS, el Diseño de Servicio abarca desde el Desarrollo del Concepto con su Prototipado hasta la Ingeniería de Servicios.

### Desarrollo de concepto

Desarrollo del concepto genera el «concepto diferencial» del servicio y debe incluir la esencia del servicio. Empieza con las necesidades[14] de los clientes y acaba con una idea construida de cómo el servicio podría satisfacer esas necesidades. Una forma interesante de materialización de la esencia es la propuesta del Commerce Bank (Frei, 2003). El Commerce instaló en sus sucursales la Penny Arcade, una máquina tragaperras que consiguió que clientes reales y potenciales introdujeran sus *pennys* para luego poder cambiarlos por billetes. Con un espíritu de entretenimiento y *fun* se lograba dar un servicio (cambiar moneda por billetes), entretener (había máquinas para niños), cubrir una necesidad no cubierta por los competidores (transformar monedas por

[13] Como veremos más adelante en este capítulo, no tiene por qué desarrollarlas usted. Aplique la idea de empresa ampliada analizada en el capítulo anterior, y busque a otra empresa colaboradora que lo haga. La experiencia del cliente se generará por ambas y entre ambas tendrán la SAS completa.

[14] Reales o latentes.

billetes) y lograr un flujo continuo de clientes dentro de las sucursales permitiendo que se les vendieran otras prestaciones de servicios del banco. La esencia del Commerce: el banco entendido como un entorno «familiar» al que acudir para resolver tus problemas cotidianos. Estimado lector, ¿dónde tiene usted su Penny Arcade?[15].

**Tabla 10.1.** Diseño del servicio (Muñoz-Seca, 2011).

| |
|---|
| La conceptualización de *diseño de servicios* surge de las actividades de ingeniería realizadas en el desarrollo de nuevos productos (NPD). Evidentemente, un servicio no es un producto, pero no podemos ignorar la investigación del NPD. El desarrollo del concepto de un servicio, como en el NPD, requiere un conocimiento profundo de todas las necesidades de los clientes[16]. |
| En la literatura clásica sobre el desarrollo de productos (Wheelwright y Clark, 1992; Ulrich y Eppinger, 2003), el NPD[17] está centrado en la investigación de ideas impulsadas por la tecnología, la estrecha colaboración con la dirección de marketing en el desarrollo de ideas originadas en el mercado, elaboración de presupuestos y planificación; modelo y prototipado; pruebas y procedimientos de ensayo; y el rediseño de productos a partir de la información obtenida de los clientes. Diseño de servicios incorpora estas ideas, teniendo en cuenta que el objetivo del NPD es un producto acabado, mientras el objetivo del diseño de servicios es un servicio en constante cambio. El desarrollo del concepto debe asimilar la experiencia total del cliente a fin de elaborar un conjunto de actividades que creen conexiones por medio de un contexto atractivo, convincente y coherente (Zomerdijk y Voss, 2009 y 2011). |

Walgreens proporciona un buen ejemplo de diseño de concepto. Es la mayor cadena de farmacias de EEUU[18] y deseaba replantearse, redefinir y desarrollar qué significaba ser una farmacia en el siglo XXI. El equipo comenzó el trabajo con una serie de entrevistas exhaustivas con los clientes y de visitas a las tiendas. En estas sesiones, la gente reveló sus esperanzas, miedos y objetivos respecto a su salud. Lo que los clientes buscaban realmente eran formas sencillas y atractivas de cuidar el día a día de su salud. Se hizo evidente también que Walgreens no era percibida como un establecimiento al que acudir en busca de asesoramiento sobre medicamentos, salud y bienestar. No se estaba aprovechando el potencial de sus experimentados farmacéuticos como profesionales cualificados. Como resultado de este nuevo concepto de servicio, las tiendas Walgreens cuentan con nuevas funciones, herramientas digitales y

[15] Llevo haciendo esta pregunta muchos años y tengo a muchos directivos planteándoselo. Es un bonito reto.

[16] Proponemos una estrecha relación con la dirección de marketing y el conocimiento que los directivos de marketing tienen de las demandas de los clientes.

[17] En el NPD, el desarrollo del concepto se ocupa de la descripción de la forma, la función y las características de un producto y se acompaña de un conjunto de especificaciones (Ulrich y Eppinger, 2003).

[18] Con más de 7.700 establecimientos en los 50 estados y ventas por valor de 72.000 millones de dólares.

espacios para que la gente aprenda a llevar una vida más sana. Los clientes pueden resolver sus dudas sobre productos y servicios a través de una guía de salud que cuenta con una aplicación para iPad repleta de oportunos consejos de salud y preguntas frecuentes. Un mostrador delante de la farmacia permite que los farmacéuticos de Walgreens se acerquen a los clientes para atender a sus consultas de manera individualizada; las salas de consulta privadas o semiprivadas son un espacio en el que se ofrecen servicios como vacunaciones, mediciones de la tensión y otro tipo de consultas (IDEO, 2010).

## Prototipado

El Prototipado es una actividad casi desconocida en servicios, pero, a mi entender, de enorme impacto. El prototipado debe prever la experiencia total del cliente y deben prototiparse todas las actividades que engloba. Muchos defectos del servicio surgen en áreas inesperadas que no se incluyeron en el diseño inicial de concepto. Prototipar provee de un canal de aprendizaje que hace ver estas dificultades y apoya a que se resuelvan de forma preventiva[19]. El Sidney R. Garfield Health Care Innovation Center[20] de Kaiser Permanente[21] es un «laboratorio vivo» en el que se prueban ideas y desarrollan y diseñan servicios. El «quirófano digital del futuro» es una sala de disposición y tamaño estándar diseñada con miras a su ampliación

**Tabla 10.2.** Prototipos en servicios (Muñoz-Seca, 2011).

| |
|---|
| Crear prototipos es convertir ideas en servicios reales que se prueban, se repiten y se perfeccionan. En el NPD, el objetivo del prototipado (Wheelwright y Clark, 1992) es demostrar a la organización que el diseño tiene una calidad excelente y altos niveles de fabricabilidad. «El objetivo de la creación de prototipos es conseguir que la resolución integrada de problemas saque a la superficie cuestiones más amplias que trascienden las disciplinas». Aplicamos esta definición a la creación de prototipos en servicios. El prototipado de servicios (Brown y Wyatt, 2010) incorpora el entendimiento del consumidor con el objetivo de ir más allá de las suposiciones que impiden encontrar soluciones eficaces. |

[19] Las simulaciones pueden ser una forma muy eficaz de realizar esta tarea. La idea principal es detectar todos los defectos iniciales de la propuesta de diseño del servicio. Una vez materializada la configuración del servicio, aparecen problemas imprevistos.

[20] El Garfield Innovation Center es un laboratorio vivo en el que se prueban ideas y se desarrollan soluciones en un entorno práctico similar al de un centro médico. Es posible innovar y examinar muchos aspectos de la atención sanitaria en el centro utilizando situaciones del mundo real y actividades como simulaciones, pruebas tecnológicas, prototipado, evaluaciones de productos y formación (http://xnet.kp.org/innovationcenter/about/index.htm).

[21] Kaiser Permanente es una organización sanitaria estadounidense sin ánimo de lucro formada por tres grupos de entidades: Kaiser Foundation Health Plan, Kaiser Foundation Hospitals y Permanente Medical Groups, de carácter regional y autónomo.

con futuras tecnologías, instrumentación y procedimientos. El sistema de control médico permite que los cirujanos se sirvan de paneles táctiles y de la voz, sin necesidad de micrófonos, para transmitir instrucciones sencillas y ajustar así las cámaras, los instrumentos endoscópicos y otros dispositivos médicos situados en distintos lugares del quirófano (Smith & Nephew Endoscopy, 2010).

Brigham[22] and Women's/Faulkner Hospitals (Boston, Massachusetts) se sirvió del prototipado para mejorar sus salas de espera. Mediante la creación y evaluación rápida de prototipos, el hospital aplicó una serie de cambios que permitieron reducir el tiempo de espera de los pacientes entre un 11 y un 31% en el área de cirugía e incrementaron la satisfacción general de los pacientes y del personal (IDEO, 2010).

## Ingeniería de Servicios

La ingeniería de Servicios es la actividad centrada en apoyar a resolver problemas de forma eficiente. Potencia la agilidad y reducción de tiempo que se requiere para resolver problemas de servicio que afiancen la Promesa.

**Tabla 10.3.** Ingeniería de Servicios (Muñoz-Seca, 2011).

| |
|---|
| En el NPD, el diseño de sistemas (Ulrich y Eppinger, 2003) engloba el ensamblaje final para el sistema de producción[23]. Trasladando estas ideas al mundo de los servicios, podemos inferir que el esquema final de montaje es la interacción cliente-agente y la constante resolución de problemas que genera. La función de la ingeniería de Servicios es crear dicha estructura. |

Hemos definido los servicios como estructuras beta que precisan reajustes y definiciones constantes. El «plan de montaje» para cada situación tendrá que definirlo cada uno de los agentes y disponer de todas las piezas para componer la respuesta final del servicio. El agente no solo necesitará procesos y protocolos de servicio; también requerirá de asistencia para resolver problemas.

Lo lógico es que la Organización preste apoyos para realizar tal tarea. Normalmente es el jefe quien lo aporta, pero no es suficiente. Una de las bases del TPS es la formación continuada que el jefe proporciona a su subordinado en el área de solución de problemas. Muy loable y productivo. Pero en servicios esto es mucho más complicado. El servicio está muy atomizado, es mucho más aleatorio y los servidores están constantemente enfrentados a múltiples problemas de los clientes. En

[22] El hospital, situado en Boston, goza de fama internacional por su excelencia en los ámbitos clínico, investigador y docente.

[23] También cubre la definición de la arquitectura del producto; la disposición geométrica del producto; una especificación funcional de cada uno de los subsistemas del producto, y un diagrama de flujo preliminar del esquema de montaje.

industria todo es más estable, la variabilidad es menos frecuente en un lapso de tiempo. En servicios dentro de un mismo día, hasta de una franja horaria, puede haber gran variabilidad.

Siguiendo este razonamiento, la Organización debe proporcionar mecanismos estructurados que ayuden, de la forma más eficiente posible, al agente a identificar tipología de problemas, apoyar en rellenar lagunas y apoyar en resolver problemas[24]. La Ingeniería de Servicios aporta esta estructura de apoyo para la solución de cualquier problema, tanto formal como informal. Ambos deben considerar los mismos componentes y por ello no hay distinción entre ellos. Los caminos de apoyo a la solución son diferentes. Los informales siguen la propuesta de industrialización del siglo XXI, los formales, el camino de protocolos y estandarización.

Por tanto, la Ingeniería de Servicios debe focalizarse en las siguientes actuaciones de apoyo (Figura 10.2):

- Identificación del problema.
  - Estructurado: identificar si es formal o informal.
  - No estructurado: descomponer.
- Rellenar lagunas de conocimiento.
  - Conocimiento materializado.
  - Conocimiento en soluciones informales industrializadas.
- Fundamentar procesos de solución de problemas.
  - Aplicativo formal: estandarizar y homologar.
  - Aplicativo informal: industrializar.
  - Exploratorio: apoyar para descomponer.

Veamos la secuencia de actuaciones (Figura 10.3). Llega un problema y el agente identifica si es estructurado o no estructurado aplicando la regla lo he «resuelto antes o no». Si lo ha resuelto antes, aplica su conocimiento. Si no lo ha resuelto antes de forma idéntica o el problema es solo parecido a otros, el agente busca (con estructura VOC[25]) conocimiento formal o informal. Y a partir de ahí, resuelve.

---

[24] No quiero repetirme, si el lector no recuerda bien los Capítulos 6, 7 y 8, por favor, écheles una ojeada de refresco antes de seguir.

[25] Recuerde, VOC, indexado de problemas por verbo, objeto, conducción, Capítulo 6.

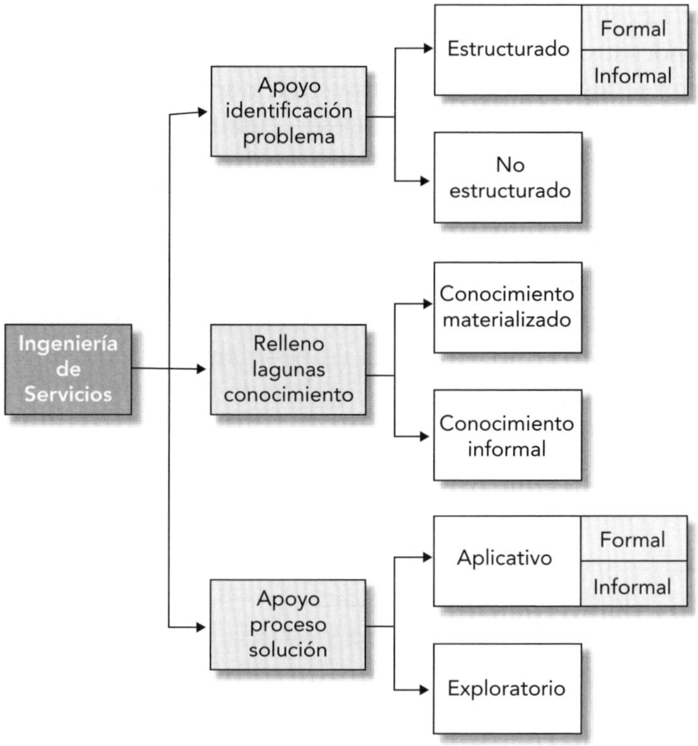


**Figura 10.2.** Ingeniería de Servicios.

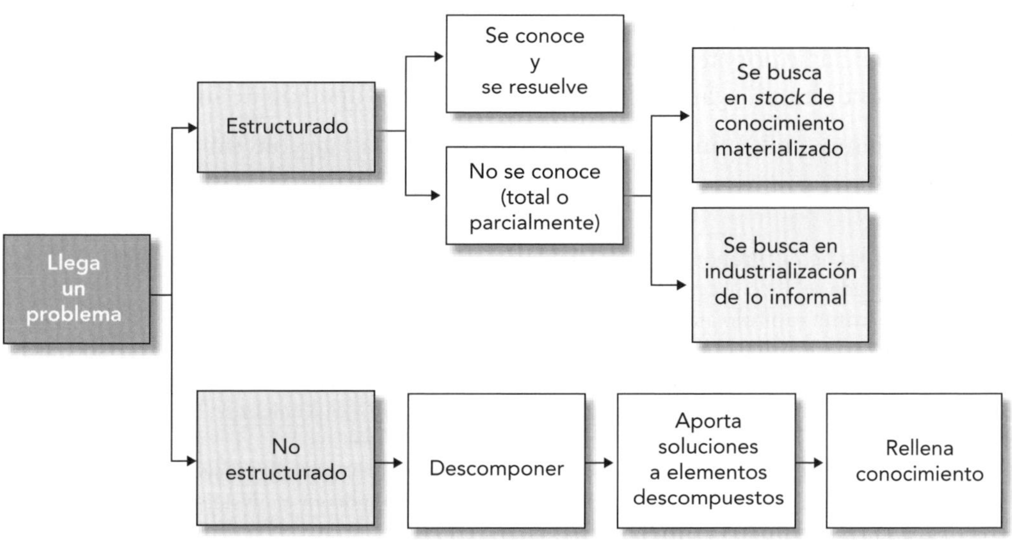


**Figura 10.3.** Secuencia de actuaciones de apoyo para solución de problemas.

Si el agente identifica el problema como «nuevo» (no estructurado), lo descompone para entender sus partes[26]. Una vez descompuesto, se buscan soluciones relacionadas a estas partes descompuestas[27] y se busca conocimiento complementario para rellenar la laguna de conocimiento[28]. Esto sería, en formato muy sinóptico, cómo Ingeniería de Servicios ayuda a cada agente a resolver problemas. Dependiendo del escalado, se utilizará tecnología o no. Eso se lo dejo a su libre albedrío y sensatez.

Por favor, una advertencia. No cometamos los mismos errores de siempre. Hablamos de la Calidad, nombramos un cargo organizativo para ello; hablamos de conocimiento, ídem[29]; y así *ad infinitum*. No, la Ingeniería de Servicios no es un departamento, ni un cargo, ni una cajita en el organigrama. Es una actividad que debe realizarse en la empresa, a disposición de todos los agentes. ¿Quién debe custodiarla? Quien usted quiera, es irrelevante.

## II. INFRAESTRUCTURA DE OPERACIONES E INDICADORES

En la SAS, la infraestructura operativa se ocupa de la configuración estratégica de las seis variables y la definición de los indicadores del servicio[30]. Una vez definido el diseño del servicio unido a la Promesa y esencia, debemos atacar la configuración estratégica de las variables.

La lógica nos hace ver que cada Promesa va a requerir una configuración diferente de cada variable. Un ejemplo. Si el coste es una dimensión prioritaria, la ocupación de los agentes va a ser elevada. Si, por el contrario, el tiempo de respuesta y la amplitud de la gama son prioritarias, la ocupación no debería ser elevada, pues el agente debe poder asumir cambios constantes. Un despacho de abogados selecto que quiere diferenciarse por atención personalizada, tiempo de respuesta corto y solución de problemas de amplia gama, tendrá que tener una ocupación de sus abogados baja.

Concretemos más aún. Para ello, démosle a cada variable un valor extremo[31] (Figura 10.4).

[26] Otra vez recuerde. Propongo hacer Ishikawa o reglas heurísticas para descomponer.

[27] La búsqueda se debe hacer por objeto, pues facilita la tarea.

[28] En el próximo capítulo atacamos la creatividad y ahí vemos que lo importante para ser creativo y poder proveer de soluciones es tener bloques de conocimiento. Es decir, no solo el conocimiento necesario en píldora, sino conocimiento más amplio que ayuda a encontrar soluciones novedosas.

[29] Este es mi favorito: una empresa tenía un *vicepresident of Deep Knowledge*. Siempre me he preguntado si también lo tenía de *Shallow Knowledge*...

[30] El detalle «anatómico» de las variables tiene que definirse una vez identificada su configuración estratégica que depende de la Promesa del servicio y está considerado en el nivel Estructura Operativa.

[31] Estos son valores que yo propongo. Recuerde, esto es un traje a medida. Piense usted en sus propios valores, en cómo configuraría sus variables según si compite en precio o en flexibilidad, los grandes opuestos. Y a partir de ahí, reflexione en su configuración ideal.

| | | |
|---|---|---|
| **Capacidades** | Planificada, alta *rho* | Subordinada, baja *rho* |
| **Flujos** | Lotes | Lote 1 |
| **Procesos** | Sencillos | Complejos |
| **RRHH** | Monovalentes | Polivalentes |
| **SRC** | Anticipado y centralizado | Esperar a ver y distribuido |
| **SI** | Agregado | Tiempo real |

**Figura 10.4.** Unos valores de las variables, inspirado en Muñoz-Seca, 1993.

- La capacidad puede ser utilizada en un porcentaje muy elevado o bien utilizada en un porcentaje bajo.
- Los clientes pueden ser tratados en lotes de gran tamaño o en lotes de 1. También podemos pensar en un proceso de solución o bien secuencial o simultáneo.
- Los procesos pueden ser sencillos o más sofisticados y complejos.
- Los RRHH, monovalentes o polivalentes.
- El sistema de reglas, centralizado y planificado o distribuido según los acontecimientos.
- El sistema de información, SI, agregado con decisiones cada lapso de tiempo o a tiempo real.

Un ejemplo de configuración son las variables en el restaurante Benihana de Tokio. La Figura 10.5 muestra su perfil y el perfil de las variables en un restaurante «típico». El Benihana tiene la mesa «teppanyaki»[32], que hace que los comensales

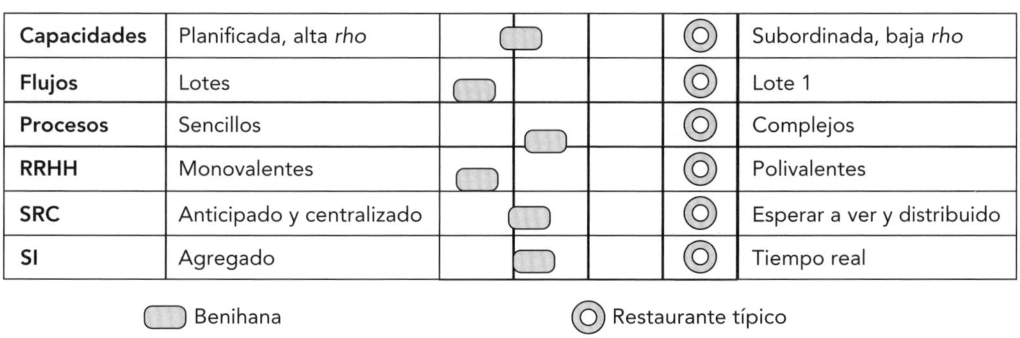


**Figura 10.5.** La configuración de las variables.

[32] Mesa que sirve a la vez de plancha para cocinar y de ubicación para comer.

de diferentes grupos coman todos juntos en lote, el chef es el procesador principal y especialista generando un espectáculo de divertimento. De la misma forma que Benihana, un restaurante «típico» puede ofrecer un servicio excelente. Pero la configuración de sus variables es diferente. Las mesas son de 4 comensales, y si vienen 2 se utilizan al 50% de su capacidad, los cocineros están en la cocina, hay camareros... Es una configuración distinta. Recordando las cuatro formas de competir[33], Benihana se acerca a la configuración de especialista[34] y un restaurante típico tiene más una configuración de flexibilidad.

La Figura 10.6 resume los perfiles de las 6 variables estructurados según las 4 formas de competir. Los valores de cada variable difieren según la forma de competir. Ojo, esto no es totalmente normativo. Hay valores extraídos de la lógica, como la capacidad y su utilización. Hay otros que vienen establecidos por experiencia empresarial. Pero, por favor, ¡esto no es una receta! Debe ser fuente de reflexión para cada lector, y de identificación de singularidad en cada empresa. Ahí radica la belleza de la propuesta: hacerle pensar para que defina «su» composición única de las variables.

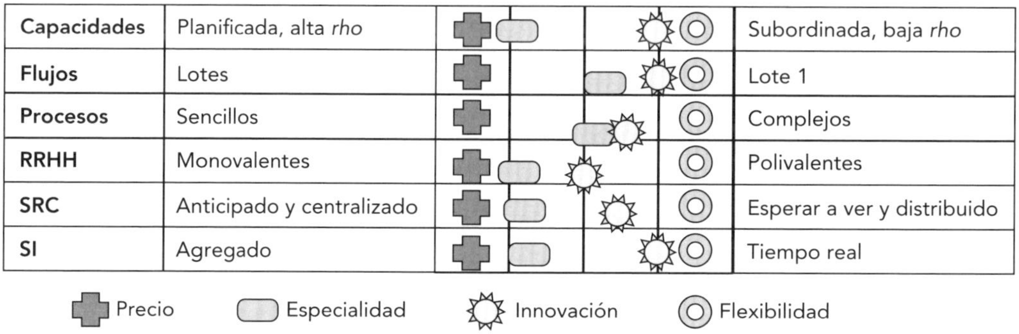


**Figura 10.6.** Las variables según la forma de competir, inspirado en Muñoz-Seca, 1993.

¿Cómo se une una forma de competir con las prioridades de cada Promesa? Este es un ejercicio que debe realizar usted. Identifíquese primero en una de las cuatro formas de competir y a partir de ahí reflexione sobre sus dimensiones y criterios prioritarios. Su reflexión debe proporcionar la configuración estratégica óptima para su Promesa[35].

[33] Recuerde, coste, flexibilidad, especialidad e innovación.

[34] Especialidad tiene una configuración operativa bastante similar a coste, con el gran diferencial que al ser especialista basa su valor añadido en algo que no le pueden copiar y por ello sus márgenes suelen ser elevados.

[35] Cada Promesa es diferente, cada configuración estratégica de las variables debe ser diferente. No puede ni debe haber recetas. Cada empresa debe tener su singularidad.

La configuración de las 6 variables debe ir acompañada del establecimiento de indicadores de seguimiento. Un indicador es esencial para analizar la coherencia y el grado de cumplimiento de la Promesa. Su objetivo no debe ser controlar, sino evaluar la prestación del servicio para poder tomar las medidas preventivas adecuadas. Las mediciones deben hacerse utilizando indicadores tanto cuantitativos como cualitativos que vayan relacionados con los grados de cumplimiento del servicio configurado.

Un tema relevante en los servicios es identificar la tendencia del indicador en la prestación del servicio. Trasladando las principales ideas del control estadístico de procesos (CEP)[36], los indicadores proporcionarán medidas objetivas de las desviaciones, suministrando datos a cada agente. Las desviaciones darán al agente pautas de qué dificultades futuras puede encontrar en la prestación del servicio. Es una manera de proponer un «mantenimiento preventivo»[37] del servicio.

Un enfoque que recomiendo es seleccionar los Momentos de la Verdad críticos y crear indicadores generales para cada uno. ¡Y no deben ser más de 5! Es imposible gestionar con, por ejemplo, 25 indicadores. No es operativo, no sirve. Cinco es un número muy adecuado para hacer un seguimiento del servicio[38].

En servicios es muy conveniente tener también indicadores sensoriales de entorno. Estos pueden ser de olores, de ruido o de mantenimiento de estética del

**Tabla 10.4.** Preguntas para identificar indicadores de servicio (Zeithaml, Parasuraman et al., 1990. Atención al cliente).

- ¿Se aplican normas específicas para cumplir las expectativas de los clientes?
- ¿Las ofertas cumplen o superan dichas normas?
- ¿Están los empleados demasiado ocupados para responder a las consultas de los clientes?
- ¿Ofrece la compañía atención individualizada a los clientes?
- ¿Interactúan los directivos frecuentemente con el personal de atención al cliente?
- ¿Tienen los empleados los conocimientos necesarios para responder a las preguntas de los clientes?

---

[36] *CEP, Control Estadístico de Procesos* (*Statistical Process Control* o SPC): es un método efectivo para monitorizar un proceso a través del uso de gráficos de control. Estos, basándose en técnicas estadísticas, permiten usar criterios objetivos para distinguir variaciones de fondo de eventos de importancia. Recopilando datos de mediciones en diferentes sitios en el proceso, se pueden detectar y corregir variaciones que puedan afectar al servicio final, reduciendo desechos y evitando que los problemas lleguen al cliente final. La herramienta clave del CEP es el gráfico de control.

[37] Si hacemos mantenimiento preventivo de máquinas, ¿por qué no podemos incluir mantenimiento preventivo de ejecución de tareas?

[38] Se preguntará el lector, ¿por qué ese número mágico? La verdad, por experiencia. Muchas veces he empezado con 7, que sí es un número mágico, pero siempre hemos acabado con 5. La gente maneja bien 5, es focalizado y concreto. Un número mayor, parece que se dispersan.

entorno. Como hemos mencionado con anterioridad, el olor es un elemento esencial en Sanidad y tener un indicador de su seguimiento proporciona una magnífica manera de contrastar la realidad del servicio. Otro ejemplo de indicador del entorno es el «oído electrónico», un medidor de la intensidad del sonido con forma de oreja[39] que se utiliza en la mayoría de las unidades neonatales españolas e informa sobre el nivel de decibelios en cada habitación. Utiliza luces de colores (verde, ámbar o rojo) y emite una señal cuando se supera el umbral de ruido hasta niveles nocivos.

## III. PRESTACIÓN Y MANTENIMIENTO DEL SERVICIO

Prestación y Mantenimiento del Servicio consta de tres actividades, Prestación del Servicio, Mejora del Servicio y Demanda de Nuevas Prestaciones. Las actividades Mejora del Servicio y Demanda de Nuevas Prestaciones tienen cada una un capítulo dedicado a ellas[40].

El foco de la prestación del servicio radica en su producción y los servicios se convierten en el lugar ideal para un enfoque *just in time* en servicios (JITS) (Muñoz Seca y Riverola, 2007). Las actividades deben realizarse en el momento preciso con los ingredientes adecuados. Ni más ni menos. Ello conlleva que los problemas deben anticiparse y los agentes deben ir «cinco minutos por delante», y requiere ser capaz de detectar síntomas que podrían cristalizar en errores. En los servicios no se trata de corregir errores, sino de destruirlos antes de que surjan.

La actividad Prestación del Servicio se basa en la configuración, ya aceptada como «clásica», que Hesket y Sasser[41] (1990) han propuesto en sus libros. No voy a aportar mucho más sobre ello, pues su contribución ha sido decisiva. El caso de la transformación inicial de la Unidad del AVE es un excelente ejemplo de cómo estructurar un servicio siguiendo estas actuaciones. La Tabla 10.5 relata un resumen del camino que se llevó en la creación del servicio AVE, que partió de RENFE, la empresa Estatal de Ferrocarriles en España.

Como recordatorio, resumo las actuaciones que mis colegas de Harvard proponen (Figura 10.7) para la realización de excelencia en la prestación del servicio:

- Selección.
- Formación.
- Retribución.
- Categorías profesionales.

[39] Su nombre técnico es Sound Ship.

[40] «Mejora del Servicio» en el Capítulo 11 y «Demanda de Nuevas Prestaciones» en el Capítulo 13. Entre ambas introduzco un capítulo dedicado a la Calidad pues complementa los temas y considero necesario mencionar su aportación a la consecución de la excelencia del servicio.

[41] Vistas parcialmente en el Capítulo 8.

- Delegación.
- Información.
- Comunicación.
- Asunción de responsabilidad.
- Requerimientos de los clientes.
- Definición de los procesos.
- Dueño del proceso.
- Protocolos de actuación.
- Detección de fallos y plan de mejora.

**Tabla 10.5.** El AVE y la búsqueda de la excelencia en el servicio (P-1017 Muñoz-Seca, 2000).

Para realizar el cambio de visión, orientándola a la satisfacción del cliente, se empezó por llevar a cabo un estudio cualitativo *sobre las necesidades y expectativas del cliente potencial*. Sus resultados sirvieron para establecer los *estándares* de calidad de servicio. A continuación, se diseñó cuidadosamente un *proceso operativo preciso*, que cubriera toda la operación del AVE. Se esperaba que al definir en detalle un proceso comprensivo se lograrían dos objetivos. En primer lugar, los clientes encontrarían en él respuestas estándar, bien ajustadas a sus necesidades. Pero, además, se suponía que esta definición iba a evitar la variabilidad en los comportamientos de los empleados. El conjunto de propuestas debería modificarse a medida que se adquiriera experiencia con la prestación del servicio. Iniciada la prestación del servicio, y cuando *se detectaran fallos, se realizaría un plan de mejora y se evaluarían los resultados de dicho plan.*

La dirección de AVE decidió que el personal propio que daría servicio en el tren tenía que ser diferente del habitual. Para ello se crearon las *nuevas categorías* de «supervisor de servicios a bordo» y «jefe del tren». La introducción de estas nuevas categorías posibilitaba la *selección* entre los aspirantes con un criterio curricular, basado en las capacidades personales y no en la antigüedad. Esto obligaba a transformar profundamente el *sistema salarial*, al primar el logro de objetivos y la *responsabilidad* del proceso por encima de la realización de tareas.

Durante el proyecto se creó el concepto de «propietario de procesos», que se describió en un manual. En él se describían las responsabilidades inherentes a la definición de procesos y se detallaba el sistema para su monitorización, revisión y mejora continua. Si se producían anomalías en un proceso, su propietario lo exponía en un comité de gestión. De esta forma se resolvían los problemas operativos y prevalecía la orientación hacia el cliente, por encima de los intereses y objetivos puramente departamentales. Se realizaron actuaciones de *delegación de responsabilidad, atribución de poder de decisión* a los involucrados y acciones de *comunicación*. Igualmente se hizo un diseño y puesta en práctica de un *plan de formación* a todos los agentes del servicio incluyendo el personal de las estaciones. Para este tipo de personal se realizaron tareas de selección, adecuación de los empleados al puesto y cobertura de las necesidades de formación y entrenamiento para su desempeño. La prioridad máxima fue la *adaptación* del empleado al nuevo puesto.

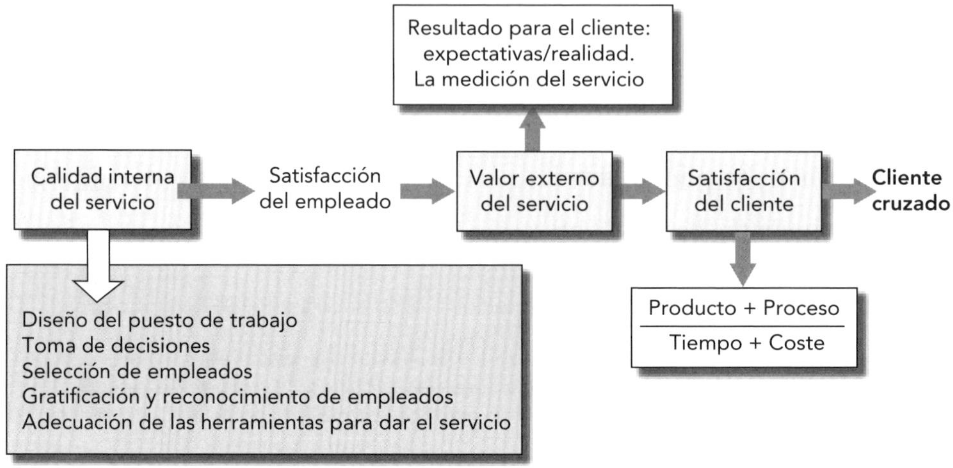


**Figura 10.7.** Esquema, Hesket y Sasser, 1997.

Estas ideas se acompañan del ciclo del éxito y del fracaso ya mencionado en el capítulo de la industrialización. Todo ello compone una propuesta muy adecuada de los elementos a considerar en la prestación del servicio, y refiero al lector al trabajo de estos colegas si desean profundizar más sobre ello.

## Ciclo de Innovación del Servicio

El bucle final de la SAS es el Ciclo de Innovación del Servicio[42], CIS. El CIS va desde la Demanda de Nuevas Prestaciones (DNP) al Diseño de Concepto creando un camino estructurado para que los agentes servidores proporcionen ideas de necesidades latentes de los clientes. Es decir, el CIS promueve que agentes que prestan el servicio puedan encauzar necesidades reales o futuras que observan para convertirlas en nuevos servicios o prestaciones complementarias del actual.

Los Hospitales St. Josep (SJHS)[43] en EEUU utilizan ideas similares al CIS al desarrollar una nueva capacidad denominada *spotlighting* (iluminar). La idea, inspirada en la «escenografía», persigue que los cuidadores presten atención a los momentos clave del servicio para poder detectar necesidades latentes de los clientes y satisfacerlas. *Spotlighting* se puso a prueba durante seis meses en cuatro hospitales del sur de California y su éxito en identificar nuevas prestaciones de servicio ha conseguido que se aplique el concepto en todos los hospitales del grupo.

[42] En el Capítulo 13 lo tratamos con más detalle.

[43] Catorce hospitales en California, Nuevo México y Texas.

## La SAS y la empresa ampliada

Hemos visto cómo la SAS proporciona un esquema que cubre todo el espectro que va desde la concepción de un servicio hasta su prestación, mejora e identificación de demandas latentes. Surge ahora la necesidad de contestar a una pregunta. Si vivimos en un entorno de empresa ampliada en donde el cliente percibe la experiencia como un todo, ¿qué papel juega la SAS en la concepción de este servicio de experiencia completa?

Todas las empresas tienen actividades de la SAS. Pero no todas las empresas tienen que tener todas las actividades de la SAS. Pueden unirse a otras empresas para entregarle al cliente la experiencia completa. Europa es 90% PYME y es imposible que este tipo de empresas pueda tener todas las actividades. Por tanto, unirse a otras empresas para proveer la experiencia integral del cliente es un factor crítico de competitividad. Hay que identificar quién es el garante del servicio, y ese garante debe coordinar el diseño de la SAS. Esto no es subcontratar o hacer *outsourcing*. Esto es diseñar conjuntamente el servicio y ver cómo la SAS provee un marco conceptual para asegurase de la bondad conjunta de la propuesta final.

Yo he abogado porque esto sucediera uniendo dos sectores, Turismo y Cultura, para crear una experiencia integral. Buscar la sinergia entre ambos es una salida a muchos de los problemas que el sector cultural se está encontrando ante la cada vez más menguante ayuda de las Administraciones (Tabla 10.6). La SAS, por lo tanto, propone un esquema de uso para configurar la empresa ampliada que entregue la experiencia integral de un servicio.

**Tabla 10.6.** La SAS en la empresa ampliada del sector cultural.

| **Un modelo de servicio para la excelencia cultural (Muñoz-Seca, 2011)** |
| --- |
| La Secuencia de Actividades de Servicios es un modelo integral. No basta con que una única compañía o institución cree una experiencia de servicio al cliente. El sector de las artes y la cultura en su conjunto debe generar una experiencia integrada y diferenciada gracias a la contribución de varios socios. Si el sector ofrece una propuesta mejorada y alternativas de ocio, atraerá a nuevas audiencias y, por tanto, crecerá económicamente. Teniendo esto presente, un nuevo modelo de negocio para el sector exige que las instituciones culturales y artísticas hagan lo que muchas empresas aprendieron antes: aunar fuerzas con una cartera de socios para diseñar y cocrear una experiencia de servicio al cliente. Pensemos en cómo la industria turística puede apoyar en la creación de nuevo modelo de negocio. Por ejemplo, un viaje a la Toscana ya no se reduciría a un billete de avión, sino que consistiría en un paquete completo de experiencias culturales para el cliente, como artes escénicas, gastronomía, historia y guías que reflejan el modo de vida local. Para llegar hasta ese punto, cada institución debería valorar su SAS por separado para luego asociarse y diseñar actividades complementarias con la cultura como factor integrador clave. Al analizar todas sus actividades en el conjunto integral de la experiencia del cliente, se pueden detectar lagunas y necesidades no satisfechas que ofrecen nuevas oportunidades y generan nuevas |

*(continúa)*

**Tabla 10.6.** *(Continuación).*

| |
|---|
| propuestas de servicio. La creación de una experiencia para su cliente empieza estudiando todas las actividades de su Organización y sigue con la propuesta de nuevas posibilidades o alternativas para cada una de esas actividades. No cuesta nada entender su situación actual e identificar oportunidades. A continuación, se pueden hallar soluciones mediante la colaboración real con empresas, organismos gubernamentales o cualquier otro socio que pueda ayudarle a crear experiencias integradas, así como proveerle de nuevas fuentes de conocimiento y de los recursos de los que pueda carecer. |

## Aplicando el esquema SAS para una propuesta de acción en el INAEM

¿Recuerda el lector a Miguel Ángel del INAEM? Volvamos a reencontrarle y preguntémonos: ¿cómo puede la SAS ayudar al planteamiento de cambio de estrategia operativa que necesita acometer? Para contestar vayamos paso a paso diseccionando las tres cadenas de la SAS.

Una advertencia. Lo que expongo a continuación son ideas sacadas de las discusiones del caso INAEM en mis clases. En absoluto es una propuesta de asesoría para el INAEM[44]. Solo son ideas, que considero empresarialmente acertadas, de un plan de acción construido, con participantes a cursos de directivos y con los Embas, en las sesiones que imparto en el IESE.

## Diseño del Servicio en el INAEM

La esencia del INAEM es «crear impacto en la sociedad», y esta define el eje del diseño del concepto. «Impacto en la sociedad» en una institución cultural debe tener un claro componente educativo de trasmisión de ideas y de apertura de horizontes. Por lo tanto, la experiencia del servicio debe ampliarse a toda la sociedad. Las «personas» son ahora arquetipos de jóvenes, niños, padres, abuelos. Y ello requiere modificaciones profundas del portafolio de servicio. Por ejemplo, pensemos en el arquetipo de gente joven. Sus comportamientos sociológicos son singulares, buscan la respuesta inmediata a los estímulos, utilizan gran profusión de medios tecnológicos y su nivel básico de conocimientos es bajo.[45] El viaje del cliente debe concebir

[44] Nadie me lo ha pedido. El caso fue escrito por parecerme una situación retadora e interesante, pero jamás ha habido ninguna vinculación de la autora con el INAEM. El anterior DG, Miguel Ángel, encontró acertado que escribiera el caso y se prestó amablemente a proporcionar toda la información, incluyendo comentarios de sus preocupaciones.

[45] Creo que una de las grandes tragedias de cualquier nación es no tener un sistema educativo comprehensivo que abarque desde las ciencias hasta las humanidades. Veo con gran desaliento cómo las nuevas generaciones desconocen temas que para mí son especialmente relevantes para desarrollar sensibilidad «estética». Esta sensibilidad es necesaria para poder dirigir empresas, pues provee al directivo de un olfato imprescindible. Una fábrica estética es eficiente, una oficina en donde nadie co-

respuestas para todas las «personas» aportando el diferencial de educación conjuntamente con entretenimiento. El aspecto lúdico[46] es crítico para poder presentar una oferta atractiva que pueda seducir a públicos que hasta ahora no se han acercado.

Hacer diseño del concepto en el INAEM requiere unir todas las unidades en un conjunto sinérgico para crear estas experiencias, la empresa ampliada en cultura. Como muy bien sugiere José Antonio, poder crear un portafolio que aporte valor a todos los miembros de la familia[47]. Para ello se deben mirar otras propuestas de entretenimiento, desde parque temáticos hasta la individualización del servicio a través de la tecnología.

Ese desarrollo de concepto no se hace en un despacho. Se debe abrir el debate a toda la Organización, creando grupos que aporten propuestas de nuevos conceptos y servicios. Es el llamado *crowd creativity*[48], una manera de utilizar la creatividad de la organización para generar diseño de servicios sin necesidad de tener un departamento de I+D haciendo investigación. Es desarrollo de concepto «a pie de calle».

A partir de la unión de generación de ideas de dos o tres Unidades INAEM se construye un prototipo para un arquetipo escogido. Lo esencial es crear una experiencia de aprendizaje en toda la organización y para ello se deben poner indicadores de medición que permitan valorar el efecto del nuevo servicio, tanto para el cliente como para el propio cambio interno operativo del INAEM.

Un componente esencial a considerar en la elección de prototipos es el posicionamiento de rentabilidad de los servicios diseñados. Aunque el INAEM esté en la actualidad perdiendo dinero en todas sus Unidades, esto no es sostenible[49]. Las restricciones presupuestarias van a obligarle a buscar importantes ingresos para su supervivencia. El mecenazgo puede ayudar, pero no va a ser suficiente. Por todo ello, pensar en márgenes de contribución y cuenta de resultados es crítico en este diseño

---

rre ni va con cara de velocidad, es eficiente. Y eso se percibe cuando se ha desarrollado una capacidad innata en apreciar la belleza de un cuadro, que se te erice el vello de los brazos cuando escuchas una sinfonía o entiendas comportamientos al relacionarlos con la Historia. La educación en Cultura es un gran tesoro del hombre y lamentablemente cada día se le da menos importancia, salvo en honrosas excepciones como en la nación francesa.

[46] El lector en este momento pensará «¡buena suerte!», competir con el fútbol es una lucha imposible. Puede ser, pero hay gente a la que no le gusta el fútbol y puede sentirse atraída por entretenimiento que le aporte también contenido de crecimiento personal. Y si esto se inicia desde la infancia, quizá consigamos un país más educado y, por tanto, más agradable para convivir.

[47] Recuerde el lector que José Antonio le propone a Miguel Ángel mimetizar la estructura de los festivales.

[48] Término inventado por la autora, pero ya que se habla de *crowd funding* se puede hablar también de *crowd creativity*. ¿No le parece?

[49] Abogo por un enfoque TATE en donde sus unidades reciben un apoyo estatal pero un porcentaje muy importante de sus gastos, hasta el 70%, sale de sus propias arcas.

del portafolio de servicios a prototipar[50]. Eso fuerza a la búsqueda de grandes masas de clientes que puedan no únicamente beneficiarse de la educación, sino aportar a las maltrechas arcas del INAEM su componente de supervivencia.

La Ingeniería de Servicios tendría el principal papel de polinizador de problemas/conocimientos entre Unidades. Apoyando el proceso de solución de problemas, creando una base de conocimiento materializada e identificando las inmensas lagunas de conocimiento que se van a crear con los nuevos conceptos. Provocar el *bechmarking* entre actividades para ver soluciones a problemas similares, potenciar el aprender entre las Unidades, crear Unidades de Conocimiento e industrializar todo lo industrializable se convierte en tarea prioritaria y de corto plazo. La creación de un grupo de trabajo interunidades concentrado en estos objetivos se convierte en el primer paso del plan de acción. Esto debe dar el primer gran vuelco a todo el INAEM presentando un plan que ponga a disposición de todas las Unidades un diagrama[51] detallado de los hitos de actuación y logros esperados. Se convierte en el «motor» que manda el mensaje de sinergia, aprendizaje y eficiencia.

La unión en esta cadena de diseño es clara: desarrollo de concepto crea, prototipado pule, Ingeniería de Servicios identifica necesidades de conocimiento aparejadas con nuevos conceptos y apoya el proceso de solución de problemas.

## Infraestructura operativa e indicadores en el INAEM

Pero ¿de qué sirve un prototipo si no se implanta? De muy poco. Por eso hay que inmediatamente concebir la estructura de implantación operativa[52]. Y aquí

---

[50] El lector puede pensar que esta constricción se debe enunciar ya desde el diseño del concepto. Claramente es otra alternativa perfectamente razonable. Mi único temor cuando esto se estructura así, se coarta la generación de ideas. No creo que sea pérdida de tiempo «soñar» servicios y poder tener ideas rompedoras. Luego, en el prototipado bajamos a las constricciones y dejamos para tiempos mejores los servicios con menos margen. Educar es un objetivo muy relevante y unirlo a la rentabilidad de forma obsesiva, peligroso. Hay que conjugar ambos aspectos de forma armoniosa y esto no es fácil, sobre todo en entornos donde el componente económico siempre ha sido secundario.

[51] Se pueden usar dos tipos de diagramas *PERT o GANTT*. El diagrama PERT (*Program Evaluation and Review Technique*) es una representación gráfica de las relaciones entre las tareas del proyecto que permite calcular los tiempos del proyecto de forma sencilla. Otra opción es realizar un diagrama de Gantt (creado por Henry Laurence Gantt), herramienta gráfica cuyo objetivo es exponer el tiempo de dedicación previsto para diferentes tareas o actividades a lo largo de un tiempo total determinado.

[52] Aunque imagino que el lector es consciente de ello, quiero volver a resaltar algo ya mencionado con anterioridad en este capítulo. Diseñar la SAS no es secuencial. La unión entre la cadena de diseño y la cadena de configuración operativa es obvia, como también es obvio que es un proceso iterativo constante. Por cuestiones pedagógicas la explico secuencialmente, pero claramente no lo es. Ello incrementa la dificultad de entendimiento de lo que acontece si no se posee una estructura de cabeza para tener en cuenta todas las implicaciones.

es donde el INAEM va a tener un grandísimo problema. Su perfil de configuración de variables no se ajusta ni a su Promesa ni a la eficiencia. Es un vuelco de 180 grados.

La SAS requiere la configuración objetivo de cada variable. Una vez configurada, se ataca el nivel operativo haciendo el plan de acción de cada uno[53] y el requerimiento de conocimiento definiendo si se va a desarrollar o comprar. Recordemos que la Promesa enunciada al inicio era «espectáculo muy bien hecho» (consistencia), ser referente artístico y entender las necesidades de la sociedad (innovación) y «variedad de espectáculos» (gama). A través de su esencia de educación y entretenimiento, se trata de focalizar la Promesa para poder cumplir el mandato constitucional del INAEM[54]. El nuevo foco de la Promesa nos hace pensar en una configuración operativa de especialista (Figura 10.8).

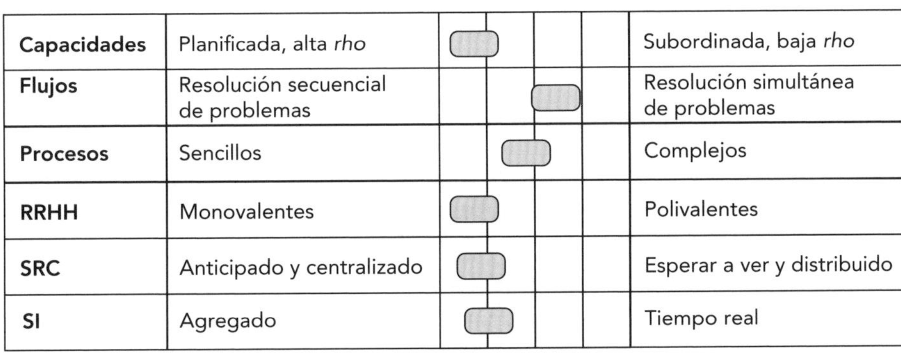


**Figura 10.8.** Configuración en especialidad.

Aparejados con la configuración aparecen los indicadores. Los indicadores deben cumplir una dualidad. Por un lado, medir la eficiencia de todos los agentes. Por otro, evaluar el cumplimiento de la esencia y de la Promesa del INAEM. Esta Promesa se debe traducir, en cascada, en Promesas de cada Unidad que deben ir acompañadas de sus indicadores. Pero recuerde, no más de cinco. La Tabla 10.7 pone como ejemplo algunos indicadores usados en el sector cultural[55].

[53] Los pasos a dar son diagnosticar el *as is* de las variables en cada unidad, extraer todas las ineficiencias aplicando técnicas de bancos verdes, cuestionamiento, desperdicio y, la verdad, todo lo que se pueda hacer, pues por lo que dice Miguel Ángel hay mucho trabajo de eficiencia por realizar. En la operativa se va detalle a detalle, *as is* y *to be*, pero antes hay que tener la configuración de la SAS.

[54] Real Decreto 565/1985: articular y desarrollar los programas relacionados con el teatro, la danza, la música y el circo.

[55] Si el lector desea profundizar sobre indicadores en el sector Cultural, le recomiendo mi nota técnica del IESE PN483 que versa sobre ello.

**Tabla 10.7.** Ejemplo de indicadores para sector cultural de NEA (National Endowment for the Arts).

1. Acceso a la excelencia artística: promover y preservar la excelencia en las artes y facilitar el acceso al arte de todos los estadounidenses.
    - Número de proyectos cuyo objetivo principal es crear o presentar arte.
    - Número de personas que se benefician directamente de proyectos cuyo objetivo principal es difundir el arte ampliamente (exceptuando las audiencias de radio y televisión).
2. Formación artística: promover la formación artística de niños y jóvenes.
    - Concienciación: mayor conocimiento de los programas y las actividades artísticas.
    - Mayor acceso a los servicios: mayor acceso a un público diverso.
    - Beneficios derivados del programa: reconocimiento externo.
    - Mayor participación/público.
    - Satisfacción del cliente: satisfacción del público.

## Prestación y Mantenimiento del Servicio

Llegamos a la cadena de Prestación y Mantenimiento del Servicio. Poco se va a poder hacer en el capítulo retributivo monetario. Sí se puede actuar sobre retribuciones de mejora de conocimiento y mejora de la empleabilidad de cada agente. El INAEM está reconocido como un referente en el sector, por ello hay que enfatizar el valor de estar trabajando en él. Lo mismo sucede en la TATE, que es un referente a nivel del Reino Unido en la creación de *curators*. Este es el mismo enfoque por el que abogo en el INAEM. El objetivo siempre es el mismo: ganar-ganar. La participación en la toma de decisiones y la delegación de actuaciones son elementos críticos para integrar a los actores del servicio. Unida a la prestación del servicio, viene la dinámica del servicio. Es decir, la mejora. Cómo atacar la mejora y qué hacer en situaciones como las que presenta el INAEM será el foco del siguiente capítulo.

La última actividad, en orden secuencial de la SAS, es la Demanda de Nuevas Prestaciones. Esta actividad es excepcionalmente relevante en el INAEM. Se necesita desesperadamente estar en contacto con el cliente final y su falta de presupuesto hace inviable costosas actuaciones de marketing para ello. Por lo tanto, lo único que le queda es recopilar de los prestadores del servicio todas aquellas ideas que pueden recolectarse de su continuo contacto con los clientes finales. Convertir a todos los que están en contacto con los clientes en canal de información se hace a través de una trasformación proactiva. Del mismo modo que se transformaron los celadores para prestar gran apoyo de la interacción positiva con los pacientes, así el INAEM debe reinventar a todos sus agentes servidores, desde las taquilleras hasta los bedeles, como recolectores de interacción con los clientes. La tecnología puede ser igualmente un buen medio para que los clientes den retroalimentación del portafolio de ofertas y del servicio. La utilización de este medio puede conseguir ingentes cantidades de datos siempre que el cliente se sienta proclive a compartirlos. El enfoque ganar-ganar debe volver a aparecer.

## CIS

Llegamos al último componente del SAS: el ciclo de innovación del servicio. En un entorno artístico como el INAEM parece acertado proponer canales participativos cara a cara como reuniones periódicas, conversaciones informales o hasta el uso de WhatsApp para hacer llegar las interacciones. Las visitas de los colegios, las interacciones antes de una obra de teatro con el acomodador o los comentarios en el bar de los teatros deben ser remitidas a una unidad que los estudie con mucho detenimiento para identificar patrones de necesidades no cubiertas. No se pretende burocratizar nada, se pretende crear un flujo dinámico de información que luego sea analizada. Y siempre debe ser devuelta a sus generadores aportando una retroalimentación sobre la idoneidad de implantar las ideas o no.

Resumiendo: este capítulo ha estado dedicado a proponer una estructura de implantación, la SAS. Pasemos al siguiente para ver qué actuaciones se deben acometer para mantener esa implantación en un estado de constante mejora.

### HEMOS APRENDIDO

- El diseño de la estructura operativa requiere un esquema, la SAS.
- La Secuencia de Actividades de Servicio, SAS.
  - — Cubre desde la generación de la idea del servicio hasta la mejora de su implantación.
  - — Hay que prototipar los servicios.
  - — Ingeniería de Servicios se centra en apoyar el proceso de solución de problemas del agente.
  - — La Demanda de Nuevas Prestaciones y el Ciclo de Innovación del Servicio se ocupan de identificar las demandas «latentes y ocultas» de los clientes y las conducen a la creación de nuevos servicios.
- Las SAS debe considerarse en la propia empresa y en el conjunto de empresas que proporcionan la experiencia integral de servicio.
  - — La prestación de servicio en la empresa ampliada se fundamenta con la SAS.

# 11 Mil mejoras de mil

*Diseñar e implantar no aportan la respuesta integral. La sostenibilidad del servicio es un elemento crítico a considerar. Todo se mueve y, si no mejoran, las empresas mueren. Qué hacer para mejorar constantemente y cómo enfocarlo es la propuesta de este Capítulo 11.*

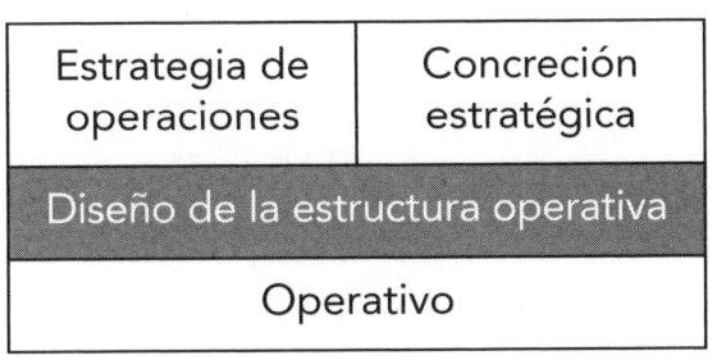


Mejora y mejora permanente han sido dos conceptos persistentemente abordados en las últimas dos décadas. Cuáles son los factores que conducen a la mejora ha llenado una amplísima diversidad de libros. Tanto en industria como en servicios, uno de los mayores problemas a los que se enfrenta un directivo es mantener la «tensión» de mejora en sus Operaciones. Los humanos tenemos la tendencia a apoltronarnos y ello conlleva una degradación del servicio. Si no se mantienen y se mejoran las cosas, estas se pudren. Sin esfuerzo constante de mejora todo se viene abajo, desde nuestro cuerpo físico hasta nuestro servicio. El título del capítulo resume el enfoque. Buscamos muchas pequeñas mejoras que hagan un millón. No grandes maravillas, pequeñas mejoras que construyan un servicio cada día mejor.

## UNA HISTORIA

Empecemos con una historia. El sábado 24 de abril del 2015 la Sra. Ana Angustias se desplaza a la estación de Chamartín, Madrid, para efectuar un cambio de billete. Su hija ha sufrido un percance que le ha ocasionado un esguince tipo 2 y la Sra. Angustias quiere cambiar su billete de vuelta para poder acompañar a su hija que tiene la vuelta un día antes que ella. De igual forma, quiere pedir servicio ATENDO de apoyo, puesto que su hija va en muletas y tiene una prótesis para cuidar su tobillo. Decide desplazarse a la estación pues, aunque ha comprado previamente los billetes por internet, esta opción no le deja elegir asiento si hace cambios ni elegir ATENDO una vez comprado el billete.

Llega a Chamartín a las 10:50 y el panorama es desolador. De las 9 ventanillas, solo hay tres en servicio. Dos están para cambios del momento y la tercera para atender clientes nacionales e internacionales. La cola «del momento» sale de la sala y tiene una longitud aproximada de 50 personas. El tercer agente está atendiendo el número 600 y Dña. Ana recoge de la máquina de atención, el ticket 660. ¡Sesenta números significan más de dos horas de espera! Dña. Ana decide probar suerte, esperando que muchos de los anteriores números hayan desistido y se hayan marchado. Una vez decidida la opción de esperar, procede a preguntarle a la Srta. de la ventanilla de atención al cliente acerca de la situación. Esta le informa de que no hay más personal y que «es lo que hay». Dña. Ana observa perpleja que detrás de los tres agentes que trabajan, hay 5 agentes de pie, mirando. Dos están hablando entre ellos, un tercero mira y dos están hablando por sus móviles. Los clientes van formado corrillos y haciendo comentarios acerca de la atención. Muchos de ellos están indignados por las esperas y sobre todo por la actitud de servicio que están observando. Llevan, de media, una hora y media de espera. Los clientes que ya no pueden esperar, ofrecen sus tickets a otros clientes, creándose una situación de canje continuo de números. Después de media hora de espera, un cliente se acerca a Dña. Ana y le pasa de «contrabando» un ticket con un número mucho menor que el suyo. Ante la advertencia de «no comente usted nada», la Sra. Angustias comprueba que el nuevo ticket la sitúa en el número 616. El tiempo pasa, los agentes continúan sin atender y el ánimo de los clientes se incendia cada vez más, abandonado la sala.

Después de 45 min, le toca el turno a Dña. Ana. Le atiende un agente joven que inmediatamente la tutea. Dña. Ana, haciendo un uso ostensible del usted, le comenta la necesidad del cambio de tren y el servicio ATENDO. Dña. Ana había comprobado antes de salir de su casa si había plazas en el tren de su hija y su perplejidad fue en aumento cuando el agente le informa de que ya no hay. Ante la pregunta, el agente le informa de que en internet aparece que hay porque quedan 4 plazas de sillas de ruedas. Dña. Ana le comenta que hay un tren después y si pueden cambiar los billetes a ese tren, puesto que no quiere que su hija viaje sola. Dado que el billete de su hija ha sido comprado con una tarjeta de crédito distinta a la de Dña. Ana, el agente le informa de que es imposible y que no puede hacer nada. Dña. Ana le explica la situación otra vez al agente, pero este insiste en que no puede hacer nada. Ante tal actitud Dña. Ana le pide el servicio ATENDO de acompañamiento en silla de ruedas para su hija. El agente le informa de que eso solo se puede pedir cuando se compra el billete. Al comentarle que en el momento de la compra su hija no tenía esguince, el agente le dice que no puede hacer nada. Dña. Ana empieza a perder la paciencia y requiere que venga un supervisor, siendo informada de que no se encuentra en ese momento. Después de 10 min de discusión y ante la actitud de no cejar de Dña. Ana, el agente le dice «voy a probar una cosa» y después de estar tecleando en el ordenador unos minutos, le da los billetes de su hija con el servicio de ATENDO.

## ¿CÓMO SE LOGRAR IMBUIR LA MEJORA?

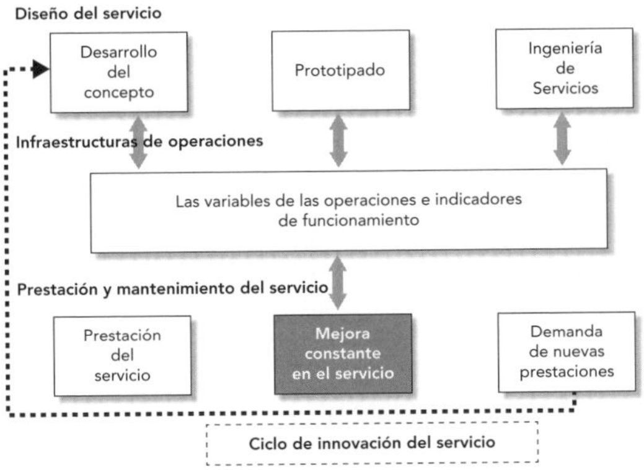


¿Se siente identificado? Probablemente no por esta empresa en concreto, sino por situaciones similares en otras empresas[1]. Haberlas, las hay. Nos encontramos inmersos en problemas de mejora constante del servicio. La clave reside en hallar aquello que logre que sigamos luchando por mejorar, por seguir haciendo las cosas bien, por descubrir nuevas posibilidades de actuación que aporten valor. La respuesta la encontramos en el principio de egoísmo personal. Aceptémoslo, el ser humano es egoísta, busca su bien. Por tanto hará actuaciones de mejora siempre que piense que le reportan algo. Ese algo puede ser la armonía estética de no ver un entorno descuidado, la ganancia de actuar en alguna parte de su proceso para tratar de cumplir un horario laboral o dar un mejor servicio a un cliente por la sencilla razón de que siempre es amable y se le quiere corresponder. Pero siempre ganando algo. El enfoque idóneo es el ganar-ganar *(win-win)*. Yo individualmente gano algo, pero a su vez la empresa gana algo también.

Se calcula que cada año se producen 100.000 heridas punzantes en el NHS, el Sistema Nacional de Salud británico (NIC, National Innovation Centre, 2012). Aparte de las lesiones físicas, las heridas punzantes[2] provocan estrés y ansiedad al personal sanitario. Además, tienen un coste estimado anual de 300 millones de libras, en términos de días perdidos, litigios y la ausencia de personal altamente cualificado. Para resolver este problema, el NHS creó StickSafe. StickSafe es un artículo sencillo, y barato, que reduce significativamente el número de heridas punzantes y

---

[1] Seamos honestos, este ejemplo podría ser de muchas empresas en muchos lugares del mundo y en muchas culturas. ¡No es patrimonio de España cañí!

[2] Las heridas punzantes son lesiones causadas por la punción accidental de la piel con una jeringuilla. Suelen producirse al quedar expuesta la aguja durante su uso y eliminación. Estas lesiones conllevan un riesgo de infección por el VIH o las hepatitis B y C, que en ocasiones requieren un tratamiento largo y complejo.

es desechable después de cada uso. Hace innecesario el uso de agujas de seguridad, más caras, pues se adapta a las agujas de inyección estándar de precio más reducido. StickSafe ofrece un potencial de ahorro de más de 160 millones de libras.

El ejemplo es claro. La empresa gana y las enfermeras ganan. Se diseña un objeto que reduce costes y a su vez impide heridas peligrosas para las enfermeras. ¿Cómo se ha producido este diseño? A través de la ayuda de expertos del NIC que estudiaron el problema y aportaron la solución.

Pero ¿qué diría el lector si le comunico que el NIC ya no existe? Las restricciones presupuestarias del gobierno del Reino Unido lo han cerrado. La respuesta parece obvia: esta ha sido una mejora puntual, centrada en un problema específico, pero no conlleva un movimiento de mejora sostenible. Para serlo, el movimiento de mejora no debe venir de terceros, debe emerger de cada usuario. StickSafe es una buena idea. ¿Podía haber surgido de las propias enfermeras? La respuesta sería afirmativa siempre que las enfermeras hubieran tenido la facilidad de hacerlo. El centro de innovación puede aportar ideas brillantes pero no un movimiento de búsqueda constante de mejora. Esta búsqueda debe estar imbricada en el día a día del quehacer de los agentes y ellos han de ser los protagonistas de la solución. En el Garfield de Kasier Permanente[3] los agentes prueban soluciones. Un ejemplo que define el estilo del centro es el análisis de la ubicación de los enchufes. A primera vista los enchufes parecen irrelevantes. Pero si tienes que estar enchufando y desenchufando cosas todo el día, su ubicación se convierte en un factor muy importante, ya que mejora la vida de las enfermeras e incrementa su productividad. Un enchufe cerca del suelo requiere estar doblando la espalda todo el día, un enchufe a la altura de la cintura simplifica y requiere menos esfuerzo. La enfermera está menos cansada y por lo tanto es más productiva. ¿Simple? Sí. ¿Obvio? También. Cuesta creer que estos pequeños detalles pasen desapercibidos pero la realidad es que acontece en casi todos los sectores. ¿La razón? Solo le preocupa al que lo hace, solo sabe del problema el que lo hace y solo sabe del impacto de la solución el que lo sufre. Este es el origen del nombre de este capítulo que sintetiza mi propuesta de mejora permanente: mil mejoras de mil, mejoras de toda la Organización para la eficiencia y competitividad del servicio. Para conseguir una mejora sostenible es indispensable involucrar al ejecutor del servicio. Nunca olvidemos que *quien sabe mejorar algo es quien ejecuta la tarea. Sabe el que hace*[4]. Esta es la esencia de este capítulo: enfocar

[3] ¿Recuerda el lector que lo introdujimos en el capítulo anterior? Para mí este centro es una auténtica maravilla.

[4] Curiosamente esta idea tiene gran impacto entre los participantes. Posiblemente porque nunca se les ha ocurrido que en sus despachos no son capaces de entender la problemática de la gente de Operaciones. Y además este enfoque es muy de fábrica, donde siempre se ha sabido que el que sabe es quien está en planta, no en los despachos.

la mejora como un camino para que el agente vea satisfechas *sus* necesidades incrementando su productividad y competitividad.

## IMPLANTAR MIL MEJORAS DE MIL REQUIERE DESEO, OPORTUNIDAD Y MÉTODO

Implantar un enfoque de «mil mejoras de mil» requiere tres condiciones indispensables: deseo, oportunidad y método. *Deseo* resumido en saber cuál es el objetivo «egoísta» que se persigue. *Oportunidad* entendida como el espacio físico/mental que se necesita para hacer emerger la idea y proponerla. *Método* visto como apoyo estructural que ayude a pensar e idear la mejora. Sin estas tres condiciones, no podremos lograr las «mil mejoras de mil», ni el movimiento constante que requiere la mejora permanente en el servicio.

Esta capítulo toma estas tres condiciones como eje de su desarrollo, analizando en cada sección sus características particulares.

## A. DESEO

No hay nada más egoísta que resolver un problema que te incomoda. En ocasiones la persona se resiste a hacer las cosas de forma diferente. Esto se suele llamar *resistencia al cambio.* No hay tal cosa. Lo que existe es una falta de conocimiento que no le permite enfrentarse a situaciones diferentes, con lo que se genera frustración y miedo. Miedo a no saber hacerlo, miedo a decir que no sabe, miedo a salir de su zona de confort. Desear resolver un problema conlleva que los agentes encuentren el modo de conseguir los conocimientos que necesitan para afrontar su solución. De lo contrario, el agente se bloquea y no prosigue. ¿Por qué no hay deseo de resolver problemas?[5] Para mí la respuesta es sencilla: porque el individuo no ve lo que gana. Y si no percibe ganancia, no actúa.

Para entender el *win-win* es necesario profundizar en el proceso de aprendizaje de un adulto *(win)* para, a continuación, ver cómo podemos convertir ese proceso en ganancia competitiva de la empresa (*win*).

### A1. El proceso de aprendizaje de un adulto o la andragogía[6]

El adulto aprende resolviendo problemas y el proceso de resolución de problemas modifica al agente que ejecuta la acción. La resolución de problemas lleva al aprendizaje (Muñoz-Seca y Riverola, 2003).

---

[5] Como decían coloquialmente antes nuestros alumnos, la gente «pasa».

[6] Aνδροσ, «hombre» en griego, sin hacer distinción de género.

¿Qué es lo que genera problemas? Pues cambiar. Una organización que no cambia no tiene problemas. No cambiar es simplemente no hacer nada nuevo. Y de lo conocido, de lo estable, nunca surge un problema. Lo totalmente estable es simplemente la muerte. La generación de problemas se produce por el «cambio» y ese cambio es el que provoca el aprendizaje. Definimos ese cambio como «innovación»[7], entendiendo el concepto como hacer cosas nuevas o viejas de forma diferente.

La innovación genera problemas que, posteriormente, se resuelven a través de un proceso de resolución de problemas. Este proceso de resolución de problemas genera aprendizaje. Y el aprendizaje aumenta la base de conocimientos (Muñoz-Seca y Riverola, 2003). Es conocido (Boden, 1994) que las ideas de mejora aparecen de forma proporcional al volumen de conocimientos existente en la persona. El proceso de generación de ideas depende, pues, de la base de conocimientos que tiene el individuo. Una base de conocimientos muy amplia es normalmente una fuente más productiva de ideas para realizar cambios. Como consecuencia del elevado nivel de conocimientos y la mayor comprensión de la función y el estado del entorno, se cuestionan las formas tradicionales de trabajar y se proponen ideas de mejora.

Por tanto, el cambio o la innovación producen problemas, los problemas se resuelven y generan aprendizaje que incrementa el *stock* de conocimiento. Al incrementarse se potencia la generación de ideas que conlleva su implantación. ¡Y se cierra el círculo! Denominamos esta secuencia *ciclo de generación del conocimiento* o *ciclo interno* (Muñoz-Seca y Riverola, 2003) (Figura 11.1).

Generar aprendizaje en la empresa significa actuar sobre el cambio (o la innovación) para que surjan problemas. Y ahí debe prestar especial atención a que el reto del problema no frustre al agente. De Treville (Muñoz-Seca y Riverola, 2003) constató que la frustración viene aparejada con el reto que el problema plantea al agente. El aprendizaje se produce cuando el reto es adecuado al *stock* de conocimiento del agente. Es por ello esencial evaluar el *stock* de conocimiento para determinar si el problema supone un salto muy drástico y requiere mecanismos de apoyo especiales para que el agente rellene sus lagunas de conocimiento. El ciclo interno funciona cuando se genera aprendizaje; la frustración aniquila y bloquea el ciclo interno.

Con este ciclo el agente se hace más sabio, pero la empresa no se hace necesariamente más competitiva[8]. Tenemos que proporcionar una *forma de enlazar el ciclo*

[7] Con *i* minúscula. Yo no sé nada de la innovación con mayúscula. Para mi innovar es parte de vivir, no tiene mayúscula. No podemos crecer si no cambiamos cosas. Y siempre hay que estar creciendo, si no nos apoltronamos.

[8] Coloquialmente se dice que te haces más sabio pero no más rico…

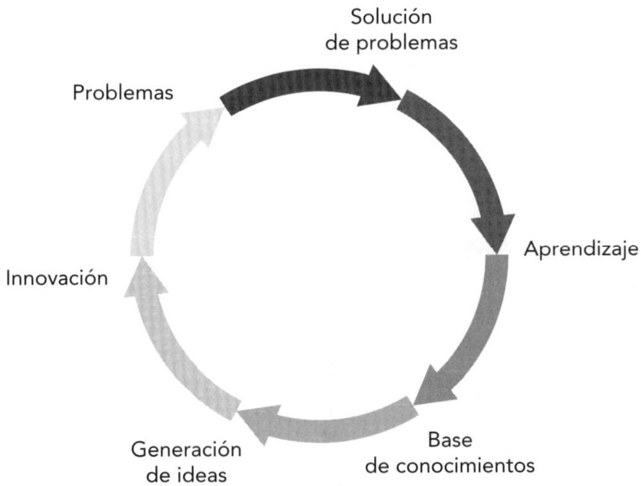


**Figura 11.1.** Ciclo de generación del conocimiento o ciclo interno (Muñoz-Seca y Riverola, 2003).

*interno con el servicio competitivo.* Se trata de crear un contexto en el que este enlace se produzca espontáneamente en la solución de problemas, sin que la dirección deba intervenir en la asignación constante de prioridades.

## A2. Llevando el aprendizaje a un servicio competitivo

¿Cómo se realiza el enlace? La competitividad de la empresa es el resultado de un servicio diferencial. Este servicio se consigue a través de la SAS. Los problemas que se resuelvan deben ser problemas que mejoren la SAS y, así, mejoren el servicio. Eso es lo que logra la ventaja competitiva. El ciclo externo liga la solución de problemas individuales con actuaciones de mejora en la SAS y, por ende, en el servicio final. La Figura 11.2 representa el ciclo externo y su unión con el ciclo interno.

Los ciclos se transforman en realidades a través de la SAS. El deseo de actuar viene por entender el modo en que las mejoras de la SAS impactan en cada individuo y en la tarea que realiza. Nace de entender que la solución de los problemas tiene repercusión en sus acciones. Es un equilibrio muy frágil. Requiere mecanismos que ayuden a cada agente a entender este efecto, si él no es capaz de verlo de forma individual.

Vemos que el «salto» entre el ciclo interno y el externo requiere una evaluación *a priori* de la relevancia del problema por resolver. Esto exige relacionar los problemas del día a día con la mejora del servicio ¿Cómo se logra? Muchos lectores pensarán:

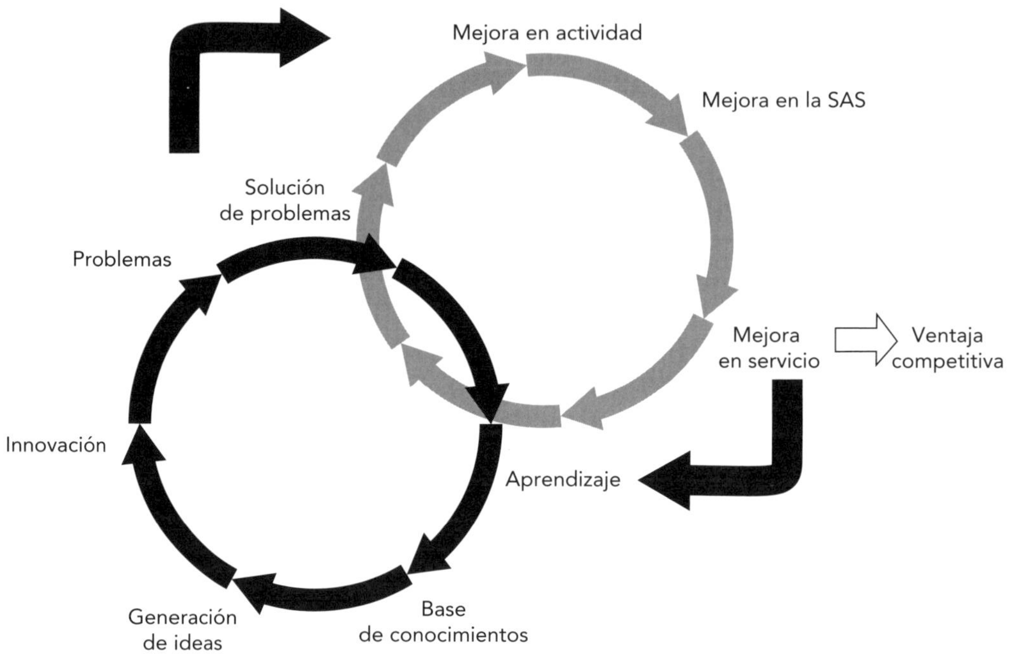


**Figura 11.2.** Ciclo externo (adaptado de Muñoz-Seca y Riverola, 2003).

«pues por sentido común». Y aquí radica un primer gran error. Recuerde, el sentido común no existe. Cada persona, cada empresa, tiene su sentido común. Lógicamente hay aprendizajes comunes que todos tenemos. Pero hay otros muchos que no. Por ello una empresa debe tener reglas de decisión claras, prioridades contundentes que hagan que los agentes evalúen sus decisiones a la luz de ellas. No podemos permitir que los agentes basen sus decisiones en su interpretación de lo que es el sentido común[9].

¿Cómo podemos, pues, priorizar, no por sentido común, sino por actuación proactiva de Operaciones? Pues siguiendo la lógica SPDM, por las prioridades de la Promesa. Es la única forma racional de hacerlo. El punto está en unir que los problemas que le molestan al agente sean los mismos que molestan a la Promesa. Lograrlo es hacer que el agente gane algo, tal como henos visto con anterioridad.

Complementario a ello, el agente debe entender la *importancia* de sus mejoras sobre el servicio final. En ausencia de este mecanismo de retroalimentación, el agente desconoce el efecto, positivo o negativo, de sus acciones. No se puede tolerar que un mismo problema surja dos veces. Si eso es así, no se ha producido ningún

[9] Sí, me repito. Lo siento, pero no me importa…

aprendizaje en la compañía. Y se deben tomar acciones urgentes para paliar la situación. Un sistema de mejora debe realizar *acciones para destruir los problemas*, no para resolverlos (Muñoz-Seca y Riverola, 2003). De esta forma nos aseguramos de que no volvemos a ver el problema nunca más. *Pulverizar* los problemas significa llegar a su raíz, analizar sus causas y buscar alternativas de solución. En la Figura 11.2, la flecha del ciclo externo que va desde la mejora del servicio al aprendizaje indica ese bucle positivo. Resumiendo, la empresa debe aprender de esas situaciones. Pero como las empresas no aprenden, quien aprende es el individuo, ese aprendizaje debe conseguirse en quien ha diseñado la mejora del servicio. Llamamos a este bucle *la importancia* (Muñoz-Seca y Riverola, 2003).

*La importancia* nos hace ver que tratar las quejas en un departamento ajeno al que diseñó el servicio es una oportunidad perdida. Crear un departamento de quejas es poner barreras al aprendizaje. Las quejas de los clientes deben entregarse a quien ha diseñado, o está entregando, el servicio. De esta forma se pueden analizar, evaluar y aprender de ellas. La tan manida frase «un problema es una oportunidad de mejora» la podríamos convertir en «una queja es una oportunidad de aprendizaje». Por tanto, seamos más eficientes y deshagámonos de estructuras que no aportan valor. El departamento de atención al cliente, en el apartado de quejas, debe ser un punto de entrada que trasmite la situación a quien o bien la ha vivido o bien la ha diseñado (o a ambos). Y de ello se sacan lecciones para toda la empresa. El CEO de una gran superficie española, de origen francés, me comentaba que para él las quejas formales eran una fuente de información muy importante[10] pero las contestaba su departamento de quejas. ¿Cómo podría eso servir para progresar? ¿Qué aprendía la empresa? Nada, es la respuesta. Si no se aprende de los errores, no hay crecimiento.

En Japón hay empresas que tienen bases de datos de «meteduras de pata», de errores cometidos. Pero en Japón, culturalmente, no hay culpables, solo hay situaciones que deben analizarse. En Occidente, sin embargo, nos empeñamos en buscar culpables. Este es un esfuerzo banal, que no lleva a nada.

Mil mejoras de mil requieren unir el deseo personal de solucionar un problema con el deseo de la empresa de ganar ventaja diferencial en su servicio. El ciclo interno y externo son el vehículo para lograr tal objetivo.

---

[10] Y se quejaba de que en España, al contrario que en Francia, pocos clientes emitían quejas formales. Lógicamente, le hicimos ver que quejarse sí se quejaban, pero que no lo hacían por escrito por falta de «educación» en hacerlo. Muy al contrario que los franceses, grandes maestros en vocalizar profesionalmente sus quejas.

## B. OPORTUNIDAD

Oportunidad es el espacio, físico y mental, necesario para poder hacer emerger una idea y proponerla. El espacio físico requiere entender que las interrupciones son enemigas no únicamente de la productividad sino también de la reflexión. Son, muchas veces, las causantes de la dispersión y de la falta de la atención necesaria para entender una situación. Por ello, las empresas deberían diseñar espacios físicos no proclives a las interrupciones. Las famosas *praderas* u *open spaces* no son muy adecuadas, al ser un caldo de cultivo óptimo para la interrupción constante o la distracción. En algunas empresas se combate esta situación regalando cascos a la gente o poniendo indicaciones en las mesas de no interrumpir cuando se está concentrado. Estas medidas son efectivas. En el extremo opuesto están empresas como la sede de Google en Zúrich, que tiene zonas silenciosas para pensar, meditar y dormir la siesta. Desconozco si han evaluado si estas medidas incrementan su productividad y propuestas de mejora, pero mi sospecha es que sí, puesto que si no una empresa como Google las quitaría.

El espacio mental es un requerimiento para que el agente tenga la oportunidad de generar mejoras, es decir, de tener ideas que resuelvan su problema. En la empresa necesitamos tener a muchas personas capaces de generar pequeñas nuevas ideas que hagan avanzar. Es lo que Boden (Boden, 1994) denomina *creatividad simple.* Y para conseguir que esto ocurra no basta con contratar a gente buena. Hay que apoyarles. A las pequeñas creatividades contribuyen todos los involucrados. Pero las pueden aportar, y las aportan, porque existe el entorno proclive a ello. La creatividad individual puede quedar ahogada si el entorno no es propicio (Muñoz-Seca y Riverola, 2007) y si el agente no se siente identificado con la empresa.

Muchas veces nuestros cerebros se encuentran en situación de *stand by* o limbo. No surge nada[11]. Luis Pascual, el director de escena, nos comentaba que cuando tenía que imaginar la composición artística de una ópera, necesitaba empaparse de su música mañana, tarde y noche para poder iniciar su proceso creativo (Muñoz-Seca y Riverola, 2007). Necesitaba sumergirse en ello, crear su espacio mental, para poder crear. Y luego iniciaba su proceso creativo.

No basta con decir «quiero solucionar este problema». Es preciso disponer del espacio mental para poder solucionarlo, y para ello se requiere entender cómo

[11] Yo siempre he dicho que un momento muy creativo es el momento en que te colocas bajo el chorro de agua caliente de la ducha. Vas medio dormido y ahí, con el agua corriendo por tu cabeza, de repente te surgen ideas. Al comentarlo en una clase llena de médicos, uno de ellos me comentó que a él le pasaba igual y que había razones físicas y fisiológicas para que sucediera. Bonito reto para 3M, ¡inventar *post-its* que funcionen en la ducha!

formulamos ideas. Entender el espacio mental es, por tanto, entender el proceso de creación de ideas.

## B1. El proceso de generación de ideas

El proceso de creatividad debe de ser uno de los más estudiados en el mundo. En los últimos quince años todo el mundo se interesa por el tema. Desde las actuaciones que realiza Google en Silicon Valley, en el famoso Googleplex, hasta cómo IDEO genera ideas, basta con asomarse a internet para ver la amalgama de opciones[12].

No pretendo hacer un resumen de la literatura sobre creatividad, no es mi objetivo[13]. Busco resaltar que la generación de ideas requiere un espacio mental, y físico, para crearse. Mi ejemplo favorito no es ninguna de las dos mencionadas empresas que suelen ser citadas como epítome de la creatividad. Yo prefiero el enfoque de los enchufes del Garfield. El lector puede achancarme que es un enfoque muy operativo y le daré la razón. Pero yo soy de Operaciones. Káiser centra su esfuerzo en buscar mil mejoras de mil, crea un entorno en el que el agente puede pensar para resolver su problema, pone a disposición del dueño del problema el *stock* de conocimiento que necesita y hace simulaciones del efecto de la idea. Perfecto.

¿Cómo se generan ideas en este tipo de entorno? Primero entendamos que cuando hablamos de creatividad hablamos de desarrollar ideas que sean *nuevas* para la persona. Según Margaret Boden (Boden, 1994) existen dos niveles de ideas nuevas: las sorpresivas y las imposibles. Una idea sorpresiva es una idea no esperada que, en cuanto la ves o la tienes, la asimilas y reorganizas tu pensamiento. Las imposibles son aquellas que son paradójicas, que rompen las estructuras y que permiten hacer posible lo imposible.

Para alcanzar ambas, Boden contempla tres mecanismos de generación de ideas, que clasifica desde el más sencillo al más comprehensivo. Los mecanismos son (Muñoz-Seca y Riverola, 2003):

- *Combinación*: es agrupar de una manera no usual ideas conocidas y usadas normalmente. Es el mecanismo más usado. Muchos ejercicios psicológicos se basan en ella para generar nuevas ideas.
- *Exploración*: es un cambio progresivo en la estructura conceptual, realizado mediante la aplicación sistemática de transformaciones conocidas pero usadas de forma inusual.

---

[12] Si el lector introduce «herramientas de creatividad», Google le ofrece nada menos que 7.090.000 opciones.

[13] Si el lector está interesado en el tema de la creatividad, recomiendo el libro de Margaret Boden al que aludo en este capítulo.

- *Transformación*: es la creación de un nuevo marco, una manera diferente de pensar. Es el mecanismo más complejo, y aquel que aporta la capacidad de visionar situaciones bajo una perspectiva totalmente diferente, haciendo posible lo imposible.

La pregunta obvia es saber si estos mecanismos son innatos o se pueden aprender. Aseveramos que la creatividad se puede desarrollar en los adultos. No es imprescindible nacer creativo, se puede llegar a ser creativo aprendiendo. Este es un tema esencial. Se puede enseñar a generar ideas. Lógicamente existirán adultos que posean una capacidad innata para generarlas. Pero esto no significa que los menos afortunados no puedan hacer lo mismo. Todo el mundo puede llegar a tener la capacidad de idear mejoras. La creatividad se fomenta a través de la formación. Formación en herramientas para poder pensar de una manera más sistemática, formación en nuevas maneras de pensar.

¿Son las herramientas suficientes? ¿Debemos crear alguna estructura que incite a la creatividad? La respuesta es que las herramientas ayudan pero no son suficientes. Se necesita entender más a fondo la estructura de generación de ideas para entrever qué hacer. Un esquema que aporta claridad es el Gleneplore de Finke y Ward (Muñoz-Seca y Riverola 2003, 2007). Simplificando, el modelo propone la existencia de dos procesos paralelos. En primer lugar, un proceso de exploración, de *búsqueda* de la solución del problema en cuestión[14]. En segundo lugar, un proceso que *genera nuevas estructuras preinventivas* que apoyan el desarrollo del proceso de búsqueda anterior.

Las estructuras preinventivas son, en mi opinión, la gran aportación del Gleneplore. Si somos capaces de incitar a la creación de estas estructuras preinventivas, seremos capaces de incitar a la exploración y por ende a la creatividad que hace posible lo imposible. Las estructuras preinventivas las crea el individuo, manejando y combinando elementos que o ya existen en su base de conocimientos o se incorporan. Pero, y este es un aspecto importante, este proceso no necesariamente genera conocimientos que se puedan aplicar al problema. Genera estructuras que pueden favorecer la creación. Cuando Lluis Pascual escucha la ópera no se le ocurre nada. Únicamente absorbe la música. Pero ese absorber lo sitúa en un contexto que le facilita iniciar el proceso de exploración. Él nos decía que desayunaba, comía, cenaba con la música. Todo el día escuchándola[15]. Él no entendía por qué, pero sabía que necesitaba unos días para empaparse de esa música. Y luego iniciaba la exploración de cómo iba a ser su puesta en escena.

---

[14] Este proceso ya lo hemos analizado al hablar de la ingeniería de servicio.

[15] Y no dude el lector que se la sabía de antemano de memoria. No era conocer, era absorber, ponerse en situación, detectar connotaciones que a lo mejor no había detectado previamente.

Por tanto, el proceso de generación de ideas requiere el apoyo a la creación de las estructuras preinventivas. Foco: no apoye el proceso de exploración, apoye el proceso de generación de nuevas estructuras. No enseñe a su gente métodos de búsqueda, como el *brainstorming*[16]; concentre sus esfuerzos en ayudarles a crear nuevas estructuras que apoyen el proceso creativo (Muñoz-Seca y Riverola, 2007).

La creación de estructuras preinventivas requiere dos condicionantes. Primero, poner a disposición de los agentes *stock* de conocimiento para enfrentarse a los problemas. Conocimiento «a demanda»: un *stock* al que se accede cuando se necesita. Segundo, abrir nuevos horizontes al agente[17]. Un CEO con el que trabajo me dice siempre que su época más creativa es cuando viaja y está sumergido en otros sectores. Su libreta se llena de multitud de ideas de mejora para problemas de su empresa que está situada a años luz del sector de transportes y hostelería.

Para apoyar a la creatividad se propone un enfoque con cinco pasos:

1. *Crear un espacio de confianza en donde el individuo pueda encontrar capacidad de proponer mejoras.* El primer requerimiento es crear un entorno que llamo estético. ¿Qué es un entorno estético? Es un entorno de armonía en donde se genera la confianza para poder aportar ideas, el espacio físico para poder reflexionar sobre la situación y el tiempo para hacerlo. Tenemos que crear este espacio para que el cerebro pueda iniciar su proceso de creación. Pero no piense en lector en un jardín japonés lleno de bonsáis. Nada más lejano[18]. Estos entornos tienen cabida en plantas productivas o en salas de *call centres.* Pero hay que crearlos.

2. *Apoyar con metodología para analizar y diagnosticar de forma objetiva la situación.* Hay que transmitir método. El método ayuda a diagnosticar y objetivar. El uso de herramientas clásicas de la calidad o de ingeniería es muy adecuado para ello.

3. *Provocar, con visiones distintas del problema, para generar discusión y replanteamiento.* La confrontación es un buen camino para la creación. De hecho, hay técnicas de creatividad como las analogías que buscan pensar en situaciones distintas para luego traspasarlo a la realidad que se está analizando. Confrontar en un entorno de confianza es sano y positivo, crea una aceptación de diferentes puntos de vista y un entendimiento de cómo se puede estar

---

[16] Ya sabe el lector, mucho *storming* y poco *brain*...

[17] ¿Recuerda lo dicho en diseño del servicio? Otros entornos aportan multitud de ideas al generar relaciones inusuales para la persona.

[18] Aunque ya se sabe que dedicarse a una tarea gratificante para unos como puede ser esta genera entornos proclives a reflexionar. Si no, véase Aristóteles, que era incapaz de pensar sin caminar.

analizando una situación con una visión miope. La honestidad y la claridad son valores críticos para la creación. Apoyémoslos.

4. *Aportar bloques de conocimiento para facilitar el proceso creativo.* Es crítico para desarrollar cualquier tipo de creatividad, identificar las lagunas de conocimiento de cada individuo y poner a disposición de todos formas de rellenarlas.
5. *Visualizar los límites de la implantación para buscar soluciones adaptadas a la realidad.* La creación de una propuesta requiere entender el ámbito de actuación de la implantación. Las empresas no pueden estar contemplando constantemente grandes inversiones y es necesario saber identificar *quick winners* que puedan obtener mejoras realistas. Por ello abogamos por que antes de iniciar el proceso de creatividad se entienda el ámbito de actuación. Límites de inversión, de actuación organizativa o de cambios de personas son esenciales para tener dibujado el mapa de actuación. Esto no coarta la creatividad, al contrario, focaliza la innovación y asegura su implantación.

Resumiendo, para generar ideas, el agente debe tener espacio físico y mental. La creación del espacio mental requiere la generación de estructuras *preinventivas.* Su desarrollo requiere tener conocimiento «a demanda» y abrir en los agentes nuevos horizontes. Pero el proceso creativo no puede acabar en la idea, debe finalizar en la realidad de la idea. Aunque sea en un prototipo, pero en algo tangible que pueda analizarse. Y cada idea es una innovación que tiene un efecto diferente sobre la organización. Analicemos estos efectos.

## B2. Los efectos de la implantación de las ideas

Generar una idea requiere implantarla. Sin su implantación el proceso de generación se atrofia y el agente se frustra. El *efecto* de la implantación de las ideas no siempre es igual. Hay algunas que generan unos cambios muy pequeños, hay otras que hacen explotar, dinamitando la organización. Anteriormente hemos visto que existen dos *tipos de problemas:* estructurados y no estructurados. Lógicamente, si el efecto de la implantación genera un problema estructurado, su impacto será mucho más pequeño que si provoca problemas no estructurados. Un problema no estructurado requiere exploración y ello conlleva adentrarse en territorios desconocidos que propician cambios más intensos. De igual forma, el efecto puede atacar un área o diversas áreas en su conjunto. La implantación de la idea puede «agitar» una extensión pequeña o grande dependiendo de la *variedad* de problemas a los que se enfrenta.

Estas dos dimensiones, el *tipo de problema* y la *variedad de problema,* configuran una matriz (Figura 11.3). Combinando estas dimensiones tendremos cuatro tipos de efecto (cambios) o innovaciones, dependiendo de si generan problemas

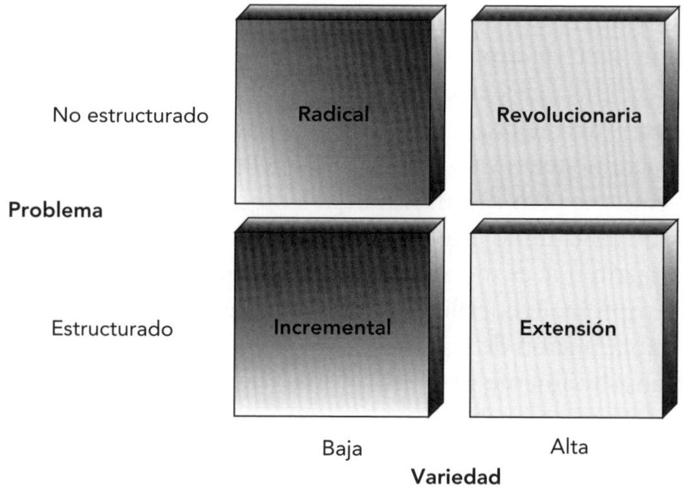


**Figura 11.3.** Tipología de innovaciones (Muñoz-Seca y Riverola, 2003).

estructurados o no estructurados y de alta o baja variedad. Estos cuatro tipos son: revolucionarias, radicales, por extensión e incrementales.

Veamos una breve descripción de estos cuatro tipos de innovación (Muñoz-Seca y Riverola, 2003).

a) Estructurado de baja variedad: *innovación incremental.* Se produce por la implantación de cambios que tienen un alcance local y son pequeños.

b) Estructurado de alta variedad: *innovación de extensión.* Supone un incremento de la variedad de los problemas originados por la innovación. La innovación de extensión puede presentar la necesidad adicional de involucrar a más personas, por lo que de ella surgen problemas de coordinación que no se presentan en la incremental.

c) No estructurado de baja variedad: *innovación radical.* Presenta problemas complejos, pero parecidos entre sí, por lo que la solución de un tipo puede eventualmente dar lugar a procedimientos que resuelvan los demás.

d) No estructurado de alta variedad: *innovaciones revolucionarias.* Suceden cuando se genera una mayor variedad de problemas, y plantean unas necesidades de coordinación muy superiores. La coordinación se presenta ahora entre decisores que resuelven problemas no estructurados y, por tanto, difíciles de comunicar.

La viabilidad de la implantación es un elemento que hay que considerar con cierto cuidado. Generar ideas que nunca ven la realidad puede matar creatividades futuras.

Las empresas no siempre tienen la capacidad económica ni la organizativa para poder absorber cualquier tipo de cambios. Anticiparse a entender dichos cambios conlleva una actitud de prudencia necesaria en la vida empresarial. No obstante, hay que hacer hincapié en que las mil mejoras de mil se suelen mantener en el ámbito de los cambios pequeños, incrementales y de extensión. Por ello, la anticipación ayuda a solventar posibles inconvenientes pero casi nunca llega a bloquear la implantación. Por último, no olvidemos que un cambio que parece menor puede convertirse en revolucionario. Es por esta razón que es indispensable prever el efecto del cambio en cualquier situación de la empresa. Recuerde, siempre hay que ir cinco minutos por delante. Y el efecto de la implantación de las ideas es un tema que requiere en Operaciones un planteamiento absolutamente preventivo.

## C. MÉTODO

Las innovaciones incrementales o de extensión suelen ser las grandes olvidadas en la empresa. Pero son esos pequeños detalles y mejoras que llevan a una productividad sostenible. En las plantas que usan el TPS, las paredes están llenas de gráficos que enseñan las mejoras que se han producido y se aumenta la eficiencia. Existe transparencia de información y el trabajador se siente partícipe de los resultados.

¿Cómo se ha conseguido esto? Pues con muchas horas de trabajo, perseverancia y consistencia en el detalle. Estos enfoques no vienen «gratis». Hay que trabajarlos a conciencia y no cejar. Pero los resultados son espectaculares. El enfoque japonés nos ha enseñado la importancia del método, de entregar al trabajador herramientas que le ayudan a pensar. En muchas de mis notas técnicas hablo de dar método. Es mi obsesión. Creo que el origen de la falta de productividad radica en la falta de método[19]. Con método el agente piensa mejor, pues proporciona una estructura conceptual de apoyo que incita a la creatividad y a la innovación.

Por ello, el tercer componente de las mil mejoras de mil es tener método. Quisiera diferenciar entre dos conceptos: dar a la gente método o entregar herramientas. *Método* viene del griego *μέθοδοζ* y según la RAE significa «modo de decir o hacer con orden, modo de obrar o proceder, hábito o costumbre que cada uno tiene y observa, procedimiento que se sigue en las ciencias para hallar la verdad y enseñarla». Es decir, estructurar la cabeza a través de procedimientos de análisis. La gran belleza de las ingenierías es que dan a sus alumnos método. No importa si luego ejercen de ingenieros o de artistas. La cabeza la tienen estructurada de tal forma que sus análisis siempre son contundentes. Y esta es la manera de poder generar mil mejoras de mil, darle estructura

[19] Y en los espasmos de gestión en las empresas. Pero ese es otro tema que abordaremos en el Capítulo 15.

a la cabeza de nuestra gente. Las herramientas son instrumentos para lograr objetivos como aprender a analizar, a generar ideas, a diagnosticar problemas. El método engloba el uso de herramientas, aportando una estructura de cabeza que permite hallar aspectos y realidades que sin él no se pueden encontrar.

Esto se debe enseñar en la empresa, desde el primer día que se inicia el trabajo. Propongo que dentro de los procedimientos de acogida del personal se integre un apartado de trasmisión de método para el análisis de problemas y generación de ideas. Que cada persona de la empresa reciba una formación específica sobre cómo enfrentarse a la necesidad de cambio y de mejora que se requiere en el puesto de trabajo. Lamentablemente los sistemas educativos no dan este bagaje de conocimiento. Es por ello que la empresa debe invertir en darlo. Y es una inversión rentable, pues una mejora de mil suele ser una mejora del *bottom line* que no suele requerir mucha inversión. En una empresa de Latinoamérica con la que trabajamos hace unos años, de 1.500 trabajadores el 70% propuso pequeñas mejoras de 1.000 $ que propiciaron mejoras de 1.050.000 $ del *bottom line.* Con una inversión total de 50.000 $. Interesante, ¿verdad?

Mi enfoque no es nuevo en absoluto. Hay estupendos libros de hace treinta años escritos por japoneses para el mercado americano que explican esto a la perfección. Ahí se habla de herramientas para hacer emerger el problema[20]. Pero se habla también de crear un modelo de mente diferente, una forma diferente de pensar, lo que llaman *pensamiento basado en la realidad.* Una montaña no debe ser un concepto abstracto. Una montaña debe poder definirse, evaluarse con sus rocas, con su vegetación, etc. Es algo concreto que debe entenderse con la realidad. El método de las observaciones instantáneas[21] apoya este enfoque. Con este método se puede analizar la realidad de una situación solo observando, sin tener que interferir con la ejecución del trabajo. Las conclusiones que se extraen son válidas, pues están basadas en observaciones aleatorias y estadísticamente relevantes.

El lector se preguntará: ¿y qué método uso?, ¿cómo cambio la mentalidad de mi gente para que sea proclive a introducir mil mejoras de mil?

La siguiente tabla introduce un listado de métodos que presento como opciones. Algunos, como el seis sigma, son bien conocidos. Otros (Muñoz-Seca y Riverola, 2003, 2007) son aportaciones propias que hemos ido desarrollando a lo largo de nuestro trabajo de investigación y apoyo a las empresas.

[20] Con una de mis figuras favoritas, el barco que navega en un océano lleno de piedras pero que no las nota porque están recubiertas por el mar. Pero cuando baja la marea… Recordemos que se usa para explicar cómo los *stocks* esconden errores.

[21] En inglés, *work sampling.* Trata de determinar la frecuencia de aparición de un fenómeno por observaciones espaciadas de modo aleatorio. Viene del análisis de métodos de Frederick Winslow Taylor.

Tabla 11.5.

| Objetivo de la mejora | Método | Descripción | Herramientas |
|---|---|---|---|
| Resolver problemas de eficiencia | Estrategia de capacidades | Método centrado en analizar la utilización del recurso, su tasa de ocupación, la medición de los tiempos, las actividades y su mejora a través de los procesos, el cuestionamiento. | Matriz de capacidades<br>Búsqueda del banco verde<br>5W+H<br>Análisis de procesos<br>Análisis de los 7 tiempos |
| Resolver problemas de eficiencia | 6 sigma | Método centrado en la reducción de la variabilidad de los procesos para eliminar los defectos (evento en que un producto o servicio no logra cumplir los requisitos del cliente) en la entrega de un producto o servicio. Utiliza *herramientas estadísticas para* el estudio de los procesos, ya que su objetivo es reducir la variabilidad para que se encuentre dentro de los límites establecidos por los requisitos del cliente. | Pareto<br>Control *charts*<br>Análisis de procesos |
| Crear nuevos servicios | La experiencia del cliente | Método para visionar el servicio desde la perspectiva del diseño de la experiencia del cliente. | Etnografía<br>El viaje del cliente |

Iniciamos el capítulo con la experiencia de Dña. Ana. Hemos expuesto que mil mejoras de mil requieren que el agente tenga el deseo, la oportunidad y el método para hacerlo. ¿Cómo afectaría este planteamiento a los agentes identificados en nuestra historia[22]? Pues claramente comenzando por el deseo. ¿Qué gana el agente atendiendo antes? Habría que identificarlo y, por favor, no piense en contrapartida económica. Pregunte y descubrirá multitud de actuaciones que no tienen nada que ver con dinero. AVE así lo hizo y le ha funcionado. Una vez «ajustado» el deseo de dar un buen servicio, hay que proveer de un entorno que permita el funcionamiento autónomo dentro de la estructura de servicio de la empresa, y aportar a cada uno método para que se sienta integrado dentro del servicio. ¿Difícil? Pues puede ser, pero no imposible[23]. Tener un foco claro de cómo

[22] Como en el caso INAEM, estos comentarios son extraídos de las discusiones de clase donde Dña. Ana se convierte en una protagonista como cliente insatisfecha.

[23] No acepto el comentario de que una empresa pública no puede dar un buen servicio. Hay contraejemplos por todas partes.

actuar para conseguir la mejora constante es un primer paso. Y esta ha sido la intención de este capítulo.

### HEMOS APRENDIDO

- Quien sabe mejorar algo es quien ejecuta la tarea. Sabe el que hace.
  - — El enfoque idóneo es el ganar-ganar *(win-win)*.
  - — Solo le preocupa al que lo hace, solo sabe del problema el que lo hace y solo sabe del impacto de la solución el que lo sufre.
- El adulto aprende resolviendo problemas
  - — La resolución de problemas lleva al aprendizaje.
  - — El ciclo de generación del conocimiento es el ciclo de aprendizaje del adulto.
- Los problemas que se resuelvan deben ser problemas que mejoren la SAS y, así, mejoren el servicio.
- Mil mejoras de mil requieren tres condiciones:
  - — Deseo, resumido en saber cuál es el objetivo «egoísta» que se persigue.
  - — Oportunidad, entendida como el espacio físico/mental que se necesita para hacer emerger la idea y proponerla.
  - — Método, visto como apoyo estructural que ayude a pensar e idear la mejora.

# La calidad es una bailarina del cuerpo de baile puesta a ser *prima ballerina* 12

*La calidad ha contribuido con muchas lecciones al mundo de las Operaciones. El Capítulo 12 presenta, de forma sinóptica, las aportaciones que la calidad ha hecho al modelo SPDM.*

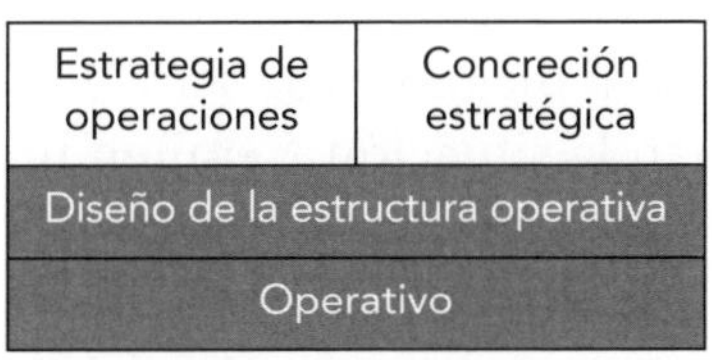


No puedo pensar en escribir un libro de Operaciones sin hablar de la Calidad. La vida en Operaciones ha tenido un antes y un después con respecto al movimiento de la Calidad. Sin embargo, hay pocas palabras más huecas en el vocabulario empresarial. Se habla de ella y se le dan múltiples y diversos significados[1]. ¿Por qué? Puede ser que haya sido sacada de contexto, se la haya elevado a cumbres que no le tocaban y a su cobijo se acometan actividades muy dispares. Yo propongo «matar» la palabra. No hablemos de Calidad. Hablemos de cumplimiento de especificaciones, de fiabilidad y de ayuda en el proceso de solución de problemas. Vayamos al origen, rescatemos lo bueno y tiremos por la ventana los fuegos artificiales. Reinventémosla con otro nombre, recuperemos su indudable aportación en determinados ámbitos y veamos dónde ha levantado falsas expectativas y dónde se ha quedado corta, muy corta.

Hacer las cosas *bien hechas* es sinónimo de calidad. Eso significa haber diseñado unas especificaciones de prestaciones de un producto o de un servicio, perseguir su

[1] Haga una prueba. Dé a un auditorio de personas un papel en blanco y pida que definan el término *calidad*. Sin duda, no encontrará dos definiciones iguales.

**Tabla 12.1.** Algunas definiciones de Calidad (Muñoz-Seca, 2011).

- *Mejores prestaciones:* un objeto tiene más calidad que otro cuando las prestaciones del primero superan a las del segundo, medidas por una serie de parámetros comúnmente aceptados. La prestación debe identificarse con la mayor satisfacción que el cliente obtiene de todo el «paquete» que se le entrega.
- *Cumplimiento de especificaciones:* cumplimiento de las expectativas de un producto o servicio. Expectativas es distinto de especificaciones: una expectativa es algo que espera el destinatario (interno o externo) del producto o servicio; las especificaciones, por su parte, son expectativas acordadas; se trata de la concreción de las expectativas en una serie de variables medibles, indicando procedimientos de medida y valores deseados.
- *Ausencia de defectos:* una falta de cumplimiento de una especificación se convierte en un defecto.
- *Fiabilidad:* ausencia de propiedades que acorten el plazo de aparición de defectos que degradan el comportamiento del servicio o del objeto en un uso normal.

cumplimiento, no desviarse y tener una garantía de homogeneidad en el proceso. Estamos hablando de un *nivel operativo*, de unas condiciones tangibles que se pueden medir. Aquí la propuesta de calidad funciona estupendamente, la gente tiene herramientas para medir, se visualizan los errores y se prevén los defectos.

Existe un segundo nivel: el nivel de búsqueda del origen del problema. Llamémosle el *nivel conceptual*. En él, el esfuerzo se centra en buscar la raíz del problema, en apoyar para encontrar las causas, en aprender a diagnosticar. Para ello, se entregan herramientas y los implicados se cuestionan la situación y emiten un diagnóstico con certeza. Nos movemos en entornos de preguntarse cinco veces «por qué», del Kaizen[2]. Este nivel funciona bien en su faceta de enseñar y entregar capacidad de análisis, pero empieza a tener problemas en la implantación de las ideas de mejora. Es decir, si las mejoras son funcionales —modifican las actividades inherentes al puesto de trabajo individual— no suele haber problema, ya que el propio individuo tiene la capacidad de implantarlo; pero si se trata de mejoras de un nivel superior, que traspasan el ámbito individual y que implican cambios de mayor envergadura, nos encontramos entonces con barreras que deben ser destruidas. Debido a que la implantación resulta difícil, para poder llevarse a cabo es necesaria una fuerza superior. Por ello, resulta imprescindible contar con el apoyo y la integración de la dirección de la empresa para acometer estos cambios. Cuando se tiene, funciona, pues con el tesón de la alta dirección, que salvaguarda su implantación, se consiguen resultados. Por el contrario, cuando no se tiene o no

[2] Los japoneses usan para definir el progreso hacia la mejora el término «Kaizen», «búsqueda de la verdad».

se mantiene en el tiempo, solo se consigue frustración por parte de quien ve claramente que hay que cambiar cosas, pero que la cristalizada estructura de poder de la empresa lo impide.

Por último, hay un tercer nivel: el *nivel de gestión*. Este nivel abarca cambiar la forma de operar de la empresa, de concebir la empresa. Es decir, nos adentramos en el mundo de la calidad total[3]. Aquí es donde se encuentran los grandes fracasos. Se ha elevado la calidad a un nivel que no le corresponde, y se pretende abarcar con ella un cambio integral de la compañía, pero sin plantearse que en realidad es un cambio de poder. Y aunque en ocasiones se consiguen algunos logros, son como fuegos artificiales: una vez visto lo bonitos que son, desaparecen convirtiéndose en humo. Todo depende de cómo se enfoque. Precisamente por eso, se trata del nivel más peligroso, pues puede acabar generando desconfianza hacia la dirección, es decir, en su verdadera implicación para cambiar.

Estos tres niveles suelen ser agregados. Cuando una empresa se mete en el segundo nivel, implícitamente se está metiendo en el primero, o ya lo tiene implantado. De igual manera, cuando se mete en el tercero, se mete, directa o indirectamente, en los otros dos[4].

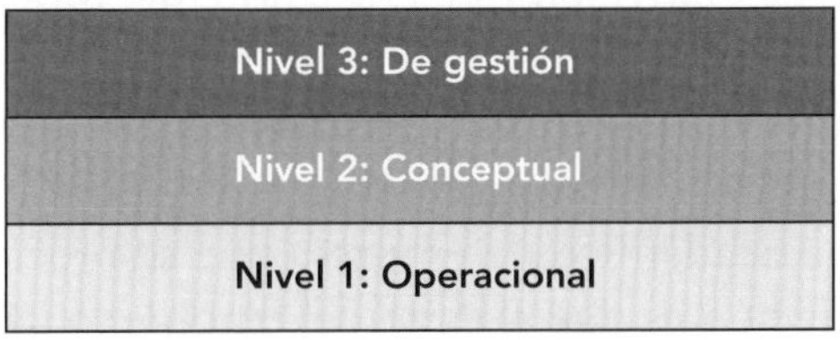


**Figura 12.1.** Los tres niveles de actuación en la calidad.

La calidad es una vieja amiga que lleva conmigo casi 40 años, ha sido muy relevante para el desarrollo de mis ideas y, bien enfocada, ha sido de tremenda utilidad. De esta experiencia profesional sale el nombre de este capítulo[5]. Personalmente, a

---

[3] Se preguntará el lector ¿y dónde quedan las ISO? La respuesta es que depende de cómo enfoque este tipo de normas. Una ISO puede estar en el nivel conceptual o en el de gestión, si bien lo habitual es encontrarla en el nivel conceptual, pues define los procesos y la necesaria ausencia de variabilidad de estos.

[4] Tome nota el lector de que son tres niveles, como en SPDM. Y cómo en SPDM, hay diferentes grados de abstracción en cada uno.

[5] Siempre he pensado que a la pobre calidad le están obligando a hacer los mismos esfuerzos que se impondría a una bailarina del cuerpo de baile a la que le pidieran que hiciera de *prima ballerina*. La pobre lo intentaría, pero no llegaría; no está entrenada ni es capaz de ello. Sin embargo, hace una magnífica representación como miembro del cuerpo. En su nivel es espléndida, pero sacada de contexto, no.

mí siempre me ha funcionado al nivel operacional y, parcialmente, en el conceptual. Como hemos visto, darle a su gente herramientas de medición y de búsqueda de la raíz del problema es un magnífico camino para el cuestionamiento de lo que hacen e incrementar su productividad. Se lo recomiendo unido a la capa operativa y de diseño de estructura operativa de SPDM.

Donde he tenido más problemas es en la implantación del nivel gestión. Es el nivel más inestable, pues claramente le faltaba un poso conceptual. Por eso tuve que acudir a generar el modelo de mejora expuesto en el capítulo anterior e integrarlo dentro de SPDM.

Cuarenta años con la Calidad dan para reflexiones y aprendizajes. Quiero compartir con usted algunas de estas experiencias, que yo llamo lecciones, por lo que me han enseñado.

## LECCIÓN 1. LAS HERRAMIENTAS NO VALEN PARA NADA SI NO VAN ACOMPAÑADAS DE UN ENTORNO DE EMPRESA QUE LAS ARROPE EN SU PROCESO DE IMPLANTACIÓN

El caso EEUU/Japón es un claro ejemplo. Los japoneses aprendieron las herramientas gracias a los norteamericanos, pero las implantaron en un entorno totalmente diferente y tuvieron éxito. De hecho, esas mismas herramientas vueltas a implantar otra vez en EEUU fracasaron. El porqué es un tema sobre el que han corrido ríos de tinta; de hecho, todo académico de empresa que se precie ha escrito algo sobre el fenómeno. Mi apreciación es que el éxito del fenómeno japonés tiene como base los siguientes componentes:

- *Planteamiento a largo plazo de la empresa.* Una empresa no es un negocio, tiene un planteamiento con visión de perdurabilidad. Los efectos de las actuaciones de implantación de herramientas deben ser visionados a corto y medio plazo.
- *Implicación de los empleados y compromiso de los directivos.* Conciencia de un objetivo y un compromiso común y aceptación de que las innovaciones implican la aparición de problemas que hay que resolver.
- *Búsqueda constante de identificación y solución de problemas por parte de todos los trabajadores.* Reconocimiento de que los problemas no tienen culpables, sino soluciones y desarrollo de instrumentos de participación, como por ejemplo la promoción de los círculos de calidad desde la Alta Dirección.
- *Gran énfasis en la formación*, en la que se emplean casos y actividades de resolución de problemas, así como discusiones en grupos.

- *Confianza en los aspectos científicos del problema.* Desarrollo y aplicación de técnicas estadísticas, análisis multivariable, diseño de experimentos[6] (Taguchi) y similares.

Las herramientas estadísticas que aportaron los estadounidenses a los japoneses fueron las que necesitaban para medir, entender el proceso y evaluar la situación. Pero el éxito de su implantación radicó en la forma de operar que le dieron, en el cuidado innato del detalle, en la importancia que otorgan al grupo en el trabajo, en su historia ancestral. El caldo de cultivo y la infraestructura que lo acompañaba eran los idóneos para que floreciera la eficiencia unida a las cosas bien hechas.

## LECCIÓN 2. LA CALIDAD NO ES UN ENFOQUE APARTE EN LA VIDA DE LA EMPRESA, ES LA FORMA DE HACER DE LA EMPRESA

Toyota con su TPS es sinónimo de empresa involucrada en la Calidad. Simplicidad, claridad, transparencia, cuidado por el detalle y un directivo que enseña pues no se espera que todo el mundo tenga que saber todo. Una empresa no se puede embarcar en la idea de Calidad como una actividad aparte pues entonces se convierte en un quehacer artificial, se desvirtúa el concepto inicial y se usa mal. Muchas de las acciones de calidad que se llevan a cabo en la empresa son movimientos artificiales creados a base del tesón de unos cuantos pero que, sin su empuje constante, mueren. Y mueren muy lentamente[7]. Por eso «artificial» se convierte en una palabra clave. Surgen estertores o espasmos que luego desaparecen, ya que la nueva forma de operar no se integra en el quehacer cotidiano de la empresa. La artificialidad no es sostenible, no va imbricada en el quehacer y muchas veces es esquizofrénica. Es decir, lo que se dice no es lo que se hace. Y claro, se derrumba.

## LECCIÓN 3. LA CALIDAD EN SU FORMA DE PREMIOS O CERTIFICACIONES NO PUEDE CONVERTIRSE EN UN FIN, YA QUE ESTOS SON UN MEDIO PARA CONSEGUIR COMPETITIVIDAD

Puede ocurrir que, para embarcarse en este camino, la empresa quiera hacer un esfuerzo especial para trasmitir un mensaje o coordinar las actuaciones que desea iniciar. Y lo llama premio o certificación. Si bien es una forma de operar, no debemos

---

[6] *Diseño de experimentos o método Taguchi.* Los orígenes del diseño experimental se remontan a las primeras décadas del siglo xx, cuando Ronald Fisher introdujo el concepto de aleatorización y el análisis de varianza. La teoría y las aplicaciones del diseño de experimentos se consolidaron y expandieron y, en varias industrias, las contribuciones de Genichi Taguchi abrieron el camino de aplicaciones rutinarias. La metodología Taguchi consta de tres etapas: a) diseño del sistema, b) diseño de parámetros y c) diseño de tolerancias.

[7] Que es la peor muerte, pues se lleva por delante, de manera innecesaria, muchos logros.

confundir los términos. El premio puede servirle como guía para desarrollar un cambio en la forma de actuar, pero no es un fin. Es un medio. Cuando se inicia un camino pensando que su fin es la obtención de un certificado, todo se acaba difuminando y queda en manuales que cogen polvo en las estanterías. Obtener un premio o una certificación no es sinónimo de hacer las cosas bien. Tener una certificación no significa nada, posiblemente solo marketing. Es verdad que muchas empresas necesitan obtener la certificación ISO para poder vender en determinados países o a determinados clientes. Pero eso puede no significar nada en el cambio de proceder de la empresa. Se contrata a alguien, te certifica y seguimos haciendo las cosas de igual forma. ¿Dónde está el progreso? En ninguna parte. Es un requerimiento, y claramente este es el camino erróneo.

La gran tragedia de este camino no reside tanto en el poco aprovechamiento del esfuerzo que ha tenido que hacer la empresa como en la frustración que genera en la Organización. Y esto es un pecado capital, pues va en contra de la sostenibilidad de la mejora. Lo mismo sucede con los premios. Su gran problema es que cuando se consiguen desaparece el objetivo, la meta, y por tanto la tensión. Aparejado a ello, vuelven a reaparecer maneras de hacer las cosas enquistadas y desaparece el progreso. ¿Estoy en contra de los premios y las certificaciones? La respuesta es no. De lo que estoy en contra es de tergiversarlos. Son herramientas que sirven en circunstancias específicas de la vida de las empresas y su uso prudente puede acompañar la implantación de las cosas *bien hechas*. Pero ojo, acompañar, no sustituir.

## LOS LEGADOS DE LA CALIDAD

Estas lecciones se acompañan de lo que considero los legados de la Calidad. Son elementos que se integran en el planteamiento SPDM, pues su aportación es valiosísima.

1. *Formación en metodología y uso de las herramientas.* La calidad se ha basado en formar. La autora recuerda estar haciendo en fábrica el *plan-do-check-act* de Deming hace casi cuarenta años. Y recuerda, con gran cariño, cómo las empleadas de la fábrica recibían esa formación con entusiasmo, porque aprendían a ver errores en su trabajo. La formación en metodología es una gran aportación que debemos potenciar en las empresas. Soy una gran fan de herramientas como CEP, el diseño de experimentos, el Pareto[8], la técnica de los

[8] *Pareto.* El principio de Pareto es también conocido como la regla del 80-20 y recibe este nombre en honor a Vilfredo Pareto, quien lo enunció por primera vez. Mediante el diagrama de Pareto se pueden detectar los problemas que tienen más relevancia mediante la aplicación del principio de Pareto (pocos vitales, muchos triviales) que afirma que hay muchos problemas sin importancia frente a solo algunos graves, ya que por lo general, el 80% de los resultados totales se originan en el 20% de los elementos.

cinco porqués o el KJ[9]. Son una manera concreta de apoyar el cuestionamiento y el pensamiento creativo. Algunas de estas herramientas tienen sus orígenes en la ingeniería industrial. Otras han surgido de ideas más allegadas al proceso de solución de problemas como el KJ. Y todas son utilísimas para enfocar la mente, para ayudar a pensar y para buscar los orígenes de los problemas.

2. *La criticidad del trabajo en equipo.* Siempre ha existido el trabajo en equipo, pero la calidad lo ha elevado de rango. Ahora «hablamos en plural». Es la forma idónea de trabajar para enriquecer el cuestionamiento. Mantengámosla. Dice el refrán que cuatro ojos ven más que dos y nosotros decimos que dos cerebros piensan más que uno[10]. El cuestionar a otro hace que uno se cuestione a sí mismo y el trabajar en equipo enriquece. Pero, ojo, siempre que se trabaje con metodología, ya que de lo contrario puede ser una fuente inagotable de pérdida de tiempo. Y los equipos y proyectos deben nacer, pero también morir. Los grupos de trabajo deben estar vivos y tener fecha de caducidad, pues esto genera una tensión interna buena y positiva. Hay que tener metas y retos enfocados para que nuestra gente sea productiva.

3. *Involucrar al mando intermedio.* Si nos paramos a analizar el fenómeno japonés, vemos que allí sí se involucra de forma muy potente al mando intermedio. Ha sido en Occidente donde parecemos haber olvidado esta figura esencial. La calidad les ha traído[11] cuestionamiento de sus subordinados y de sus superiores, despojo de su poder y, muchas veces, falta de visión de progreso. Ante esto, ¿qué han hecho? Dejarla morir. Y ellos tienen la capacidad de hacerlo. Es, hasta cierto punto, lógico: se han defendido. Nadie les

[9] *KJ.* El método KJ es un enfoque *bottom up* creado por Shoji Shiba que parte de una lista de conceptos que se van uniendo por afinidad de imágenes. La similitud entre conceptos no es sintáctica, por palabras que sean similares, sino semántica, por imágenes que sugieren conceptos similares. El énfasis en lo semántico, y el huir de lo sintáctico, se debe al reconocimiento de que existen ciertas características del lenguaje que inhiben la creatividad del ser humano. Es necesario un esfuerzo consciente para romper la dependencia sintáctica, para que se libere el verdadero significado de los datos cualitativos. El método KJ se originó en las ciencias antropológicas. Basándose en la idea de que los jeroglíficos transmitían imágenes, el KJ adopta esta visión y propone juzgar la similitud de conceptos a través de las imágenes que cada uno representa. Esto es especialmente adecuado cuando existen muchos datos no numéricos, ya que su procesamiento se dificulta por no tener opciones estadísticas de análisis.

[10] Asumimos que ambos cerebros están en funcionamiento y no en situación de *stand-by.* ¿Se ha fijado el lector en cómo se «escucha» físicamente un cerebro cuando empieza a pensar? Escuche y verá. Y si no oye nada, plantéese si los cerebros de su alrededor están funcionando o están de adorno.

[11] Me perdonará el lector si soy un poco radical (¡y sí lo soy!). Es verdad que en ciertas empresas la calidad ha logrado grandes éxitos, pero si se detiene el lector a analizar por qué verá que detrás de este éxito se encuentra una capa intermedia integrada con las ideas y que no se ve amenazada por la implantación de ellas.

ha explicado que el cuestionamiento es la gran fuente de la mejora y que su papel, tal como dice TPS, es el de enseñar a mejorar, a educar y no a mandar. Llevamos muchos años defendiendo el papel del mando intermedio (Tabla 12.2). Sin su apoyo no se conseguirá nada.

**Tabla 12.2.** El directivo de línea (Muñoz Seca y Riverola, 2003).

| |
|---|
| Se trata del estamento que reside entre la alta dirección y el «pueblo raso». Son gente como el jefe de almacén, el director de una sucursal bancaria, el responsable del funcionamiento de un hotel, el jefe de tienda, el jefe de planta. Es decir, todas las direcciones departamentales, funcionales, de sección, y otras, con influencia importante en lo que se hace y como se hace. Este nivel siempre ha sido el gran olvidado en los paradigmas de Operaciones. Pero es el que tiene la llave del servicio de la empresa, el que puede lograr que el servicio se convierta en excelente y se mantenga al máximo nivel. Es el estrato que puede bloquear cualquier cambio si no está de acuerdo con la forma de operar, y que tiene mayor necesidad de encontrar una nueva forma de hacer que multiplique su trabajo. Y por fin, es el que tiene menos tiempo, absorbido por la dirección operativa, para pensar en cómo hacerlo. El mundo les está cambiando bajo los pies, se les lanzan nuevos retos cada día, los problemas operativos son cada vez más complicados y muchas personas no están preparadas para afrontarlos. Pero son la pieza clave de las Operaciones. Ellos deben ser responsables de aplicar y difundir cualquier nuevo modelo en forma de cascada por toda la organización. Pueden aportar herramientas, crear un entorno y proporcionar formación que haga más eficiente la resolución de problemas por parte de los receptores |

4. *Enmarcarla dentro de un enfoque integral.* Si el lector quiere utilizar la metodología de un premio o una certificación para empezar el camino de la mejora, hágalo. Pero teniendo en cuenta todo lo dicho en este capítulo. Enfoque el esfuerzo hacia la sostenibilidad. No desperdicie el esfuerzo y plantéese si la burocracia que acompaña a muchas de estas actuaciones realmente le aporta valor. Si después del análisis llega a la conclusión de que es necesario, adelante. Lo importante es mantener la tensión y, una vez lograda la meta, seguir retando a la gente. Es un planteamiento de mejora en cascada. El papel de un directivo se centra en trasmitir claridad de ideas y apoyar al subordinado en su camino de solución de problemas. Con este enfoque ya no hay cuestionamientos al poder, hay progreso conjunto.

Resumiendo, en este capítulo hemos presentado a una vieja amiga: la Calidad. Ella me ha acompañado, durante los últimos cuarenta años, en la búsqueda de hacer las cosas bien hechas, en diagnosticar problemas y en perseguir la mejora continua. Recuperemos su valor intrínseco y dejemos paso a enfoques más integradores que construyan sobre su aportación. Podríamos decir: «la Calidad ha muerto, viva la Calidad[12]»,

[12] Parafraseando, *Le roi est mort, vive le roi* (El rey ha muerto, viva el rey), lema que se emplea como expresión ritual en la sucesión de las monarquías, especialmente en el reino de Francia (desde 1422).

entendiéndola como un apoyo necesario para lograr la eclosión del cerebro de obra en su constante búsqueda de la solución de problemas y lograr hacer las cosas mejor cada día.

## HEMOS APRENDIDO

- Calidad es cumplimiento de especificaciones.
- Hacer las cosas bien hechas es sinónimo de calidad.
- Existen tres niveles, operativo, de gestión y conceptual.
- Tres lecciones:
  - Las herramientas no valen para nada si no van acompañadas de un entorno de empresa que las arrope en su proceso de implantación.
  - La calidad no es un enfoque aparte en la vida de la empresa, es la forma de hacer de la empresa.
  - La calidad en su forma de premios o certificaciones no puede convertirse en un fin, ya que estos son un medio para conseguir competitividad.
- Cuatro legados:
  - Formación en metodología y uso de las herramientas.
  - La criticidad del trabajo en equipo.
  - Involucrar al mando intermedio.
  - Enmarcarla dentro de un enfoque integral.

# ¿Ya has mirado lo que hay en tu nevera? 13

*Mejorar significa transformar. Y para ello se requiere entender las necesidades ocultas de los clientes. Utilizar la fuerza de Operaciones para detectarla es la propuesta de este capítulo. Asimismo, presentamos el camino para convertir esas demandas en nuevas propuestas de servicio.*

| Estrategia de operaciones | Concreción estratégica |
|---|---|
| Diseño de la estructura operativa | |
| Operativo | |

«Siempre hemos tratado de entender lo que necesitan los pacientes y sus familias. Ellos vienen en una situación de desamparo total, entregados a lo que les digamos. Muchas veces, cuando te enfrentas a la prestación de un servicio, no sabes bien lo que quieres. Y aquí, además, se suma la angustia de la situación. Somos nosotros los que debemos anticiparnos a sus necesidades y ver cómo ofrecer el mejor tratamiento. El paciente no es únicamente el niño, es la familia al completo.» Estas palabras me las dijo la directora de la Unidad de Neonatología del 12 de Octubre (Muñoz-Seca, 2012). Desde ese momento comprendí que necesitaba entender mejor qué hacían y cómo lo hacían, pues me estaba dando una respuesta operativa a un problema con el que venía luchando desde hacía tiempo: cómo identificar las demandas ocultas y latentes de un cliente. ¿Y qué mejor que un neonato? No puede hablar, solo puede dar indicaciones de su situación y los padres están a tal nivel de angustia, que ni saben lo que necesitan. Era el entorno idóneo para identificar estas demandas y entender cómo, sin preguntar, se podía traducir lo que los clientes ni sabían que querían.

Este es el objetivo de este capítulo: entender cómo capturar las demandas latentes llevándolas, a continuación, a la realidad a través CIS[1]. Así como la *supply chain* ha sido un reducto de mejora y beneficios para las empresas industriales, la demanda

[1] Ciclo de Innovación del Servicio, introducido con anterioridad.

latente es un filón de oro para las de servicios[2]. Es esencial, para la sostenibilidad de CP&G, sacar todo el potencial de la fuerza operativa que está en contacto con el cliente. Es adjudicarle un papel complementario al que ahora ha tenido[3]. Volvemos al concepto *crowd creativity*[4] pero ahora enmarcándolo como *crowd concept design*. La idea básica es la misma. Usar a toda la estructura operativa para «extraer» información de cualquier contacto con clientes que permita identificar necesidades y aportar nuevas ideas de servicios. La sostenibilidad de la empresa no permite perder ninguna oportunidad y requiere estrujar cualquier ocasión de detección de necesidades.

Esto suena a conocido, dirá el lector. Y efectivamente lo es. La diferencia, donde está el filón de oro, reside en concentrarse en detectar las necesidades ocultas, aquellas que ni el mismo cliente racionalmente entiende que necesita. Y quien las detecta es la fuerza operativa, infrautilizada hasta ahora para este fin. El agente es capaz de identificar muchos matices encubiertos porque su visión del servicio es más comprensiva y cualquier síntoma puede ser traducido en necesidad. Y una necesidad tiene como contraprestación un posible servicio.

¿Y el nombre del capítulo? —pensará el lector— ¿Qué tiene que ver? Muy sencillo. Hágame un favor, vaya usted a su nevera, ábrala y mire lo que hay. Aquello que usted observa es una descripción antropológica de su casa y del comportamiento de sus habitantes. Según lo que observe, concluirá si en la casa vive una persona sola, o con niños, o adultos sibaritas o jóvenes en busca de sobrevivir. La nevera nos describe a todos[5].

El racional detrás de esta consideración es muy demoledor; observando se aprende mucho de los clientes. Ya existen empresas que piden entrar en casa de los clientes y mirar en la despensa y en la nevera. Ambas son un centro de realidades antropológicas potentísimo. Pero hay otras muchas empresas que tienen cientos de empleados entrando en la casa de los clientes y ni observan, ni aprenden, ni investigan[6]. Entran sin aprovechar y desperdician, para la empresa, una oportunidad de oro. Y ahora le pregunto, en su empresa ¿le aporta su fuerza operativa toda la información potencial de sus clientes?

---

[2] Realmente es para cualquier empresa. Lo que acontece es que en servicios la relación con el cliente es continua y más estrecha, y por ende hay muchas más interacciones que permiten detectar esta demanda latente.

[3] La fuerza comercial seguirá haciendo lo que hace. Pero la operativa descubrirá que dar un servicio es más que entregarlo, es también investigar sobre posibilidades.

[4] Recuerde, Capítulo 10.

[5] Aunque esté vacía… ¡eso también dice mucho!

[6] ¿Enumeramos? El del gas que viene a mirar el contador, el fontanero para una reparación, el electricista, el repartidor de la compra... ¿sigo?

Posiblemente, no. Por eso debemos identificar las actuaciones que deben realizarse para convertir a todos los agentes servidores en recolectores de información sobre la necesidades reales y latentes de los clientes. El potencial de mejora de la cuenta de resultados puede ser escalofriante tanto por el incremento de ventas como por la reducción de costes al no tener que realizar costosos estudios de mercado. El conocimiento está a nuestro alcance y, en muchas ocasiones, no lo sabemos aprovechar.

Resumiendo: la idea central del capítulo es que toda empresa cuenta con un número considerable de agentes en contacto con sus clientes. Estos agentes prestan el servicio y, si hacen bien su trabajo, también perciben los comentarios de los clientes sobre el proceso de prestación de servicio. No obstante, los clientes tienen necesidades latentes que no se abordan ni detectan. Pocas empresas contemplan actuaciones dirigidas a captarlas. Las empresas disponen de un activo formidable, la estructura operativa de servicio, para captar ciertas sutilezas que hasta ahora habían pasado desapercibidas. El agente se transforma en un detector de realidad.

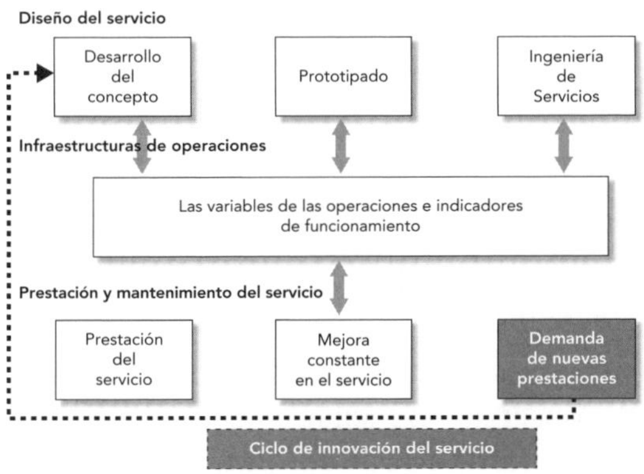


Ir más allá de las necesidades de los clientes y entender sus deseos ocultos es el propósito de la ya mencionada Demanda de Nuevas Prestaciones (DNP)[7]. La información que los agentes recaban se ha de procesar para convertirla en prestaciones complementarias del servicio actual o en nuevos servicios. El flujo de información desde la DNP al diseño de concepto genera el CIS. Requisito fundamental para llevar a cabo la implementación eficaz de este ciclo es que todos los agentes se sientan parte de la empresa. La integración con los objetivos y la Promesa de la empresa sostiene el ciclo. En su ausencia, el ciclo estará estancado y vacío. De todo esto, hablamos a continuación.

## ELEMENTOS CLAVE PARA IMPLANTAR LA DNP

Identificar los conocimientos necesarios para detectar la DNP ha requerido salir del ámbito de la empresa tradicional y recurrir a la antropología y a la psicología. La revisión de esta literatura y el análisis de un caso real, el Servicio de Neonatología del Hospital 12 de Octubre de Madrid (Muñoz-Seca, 2012), han dado como fruto

[7] Introducida en la explicación de la SAS en el capítulo 11.

extraer una competencia[8] DNP de cada campo. Los antropólogos son *observadores* programados. Los psicólogos, *escuchadores* cualificados que detectan matices insospechados. Ambas configuran las dos competencias esenciales DPN: saber observar y saber escuchar (Figura 13.1).

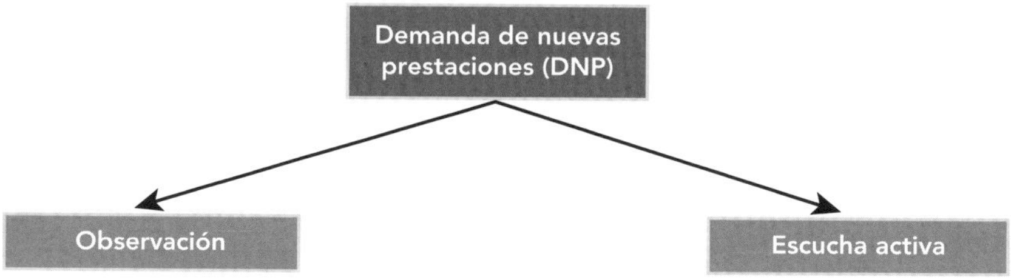


**Figura 13.1.** Competencias DNP (Muñoz-Seca, 2013).

La comprobación empírica en el servicio de Neonatología me reafirmó esta idea inicial. Al neonato y a los padres se les descubren sus necesidades sabiendo observarles y escucharles. Y para lograr ambas competencias, todo el equipo de cuidadores, desde enfermeras hasta médicos, había incorporado un método[9] (Tabla 13.1) que les guiaba en su actuación. Incorporado significa que había un cambio de estructura mental. Una enfermera decía: «El método nos ayuda a pensar. Ya había ideas antes de él, pero este nos ha dado una estructura que ha cambiado nuestra forma de operar».

El foco de su actuación era muy claro: el bienestar del neonato. Todo el servicio giraba alrededor de ello. Eso lograba la total participación de todos los miembros y la identificación del protagonista principal de la interacción: la enfermera[10]. Aparecen los componentes requeridos para DPN: observar, escuchar e implantar actuaciones para atacar las necesidades ocultas identificadas. Todo ello con una Promesa operativizada para toda la Unidad, un foco de servicio claro y una entrega de poder al interactuador principal[11].

[8] Competencia: agrupación de conocimientos.

[9] El Servicio de Neonatología del Hospital 12 de Octubre sigue el Programa de evaluación y atención individualizada y orientada al desarrollo neonatal (NIDCAP, en sus siglas inglesas).

[10] En clase siempre se levanta la discusión de quién tiene realmente el poder en los hospitales, las enfermeras o los médicos. La *potestas* es del médico, pero la enfermera con sus continuas interacciones adquiere muchísima *autoritas*. En la Unidad de Neonatología que usamos de referencia en este capítulo, las enfermeras asumen ambos papeles con la total aceptación de los médicos. La razón es clara, todos están totalmente centrados en las continuas mejoras del neonato y la enfermera impone el *tempo* del servicio.

[11] Hasta cierto punto recuerda la actuación de Ian Carlzon, el CEO de Scandinavian Airlines, cuando cambió todo el organigrama y dio protagonismo total a los agentes que interactuaban con los clientes. Según Carlzon ellos eran el eje de la Organización y todo el mundo debía estar a su servicio.

**Tabla 13.1.** La Unidad de Neonatología del 12 de Octubre, Muñoz-Seca, 2012.

| **Algunas anotaciones del Modelo NIDCAP[12] en el Hospital 12 de Octubre de Madrid** |
| --- |
| Con el modelo NIDCAP, la valoración específica de los objetivos presentes de cada niño se deriva de la observación directa de su conducta en el contexto de la prestación continuada de atención. La observación directa de la conducta del niño y la inferencia de los objetivos de este constituyen la base a partir de la cual se estudian, junto a la familia y los cuidadores profesionales, las oportunidades para respaldar los esfuerzos y las competencias diferenciadoras del niño. En esa labor de observación se crea y completa un gráfico o cuadro. El niño es observado en varias ocasiones mientras está a cargo de una enfermera o un médico. Los datos se recogen unos minutos antes de la observación, durante la observación y durante el trato con los profesionales, de manera que se obtiene una cantidad significativa de datos. Estos datos revelan la evolución del niño, si tolera bien el tratamiento, qué aspectos admite con agrado, cuáles no, y qué factores del entorno provocan una reacción. Posteriormente se facilitan una serie de recomendaciones sobre el entorno y el niño. |
| La gente aprende a observar y el formador hace las correcciones oportunas. Se entregan los gráficos completados y todos exponen sus observaciones. Los agentes se convierten en especialistas en interpretar datos. Se hacen recomendaciones unos a otros, de manera que se produce un efecto de bola de nieve que favorece el aprendizaje de todos. Las recomendaciones son el elemento más importante; el personal médico y de enfermería debe aprender las recomendaciones para cada niño. |
| El Servicio cuenta con cuatro médicos y ocho enfermeras acreditados. Los trabajadores no cobran más por obtener la acreditación. El método sirve para que el personal médico y el de enfermería tengan el mismo nivel de formación y las mismas demandas. Se realizó una encuesta para determinar el grado de satisfacción con la aplicación del NIDCAP y los resultados fueron muy positivos en lo referente a la repercusión sobre los niños y sus padres. |

Vayamos paso a paso entendiendo cada uno de estos componentes. Primero el método y sus dos competencias. Adentrémonos sucintamente en ellas.

## La observación

Unas ideas básicas. La observación es el primer paso del método científico (Wilson, 1952; Tabla 13.2). Consiste en observar con atención un fenómeno, hecho o suceso y registrar la información para analizarla posteriormente. En el método científico, la observación propicia la formulación de una o varias preguntas de la investigación, conjeturas, en cierta medida, sobre los principios que rigen una situación determinada. La observación es clave en todo proceso de investigación, pues ayuda al investigador a obtener la máxima cantidad posible de datos. Una gran parte de la ciencia

[12] Als, Heidelise, Guía del Programa: Programa de Evaluación y Cuidado del Desarrollo Individualizado del Recién Nacido (NIDCAP). Una Educación y Programa de Entrenamiento para Profesionales del Cuidado de la Salud. NIDCAP Federation International, 2012.

**Tabla 13.2.** Pasos del método científico, Wilson, 1952.

| | |
|---|---|
| 1. Observación. | Observación y descripción de un fenómeno o conjunto de fenómenos. |
| 2. Formulación de una hipótesis que explique el fenómeno. | Una hipótesis es una conjetura basada en el conocimiento que se obtiene al plantear una pregunta que busca una explicación para la conducta observada. |
| 3. Uso de la hipótesis para predecir la existencia de otros fenómenos o predecir cuantitativamente los resultados de nuevas observaciones. | En este paso se determinan las consecuencias lógicas de la hipótesis. A continuación, se elige una o varias predicciones para su posterior comprobación. |
| 4. Ejecución de pruebas experimentales de las predicciones por parte de investigadores independientes. | Se trata de averiguar si el mundo real funciona de manera acorde con la hipótesis. Para poner a prueba las hipótesis, se efectúan experimentos. El propósito de estos es determinar si las observaciones del mundo real coinciden con las predicciones que se derivan de la hipótesis o si las contradicen. |
| 5. Análisis y conclusión. | Las predicciones de la hipótesis se comparan con las de la hipótesis nula, con ánimo de comprobar cuál explica mejor los datos. |

se debe a la observación. Por lo tanto, nada nuevo bajo el sol. Y ¿cómo se traduce esto al día a día del servicio?

«La observación —comenta la Directora de la Unidad de Neonatología— es que tú haces una especie de gráfica, o tabla, que tienes que ir completando. Cuando una enfermera o un médico va a manipular a un niño, hay que observarlo varias veces: unos minutos antes, durante la observación y durante la manipulación, y al final has recogido una cantidad tremenda de ítems. Ves cómo es el niño, si ha tolerado esa manipulación, qué cosas admite bien, qué cosas mal, qué hay en el entorno, qué ha hecho que reaccione, etc. A continuación, se hacen una serie de recomendaciones para el entorno y para el niño en concreto. Se forma a la gente para que aprendan a observar; el formador les va corrigiendo las observaciones y al final les devuelven las correcciones. Hay que mandar las gráficas que has hecho, y relatar todo lo observado. Es muchísimo trabajo, y se van haciendo expertos en interpretar. No solo la persona que se está formando, sino cómo esa persona va haciendo recomendaciones a otros. Esto es como una mancha de aceite que se va extendiendo, y van aprendiendo todos. Lo que más importa son las recomendaciones y que la enfermera o el médico lo aprenda para todos los niños».

Vemos aquí una traducción muy acertada de cómo incorporar la observación guiando al agente. Realmente ¿cómo se puede apoyar la observación? Existen dos componentes de la observación directa[13] adecuados para el desarrollo de la DNP y ambos explicados en la descripción que nos da la directora de la Unidad: la elaboración de guías de observación y la formación de los observadores[14].

- Una guía de observación es una lista preliminar de aspectos que se deben observar y de las categorías en las que se van a registrar. Predecir una conducta es difícil, por lo que se puede trazar parcialmente un protocolo preliminar.
- La conducta perceptible puede ser tan compleja y fugaz que los observadores, si no cuentan con la formación necesaria, podrían pasar por alto aspectos interesantes e importantes. El *role playing* es un enfoque práctico muy eficaz para enseñar a observar. En él los observadores interpretan escenas en las que se describen distintos roles y actividades[15].

Resumiendo. Se aprende a observar y ello se consigue a través de una formación activa. Para implantar la observación se debe tener una guía que apoye en la recopilación de los datos más relevantes a analizar en cada cliente. Primera recomendación: aplique el primer paso del método científico en sus agentes servidores, enséñeles a observar e incorpore en su plan de formación actuaciones para hacerlo.

## La escucha activa

La segunda competencia para la aplicación de la DNP es la escucha activa[16] (Rogers, 1957). Es la base de lo que se conocía como orientación, hoy llamado *coaching*. «Todos hemos decidido que hacemos NIDCAP, así que hay que escuchar las recomendaciones...» Escuchar no es oír, escuchar es captar para interpretar[17].

---

[13] Si bien la DNP se centra en la observación directa, *los métodos de observación indirecta* también pueden ser de utilidad. En concreto, recomendamos registrar el comportamiento. Para ello existen medios cualitativos y medios cuantitativos (Kerig, 2004). Para transmitir información cualitativa, los observadores recurren a los registros narrativos, tales como imágenes de vídeo, grabaciones de audio o notas de campo. Las medidas cuantitativas pueden registrarse por medio de escalas de medición.

[14] Zechmeister et al., 2009. Identifican estos dos componentes como dos de los pasos de la observación estructurada. Para ellos una observación estructurada cuenta con los siguientes pasos: determinar qué se va a observar; elegir a los observadores; elaborar guías de observación; elegir el entorno para la observación; formar a los observadores y realizar pruebas; llevar a cabo las observaciones y analizar e interpretar las conclusiones de las observaciones.

[15] Una parte de los observadores representa la escena; la otra parte observa la actividad. Los integrantes del segundo grupo registran los hechos de acuerdo con una serie de puntos de la guía, así como aquellos aspectos que consideran oportunos. El formador observa a los observadores durante la representación y a continuación comenta su actuación.

[16] En mi época de estudiante en EEUU la escucha activa era uno de los pilares de actuación. Ya se sabe, lo bueno, aunque viejo, siempre es bueno.

[17] Una enfermera me decía, con mucha gracia, que desde que tenía el método incorporado a su quehacer diario, su matrimonio había mejorado notablemente. Aparentemente, su marido le había dicho que se sentía escuchado...

Las pruebas clínicas y científicas demuestran que una escucha atenta es un medio muy eficaz para entender en profundidad lo que la otra persona realmente piensa (Rogers y Farson, 1957). Todo mensaje que se transmite suele constar de dos elementos: el contenido del mensaje y la actitud que subyace al contenido. Ambos son importantes pues ambos conforman el sentido del mensaje. Las personas, si se las escucha con atención, suelen indicar con claridad y precisión sus ideas conscientes e inconscientes[18].

La escucha activa es una competencia que ayuda a entender lo que los clientes desean. Los agentes, al conocer las técnicas de escucha activa, gestionan la interacción con el cliente de un modo que les permite comprender mejor sus necesidades latentes. La técnica de escucha activa más importante es probablemente la reflexión (Issa, 2013)[19], pues ofrece cierto margen para la interpretación. Reflexionar sobre las palabras del cliente consiste en reformular el efecto que provoca su mensaje. De este modo, el cliente tiene la oportunidad de escuchar sus propios pensamientos, planteados de manera diferente, con lo que adquiere conciencia de su mensaje y lo reconoce. Con la reflexión, además, el cliente percibe que se le comprende y se le presta atención.

La escucha activa provee, además, de otra serie de técnicas que determinan lo que el oyente debe hacer y lo que debe evitar[20]. La Tabla 13.3 las resume.

**Tabla 13.3.** Técnicas de escucha activa, Noesner y Webster, 1997.

- Animar al que habla. Al conversar con un cliente, el que escucha debe demostrar que presta atención y está concentrado en las palabras del sujeto.
- Parafrasear. El que escucha repite al sujeto, con sus propias palabras, el significado de los mensajes de este.
- Etiquetar emociones. La persona que escucha adjudica una etiqueta provisional a los sentimientos que las palabras y los actos del sujeto expresan o implican[21].
- Repetir la idea principal del mensaje del sujeto es tanto un modo de demostrar atención como una técnica de escucha, ya que transmite interés y comprensión.
- Preguntas abiertas. La persona que escucha debe evitar preguntar por las causas, ya que el sujeto podría tener la impresión de que se lo somete a un interrogatorio.
- Pausas efectivas. La persona que escucha debe crear en ocasiones, conscientemente, un espacio o vacío que empuje al sujeto a hablar.

---

[18] El llamado «lapsus freudiano», acto que pone de manifiesto una expresión diferente e incluso contraria a la intención consciente del sujeto.

[19] ¿Le recuerda al método socrático? Pues sí, está basado en ello.

[20] En el Manual tiene usted una descripción más detallada de estas técnicas.

[21] Es una de las herramientas más útiles de los negociadores, pues sirve para determinar qué cuestiones y sentimientos impulsan la conducta del sujeto.

- Resumir. Repetir de manera concisa algunos de los puntos más destacados de la argumentación del cliente.
- Aclarar. Se da al cliente la oportunidad de desarrollar su argumento y el agente comprueba el grado de precisión de las palabras del cliente.

Bien, otro componente más del plan de formación. Porque esto se aprende, no es innato. Segunda recomendación: pida un curso de escucha activa para su gente. Todos se beneficiarán.

El lector dirá: «Muy bien, dos cursos. Uno de observación y otro de escucha activa. Pero, ¿cómo implanto yo esto para extraer las necesidades ocultas de los clientes?». Veamos la propuesta de implantación con sus requerimientos esenciales.

## PONIENDO EN PRÁCTICA LA DNP

Requerimiento crítico y esencial. La DNP requiere una integración total del agente[22] con el servicio. En este capítulo le doy una serie de recomendaciones. Pero en los dos capítulos siguientes ataco este tema en profundidad. Integrar al agente servidor es un tema clave en la implantación de SPDM y requiere que se desarrolle a fondo. Pero déjeme dejarle algo claro en este momento. Si no existe integración, la consiguiente pérdida de orientación colectiva imposibilitará que la actividad de DNP alcance sus objetivos. Si no va a actuar usted sobre la integración, olvídese de todo esto. No servirá para nada.

En el 12 de Octubre una enfermera decía: «Esto es como una lucha contra la adversidad. Estamos todo el día convenciendo a todo el mundo de que lo que hacemos tiene resultados espectaculares en los niños, lo vemos minuto a minuto. Palpamos la realidad de nuestra actuación... Pero esto lo hemos hecho entre todos, es fruto de nuestro esfuerzo en común. Y cada día vemos mejoras que hay que implantar y las implantamos. Es una lucha, sin tregua, ante la adversidad. Pero no cejamos. El resultado final lo merece».

Tema crucial es que todos los agentes «vean» el resultado de sus actuaciones y estén dispuestos a compartir sus descubrimientos. Otra enfermera comentaba: «La metodología del NIDCAP es que te autoconvenzas, que te crees a ti mismo, aprendes todos esos conocimientos que vas adquiriendo, obligándote a informarte más. Ese autoaprendizaje se fue implantando y todo el mundo veía que se estaban consiguiendo resultados inmediatos».

[22] En un trabajo anterior (Muñoz-Seca y Riverola, 2007), llamamos a esta integración «Unidad» tomando prestando el término de nuestro colega Juan Antonio Pérez López.

Los agentes prestarán atención a la DNP si consideran que la empresa valora las ideas que se recolectan y si sienten que sirven para algo, ya que «todos reman en la misma dirección». Lograr esto último requiere poner en práctica elementos de SPDM ya vistos con anterioridad pero que quisiera volver a enunciar desde la óptica de implantación DNP. Todos ellos acontecen en nuestro caso de referencia y enmarcan la actuación proactiva de los agentes en el descubrimiento de las demandas latentes de los clientes.

1. *Promesa traducida y aplicada a cada puesto de trabajo.* Todos los agentes tienen que tener traducida la Promesa y sus prioridades a su realidad cotidiana. Este foco es esencial.

2. *Ser conscientes del efecto que cada trabajo individual tiene sobre la prestación final de servicio.* Hay que conocer el impacto individual sobre la prestación del servicio aparejado de su impacto económico. Para ello deben disponer de datos sencillos que reflejen su aportación individual al éxito del conjunto de la empresa.

3. *Reglas operativas claras.* Los agentes necesitan instrucciones claras y sencillas que orienten su proceso de toma de decisiones. Las reglas surgen de las especificaciones de la Promesa y constituyen una guía a la hora de priorizar determinadas actividades de resolución de problemas.

4. *Indicadores de servicio.* Cada agente ha de llevar a cabo su propia evaluación personal, para lo cual precisará parámetros que faciliten el análisis. El requisito fundamental es la absoluta transparencia de los datos, de manera que los agentes puedan establecer sus propias referencias y aprender de su desempeño. La coherencia en este aspecto es un requisito básico para poner en práctica la DNP.

5. *Recibir retroalimentación* (feedback) *de los clientes.* Hay que establecer parámetros para que los agentes dispongan de hechos y datos concretos sobre la repercusión de las nuevas ideas. Los agentes deben ser capaces de analizar su efecto, consecuencias y resultados.

Complementado a estos cinco puntos, los agentes deben identificar que implantar la DNP les aporta valor. Volvemos a hablar del *win-win,* de conseguir la empleabilidad, de hacer que los cerebros de obra valoren de forma «egoísta»[23]. «El método nos ha dado el gusanillo de avanzar nosotros, porque estábamos cómodas en nuestro sitio. Parecía que lo sabíamos y lo controlábamos todo, y tu trabajo era una

[23] Pido, otra vez, disculpas. Sí, me repito. Pero es esencial hacerlo para transmitir con toda su potencia esta idea. Todo el mundo debe ganar, si no nada es sostenible.

rutina. Yo sí que me he sentido insegura. Pensaba que lo sabía y lo controlaba todo y, de repente, ¡ay, madre mía!, empiezas a aprender una cosa y te das cuenta de que lo que haces es avanzar. He aprendido mucho, ahora sé hacer cosas que no había hecho nunca.» Magnífico comentario de esta enfermera. Ese es el enfoque que se debe lograr.

Tercera recomendación. Actúe sobre los 5 puntos requeridos para la implantación. Si no puede, no malgaste su dinero en formar a la gente. No le servirá para nada.

La secuencia «observación-escucha activa-implantación operativa» requiere acompañarse de un cuarto elemento: ver la realidad de las recomendaciones extraídas de los clientes. Llamamos a esta realidad la implantación del Ciclo de Innovación del Servicio, CIS.

## IMPLANTANDO EL CIS

Conceptualmente hablando, el objetivo principal de la DNP es transmitir las necesidades latentes de los clientes a Desarrollo de Concepto a través del CIS. Si lo hablamos más coloquialmente, el agente pesca una necesidad, se lo cuenta a quien esté encargado de desarrollar nuevos servicios y conjuntamente preparan una propuesta que luego deberá ver la luz[24]. Una vez materializada la propuesta, el agente debe visualizar cómo la realidad del servicio afecta a su propuesta. De este modo se propicia una retroalimentación que favorece la generación de nueva información para la DNP. La DNP no tiene ningún sentido si no se une a la creación real de nuevos servicios y a la constatación empírica del efecto de estos en los clientes. Ello convierte en imprescindible retroalimentar las realidades al generador de la idea[25].

La cantidad de información que se transmite desde la DNP varía en cada empresa. En las empresas grandes, es posible que esta información deba «manipularse» por medio del *Big Data*[26]. En empresas pequeñas pueden ser *post-its* o libretas de uso común. El medio es, a mi parecer, irrelevante. Debe ser eficiente, cualquier otra consideración sobra. Lo que es realmente indispensable es que se explique a

---

[24] No me meto en el camino organizativo, organícelo como mejor le parezca. Pero conserve el conocimiento del agente cerca de quien desarrolla el servicio, pues los matices los tiene quien está a pie de calle.

[25] El lector avanzado verá claramente que estoy hablando de la importancia presentada en el Capítulo 11 al hablar del ciclo externo del conocimiento.

[26] Conjunto de datos cuyo tamaño imposibilita que las herramientas de *software* habituales los capturen, administren y procesen en un plazo tolerable. En pocas palabras, lo que hace el *Big Data* es recoger información en muchos lugares y reunirla para determinar patrones de conducta (McAfee y Brynjolfsson, 2012). Todos estos datos deben conformar una base de información integrada, coherente y fiable (LaValle *et al.*, 2011).

los agentes cómo se emplea la información que aportan, qué elementos se utilizan y cuáles se desechan. Los agentes aportan nuevas ideas de buen grado y, por tanto, es de justicia mantenerlos informados. Lógicamente, es imposible que todas las nuevas ideas salgan a la luz, pero cada uno debe saber qué ha pasado con sus ideas, cuáles se han rechazado y por qué.

Esta información pasa a Desarrollo de Concepto, quien evalúa la viabilidad de las ideas. Una vez creada una cartera de ideas, el siguiente paso consiste en analizar su posible impacto en la estructura operativa de la empresa. Cualquier cosa nueva genera un cambio, grande o pequeño, pero cambio.

Esta circunstancia hace indispensable preevaluar qué tipo de innovación se va a generar[27]. La tipología de innovación presentada en el Capítulo 11 nos permite situar los posibles nuevos servicios en la matriz de la Figura 13.2. Se convierte, así, en una representación de la cartera de nuevos servicios que llamaremos la «Matriz de Nuevos Servicios». Cada círculo es un posible nuevo servicio y cada cuadrante define el impacto que este nuevo servicio puede tener en la estructura operativa de la empresa.

En el ejemplo real[28] de la Figura 13.2, vemos que hay proyectos situados en los cuatro cuadrantes. Se deben analizar con cuidado los tres proyectos de los cuadrantes

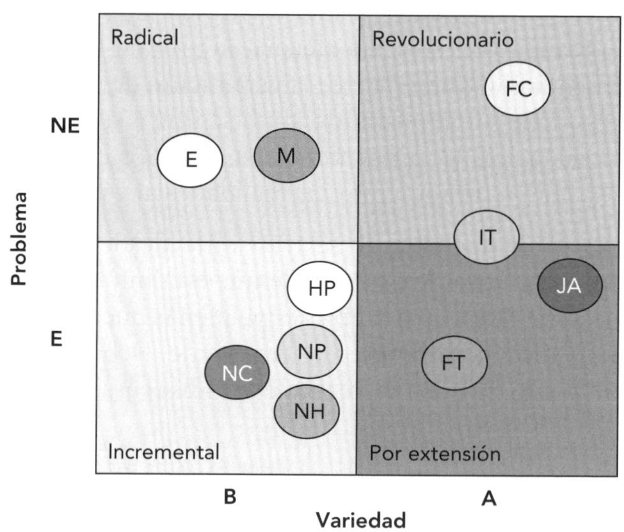


**Figura 13.2.** Matriz de Nuevos Servicios, Muñoz-Seca, 2013.

[27] Todos los nuevos servicios repercuten en la estructura operativa. Introducir nuevos servicios implica una innovación.

[28] Después de hacer este ejercicio, el CEO decidió cortar drásticamente la incorporación de nuevos servicios «rupturistas» para poderlos digerir mejor.

superiores, pues su impacto puede ser importante. ¿Está la estructura operativa preparada para poder asimilar tanto cambio? ¿Hay que simultanear los proyectos o se deben afrontar de forma secuencial? Los cuadrantes inferiores no aportan mayor complicación, pero muchos nuevos proyectos en ellos pueden dispersar el ímpetu de la empresa, desfocalizándola.

Estas son las reflexiones típicas que la «Matriz de Nuevos Servicios» aporta. Y son de gran valor. Del mismo modo en que existen diferentes tipos de innovación, pueden producirse impactos mínimos (incrementales) y perturbaciones importantes (impactos revolucionarios). Si todos los servicios se sitúan en el cuadrante revolucionario, posiblemente la estructura operativa de la empresa no será capaz de digerir tanta modificación[29]. Por el contrario, si todos los servicios nuevos se sitúan en el cuadrante incremental o por extensión, la estructura operativa seguirá funcionando sin mayores perturbaciones.

Es fundamental que las empresas elijan su cartera de nuevos servicios de forma adecuada, a fin de que su estructura operativa sea capaz de asimilar los movimientos que las innovaciones generan. Es preciso que la estructura operativa absorba estos cambios y esté dispuesta a aceptarlos. Implantar requiere entender estas implicaciones. Ello exige ver la DNP a la luz de la SAS completa. Sin un esquema integral se pueden pescar muchas necesidades que luego nunca nacerán. Y eso es tirar dinero y energía de la empresa. Y peor todavía, generar frustración en los agentes al ver que sus propuestas nunca se materializan. DNP sin analizar la SAS no funcionará.

Cuarta recomendación. Prevea el impacto del nuevo servicio en su estructura operativa utilizando la Matriz de Nuevos Servicios. Ir 5 minutos por delante es indispensable al generar innovación. La DNP no tiene sentido sin la materialización real de las ideas y estas solo acontecen cuando se han vislumbrado los efectos integrales en las Operaciones a través de la SAS.

Resumiendo, DNP es «observación-escucha activa-implantación operativa-creación de nuevo servicio previendo el efecto de su innovación». Todo junto. Si no, no sirve para nada. El filón de oro se convierte en oro que se puede usar si se contemplan estos 4 elementos en su conjunto.

Acabamos con este capítulo toda la descripción del nivel de Diseño de la Estructura Operativa. Nos adentramos ahora en la parte, a mi parecer, más complicada y farragosa. Gestionar para lograr los objetivos SPDM que se han creado.

[29] O quizás sí. Aquí está la belleza, otra vez, de encontrar singularidades en su empresa y de atacar retos que otros han descartado.

## HEMOS APRENDIDO

- El objetivo de DNP es desarrollar al máximo el potencial del encuentro de servicio entre el agente y el cliente, propiciando nuevos servicios y nuevas prestaciones.
  — Las empresas sacarían un partido enorme de sus prestadores de servicio, que aportarán nuevas ideas para obtener ventaja competitiva.
- Implantar DNP requiere:
  — Traducir la Promesa.
  — Ser conscientes del efecto que cada trabajo individual tiene sobre la prestación de servicio.
  — Reglas operativas claras.
  — Indicadores de servicio.
  — Recibir retroalimentación (*feedback*) de los clientes.
- La DNP exige que todos los implicados tengan los mismos objetivos.
- Para que los agentes entiendan la importancia de su labor, es preciso que vean con claridad lo mucho que sus ideas y sugerencias influyen en la propuesta de servicio.
- Asimismo, también es necesario incorporar las innovaciones a la estructura operativa de la empresa.
- El ciclo de innovación del servicio une la DNP con el diseño de nuevos servicios.
- Implantar el ciclo de innovación del servicio requiere entender el impacto de los nuevos servicios en la estructura operativa de la empresa.
  — La matriz de nuevos servicios identifica este impacto según la innovación que generan.

# 14 ¿Sois felices? La gente feliz es más productiva

*Los próximos dos capítulos son el broche final a la presentación de SPDM. Una vez analizados todos sus componentes, hay que entender cómo gestionar este ecosistema presentado. El Capítulo 14 se concentra en aportar un esquema operativo para encauzar la integración de la organización al estilo SPDM.*

| | |
|---|---|
| Estrategia de operaciones | Concreción estratégica |
| Diseño de la estructura operativa | |
| Operativo | |

Bonito título del capítulo, ¿verdad? Es una de mis preguntas estrella en clase. Los participantes se quedan perplejos, pero inmediatamente entienden la unión, pues la padecen todos los días. Claramente se refiere a nuestros cerebros de obra, que, si no son felices en un entorno armónico, no son productivos. Ya hemos hablado de cómo eliminar su irritación, pero hay que hacer mucho más. No podemos, ni queremos, hacer nada con su felicidad personal. Pero sí debemos actuar sobre su felicidad profesional para que sean lo más productivos posible. Y su productividad está anclada en su propuesta de soluciones. Por lo tanto, productividad[1]-felicidad-soluciones[2] van íntimamente unidas. Es el estilo SPDM.

¿Cómo se logra su implantación? Ese es el gran reto de la dirección, y tengo que reconocer que no es sencillo. Por ello considero imprescindible presentar un camino estructurado de aplicación que permitan encauzar la implantación[3]. Es como un puzle que necesita todas las piezas, pero que no hay que empezar por una

[1] Productividad sostenible, nunca a corto plazo. Y entendiendo productividad como eficiencia de la transformación de *inputs* a *outputs*.

[2] Recuerde, cuando hablamos de cerebro de obra, hablamos de gestionar por soluciones.

[3] De esta forma cada lector podrá adaptar sus necesidades y hacer su propia implantación a medida.

singular. Sugiero una secuencia, pero lo importante es la *Gestalt*[4] de la implantación: el todo. Unas cuantas piezas no hacen el cambio: es la unión de todas ellas lo que logra que se ejecute.

Lo resumo en nueve preguntas[5] (Figura 14.1) que constituyen una estructuración de diferentes bloques de actuaciones[6]. Responder a ellas es un inicio para funcionar en un entorno en donde impera obviar el «ordeno y mando» e implantar productividad-felicidad-soluciones. Desentrañemos este cuadro de 9 preguntas[7].

**Figura 14.1.** Las 9 preguntas.

Descompongamos el cuadro tanto por columnas como por filas. Empecemos por las columnas.

- La primera columna ataca el *objeto que debe analizarse* y cuestiona: ¿qué hay que hacer?, ¿qué servicio prestamos?, y ¿qué objetivos tenemos?
- La segunda columna se refiere a *la forma en que debe enfocarse la tarea* a realizar y pregunta: ¿qué tengo asignado?, ¿qué debo hacer sin que me lo digan?,

[4] *Gestalt:* palabra alemana que relaciono a configuración. El movimiento de psicología de la *Gestalt* habla de que la mente configura, a través de ciertas leyes, los elementos que llegan a ella a través de los canales sensoriales (percepción) o de la memoria (pensamiento, inteligencia y resolución de problemas).

[5] Si el lector ha leído la obra de Juan Antonio Pérez López reconocerá sus ideas en este esquema.

[6] De temas la mayoría ya vistos con anterioridad en diferentes capítulos del libro, pero que las 9 preguntas permiten presentar como un todo para implantar el estilo SPDM.

[7] Ejercicio que hago siempre en clase. Cierre un momento los ojos y haga que alguien le lea las 9 preguntas. Pregúntese si es capaz de contestarlas y, más aún, si su equipo podría. Y ahora, si es usted un CEO, pregúntese: «Si son capaces de contestar, ¿para qué sirvo yo?». Respuesta: para ir por delante de la tropa. Lo vemos en el siguiente capítulo.

y ¿qué valores tenemos? Incluye aspectos del funcionamiento diario y guía de comportamientos a diferentes niveles.

- La tercera columna contiene *los requisitos de los protagonistas* necesarios para ejecutar las dos columnas anteriores y pregunta: ¿quién manda en teoría?, ¿quién me ayuda a crecer?, y ¿qué estilo de dirección queremos tener en la empresa? Comprende las ideas básicas de la estructura de mando de la empresa y el estilo de dirección que se desea tener.

Si analizamos el cuadro por filas, vemos que cada fila tiene un nivel de actuación diferente. Estos niveles de actuación configuran la llamada Triada de Oro (Tabla 14.1). Esta Triada compone el eje de la implantación para lograr que el cerebro funcione de forma autónoma y proactiva.

- La primera se centra en la operativa del día a día, es decir, la *eficiencia.*
- La segunda contempla el *aprendizaje* individual de cada uno y con respecto a la empresa.
- La tercera se focaliza en la *integración* del individuo en los principios de la empresa.

Actuaciones sobre la Eficiencia, la Atractividad y la Unidad componen el funcionamiento armónico y sostenible de la empresa. A su vez, responder al *qué* se hace, *cómo* se hace y *quién* lo hace, permite identificar la forma de actuar. El cruce entre ambas crea una cartera que llamaremos *objetivos de actuación* (Figura 14.2).

**Tabla 14.1.** La Triada de Oro (Muñoz-Seca y Riverola, 2007).

La forma de gestionar se basa en tres criterios, que se resumen en lo que llamamos la «Triada de Oro». Tres maneras, a la vez exhaustivas, complementarias y sinérgicas, de actuar. La Triada de Oro está formada por la eficiencia, la atractividad y la unidad.

- *Eficiencia:* grado en que la organización resuelve bien los problemas operativos y consigue los objetivos que persigue. Se concentra en las acciones para resolver los problemas de hoy. Resolver los problemas que llevan a mejorar la productividad de las Operaciones. Es decir, hacer eficientemente.
- *Atractividad:* grado en que las personas están satisfechas en la Organización, fundamentalmente por lo que obtienen de ella. Se concentra en velar por el proceso de aprendizaje del individuo. Conseguir que el proceso de aprendizaje sea continuo y que lleve a la ganancia del individuo y de la Organización. Esto significa progresar.
- *Unidad:* grado de identificación de los miembros de la Organización con los objetivos de la misma. Se concentra en obtener una comunión de todos los implicados con lo que la empresa se propone obtener. Lograr que cada individuo se sienta plenamente identificado con las prioridades de la empresa y sus valores. Lo que se traduce en pertenecer.

**Figura 14.2.** Componentes de la guía de actuación.

Son metas que se tienen que alcanzar para conseguir el estilo SPDM. El nombre de cada objetivo es autoexplicativo, pero quiero dedicarles unos párrafos a delimitarlos y especificarlos. Seguidamente, una vez hecho esto, pasaremos a desarrollar y pormenorizar las actuaciones singulares que debe lograr la implantación operativa de cada objeto de actuación.

## ¿QUÉ?, O EL OBJETO QUE DEBE ANALIZARSE

- *Plan de trabajo acordado.* Iniciar una implantación requiere enunciar un plan de trabajo acordado. La dirección debe especificar sus objetivos anuales, y estos deben ser descompuestos por las unidades organizativas en un plan de trabajo. Este plan surge de la Promesa[8] y debe contemplar su desarrollo operativo, que podríamos llamar plan operativo anual, en donde se especifiquen en cascada los ámbitos de actuación. El objetivo es implantar un despliegue coordinado de actuaciones que busquen la sinergia y la productividad sostenible. Cada unidad debe, pues, desarrollar sus obligaciones y convertirlas en un plan de trabajo.
- *Prestaciones y características del servicio.* La necesidad de interiorizar este plan de trabajo requiere entender el impacto individual de cada actuación en la

[8] Realmente surge de la estrategia, que a su vez se concreta operativamente en la Promesa.

prestación del servicio. Este bloque contempla la traducción de las características del servicio para cada unidad y cómo se despliega en cascada para cada puesto de trabajo. Cada miembro de la Organización debe entender qué impacto tiene la definición del servicio en su quehacer cotidiano y qué priorización hay que dar a qué tipos de problemas. El impacto de cada actuación individual sobre el conjunto global es crítico y esto solo se consigue entendiendo de forma explícita cómo cada uno aporta.

- *Objetivos operativos.* Lograr la identificación de cada miembro de la organización con el plan de trabajo acordado exige especificar unos objetivos operativos[9]. Un objetivo operativo es una concreción de la especificación de la Promesa. Son la meta que logra que cada actuación se integre en la consecución del servicio prometido.

## ¿CÓMO?, O LA FORMA EN QUE DEBE ENFOCARSE LA TAREA A REALIZAR

- *Tareas que cada uno tiene asignadas.* El plan de trabajo debe especificar las tareas de cada miembro de la Organización. Cada uno debe tener claro cuál es la expectativa sobre su rendimiento, qué se espera de él. Ya hemos dicho, que cualquiera que sea el nivel de la persona en la compañía, debe tener clara su aportación al servicio final. Y eso significa especificarle a qué se tiene que dedicar y qué ámbito de actuación es el suyo. Cuanta mayor aleatoriedad de la demandada e incertidumbre haya en el entorno de la empresa, mayor dificultad de especificar la tarea. Pero es indispensable hacerlo para transmitir claridad y expectativas sobre cada puesto de trabajo. Si no somos capaces a priori de establecerla, vayamos creándolas a medida que se despeja la incertidumbre. ¡Pero hagamos el esfuerzo de crearlas, no lo dejemos al azar!
- *Criterio de actuación.* Un riesgo es que la libertad que se le da al cerebro de obra sea tomada como libertinaje[10]. Las tareas deben acompañarse con criterio de actuación para cada miembro de la Organización. Para ello hay que transmitirle prioridades. Al ser imposible estandarizar comportamientos, el ser humano necesita saber hasta dónde puede llegar y qué expectativa tiene la dirección de sus actuaciones. Entender la relevancia de las acciones singulares es imprescindible para que cada uno aprenda de su impacto individual en el devenir de la empresa.

[9] RAE: Preparado o listo para ser utilizado o entrar en acción.
[10] RAE: Desenfreno en las obras o en las palabras.

- *Identificación y transmisión de valores*[11] *de la empresa.* Según Aristóteles[12], entre los valores humanos ocupan un puesto preponderante las virtudes humanas. La palabra virtud, del latín *virtus*, igual que su equivalente griego $\alpha\rho\epsilon\tau\epsilon$, significa «cualidad excelente», «disposición habitual a obrar bien en sentido moral». La virtud es una cualidad de la voluntad que supone un bien para uno mismo o para los demás. Se trata de una capacidad adquirida, por el ejercicio y el aprendizaje, de hacer lo que es moralmente bueno. Las virtudes humanas fundamentales son, desde Aristóteles, la prudencia, la justicia, la fortaleza y la templanza. Aristóteles decía: «Nuestro carácter es resultado de nuestra conducta», y nosotros proponemos traducirlo al ámbito de la empresa diciendo «nuestro tempo»[13] empresarial es el resultado de las actuaciones individuales. Y nuestras actuaciones deben venir guiadas por los valores que imperan en la empresa. Es por ello necesario que la Alta Dirección defina cuál es el tempo en forma de valores que deben transmitirse a todos los miembros de la organización. Trabajar en una empresa significa compartir valores, y si estos no están claramente enunciados, pueden distorsionarse en el quehacer cotidiano. El resultado puede ser que en diferentes unidades imperen diferentes conjuntos de valores. Los valores de la empresa deben ser un todo armónico y cada miembro de la organización debe saber cuáles son para plantearse si participa de ellos o no[14].

## ¿QUIÉN?, O LOS REQUISITOS DE LOS PROTAGONISTAS NECESARIOS PARA CUMPLIR EL QUÉ Y EL CÓMO

- *Niveles de decisión y responsabilidad.* La claridad y la coherencia son principios esenciales en nuestro planteamiento. Y tenerlos requiere que se sepa quién manda sobre quién, quién tiene poder delegado y ser consecuente con ello. La transparencia de información debe llevarnos a informar de esta estructura de decisión y quién debe responder a qué en la estructura organizativa. Repartir responsabilidad significa hacer madurar a la Organización, pero requiere madurez por ambas partes: el que comparte y el que la recibe. Cuanto más chata sea la Organización, más necesidad existe de clarificar la

[11] RAE: Cualidad que poseen algunas realidades, consideradas bienes, por lo cual son estimables. Los valores tienen polaridad en cuanto son positivos o negativos, y jerarquía en cuanto son superiores o inferiores.

[12] Aristóteles desarrolla este esquema y sistematiza la doctrina de la virtud en el Libro II de la «Ética a Nicómaco».

[13] RAE: Tempo: ritmo, compás, ritmo en una acción.

[14] Y si no participa, ¡que busque otra empresa!

*potestas*[15] organizativa. Las áreas grises de responsabilidad son origen de confusión y de improductividades. Dejemos claras las reglas del juego y, como se dice coloquialmente, «que cada palo aguante su vela».

- *Estructura de desarrollo del aprendizaje.* Un requisito esencial de SPDM es generar un entorno en donde la persona pueda destapar y desarrollar su aprendizaje. No confundamos esto con el estilo de dirección que veremos en el siguiente objetivo de actuación. Queremos distinguir entre las acciones que se emprenden para apoyar el desarrollo del *aprendizaje de otros* de las acciones que se emprenden para lograr el *cambio interno del directivo*[16] para lograr la integración en la empresa. Este objetivo se basa esencialmente en encauzar el aprendizaje de los colaboradores a través del proceso de creatividad e innovación. Y la palabra esencial es encauzar. Encauzar[17] no es constreñir, es guiar. Creatividad y la implantación de ideas deben guiarse hacia los fines de la empresa. Ya le hemos transmitido criterio para su ámbito de actuación, pero no hemos encauzado su potencial creativo. Y este es el objeto de esta actuación. Repartamos cartas, repartamos retos que guíen a nuestros colaboradores en el camino de ventaja diferencial para ellos y para la compañía.
- *Estilo de dirección*[18]. La forma de gestionar que proponemos requiere en su libertad tener una infraestructura que apoye a cada individuo en el cumplimiento de sus objetivos individuales y que ello repercuta en los estratégicos[19]. Para que este estilo funcione, se tiene que crear en la empresa el caldo de cultivo necesario para poder adoptar esta forma de hacer con la tranquilidad de que la Organización va a funcionar de forma encauzada hacia los objetivos estratégicos de la compañía. No podemos dejar de comentar por última vez que el «ordeno y mando» no lleva a ningún sitio. ¡Ojo!, no abogamos por directivos blandos, sin carácter. No confundamos los términos. Un directivo con claridad de miras y coherencia es un directivo que transpira energía y confianza. Queremos cambiar el «ordeno» por el «entusiasmo», y el «mando» por la «confianza». Entusiasmo y confianza son los pilares del estilo de dirección que proponemos. Lógicamente, esto debe ir acompañado de la fe en las personas. Fe en su capacidad de desarrollar

[15] *Potestas:* la autoridad que la estructura organizativa confiere a cada puesto.

[16] Van intrínsecamente unidas. Pero tenemos que dividirlas para hacer entender los matices. Más sobre el cambio interno del directivo en el próximo capítulo.

[17] RAE: Encauzar: encaminar, dirigir por buen camino un asunto.

[18] Profundizaremos en el siguiente capítulo, pero es indispensable atacar esto ahora pues es un elemento crucial para la implantación de la forma de hacer SPDM.

[19] Hay que evitar los espasmos de gestión en las empresas.

su tarea, en su transparencia para acudir cuando se encuentran con bloqueos que no pueden resolver y en la fluidez de la información. Dibujamos una forma de dirigir totalmente diferente a la que hasta ahora ha estado en boga. Y no lo hacemos porque creamos que es mejor en términos humanos, sino porque estamos convencidos de que es la única forma de conseguir una productividad sostenible. Encorsetar cerebros con órdenes solo lleva a la eficiencia a corto plazo, pero no a la ventaja competitiva sostenible.

Hemos presentado nueve objetivos de actuación. Queremos acompañarlos con una propuesta más concreta de actuaciones singulares[20] que ejecuten la implantación de estos objetivos. Para ello pasamos a detallar un mapa de actuaciones (Figura 14.3), una propuesta pormenorizada de plan de acción.

No contemplemos este mapa como algo foráneo a la realidad cotidiana de la empresa. Debe convertirse en una lista de comprobación imbricada en el funcionamiento rutinario de la empresa, en un mapa operativo que sirve de conducción sinérgica de las actuaciones. Analicemos una a una las actuaciones que comprenden el mapa agrupándolas por cada nivel de la Triada.

| | ¿Qué? | ¿Cómo? | ¿Quién? |
|---|---|---|---|
| Eficiencia | 1. SI y sistema de planificación, programación y seguimiento | 2. Despliegue de tareas unidas a sistema salarial | 3. Mapa de niveles de decisiones y responsables |
| Atractividad | 4. Libro de experiencias y guías de forma de proceder | 5. Traducción de la Promesa a cada individuo y retroalimentación | 6. Límites a la creatividad e innovación y sistema de aprendizaje de errores |
| Unidad | 7. Plan de identificación y relleno de lagunas de conocimiento | 8. Enunciar y aplicar reglas operativas | 9. Operativizar *autoritas* |

**Figura 14.3.** Mapa de actuaciones.

[20] La única advertencia que le hago es que me a mí me ha funcionado, pero que a usted le puede funcionar otra. Lo único que le ruego es que, si encuentra otra guía, me lo comunique, pues ¡será un placer ver cómo se desarrollan nuevos enfoques de implantación a mis ideas!

## EFICIENCIA

1. *Sistema de información, planificación, programación y seguimiento.* Un plan de trabajo requiere estar apoyado de un sistema de información unido a un sistema de planificación, programación[21] y seguimiento. La razón es muy simple, no podemos acordar un plan sin organizarlo. La empresa no puede funcionar por estertores, debe haber una coherencia de planteamiento y un camino trazado. Esto no significa rigidez, sino orden y estética. Planteamientos de prioridades cambiantes constantemente son antiestéticos y generan confusión. No estamos abogando por corsés, nada más lejos. Un plan son unas guías y unos objetivos, el cómo llevarlo a cabo debe decidirse a cada nivel apropiado. Y hasta podemos aceptar cambios de prioridades en el plan. El entorno es lo suficientemente volátil como para requerirlos. Pero una vez alteradas las prioridades, hay que dejar a la gente trabajar, ya que la sinergia del trabajo individual se genera a través de un plan consensuado que entregue un mensaje de rumbo, tranquilidad y buen hacer. Y eso solo se logra planificando y programando. Tener el camino dibujado[22], aunque lo cambiemos de vez en cuando, da paz. Quizá deberíamos llamarle un sistema de alertas, pues eso es lo que es. Un sistema que ayude a detectar situaciones que pueden convertirse en problemáticas y que consiga paliarlas antes de que ocurran. Sabemos a qué jugamos y qué nos espera. Paz es sinónimo de coherencia en la vida empresarial, y esto es un requisito imprescindible para conseguir los objetivos que buscamos.
2. *Despliegue de tareas y sistema salarial.* Para delimitar las tareas que cada uno tiene asignadas, el plan debe tener un despliegue que abarque toda la Organización en cascada. Cada Unidad debe tener sus objetivos traducidos a su quehacer operativo. Partiendo de la definición de las prioridades de la Promesa y de los objetivos anuales establecidos, el cuerpo directivo de la compañía debe enunciar los objetivos tácticos que llevarán a la consecución del fin global. Aunque parezca obvio que esto se debe hacer, la traducción para la ejecución operativa no es un hecho usual en las compañías. Una forma eficaz de complementar este trabajo es unir su consecución al sistema salarial. A uno le pagan por hacer el trabajo bien hecho, y eso requiere saber muy bien qué se espera de uno. Sin embargo, sí hemos visto una recepción positiva cuando se identifican unas tareas que requieren un particular esfuerzo y se premia por conseguirlas.

---

[21] No voy a proponer un método específico para el sistema de información, pero sí que mantenga las premisas básicas de *recogida, elaboración, adaptación y distribución* de la información.

[22] Podemos dibujarlo como un cuadro de Monet o como un cuadro de El Bosco. Pero en ambos está dibujado.

3. *Mapa de niveles de decisiones y responsables.* El objetivo es unir lo que la gente quiere hacer con lo que la dirección quiere que se haga. Conseguir este fin hace imprescindible tener dibujado un claro mapa de niveles y responsables de decisión. Es el mapa de *potestas* en la empresa. Cuando se entrega el poder, se entrega la responsabilidad de la ejecución y todos los miembros de la Organización deben saber hasta dónde pueden llegar y qué delegación de autoridad posee cada uno. Jefes y subordinados deben tener esto claro y qué consecuencias puede acarrear su forma de operar.

   Las tres actuaciones descritas conforman la capa de eficiencia. Llevan a la empresa a encaminarse hacia la productividad, pero la sostenibilidad de dicha productividad solo se consigue si se atacan las siguientes seis actuaciones. Una empresa que se queda en la primera capa es una empresa que no progresa ni aprende. Y por ello las actuaciones de eficiencia no se mantienen en el tiempo y se diluyen.

## ATRACTIVIDAD

Adentrémonos ahora en la capa de Atractividad, conductora del aprendizaje.

4. *Materializar experiencias: Libro de Petete.* Anteriormente hemos identificado la base de conocimiento, y las lagunas que van aparejado a ella, como un elemento esencial para el aprendizaje. Dependiendo de *stock* y laguna se puede resolver ciertos problemas de forma aplicativa o exploratoria. La primera área de acción para provocar la Atractividad es la materialización de experiencias de servicio para proveer ese *stock* de conocimiento aplicativo a toda la Organización[23]. Para esta actuación proponemos implantar el libro gordo de Petete[24], como compendio de experiencias singulares de servicio. El libro sirve para exponer estas experiencias materializadas y analizar las lecciones que se pueden extraer de ellas. Cada vez que acontece una situación nueva que tenga impacto relevante sobre la Promesa, la experiencia pasa a engrosar los anales del libro y queda materializada para la posteridad[25]. Sugerimos este sistema, pero basado

[23] Recordemos que una actuación de Ingeniería de Servicios es poner a disposición de la organización el *stock* de conocimiento materializado. Por lo tanto, la «guardiana» de la materialización de *stock* es la actividad Ingeniería de Servicios. Pero esto no significa en absoluto ninguna repercusión de estructura organizativa.

[24] Tomamos el término de nuestro estudio del Teatro Real de Madrid. En dicho teatro han denominado el Libro gordo de Petete a un compendio de experiencias y situaciones que sirven de guía al responsable de una ópera cuando acontecen situaciones conflictivas no anunciadas o programadas. Véase Muñoz-Seca, Beatriz y Riverola, Josep «Ópera y Operaciones», Pearson, 2007 (Muñoz-Seca, y Riverola, 2007).

[25] No lo confundamos con la industrialización de soluciones informales. Esta propuesta es generación de *stock* de conocimiento de experiencias singulares que pueden llevar a reconfigurar Promesa o servicio.

en tecnología[26]. Las empresas suelen tener múltiples ubicaciones y por ello se necesita un medio accesible a todas ellas[27]. Este compendio de experiencias debe estar vivo y rellenarse de forma constante. Para ello puede crearse un grupo custodio que aprueba la inserción de nuevas experiencias en la base. Un criterio de elección adecuado es el impacto de cada nueva experiencia en las dimensiones prioritarias de la Promesa.

5. *Traducción de la Promesa a cada puesto de trabajo y sistema de retroalimentación.* Como hemos visto reiteradamente, cada uno de los miembros de la Organización debe saber cuáles son los criterios prioritarios de la Promesa y entender con claridad cómo sus actuaciones son clave para el cumplimiento de la Promesa al cliente. Su aprendizaje aporta valor a la empresa si está enfocado hacia conseguir el cumplimiento de la Promesa y del servicio. Es totalmente indiferente si la persona está en contacto con el cliente final o no. Dar un servicio es un compendio de muchos servicios internos y externos, y todos deben estar engranados hacia el objetivo del cumplimiento de la Promesa que se ha diseñado. El servicio está compuesto por múltiples pequeños detalles, y son estos los que cambian la percepción de un cliente. El directivo debe analizar con sus colaboradores las soluciones de los problemas que han acontecido y evaluar su solución. En este proceso se adquiere aprendizaje mutuo y se apoya en la transmisión de los criterios de relevancia de la decisión tomada.

6. *Límites de creatividad e innovación y sistema de aprendizaje de errores.* La gran fuerza motriz de una compañía es la capacidad de cada individuo que la compone de cuestionarse diariamente su tarea y proponer mejoras en su realización. Esa es la energía que se debe destapar. Hacer constantemente las cosas bien hechas y cuidar de los detalles requiere esa energía. Pero la estructura que acompañe al desarrollo del buen hacer requiere proponer límites. Inicialmente podrá sorprender que usemos este término. Podríamos pensar que la creatividad no debe limitarse y debe dejarse libre. Esto es verdad, pero limitar la creatividad significa enfocarla al entorno próximo del individuo. Hay que lograr que cada uno asuma su parcela de actuación para la excelencia del servicio. Y eso significa que cada uno entienda su ámbito de creatividad e innovación. Sinceramente, no queremos una empresa llena de genios. Queremos una empresa en donde la gente se enfoque en mil mejoras de mil[28] y una vez, muy de vez en cuando, tenga alguna idea «genial». No se lleve el

[26] El Teatro Real tiene una única ubicación y la forma de libro es cómoda para los usuarios.
[27] Recuerde el lector, KISS.
[28] Recuerde, por favor, todo lo dicho en ese capítulo.

lector a engaño, no estamos hablando únicamente de un proceso de solución de problemas aplicativo. Se puede explorar con límites dándole al individuo condicionantes para guiar su proceso de creación y *stock* de conocimiento para que no tenga que descubrir por él solo horizontes que ni sabía que existían. Situaciones desconocidas necesitan exploración, pero proponemos guiarla, dándole bloques de conocimiento que hagan este proceso menos arduo y más efectivo. Debemos entender la creatividad y la innovación como algo cercano y próximo, que promueva la mejora del entorno individual[29]. Estas acciones deben ir acompañadas de un sistema complementario que no poseen muchas empresas: un sistema de aprendizaje de errores. Un error de servicio, o de diseño de un servicio o de implantación, es una fuente inagotable de aprendizaje. La actitud proactiva de aprender ante algo que ha salido mal es un mensaje positivo para la empresa. Cometer un error es humano, cometer el mismo error dos veces es ineficiencia. La materialización de errores en una base de datos de experiencias narra cuál fue el contexto del error y el proceso que lo llevó. Ello lleva a estudiar de forma objetiva las causas y encontrar posibilidades de mejora. Y eso es lo que nos interesa: progresar.

El qué, el cómo y el quién de la Atractividad quedan englobados en las tres actuaciones que hemos expuesto. El cerebro de obra se desarrolla cuando entiende para qué sirve su labor y qué ganancia se está desprendiendo de su aprendizaje.

## UNIDAD

Finalmente, veamos la tercera capa de la Tríada: la Unidad. Su objetivo es lograr la integración de todos los miembros de la organización en los principios de la compañía.

7. *Plan de formación de adquisición de conocimientos.* La formación adquiere un papel esencial y crítico[30]. Hablamos de formación como el medio básico de rellenar las lagunas de conocimiento que emergen al tener que abordar un plan de implantación de objetivos operativos. Ello lleva aparejado un componente esencial: aceptar que no saber algo es un inicio de mejora. Lograr que la Organización acepte el no saber y que lo importante sea el camino hacia la adquisición de ese conocimiento es un paso esencial que se debe dar. ¿Y cómo se hace? Introduciendo en la organización la idea de

[29] Siempre me encuentro con consejeros delegados que viendo propuestas de mejora de las operaciones me exclaman: «Pero cómo es posible que nadie haya atacado este problema si es obvio que había que encontrar nuevos enfoques». Obvio, sí, pero no realista. Sólo encuentra nuevos enfoques el que lo hace, y si no se cuenta con él, nadie ve estas innovaciones.

[30] Más sobre formación en el capítulo siguiente.

que la formación es una herramienta directiva poderosísima. Cada responsable debe adquirir conocimientos de cómo diagnosticar las necesidades de adquisición de *stock* de conocimiento y entender el desarrollo de su gente como una tarea directiva esencial. Un plan de formación no se hace en el Departamento de Recursos Humanos. Un plan de formación se hace desde la base operativa y se apoya desde Recursos Humanos. Cada gestor debe identificar las debilidades de conocimiento de cada individuo para el cumplimiento del plan operativo y desarrollar un mapa de progreso de adquisición de dichos conocimientos.

8. *Enunciar reglas operativas.* Como hemos visto, una regla operativa concreta valores, creencias y principios básicos de la empresa. Nuestro método para enunciar las reglas operativas exige que previamente se hayan definido los valores de la empresa. Este paso previo requiere una clarificación por parte del comité de dirección de cuáles son los principios básicos que deben regir el comportamiento en la vida de la empresa. Es importante descubrir cuáles son los valores formales que se enuncian y cuáles son los informales que se viven. No puede haber divorcio entre ellos. Una vez hallado el compendio de valores, estamos en disposición de enunciar las reglas operativas. Las reglas operativas requieren una disciplina férrea de la alta dirección. Las enuncia la alta dirección y se deben implantar de forma coherente. Es fácil decir que creemos en unos valores, pero es muy difícil cumplirlos bajo la forma de reglas operativas. Decir que creemos en la iniciativa y responsabilidad de la gente es una cosa. Repartir autoridad y aceptar las decisiones de otros es otra cosa. No se pueden mandar mensajes esquizofrénicos. Hay que ser coherentes. Los valores suelen ser objetivos sublimes difíciles de alcanzar. Las reglas operativas son traducciones bajadas al terreno y son de obligado cumplimiento por todos (incluido el CEO). Hay empresas que funcionan con cinco reglas operativas, otras con diez y hasta con veinte. No creemos que sea cuestión de cantidad, sino de cumplimiento.

9. *Operativizar la* autoritas. Hemos hablado de la *potestas,* pero no podemos olvidar la *autoritas*[31]. Una implantación eficiente requiere identificar quién tiene la autoridad moral en la empresa y qué impacto tiene para el

[31] *Autoritas:* la autoridad que cada uno se gana por sus propios medios y su impacto en la sociedad. El vocablo autoridad —*autoritas*—, proviene del verbo *augure,* que significa aumentar. En este primer significado, se considera «que los que están en posición de la autoridad hacen cumplir, confirman o sancionan una línea de acción o de pensamiento». En el sentido moderno del término, la autoridad se ha definido de varias formas: como atributo de una persona, cargo u oficio que otorga un derecho a dar órdenes.

desarrollo del servicio dicha *autoritas*. Esta estructura de poder informal es muy potente y hay que aprovecharla. Por ejemplo, introducir innovaciones utilizando esta estructura tiene un efecto multiplicador y de gran impacto[32]. Es por ello necesario identificar los puntos clave de *autoritas* en la empresa y generar en ellos un componente de palanca para una implantación más eficaz. El mimetismo de actuación es mucho mayor si las ideas son asumidas por este estamento generándose una gran fuerza motriz de arrastre que logra un fuerte aprendizaje. Estas personas clave se convierten en facilitadoras de las nuevas ideas y valedoras de la trascendencia de la implantación. El ser humano necesita modelos, y la *autoritas* en una empresa se gana, sobre todo, por apoyar y servir a los demás. Este tipo de personas se deben convertir en el gran referente para impulsar la implantación del estilo SPDM. No obstante, suelen requerir complementar sus habilidades naturales para así eclosionar con potencia. No debemos hacerles directivos si no quieren[33], pero sí debemos desarrollarles en profundidad. Detectar quiénes son es un primer paso, pero esto no tiene gran valor si no somos capaces de diseñarles un plan de crecimiento personal que potencie sus características innatas. Operativizar la *autoritas* significa identificar quiénes son sus portadores, hacer un plan individual con cada uno de ellos de desarrollo de sus potencialidades, tanto a nivel de conocimientos como de generación de conocimientos (capacidad de resolución de problemas, creatividad e innovación), y darles cancha para que repartan juego. Dándoles confianza y transparencia, tendremos en ellos nuestros mejores aliados.

Bien, pues ya hemos visto el camino de cómo implantar felicidad-productividad-soluciones, el estilo SPDM. Como broche final quiero mostrar ejemplos reales del resultado de la aplicación de las 9 preguntas. Resumo (Tabla 14.2) comentarios de equipos de dirección de varias empresas. Estos comentarios fueron agrupados en cada una de las empresas en proyectos[34] singulares que promovieron la contestación de forma «natural» cada una de las 9 preguntas. Considero que aporta una visión del terreno que ayudará al lector a reflexionar sobre cómo llevarlo a cabo en su empresa.

---

[32] *Autoritas* y *potestas* no suelen ir unidas, y cuando lo van, conforman a un gran directivo.

[33] Es muy habitual que este tipo de personas no quiera seguir una carrera de gestión. No debemos forzarles a ello, únicamente debemos apoyarles para que crezcan individualmente.

[34] Estos proyectos fueron situados en la «Matriz de Nuevos Servicios» presentada en el capítulo anterior, para evaluar su impacto en la Organización y entrever el efecto que cada innovación iba a generar.

**Tabla 14.2.** Cuestionamientos surgidos por la aplicación de las 9 preguntas.

| 1. *Plan de trabajo acordado.* **SI y sistema de Planificación, Programación y Seguimiento** | 2. *Tareas que cada uno tiene asignadas.* **Despliegue de tareas unidas a sistema salarial** | 3. *Niveles de decisión y responsabilidad.* **Mapa de niveles de decisiones y responsables** |
|---|---|---|
| No acordamos un plan de trabajo, sino tareas.<br>Estamos acostumbrados a que la planificación no se cumpla.<br>Demasiados controles, validaciones que vuelven atrás.<br>Falta claridad organizativa.<br>Pocos indicadores y sencillos.<br>Los proyectos son todos urgentes.<br>Falta una planificación clara de los proyectos y seguimiento de hitos.<br>Falta de hitos de planificación anual. | Sistema salarial confuso.<br>¿Por qué me pagan?<br>¿Cuáles son mis obligaciones retribuidas?<br>No hay una definición de los roles ni de las responsabilidades.<br>La organización se hace en función de las personas.<br>Poco peso del nivel de desempeño en los incrementos salariales. | No están claros y cuando lo están no se cumplen.<br>A veces se enfrentan niveles de decisión.<br>No hay delegación de responsabilidad.<br>Falta de definición de niveles que provoca delegación hacia arriba.<br>No están claramente definidos, esto fuerza a no tomar decisiones o aventurarse más allá de lo que debía. |
| **4.** ***Prestaciones y características del servicio.*** **Materializar experiencias** | **5.** ***Criterio de actuación.*** **Traducción de la Promesa a cada individuo y retroalimentación** | **6.** ***Estructura de desarrollo del aprendizaje.*** **Límites a creatividad e innovación y sistema de aprendizaje de errores** |
| A veces no tenemos claro lo que queremos.<br>Se trata de forma departamental, no hay visión global.<br>Muchas improvisaciones, no existe una sistemática para hacer las cosas.<br>No existen políticas que definan por escrito criterios de actuación.<br>Falta de compartir experiencias dentro de las áreas.<br>Cada uno ante un problema/dificultad actúa según su experiencia.<br>No hay mejores prácticas. | Traducción de estrategia a desempeño.<br>Trabajamos por tareas, no por objetivos.<br>Traducción de objetivos estratégicos en objetivos individuales.<br>Falta de sistema de retroalimentación sobre el desempeño.<br>Tenemos objetivos y palancas, pero no los traducimos a individuales. | No está dentro de nuestra cultura la innovación.<br>No hay tolerancia del error.<br>Falta tiempo para la innovación: urgencia y orientación a la tarea.<br>Miedo al error.<br>Estilo de dirección que no favorece la innovación.<br>No generamos un entorno para la innovación.<br>Nos dedicamos al día a día. |

*(continúa)*

**Tabla 14.2.** *(Continuación).*

| 7. *Objetivos operativos.* Plan de formación de adquisición de conocimientos | 8. *Identificación y trasmisión de valores de la empresa.* Enunciar y aplicar reglas operativas | 9. *Estilo de dirección.* Operativizar la *autoritas* |
|---|---|---|
| Fallamos en identificación de necesidades.<br>La formación no va vinculada a mejorar el *gap* entre requerimiento del puesto y situación de la persona.<br>Falta identificar conocimiento y su plan posterior para cubrir lagunas.<br>Falta de individualización de lagunas de conocimiento. | No cumplimos las reglas operativas y a veces los valores.<br>Además de la guía de comportamientos necesitamos formación.<br>Falta de coherencia: se dice una cosa y se hace otra.<br>Falta de ejemplaridad en respecto a reglas operativas en niveles directivos. | No hay estilo de dirección.<br>No se comparten experiencias ni buenas prácticas.<br>Falta de reconocimiento.<br>Estilo de dirección muy «directo».<br>Falta trabajo en equipo.<br>No tenemos estilo de dirección, ni lo hay homogéneo.<br>No nos sentamos con la gente para formar: «ya lo hago yo». |

## CONSIDERACIÓN FINAL: VOLVIENDO A LA FELICIDAD

Llegamos al punto final de este capítulo. Y no quiero terminarlo sin mencionar un trabajo anterior que hicimos en el mundo del teatro. Estuvimos casi dos años analizando las Operaciones en ese mundo y sacando reflexiones para la empresa que se plasmaron en un libro[35]. Decíamos «*...Cuando nos estamos divirtiendo, somos productivos; cuando somos felices, somos productivos. Demasiadas empresas se malogran por culpa del aburrimiento...*»

¿Cómo se consigue en el mundo del teatro? Pues siguiendo muchas propuestas de este capítulo y de este libro. Y retando constantemente a todos los cerebros. Pero solo se puede retar constructivamente en el ecosistema aquí mostrado. En otro, no se consigue el objetivo de hacer desparecer el aburrimiento. Es un todo muy delicado, y se malogra si algo no está equilibrado. Hay un hecho cierto y rotundo. Una empresa no puede matar el aburrimiento sin tener una estructura operativa que funcione de forma eficiente. Sin eso, todo se queda en palabras que se lleva el viento. Una estructura operativa bien diseñada y eficiente proporciona un entorno de trabajo propicio

[35] Del mundo de la Cultura he escrito mucho. Hay material en Notas Técnicas del IESE y en casos preparados para un seminario de especialidad que unía la gestión empresarial y el mundo de la cultural. Y dos libros, uno propio y otro editado con material propio.

a la productividad. Y en ese entorno el reto es aceptado, generando felicidad por el crecimiento individual y de la Organización. La Tabla 14.3 resume las reflexiones más críticas que extrajimos en este trabajo. Sigue mereciendo la pena repasarlas. Deléitese con estas reflexiones que abren el paso a nuestro siguiente capítulo en donde nos centramos en el estilo de gestión directiva requerido para implantar SPDM.

**Tabla 14.3.** B. Muñoz-Seca, «Reflexiones desde la Cultura» en Arte y Eficiencia: El sector de la cultura visto desde la empresa, Muñoz-Seca y Riverola (Eds), 2011.

(...) Enumeramos a continuación doce puntos de reflexión:

1. Un proceso de planificación detallado, conocido y asumido por todos.
2. La infraestructura adecuada para el servicio, tanto física de *layout* de las instalaciones como a nivel de tecnología. Todo ello apoyado por la estructura de componentes operativos como capacidades adecuadas, tiempos de ejecución bien estudiados, o un sistema de información que acompañe. Son el sustento de una buena operativa, pues sin ello las dificultades se acrecientan.
3. Los procesos sencillos y simples, utilización del concepto KISS. El mundo es lo suficientemente complicado como para complicarlo aún más con procesos alambicados. La sencillez es estética y la estética lleva a la armonía.
4. Cada integrante conoce su responsabilidad sobre su parcela de actuación siendo dueño del proceso. Lleva aparejada libertad de actuación y cumplimiento de unos objetivos especificados.
5. El entendimiento de la repercusión del trabajo individual en el servicio final. La entrega del servicio final no puede ser algo alejado de la realidad cotidiana, es parte integrante del trabajo.
6. Un dueño del servicio completo, como figura que entiende las mínimas repercusiones de todos los elementos, complementa las sinergias y que ve la foto integral.
7. La estandarización del proceso de innovación en una secuencia de actividades que proporciona estabilidad y despeja incertidumbres. Innovar es cambiar, pero tener la secuencia clara y predeterminada apoya en la fluidez.
8. Un lenguaje común en todos los agentes para conseguir una traducción de ideas a realidades. La existencia de diccionarios específicos para el sector o la empresa que permitan una traducción fluida.
9. Un código de comunicación conciso, sencillo y simple. Existe una diferencia entre un lenguaje y una forma de comunicación. El lenguaje sirve para el entendimiento, el código, para el funcionamiento. La creación del código simplifica la realización del servicio, pues aporta claridad y concreción.
10. La capacidad de los agentes de estar constantemente resolviendo problemas. La incertidumbre convive con la entrega de un servicio. Por mucho que se quiera estandarizar, la riqueza de la problemática de la demanda hace imposible tener clasificada toda la gama de problemas que puedan acontecer. Es por ello imprescindible tener agentes capaces de resolver problemas.

*(continúa)*

**Tabla 14.3.** *(Continuación).*

11. Ensayo y entrenamiento constantes para hacer aflorar problemas y eventualidades. Constituyen una fuente de aprendizaje y una forma de prevenir posibles defectos en el servicio.
12. Una empresa ampliada que funciona con paridad de criterios y objetivos. Es un esquema integrado de funcionamiento en el que todos los componentes entienden la parcela de servicio que tienen adjudicada y su responsabilidad.

(...) Adentrémonos, ahora, en algunas ideas relevantes del estilo de dirección que deben acompañar a estos doce puntos:

1. El entusiasmo como eje director de la gestión concretándose en hacer ver la riqueza que para todos significa hacer las cosas bien hechas, entendiendo que un mínimo fallo estropea el servicio y promoviendo que la gente se sienta asistida.
2. Ser un directivo que conoce su profesión, su oficio, entendiendo las repercusiones que cada decisión lleva aparejadas.
3. Una forma de reconocimiento directa, el aplauso, como el nutriente principal de mantener el orgullo por el trabajo.
4. La confianza basada en el reconocimiento de que cada uno es un profesional en su ámbito, lo cual lleva a una forma de dirigir, de apoyar y ocuparse.
5. Cautivar a los colaboradores explicando hasta el detalle, involucrando y haciendo ver que cada persona es indispensable para la entrega del servicio.
6. Entender dirigir como enseñar y traducir, pero desapareciendo cuando ya se ha cumplido tal tarea.
7. Transmitir amor por el trabajo, por el cuidado del detalle, de hacer que los demás hagan aquello que desean hacer y que ello sea lo que la empresa requiere de su servicio.

## HEMOS APRENDIDO

- Productividad-felicidad-soluciones configuran el estilo SPDM
- Las 9 preguntas son bloques de actuaciones necesarios para implantar el nuevo estilo de empresa que SPDM necesita.
  — Constituye una estructuración de actuaciones SPDM que facilitan la implantación.
- Se estructuran en los tres niveles de la Triada de Oro.
  — Eficiencia que se centra en la operativa del día a día.
  — Atractividad o Aprendizaje de cada uno individual y con respecto a la empresa.
  — Unidad o integración en entender el sentido del quehacer diario y el rumbo de la empresa.
- Las 9 preguntas se concretan en actuaciones para:
  1. Plan de trabajo acordado.
  2. Tareas que cada uno tiene asignadas.
  3. Niveles de decisión y responsabilidad.
  4. Prestaciones y características del servicio.
  5. Criterio de actuación.
  6. Estructura de desarrollo del aprendizaje.
  7. Objetivos operativos.
  8. Identificación y trasmisión de valores de la empresa.
  9. Estilo de dirección.

# 15 El gran indicador de un directivo mediocre es contratar gente peor que él

*Lograr la iniciativa de los agentes y su proactividad requiere una forma de gestión basada en «dirigir es servir». Este capítulo presenta cómo conseguirlo aportando un esquema de actuación al alcance de cualquier gestor. El Capítulo 15 complementa al anterior al centrarse en el papel del gestor como catalizador del estilo SPDM.*

| Estrategia de operaciones | Concreción estratégica |
|---|---|
| Diseño de la estructura operativa | |
| Operativo | |

Un día, después de mi conferencia final del módulo de Operaciones de un programa PADE[1] del IESE, se me acercó un participante y me comentó: «He aplicado el cuestionario de las 9 preguntas al equipo de dirección. Realmente nos han salido muchas acciones que estamos organizando en proyectos. Pero me asalta una gran preocupación. ¿Dónde debo incidir para que mi gente funcione de una forma más emprendedora y proactiva? Sé que todo esto que nos has enseñado es un cambio importante en el espíritu de la empresa. Yo veo perentoria la necesidad de adecuar nuestra forma de operar para lograr que mi gente funcione con mayor iniciativa. Y me pierdo…».

[1] Programa de Alta Dirección del IESE Business School-Universidad de Navarra, donde llevo más de 25 años siendo miembro del claustro académico.

Bonita, y complicada, pregunta que voy a tratar de contestar en este capítulo. Pero huyendo[2] de un enfoque muy de RRHH clásicos[3]. Mi contestación se va a basar en presentar unas ideas que son un acompañamiento imprescindible para la implantación del estilo SPDM[4].

La pregunta de este alto ejecutivo es muy coherente. Si el eje SPDM es el proceso de solución de problemas aparejado a la utilización eficiente del *stock* de conocimiento, es absolutamente lógico que se busque iniciativa de los agentes. Cada agente debe asumir su propio reto de solución de problemas y debe conseguir los medios para hacerlo. El deseo último de cualquier directivo es que la gente funcione de forma autónoma, innovando y emprendiendo en la propia empresa, la llamada *intrapreneurship.* Desde el primer renglón de este libro lo hemos dicho. Para aportar valor, el cerebro debe resolver problemas e implantar soluciones. Y ello exige proactividad y libertad.

Nuestro directivo en cuestión, añadió: «Estoy pensando hasta en tocar la estructura organizativa y el sistema retributivo. Desde el mundo de Operaciones, ¿me propones alguna indicación?».

La respuesta es obvia. Sí, no una, varias indicaciones. Además, ya estamos al final del camino y ahora sí toca plantearse la estructura organizativa[5]. Necesitamos entrar en el mundo de la creación de un entorno proclive a la proactividad y la autonomía de actuación, deseo soñado de cualquier responsable de empresa.

Un minuto de pausa. Pregunta: ¿deseo de todo directivo? No. De todos, menos de los mediocres. El directivo mediocre no quiere gente que le lleve la contraria o que piense. Pero nosotros no podemos perder el tiempo con este tipo de directivo. Ya Julio César hablaba de la gestión de la *mediocritas* y Steve Jobs decía que solo quería *A players*[6] . En nuestro mundo, los mediocres no tienen cabida.

---

[2] Pero creo que se nota mi formación humanística, mi Doctorado en Educación y haber sido durante más de 6 años directora de RRHH de un grupo industrial. Deseo mantenerme lo más aséptica posible, pues muchas veces percibo que los mensajes que vienen por el lado más «humano» quedan muy etéreos y hasta sensibleros. Y yo estoy obsesionada con concretar y ser racional. Siempre digo que el «corazoncito» no me interesa, solo el cerebro, y la pena es que ¡ambos van unidos!

[3] La función de RRHH en la empresa está en crisis. Solo hace falta que ojee una *Harvard Business Review* para darse cuenta. La gestión del *head count* ha pasado a la historia y ahora se le exige aportar mayor valor a la cúpula directiva de la empresa.

[4] ¿Recuerda? Productividad-felicidad-soluciones.

[5] Recuerde el lector, lo último a hacer una vez analizado todo el modelo SPDM es: contratar o despedir; incluir tecnología; tocar la estructura organizativa.

[6] Espero no confundir al lector con este comentario. En absoluto equiparo a uno y a otro. ¡Dios me libre! Julio César y Alejandro Magno me han acompañado toda la vida. Steve Jobs es un incidente interesante, nada más.

Como enuncia el título de este capítulo, un directivo mediocre contrata a gente peor que él, pues está asustado y no quiere que nadie le «haga sombra». Piensa que debe saberlo todo y le da miedo que su gente sepa más que él. Totalmente absurdo. Claramente no entiende cuál es el papel de un directivo que aporta valor. El conocimiento no es un bien de algunos. En nuestro mundo, el conocimiento es un bien común que se utiliza para conseguir el desarrollo competitivo de la empresa. Y quién lo posea es, empresarialmente, irrelevante. Lo directivamente relevante es hacerlo eclosionar y ponerlo a disposición de todos. Estamos en el «agora» del conocimiento a disposición de la creación de la excelencia en el servicio de la compañía.

Principio esencial para este planteamiento: «dirigir es servir»[7]. Olvidemos el mandar[8]. Sirviendo a los demás se eclosiona el potencial del cerebro de obra y se consigue el crecimiento propio[9]. «Dirigir es servir» es lograr que otros hagan[10], hacer-hacer, convenciéndoles de ello a través de un enfoque «narrando y haciendo». Obtener gente proactiva y emprendedora requiere gestionar de esta forma trasladando el mensaje directivo «donde tú no llegues, llegaré yo».

Asumir este planteamiento exige integrar un papel crucial: convertirse en «educador». Educar es crear un marco mental. Convertirse en directivo-educador no es tarea sencilla. Por ello hemos propuesto (Muñoz-Seca y Riverola, 2007) generar unos indicadores de seguimiento personal que traduzcan de forma cuantitativa el progreso en la transformación a directivo educador.

¿Le gusta? Sí, ¿verdad?, suena muy bien. Es un cambio muy importante pero absolutamente necesario. Pero, igual que muchos que me han preguntado, usted dirá: ¿Cómo se consigue llegar a esto? Propongo tres actuaciones. Primero, utilizar a otra vieja amiga[11] que solemos tener relegada a un papel secundario y debe convertirse en protagonista principal: la formación. Segundo, entender que *intrapreneurship* requiere identificar quiénes son los actores de la innovación y el papel que cada uno juega. Tercero, tener una estructura organizativa lo más chata y sencilla posible que utilice las Unidades de Conocimiento como eje para la generación de un servicio competitivo sostenible.

---

[7] Ya mencionado cuando expuse el cerebro de obra, pero ahora toca profundizar.

[8] Perdón por la repetición, pero es imprescindible recordarlo.

[9] «The best way to find yourself is to lose yourself in the service of others», Mahatma Gandhi.

[10] Al aplicar las actuaciones que se proponen en el capítulo anterior y en este, el directivo encontrará que tiene tiempo libre. ¡Y que esto no le produzca vértigo! Este tiempo libre se debe llenar con las tareas propias de un directivo del siglo XXI. Acuérdese, un directivo debe ir cinco minutos por delante de la tropa, y eso requiere tiempo libre para reflexionar.

[11] ¿Tengo muchas viejas amigas? Pues sí, los años me las han traído.

La Figura 15.1 resume estos puntos de acción[12] y se conforma como el esquema de este capítulo.

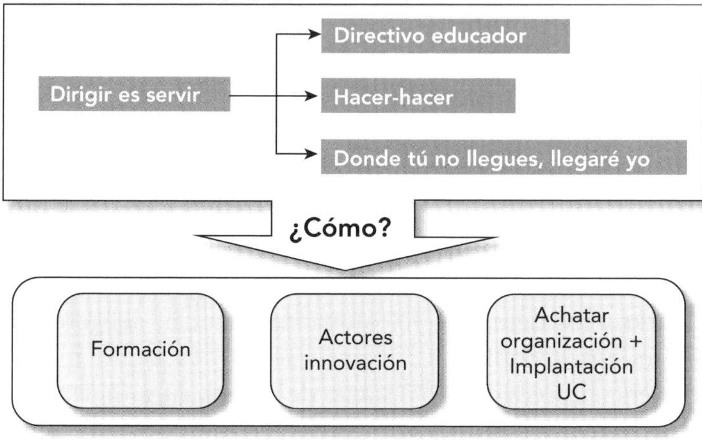


**Figura 15.1.** Esquema del capítulo.

Empecemos estructurando «dirigir es servir» a través de tres pilares. Primero, el directivo educador. Segundo, potenciando el «hacer-hacer». Tercero, asumiendo «donde tú no llegues, llegaré yo» como forma de otorgar libertad, pero manteniéndose a disposición de apoyar para cuando se necesite.

## DIRIGIR ES SERVIR

«Dirigir es servir» es un componente del Icosálogo, lista de veinte reglas básicas creadas para apoyar la consecución de la Triada de Oro[13] (ver Tabla 15.1).

Es un lema con gran belleza estética que encierra una potencia devastadora: transformar comportamientos directivos aceptados como «normales» hasta ahora. Fuera los juegos de poder, fuera los maquiavelismos improductivos, fuera tanta pérdida de tiempo que no aporta valor. Los modelos de dirección prepotentes y soberbios no son eficientes. Gastan energía en elementos totalmente prescindibles. Toda la energía se debe concentrar en mejorar y entregar el servicio prometido hoy y

[12] Este capítulo es un popurrí de muchas ideas ya trasladadas en los libros míos anteriores y de ideas nuevas complementarias que han ido surgiendo en estos años materializadas en notas técnicas del IESE. Conforman un *patchwork* diferente que considero completa mucho del trabajo desarrollado y lo hace más digerible.

[13] Recordemos que la Triada de Oro busca la excelencia operativa a través de la Eficiencia, la generación de aprendizaje o Atractividad y la integración de los agentes o Unidad.

**Tabla 15.1.** El Icosálogo, principales reglas que sintetizan el camino hacia la Triada de Oro (Muñoz-Seca y Riverola, 2007).

| |
|---|
| **Eficiencia** |
| 1. Somos las Operaciones del Sí, no las Operaciones del No. |
| 2. Hazlo sencillo, ya se complicará solo. |
| 3. El sentido de las Operaciones: ¿Por qué? |
| 4. No queremos una mejora de 1 millón € sino 1.000 mejoras de 1.000 €. |
| 5. Todo es cuestionable una vez, hasta que nos ponemos de acuerdo. |
| 6. Hay que estar «pegado a las operaciones». |
| 7. Solo se puede ser Director General de 8:00 a 8:05 de la mañana. |
| 8. Hay que estar preparados cinco minutos antes. |
| **Atractividad** |
| 9. No me traigas problemas, tráeme soluciones. |
| 10. Seamos agresivos y audaces, pero honestos. |
| 11. No trabajemos sobre opiniones, sino sobre hechos. |
| 12. Para que las mejoras puedan funcionar todos los implicados deben salir ganando (*win-win*). |
| 13. Para ser World Class hay que tener el talento y darle cancha para que se manifieste. |
| 14. Un buen directivo debe repartir cartas. |
| **Unidad** |
| 15. No hay que hacer, hay que hacer hacer. |
| 16. Donde tú no llegues, llegaré yo. |
| 17. Un buen directivo sabe sacar lo mejor de su gente. |
| 18. Trabajamos en plural. |
| 19. Dirigir es servir. |
| 20. Dirigir es educar. |

mañana. El resto son juegos versallescos propios del Rey Sol[14], totalmente anacrónicos. No hay tiempo y el que existe debe centrarse en construir, no destruir[15]. Conseguir esta actitud requiere replantearse principios básicos de cultura operativa de cada empresa[16].

---

[14] Roi Soleil, Luis XIV, rey de Francia. Él mismo se hacía llamar así. Muy modesto…

[15] No sé cómo «seducir» al lector en estas ideas. Voy a tratar de hacerlo a través de mi enfoque racional porque no sé hacerlo con el emocional. He visto tantas horas perdidas en juegos estúpidos y cicateros que me desespera no poder convencer con mis planteamientos. Un directivo me decía que, si la gente tuviera más foco en el trabajo porque disfrutara más en ello, quizá se olvidaría de estos «juegos». Y puede que tenga razón, quizá el núcleo resida en apasionarte tanto haciendo lo que te gusta que todo el resto se convierta en secundario e irrelevante. Pero sufro a nivel personal cuando veo estos comportamientos mezquinos que no aportan ningún valor a las empresas.

[16] Toda cultura queda subsumida en un conjunto de reglas y valores. La cultura operativa son las reglas y valores de las operaciones de servicio.

Dirigir es servir se convierte en el lema principal de las empresas que basan su diferencial en solucionar constantemente problemas y que abogan por un servicio sostenible. Su origen puede recordar ciertas reglas del TPS enunciadas anteriormente[17] al ser una *actitud de servicio* hacia el que opera, de estar disponible para apoyar en la solución constante de problemas.

Una forma de servir es educar y para ello, hay que convencer. ¿Cómo? «narrando y haciendo». Esta frase me la dijo Luis Pascual, el director de escena, cuando le pregunté cómo conseguía que la gente hiciera lo que él quería que hicieran[18] y de forma sostenible. Y me contestó: «narrando y haciendo». Coger del codo al tenor y susúrrale por qué había que moverse así, cuál era el origen de la escena, explicar, explicar hasta la saciedad. Cansadísimo, ¿no? Pues sí, agotador. Pero sostenible en el tiempo. Lo fácil es ladrar órdenes que nadie ejecuta después del primer ladrido. Lo complicado es adecuar comportamientos para que se hagan propios. Y como dice Luis Pascual «el primer día del ensayo todo el mundo me busca "Luis, Luis", el ultimo día nadie se acuerda de mí. He logrado mi objetivo, desaparecer»[19]. Y esa es la tarea de un educador, amueblar cabezas para lograr comportamientos y luego desvanecerse.

Educar en la empresa tiene unas connotaciones singulares que debemos enunciar.

1. *Transmitir criterio.* Hay que trasmitir los criterios que deben basar las actuaciones. Crear un marco mental significa que estos criterios se asimilen por osmosis y por ende se hagan propios de una forma coherente. El ejemplo y la coherencia son indispensables para lograr esta actuación.
2. *Identificar qué innovación se está presentando*, ayudando al colaborador a entender el proceso de solución de problemas al que se expone. Exige apoyar al colaborador a entender el camino de solución que debe iniciar y convertirse en un gentil guía en la búsqueda de soluciones.

---

[17] ¿Recuerda? Lo importante es el detalle. Se deben detectar y resolver problemas. No se espera que la experiencia sea la única fuente de aprendizaje y el gestor enseña a mejorar. Un trabajador que encuentra un problema pide ayuda a alguien concreto que debe responder inmediatamente.

[18] Y la gente con la que él se mueve son todos *primas donnas* nada fáciles de manejar, muy similar a un ingeniero de i+d, un cirujano con renombre o un gestor endiosado.

[19] Tengo que añadir aquí una de las anécdotas personales que más gustan a mi público, la comparación de un directivo con una «suegra». Relato en clase, que cuando me convertí en suegra por primera vez, me hice un análisis de conciencia para determinar cómo me debería comportar a partir de entonces con el nuevo matrimonio. Y la decisión fue inmediata y clara. Debía «desaparecer». Yo ya había cumplido mi papel y ahora solo quedaba el papel secundario de estar ahí cuando se me necesitara.

3. *Identificar el reto* que va aparejado a la innovación. Dependiendo del tipo de innovación[20], el educador guía para hallar el *stock* de conocimiento en el lugar más eficiente y sencillo.
4. *Crear un entorno creativo* con más paz, más método y menos improvisación. Aunque parezca lo contrario, la improvisación es la enemiga de la creatividad. El silencio[21] es uno de los mejores medios de transmitir oportunidades de creatividad. Llenemos nuestra empresa de silencios creativos.
5. *Aportar stock de conocimiento*, no hay que saber de todo, pero sí saber dónde hallarlo. Como dice Daniel Bianco, exdirector técnico del Teatro Real: «Hay que haber lavado pinceles antes de ser pintor». Aportar *stock* de conocimiento es saber dónde hay necesidades. Y eso es imprescindible en el proceso de educación. Entender el para qué de lo que se está transmitiendo y el efecto de su aplicación. Y tener sintonía para entender el problema.
6. *Aplaudir*. ¿Por qué nos olvidamos de aplaudir? Es gratis, no cuesta nada y su efecto es espectacular. Aplaudamos a nuestra gente cuando hay algo bien hecho. Reconozcamos su esfuerzo y congratulémosle. ¿Por qué cuesta tanto? Posiblemente porque en nuestra educación personal no nos han inculcado la necesidad ni de dar las gracias[22] ni de felicitar. Recuperemos ambos hábitos. Un «bien hecho» o un aplauso físico son medios desusados que hay que volver a poner en boga. Tres líneas de correo electrónico felicitando por un esfuerzo valen mucho más que actos pomposos. Tres líneas demuestran cercanía, interés y atención hacia el individuo. Y eso es educar.

Claramente nos encontramos ante un cambio importante de actuación que requiere una persistente autoevaluación y un seguimiento personal de comportamientos. La conversión del Icosálogo en indicadores personales, o de grupo, para hacer el seguimiento de esta trasformación es un enfoque muy práctico. Una empresa del sector Salud, TELSA, creó un conjunto de indicadores (ver Tabla 15.2) para el comité de dirección que les servía de autoevaluación conjunta mensual. El equipo identificó veinte indicadores que les servirían para ir analizando el progreso hacia la consecución «dirigir es servir».

[20] ¿Recuerda el lector? incremental, por extensión, radical y la innovación revolucionaria (Capítulo 11).

[21] Un ejercicio muy interesante es hacer una pregunta y pedirle a la persona a la que se ha hecho que guarde silencio, piense y conteste. Muchos se sienten incómodos ante el silencio, pero aguantar silencios es un síntoma de madurez. Se piensa y se responde. «Respira –les digo a mis EMBA– inhala y exhala. Y luego contesta». Francamente muy aleccionador, por lo menos eso me han dicho.

[22] ¿Podríamos recuperar el «gracias» y el «por favor»? Sería maravilloso, en otros países siguen usándolo y es muy agradable.

**Tabla 15.2.** Indicadores en TELSA.

| | | |
|---|---|---|
| **Eficiencia** | | |
| 1 | Somos las Operaciones del Sí, no las Operaciones del No. | • Número de veces a la semana que, ante un problema, la gente lo trae analizado y con propuestas de solución. |
| 2 | Hazlo sencillo, ya se complicará solo. | • Número de veces que paro mi tarea para atender otra cosa. |
| 3 | El sentido de las Operaciones: ¿Por qué? | • Tiempo dedicado a la semana a buscar la raíz de los problemas. |
| 4 | No queremos una mejora de 1 millón € sino 1.000 mejoras de 1.000 €. | • Número de propuestas de «pequeñas» cosas de mejora que propongo al mes. |
| 5 | Todo es cuestionable una vez, hasta que nos ponemos de acuerdo. | • Número de veces al mes que volvemos a atacar problemas que ya han acontecido. |
| 6 | Hay que estar «pegado a las operaciones». | • Número de centros que visito al mes. |
| 7 | Solo se puede ser Director General de 8:00 a 8:05 de la mañana. | • Número de veces al mes que estamos en desacuerdo en la manera de trabajar con cada franquiciado. |
| 8 | Hay que estar preparados cinco minutos antes. | • Número de veces que se anticipan soluciones a situaciones que se prevé sean problemáticas. |
| **Atractividad** | | |
| 9 | No me traigas problemas, tráeme soluciones. | • Número de veces que traigo soluciones a los problemas. |
| 10 | Seamos agresivos y audaces, pero honestos. | • Número de veces que no me dejan decidir. |
| 11 | No trabajemos sobre opiniones, sino sobre hechos. | • Número de veces que traigo un problema estudiado con hechos cuantificados. |
| 12 | Para que las mejoras puedan funcionar todos los implicados deben salir ganando (*win-win*). | • Grado en que conozco los objetivos personales de mi equipo o compañeros. |
| 13 | Para ser *world class* hay que tener el talento y darle cancha para que se manifieste. | • Número de veces que no cuestiono las decisiones de mi equipo o compañeros. |
| 14 | Un buen directivo debe repartir cartas. | • Número de problemas que se detectan porque alguien alerta de su existencia a los demás. |

*(continúa)*

**Tabla 15.2.** (Continuación).

| Unidad | | |
|---|---|---|
| 15 | No hay que hacer, hay que hacer hacer. | • Horas que ocupo a la semana en supervisar las tareas delegadas o en supervisar que mis compañeros lo hagan bien. |
| 16 | Donde tú no llegues, llegaré yo. | • Número de veces que no cumplimos lo prometido con nuestro equipo/compañeros. |
| 17 | Un buen directivo sabe sacar lo mejor de su gente. | • Número de veces que he sacado lo mejor de cada uno adaptándolo a un puesto. |
| 18 | Trabajamos en plural. | • Número de problemas al mes que se resuelven en grupo de forma consensuada. |
| 19 | Dirigir es servir. | • Número de veces al mes que ayudo a un compañero/equipo a analizar sus errores y apoyarle en la solución de sus problemas. |
| 20 | Dirigir es educar. | • Número de veces al mes que me siento con mi equipo/compañero para ver si necesita algo de mí. |

Una gran transformación que se propuso en TELSA fue centrarse en enseñar a hacer y no estar ejecutando las tareas uno mismo. Y para ello había que abandonar comportamientos de ser un directivo que se pasa el día corriendo. Correr es sinónimo de improductividad. Correr es sinónimo de no estar usando los cerebros de su alrededor y de concentrar la mayoría de tareas. La frase más usada por los directivos actuales es «no tengo tiempo, no llego». Es decir, soy improductivo, me concentro en hacer, no en hacer «hacer». TELSA identificó como indicador «Horas que ocupo a la semana en supervisar las tareas delegadas o en supervisar que mis compañeros lo hagan bien». Su cuantificación inicial no fue del agrado del comité de dirección y decidieron ponerse como objetivo duplicar el tiempo invertido en ello.

Enseñar a hacer lleva aparejado estar a disposición para cuando se le necesite. TELSA definió como indicador «Número de veces que no cumplimos lo prometido con nuestro equipo/compañeros». Este indicador no guarda totalmente el sentido de la regla, pero TELSA decidió que para ellos era muy crítico el generar confianza y que este indicador era una clara expresión de ello. Lógicamente, la traducción de estos elementos en la vida de cada empresa guarda una singularidad importante dependiendo del momento de la vida de la Organización. Son indicadores «vivos» que pueden modificarse o adaptarse a la situación de cada empresa.

El primer resultado en media de los indicadores se refleja en la Figura 15.2. Un análisis detallado de ellos desveló que se actuaba con mucha interrupción e ineficiencia, el foco de aprendizaje no estaba instaurado, pero existía una gran integración entre los miembros que demostraba una disponibilidad de poder apoyarse mutuamente en el cambio requerido.

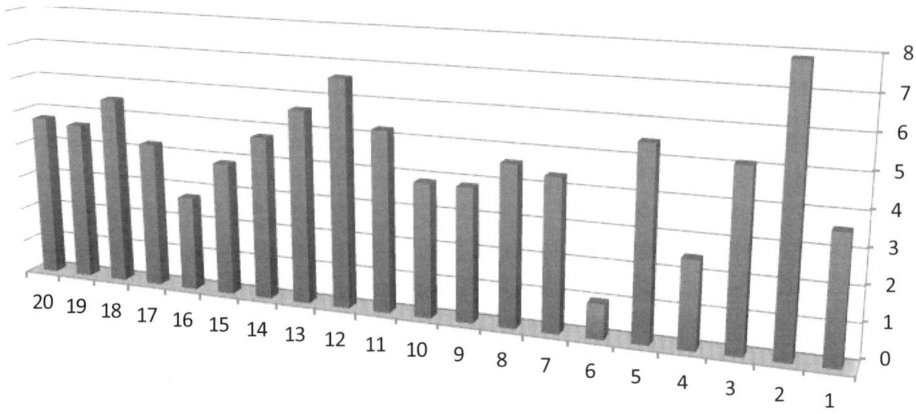


**Figura 15.2.** Valores de los indicadores del Icosálogo en TELSA.

Con este diagnóstico se pusieron a trabajar. A medida que los indicadores fueron siendo aceptables para el Comité de Dirección, fueron cambiándolos. Una actuación viva y de continua modificación.

TELSA provee un ejemplo para darle ideas. No tiene por qué usted usar los veinte indicadores, hay empresas que encuentran que son demasiados. Dirigir es servir se concentra más en los indicadores de Unidad, pero requiere del seguimiento de los otros dos componentes de la Triada de Oro, pues los tres son parte integrante del estilo SPDM. Una propuesta razonable es tener tres indicadores por eje de la Triada. Pero llanamente, cada empresa es un mundo, ¡adecúe usted a medida!

Entremos ahora en la implantación de dirigir es servir. ¿Por dónde empezar?, se preguntará usted. Mi propuesta es con tres pilares[23]. Por una parte, el uso de la formación como herramienta esencial. En segundo lugar, la identificación de los actores en el proceso de innovación. En tercer lugar, en el achatamiento de la organización y la implantación de las Unidades de Conocimiento (UC) introducidas en el Capítulo 7.

Veamos cómo.

[23] No sé por qué razón este es el capítulo del 3. Todo son tríos.

# II. ¿CÓMO? FUNDAMENTOS DE LA IMPLANTACIÓN

## 1. La formación como la herramienta básica para implantar Dirigir es Servir

Me reencuentro aquí con la formación y quiero hacerle un *aggiornamiento.* Lo necesita. La formación es la herramienta más potente con que cuenta un directivo para asumir el estilo SPDM. Pero no formación entendida como una «María»[24], no. La formación adquiere el papel crítico de rellenar el *stock* de conocimiento de la empresa, por lo tanto, debe ir aparejada con los problemas que se resuelven hoy y mañana. Se convierte en la herramienta de potenciar la implantación operativa del diseño del servicio.

Ya hemos dicho que, a través de la formación, el directivo apoya la consecución de la resolución de los problemas de hoy y de mañana. Se convierte en un manejo de equipo de dirección, no puede estar relegada a un departamento de la empresa. Rellenar las lagunas de conocimiento de la empresa, ya sea comprando conocimiento o desarrollándolo, es una decisión estratégica. Y pertenece al Comité de Dirección.

Modular la formación al *stock* de conocimiento individual requiere conocer a los colaboradores y entender si están aplicando o explorando. Y percibir que la exploración puede requerir conocimientos aparejados que son inexistentes en la empresa.

¿Es esta una labor de experto? Conocer los problemas de los colaboradores es tarea esencial del directivo SPDM, saber cómo atacar las lagunas de conocimiento puede requerir asesoría. Por ello una de las funciones más relevantes de las direcciones de RRHH se convierte en ser el «consultor interno» de la dirección. Su objetivo se convierte en apoyar a cada directivo de línea en su labor de rellenar el *stock* de conocimiento, buscando los caminos más adecuados para hacerlo. Tengo que volver al TPS, en donde el gestor apoyaba a la resolución de problemas. Efectivamente es un modelo similar el que propongo, pero yendo un paso más allá. Ahora necesitamos que el gestor apoye en la creación de un modelo mental proclive a la iniciativa. Rellenar lagunas para crear un modelo de proactividad. La formación aporta un entorno no amenazante en donde la persona puede experimentar sin tener riesgos. ¿Recuerda el centro de formación de Káiser Permanente[25]? Ahí se exploraba en

[24] Perdone el lector el grado de confianza en el lenguaje coloquial. Pero a través de este comentario quiero reflejar el posicionamiento segundón de la formación en muchas empresas. Una «María», cuando yo era niña hace mucho, mucho, tiempo, era una asignatura en bachillerato que había que aprobar pero que no era realmente relevante. En mi época la formación en el Espíritu Nacional era una «María» conjuntamente con la gimnasia...

[25] Capítulo 11, Mil mejoras de mil.

un entorno seguro y se aprendía de una forma retadora. Crear estos entornos virtuales es una manera idónea de generar proactividad. Lógicamente debe ir acompañada de comportamientos coherentes en el mundo real, pero arriesgarse en entornos seguros es más fácil y genera una autoconfianza que luego puede llevarse a la vida cotidiana. La formación se convierte, pues, en una herramienta crítica a través del ensayo y del entrenamiento[26], tan usado en el mundo del Teatro y tan poco usado en el mundo de servicios.

Para finalizar esta sección, expongo a continuación unas tablas que resumen ideas complementarias a las dadas en estos párrafos. Son ideas de trabajos anteriores y, como tales, las he resumido en tablas que, si ya me ha leído usted, sonarán a conocido[27].

**Tabla 15.3.** El nuevo papel de la formación (Muñoz-Seca y Riverola, 2003).

| |
|---|
| La formación debe prepararse, a un primer nivel, para atacar el desarrollo de capacitación en resolución de problemas, innovación y creatividad. Por otra parte, la formación es una herramienta para generar relevancia y entrenar a los agentes en ella. Por fin, a través de situaciones virtuales, la formación debe entrenar a la organización a enfocarse en la importancia. |
| Pero el tipo de formación que puede conseguir estos resultados se diferencia de la tradicional orientada a «cursos» más o menos activos. Se trata de formación basada en la realización de acciones formativas. Una *acción formativa* es esencialmente una serie de situaciones acotadas de acción, a veces artificiales, diseñadas para que el individuo logre, de forma gradual, natural y espontánea, el objetivo de aprendizaje deseado. Este reenfoque de la formación requiere utilizar nuevos modos de enseñanza y nuevos modelos pedagógicos. Las reglas del juego cambian, y así cambia la manera de aprender. El poder de las *acciones formativas* ha sido validado experimentalmente en proyectos de investigación, tanto dirigidos por nosotros como por otros grupos. En toda Europa, las empresas se apartan claramente de los modelos tradicionales de formación y adoptan maneras nuevas para generar en sus trabajadores la capacitación necesaria para la explotación del conocimiento. |
| El nuevo enfoque es simplemente la recuperación del enfoque socrático de aprendizaje. Este es un proceso de aprendizaje maestro-discípulo en el que el maestro enseña al discípulo a resolver problemas, a entender el mundo y a actuar sobre él. Se trata de una formación casi uno a uno, que ha sido hasta ahora enormemente cara e impensable. El modelo convencional está basado en absorber, memorizar y enseñar por grupos horizontales sin individualizar. El diseño del proceso formativo es estándar, usando un modelo causa-efecto cartesiano. Se imparte en lotes y está basada en horas hombre, horas de transmisión de ideas por parte del profesor. Raramente se acomete la solución de problemas por parte del alumno, excepto probablemente en sujetos técnicos donde a menudo más que problemas se trata con ejemplos. El nuevo modelo se centra en resolver problemas. Tiene un enfoque y un diseño individual. La tecnología permite un diseño individual, tratando de resolver problemas y aplicándose a las necesidades individuales de los alumnos. |

[26] $E^2$ lo llamamos en un anterior trabajo.

[27] Y puede saltarse con total tranquilidad.

**Tabla 15.4.** Diseño de un plan de formación (Muñoz-Seca y Riverola, 2003).

1. *Desarrollo de criterios de competitividad: en qué quiere ser la mejor la compañía.* El diseño del plan siempre debe tener como referencia las dimensiones prioritarias de la Promesa.
2. *Generación de los problemas a resolver.* Esta es la etapa central del diseño, ya que ahora hay que combinar las capacidades de diagnosticar y solucionar problemas relevantes para la compañía. Aunque se trate de situaciones virtuales, debe existir una profunda relación de los problemas generados, con situaciones que la empresa esté viviendo en cada momento. Esto acelera el aprendizaje, pues se asume el problema con mayor facilidad.
3. *Incorporación de ayudas a la creatividad: aprender a generar ideas sobre un problema concreto.* El objetivo aquí es ayudar a los participantes a generar ideas. La creatividad se enseña y cualquier adulto puede ser creativo.
4. *Determinación de innovaciones: cómo eliminar la frustración del reto.* Se debe diagnosticar el nivel de los conocimientos que cada individuo posee y trazar el camino hacia el perfil necesario para conseguir resolver los problemas. Con ello se identifica un *gap* entre lo existente y lo necesario, que debe rellenarse por la adquisición de conocimientos integrando el foco de la acción formativa.
5. *Diseño de mecanismos de retroalimentación para generar aprendizaje.* Como última etapa del diseño, se deben establecer mecanismos para que se produzca el análisis del *feedback* sobre el efecto de las mejoras introducidas. Esta fase requiere de mecanismos de aprendizaje guiado.

**Tabla 15.5.** $E^2$: Ensayo y Entrenamiento (Muñoz-Seca y Riverola, 2007).

$E^2$ de Ensayo y Entrenamiento. La segunda E, la de entrenamiento, reconoce el papel explícito del ensayo como entrenador del personal estable de la empresa. Es el aprendizaje de los experimentadores, no de los experimentados. Se trata de una experiencia virtual de solución de problemas, experiencia fuera de la realidad operativa, pero no por ello menos valiosa. Aquí los ensayos cumplen el mismo papel que los simuladores en la aviación. Permiten obtener una experiencia de lo que puede pasar, sin el peligro de que suceda algo grave, algo que no tiene remedio. Si el ensayo no está irreprochablemente preparado y realizado, inmediatamente surgirán las dudas. «No, no puede ser, no está bien hecho». Un mal experimento no produce resultados conclusivos. Siempre quedan dudas sobre su validez. El ensayo tiene que ser irreprochable y definitivo. Y debe diseñarse para que sea así. Los ensayos deben ser un compromiso definitivo de acción. Ensayado y decidido. El complemento del ensayo es el entrenamiento. La adquisición de conocimientos no formalizados que prepara para otras gestas. No basta con la percepción derivada del propio ensayo. Hay que parar y hablar de lo que está pasando.

## 2. Cada uno en su papel: los actores de la innovación

Innovar es parte del día a día de una empresa. «Dirigir es servir» requiere entender que los colaboradores van a afrontar retos y estos tendrán una composición diferente según el papel que cada quien juegue ante la innovación. En un trabajo anterior (Muñoz Seca y Riverola, 2003) (Tabla 15.6) definimos tres tipos de actores en la innovación: el innovador, el innogestor y el innosufridor. Cada uno escenifica su *script* y cada uno requiere un apoyo diferente.

**Tabla 15.6.** Los actores de la innovación (Muñoz Seca y Riverola, 2003).

| |
|---|
| En toda innovación están involucrados tres tipos de agentes: el innovador, el innogestor y el innorreceptor.<br>• El innovador es el que introduce la innovación en la empresa. Es el responsable de que la nueva forma de hacer se implante. Puede ser el director general si se trata, por ejemplo, de introducir un ERP, o el jefe de mantenimiento si se trata de una nueva puerta de seguridad.<br>• El innogestor es el responsable de que la innovación tenga éxito. A su cargo está orientar la implantación y apoyar a las personas que deben convivir con la innovación.<br>• Estas últimas son los innorreceptores, a veces llamados también innosufridores, porque son los que terminan sufriendo los efectos de la innovación.<br>El éxito de las innovaciones, en el sentido del aumento de la base de conocimientos, depende en gran proporción de la forma en que la absorción de las innovaciones se asigne a los componentes de la organización, y más específicamente a sus agentes asociados.<br>• El innovador debe tener en cuenta el tipo de efecto que se va a producir antes de introducirla.<br>• Y el innogestor, normalmente un directivo de línea, tiene la responsabilidad de hacer que los problemas planteados por la innovación puedan ser absorbidos por los innorreceptores de forma que el aprendizaje que resulte sea máximo.<br>• El innorreceptor tendrá que adaptarse a la innovación, resolver los problemas de esta y ser el sujeto activo del aprendizaje. |

Aunque pueda no parecer así, todos deben recibir apoyo. El innovador en la forma de proactividad por parte del gestor y del receptor. El innogestor en forma de *stock* de conocimiento, o aportación de donde hallarlo, por parte del innovador y de propuesta de problemas con solución por parte del innorreceptor. Y el innorreceptor como necesidad de que se le genere un espacio en donde poder expresar sus dudas y situaciones conflictivas de la implantación del día a día sin que estas sean vistas como negativas. Recuerde el lector, directivamente hay que asumir el riesgo del error y de la equivocación. Hay que apoyar el proceso de aprendizaje y convertir lo negativo en positivo[28]. Esto se debe producir una vez, pero cuando se equivocan repetidamente sobre algo está fallando el proceso de aprendizaje.

Aquí quiero introducir una idea. Realmente, «dirigir es servir» requiere que el directivo genere en la mente de sus colaboradores unas «metaestructuras» que

[28] Recuerde: «Se aprende más de un fallo que de algo bien hecho».

propicien la proactividad. El verdadero servir, educar, se configura como convertir la mente del colaborador en un ente flexible dispuesto a aceptar el cambio constante y la inherente solución de problemas como una tarea cotidiana que aporta valor a la compañía. Estas «metaestructuras» serían como la capacidad de generar capacidad de resolver problemas, como metaprocesos. Generarían el entono mental proclive a disponer de la iniciativa a resolver problemas. De la misma forma que hablamos en creatividad de bloques de conocimiento (estructuras preinventivas[29]) que generan la capacidad de crear, aquí proponemos que, a través de la aceptación de los papeles de la innovación, el directivo proponga esquemas de entorno que propicien la iniciativa a proponer soluciones y asumirlas. Por esto es importante tener identificados los papeles y las necesidades de cada papel. Esto ayuda a estructurar los apoyos que cada uno requiere.

## 3. Achatar organización e implantación de UC

Comprenderá usted, estimado lector, que todo esto que venimos diciendo en este capítulo es insostenible con una organización jerarquizada y decimonónica. Las empresas ya no pueden soportar estas organizaciones. Hay que achatar, reducir tiempos entre niveles y agilizar. Es un nuevo modelo de empresa, con un nuevo formato de gestionar, que se debe acompañar de un nuevo modelo organizativo.

¿Cuánto hay que achatar? Lo más posible. Puede ser usted como la empresa de salsa de tomate mencionada en el Capítulo 1 de este libro por el amigo del DG del INAEM[30] que relata cómo gestionan sin directivos o de una empresa con más niveles que necesita simplificarse. Pero siempre le sobrará un 40% de niveles. Eso seguro.

La Tabla 15.7 identifica las características de la estructura organizativa que en su momento pensamos para empresas industriales y PDM. En servicios, si acaso, hay que agilizar y achatar todavía más, pues es la capa en contacto con el cliente quien tiene la resolución del servicio. Servir es ayudar y eso requiere flexibilidad y rapidez. Estructuras rígidas no han lugar en este mundo. Amebas adaptables, que funcionan por osmosis y fagocitan, sí.

Aparejada a la estructura chata, va la implantación de las UC. Recordemos que una UC no es una Unidad de Negocio (UN) o Servicio (US). Una UC es una unidad virtual de conocimiento, con diferentes agentes, tanto en empresa propia como ampliada, focalizada en el desarrollo de un clúster de conocimiento y a disposición organizativa para resolver los problemas diarios o futuros que se susciten. Los componentes de la UC conforman un proyecto con vida limitada que soluciona un set de problemas específico que se presenta y, una vez resueltos, vuelven a su UC.

[29] Capítulo 11, Mil mejoras de mil.

[30] First, Let's Fire all the Managers, *Harvard Business Review*, December 2011.

**Tabla 15.7.** Características de la estructura organizativa PDM (Muñoz-Seca y Riverola, 2003).

1. *Son polimorfas y cambiantes.* La organización no tiene una estructura de dependencias rígida y estable. Se estructura en *task forces* que acometen una tarea determinada, un proyecto, que tienen principio y final bien determinados. Tienen recursos asignados, tanto fungibles como recuperables, personal que entra y sale del proyecto a media que este avanza, y de acuerdo con sus necesidades. La organización mantiene depósitos *(pools)* de recursos que asigna a los grupos y que recupera en cuanto estos los liberan. Ningún grupo debe tener recursos que no necesita. Los grupos tienen una estructura de control por tareas e hitos.
2. *Son achatadas.* Suele haber muy pocos niveles. A ser posible se configuran dos de ellos. En uno está la dirección general, cuya labor es crear y cambiar los grupos, diseñar el sistema organizativo, garantizar y custodiar los recursos comunes, y en general todas las tareas de apoyo al jefe del grupo que este requiera. Típicamente este apoyo se centra en tareas de representación, porque el jefe de grupo necesita dar una imagen externa que no puede proyectar por él mismo, y delega hacia arriba, apoyándose en la dirección de la empresa para obtener el impacto necesario. El segundo nivel está formado por los potenciales jefes de proyecto. Un jefe de proyecto potencial es una categoría profesional que asegura que se está en condiciones de dirigir un proyecto, pero no necesariamente supone que deba tenerse un proyecto asignado.
3. *No hay mando por posición, por* potestas, *se manda por* autoritas. Un grupo puede tener asignados como recursos a personas de diferente experiencia y categoría dentro de la organización. En un momento determinado el grupo tiene un jefe, típicamente nombrado por la dirección general, cuyo mandato expira al cabo de un cierto tiempo (típicamente coincidente con el tiempo de desarrollo del proyecto). El jefe es responsable de la eficiencia y objetivos de su grupo.
4. *Tienen un elevado grado de iniciativa.* Los grupos de trabajo deben estar diseñados de forma que puedan usar el que posee la solución inmediata de los problemas que se presentan, especialmente en el trato con los clientes. Una vez asignados los recursos, la responsabilidad de la eficiencia, de la productividad, y de la eficacia, la competitividad futura basada en el aprendizaje del grupo, queda depositada en el propio grupo.
5. *Delegan por confianza.* La delegación por confianza facilita al directivo un enfoque para tener éxito en situaciones en las que de otra forma la falta de conocimiento le dejaría sin saber cómo actuar. La fuerza de esta forma de delegación se basa en la siguiente idea: «Confío en usted, porque tanto usted como yo estamos comprometidos con esta idea, y porque usted sabe la importancia que este asunto, y usted mismo, tienen para la empresa y puesto que yo sé que usted está perfectamente motivado para triunfar, tiene usted completa autoridad en este proyecto». La delegación por confianza requiere que el escalón superior de la empresa confíe en el escalón formado por los líderes de grupo, y por extensión en sus componentes.
6. *Requieren cambios notables en los sistemas de información y seguimiento.* Una organización requiere la implantación de mecanismos de información y seguimiento al servicio de los objetivos del grupo.

El funcionamiento por UC es conocido en entornos de consultoría y ahora va expandiéndose a otros sectores. Yo propongo instalarlo en toda empresa. La lógica reside en que, si el *stock* de conocimiento es un eje diferencial de SPDM, se requiere un apoyo organizativo a su desarrollo y crecimiento. Las UC proporcionan el hábitat adecuado para la polinización y fertilización cruzada del conocimiento. Este medio ambiente es proclive al cuestionamiento y a la exploración, proporcionado una riqueza infinita a la empresa. Ojo, pero siempre que vaya aparejado a la Promesa y las prioridades del servicio hoy y mañana. La CP&G no acepta la divagación. Y son pocas las empresas que se pueden permitir el lujo de grandes innovaciones sin retorno en rentabilidad. El conocimiento y su gestión deben tener foco. Eso no significa un enfoque cortoplacista. En absoluto, pero es francamente muy fácil dejar que los cerebros se dispersen. La UC tiene sus criterios bien especificados y sus prioridades acordadas. Y ambos son heredados de la Promesa de hoy y mañana.

La Tabla 15.8 resume los pasos que hace ya 12 años dimos para la implantación de las UC. Son tan válidos hoy como entonces. Pero aquí sí que enfatizo que cada

**Tabla 15.8.** La implantación de las UC (Muñoz-Seca y Riverola, 2003).

| |
|---|
| 1. *Identificación de las UC*<br>Del diagnóstico de conocimiento obtenemos las UC. Las personas portadoras de alguno de estos conocimientos deben pertenecer a una UC específica, son sus socios. Esta estructura hace que una persona pueda pertenecer a un conjunto variopinto de UC, en función de su perfil de conocimientos. La naturaleza virtual y polimorfa de la UC hace factible esta pertenencia múltiple sin complicaciones. |
| 2. *Identificación de los componentes de la UC*<br>Deben identificarse los portadores de la competencia. Todas las personas de la empresa deben quedar asignadas a, por lo menos, una UC. En caso contrario hemos identificado una persona que no aporta conocimiento a la empresa. Esta situación es un indicio de que el proceso de inventario de conocimientos ha sido superficial o incompleto. Conviene replantear el análisis para identificar la causa de la anomalía. |
| 3. *Documentar las relaciones entre componentes de la UC*<br>Ahora hay que dotar de estructura interna a la UC. En una UC no hay jefes sino maestros. Y ya que no se trata de una estructura basada en la autoridad, es más fácil constituir esta estructura alrededor de las relaciones naturales, existentes (y probablemente aceptadas) entre los miembros de la UC. Se deben identificar los papeles que juega cada portador; para ello hay que identificar las personas que facilitan la resolución de problemas de otros, se consideran más creativos por los otros participantes y se acude a ellos en la implantación de las ideas. |
| 4. *Identificar las personas críticas dentro de la UC*<br>De las relaciones anteriores pueden obtenerse los portadores críticos en cada UC. Por definición las personas críticas son aquellas que soportan el mayor número de relaciones. Por lo menos uno de ellos debe jugar el papel de *custodio* de la UC. El principal papel del custodio de la UC es el manejo y funcionamiento de la UC para la mejora de los conocimientos contenidos en la competencia que lo define. El custodio de la UC es el catalizador de la mejora del ciclo de generación de conocimiento y debe tener un papel muy proactivo. |
| 5. *Tareas de la UC*<br>El objetivo de la UC es desarrollar la capacidad de sus componentes para aplicar el conocimiento existente en la mejora de las UN/US representadas en la UC. Por tanto, identificar formas de aplicar el conocimiento en la mejora de la UN/US a la que pertenecen. |

empresa es un mundo. Solo puedo dar estos principios generales para que usted los adapte a «su» mundo. Más no quiero proponer. Piense usted cómo conformar sus UC y genere debate interno. Es sanísimo, pues en esa reflexión ganará integración por parte de toda su Organización.

## ESTRUCTURA RETRIBUTIVA[31] Y OPERACIONES

Quisiera hacer un apunte final sobre un tema complementario al mundo de las Operaciones, pero esencial para conseguir el foco del equipo: la unión de los mensajes mandados a través de la estructura retributiva y las prioridades del Servicio.

La estructura retributiva no es parte intrínseca del diseño del sistema de Operaciones, pero es totalmente complementaria a él. En el Commerce Bank los sueldos los suben a través de las apreciaciones que los *mystery shopers* hacen sobre el servicio al cliente. En Sandros Pizza en los camiones se incentiva la venta directa de pizzas y no se incentiva la venta de pizzas en casa.

Y así podría seguir con multitud de ejemplos. El mensaje es percibido de forma clara: yo te retribuyo por aquello que considero crucial. Se venderán más pizzas directas que en casa, pues si hay que priorizar, aquello que lleva incentivo será la primera elección. Por lo tanto, tenga usted claro, estimado lector, que cuando diseñe su sistema retributivo debe tener en cuenta sus prioridades de Operaciones. No se engañe. Ante la duda, el agente servidor decidirá bajo un esquema en donde primará el mensaje retributivo.

Esta realidad es muy relevante a la hora de diseñar las prestaciones del servicio. Por una parte, los agentes servidores deben recibir su retribución básica por aquello que está configurado dentro de la Promesa del servicio. Es decir, un puesto de trabajo tiene su especificación de tareas basadas en los objetivos del servicio que se quieren conseguir. Y eso lo retribuye el salario estructural, o fijo, del agente.

Y se incentiva aquello «extra» que estratégicamente se busca conseguir. Por ejemplo, generar nuevo *stock* de conocimiento, crear nuevas prestaciones del servicio, implantar nuevos comportamientos para hallar oportunidades de nuevos servicios. Veamos un ejemplo concreto. Si la empresa decide implantar la idea de «pescar» la demanda latente de los clientes, se podrían incentivar de forma económica aquellas ideas de mejoras de servicio o de nuevos servicios que surjan y que, lógicamente, su desarrollo sea rentable para la empresa y aporte *win-win*. Otro ejemplo concreto. Si

[31] Esta sección se complementa con la anotación que hice sobre la unión de incentivos y decisiones en el Capítulo 4. Recuerde, el RRHH actuará según su política de incentivos, por eso es indispensable que política de incentivos y prioridades de la Promesa vayan perfectamente alineadas.

se ha modularizado el servicio y se están «colgando» soluciones de problemas informales en los módulos, aquellas soluciones más eficientes, o creativas o innovadoras, pueden recibir un «extra».

Concretando. Todo aquello que conduzca el cambio hacia SPDM, mejorando la CP&G a corto o medio plazo, se puede considerar un extra, ya que empuja a la organización hacia un modelo mucho más sostenible de servicio. Y requiere esfuerzo extra.

Pero no estoy descubriendo nada nuevo bajo el sol. Retribuir por elementos añadidos a las tareas cotidianas es algo que se viene haciendo hace mucho tiempo en la empresa[32]. La idea principal que quiero trasmitir en estos párrafos es la coherencia que debe haber entre el sistema de retribución, tanto fijo como variable, con las prioridades del servicio diseñado. Una esquizofrenia de estos dos componentes lleva a comportamientos indeseados. Y siempre gana el mensaje retributivo.

El sistema retributivo del siglo xxi debe incluir, igualmente, componentes innovadores, pues se requiere repensarse los modelos convenciones.[33] Ejemplo concreto: unir retribución variable a generación de *stock* de conocimiento de las UC. Veamos la propuesta.

Imaginemos una empresa[34] que quiere retribuir la generación de conocimiento. Es decir, aquellos que generen conocimiento para problemas, de hoy o mañana, perciben un extra. Como primer paso, se decide qué porcentaje de la masa salarial va a retribución variable. Ese porcentaje se divide entre las UC existentes y se diseñan criterios de adjudicación para que sean los componentes de la propia UC los que decidan cómo dividir la porción de variable que ha sido asignada a su UC. Y cada UC consensúa entre ellos y hace su propuesta[35] de adjudicación individual. Una empresa puso los siguientes criterios: «*Stock* de conocimiento generado para mejorar la CP&G del año pasado y *stock* de conocimiento para generar nuevos servicios o nuevas prestaciones futuras».

¡Horror!, pensará usted, ¡la que se va a armar! No va a pasar nada. El cerebro de obra es muy razonable, y cuando se le entregan estos cometidos, supera las expectativas[36]. En mi experiencia personal, estos enfoques suelen ir muy suaves y cuando

[32] ¿Recuerda el buzón de sugerencias?

[33] Ya lo siento. Sí, esto también hay que cambiarlo. ¿No va a quedar nada sin cambiar? Pues me parece que no....

[34] Conozco a varias que lo están haciendo y con resultados muy satisfactorios.

[35] Si quiere usted, puede ser analizado luego en conjunto por el Comité de Dirección. Pero no le quite el poder a la UC de otorgar el dinero de la forma que le parezca más conveniente.

[36] Confíe en ellos. No fallan, son sólidos y cuando se les da la oportunidad, la embrazan de forma constructiva.

no van suaves no es problema retributivo, es problema de otra índole. Varios participantes han expresado en clase su conformidad con estas ideas y cómo las llevan implantando desde hace algunos años, en formatos similares, en sus empresas con un resultado altísimamente satisfactorio.

Resumiendo. Gestionar para generar autonomía y proactividad requiere aplicar las ideas plasmadas en estos dos últimos capítulos. Las 9 preguntas y «dirigir es servir» es el estilo SPDM. Exprimir cerebros de obra lo requiere y la implantación de SPDM no es sostenible en otro tipo de ecosistema. Lo siento, nada florecerá si no se riega y no se le echa abono. Y eso es lo que he mostrado en estos dos capítulos.

### HEMOS APRENDIDO

- «Dirigir es servir» es el estilo de gestión SPDM.
- Eso significa:
  - — Ser directivo educador.
  - — Hacer hacer.
  - — Donde tú no llegues, llegaré yo.
- Implantar «dirigir es servir» tiene 3 pilares:
  - — La formación.
  - — Identificar los actores de la innovación.
  - — Achatar la organización e implantar UC, Unidades de Conocimiento.

# 16 Hacer la pregunta adecuada, en el momento oportuno, pidiendo la información relevante: SPDM Express

*Una vez visto, a través de quince capítulos, el modelo SPDM en su integridad, el Capítulo 16 presenta una versión reducida de implantación que permite prototipar SPDM para constatar empíricamente sus resultados.*

Bien, ya estamos en el último capítulo[1]. Le voy a proponer una ruta «Express»[2] para implantar SPDM. ¿Por qué? Existen dos escenarios. El primero, que usted no se haya planteado nunca temas como los de este libro y que desee hacer una implantación rápida para evaluar su efecto sobre el servicio. El segundo, que haya ya acometido actuaciones tipo *lean* o de mejora de procesos y que quiera entrever el potencial de SPDM en una versión rápida que le facilite evaluar el impacto que pueda tener. Sea cual sea su escenario, lo cierto es que cualquier directivo necesita entender lo que le está pasando en las operaciones de su servicio. No puede usted permitirse el lujo de no hacer

[1] Bueno, quedan el epílogo y el manual. Pero el epílogo es un epílogo, es decir, una recapitulación de lo dicho en los 16 capítulos anteriores; el manual es una guía rápida de todo lo visto hasta ahora.

[2] Por favor tome usted la traducción de este término inglés como «rápido».

«la pregunta adecuada, en el momento oportuno y pidiendo la información relevante». Eso significa ser capaz de entender, aunque sea de forma sucinta, aspectos básicos de sus problemas de Operaciones. Por lo tanto, mínimo *minimorum*, SPDM Express.

*¿En qué consiste* SPDM Express? Pues trabajar sobre cinco puntos. A partir de ahí, puede usted ampliar y entrar más a fondo en su servicio. Pero estos cinco puntos son indispensables:

1. Definir la Promesa, la esencia y el rojo pasión.
2. Analizar el nivel operativo.
   - Comenzado por la tareas y capacidades.
   - Definiendo primarias y secundarias.
   - Industrializando.
   - Viendo si hay conocimiento para realizarlas.
3. Diseñar el servicio, centrándose en el diseño de concepto y la configuración operativa.
4. Ver el conocimiento que se necesita para la reconfiguración del servicio.
5. Implantar.

La Figura 16.1 los resume y vamos a desarrollarlos brevemente[3]:

- Primero, indispensable, definir la Promesa, la esencia y su rojo pasión. Sin hacer esto estará perdido, y no sabrá cuáles son sus prioridades y cómo traducirlas a sus colaboradores.
- Segundo, entrar en el nivel operativo identificando las tareas que se realizan, diagnosticando las tasas de ocupación de los servidores y definiendo su *rho*[4] según las prioridades de la Promesa. Esto se acompaña con una división entre actividades primarias y secundarias, una industrialización de todo lo que la Promesa permita industrializar y una identificación de los conocimientos necesario para entregar el servicio prometido.
- Tercero, identificar los factores de bloqueo, rediseñar el concepto del servicio para transformar esos bloqueos en puntos atractivos del servicio y analizar los puntos conflictivos de la configuración operativa.
- Cuarto, constatar si existe el conocimiento que la adecuación del servicio necesita. Es decir, analizar lo que sabemos, y no sabemos, para entregar el nuevo concepto de servicio.

---

[3] Sería absurdo desarrollarlo extensamente cuando tiene cada uno de los conceptos explicados en los capítulos del libro. Aquí también aplico la idea Express y resumo conceptos.

[4] ¿Recuerda? Porcentaje de ocupación en promedio y largo plazo.

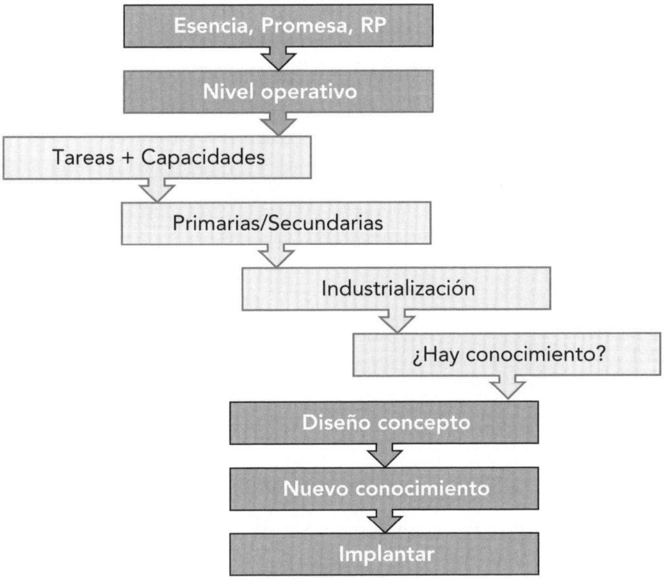


**Figura 16.1.** SPDM Express.

- Quinto, implantar. Una opción sencilla, y poco amenazante, es iniciar la implantación con un prototipo de actuación en una Unidad de Negocio (UN) concreta[5]. Ello permite evaluar de forma controlada las consecuencias de la actuación y poder analizar experiencias y aprendizajes. De esta manera, una vez realizado el prototipo, es más convincente pasar la experiencia y metodología al resto de las UN de la empresa.

No voy a utilizar este último capítulo para repetirme. Los conceptos aparejados a estos puntos ya han sido analizados en capítulos anteriores y el Manual aporta los pasos «cómo ejecutar» para implantarlos.[6] No obstante, sí quiero subrayar con una explicación sinóptica, los ejes conceptuales del planteamiento Express identificados en la Figura 16.2: conocimientos, estructura de capacidad y diseño de concepto con su configuración operativa.

*Conocimientos*: Imposible hacer la pregunta adecuada si no se conoce el *stock* de conocimiento y las lagunas que la empresa tiene. Planteamiento práctico: normalmente en su empresa hay un listado de funciones y/o tareas que su gente debe

[5] Recomiendo elegir una UN que sienta usted integrada con la Promesa. Es importante hacer un *benchmark* y si los componentes de la UN se muestran entusiastas, el camino es mucho más sencillo. Y deje claro que es un *win-win* para ellos. Si no, fracasará.

[6] El Manual lleva puesto el sello Express al lado de aquellos pasos que son relevantes para el planteamiento Express.

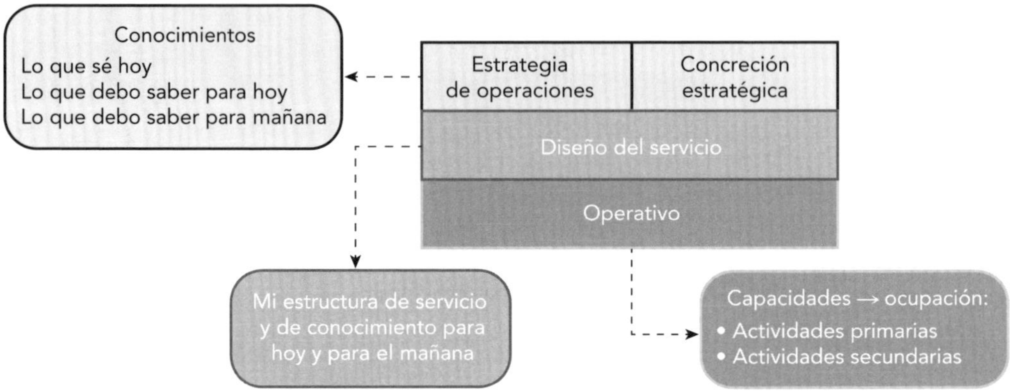


**Figura 16.2.** Ejes conceptuales del planteamiento Express.

realizar. De ello se puede extraer una base inicial de conocimiento. No será un diagnóstico a fondo, pero sí permitirá conocer los grandes bloques de conocimiento existentes y si existen lagunas que estén generando fallos en el servicio. Mi propuesta es un proceso iterativo, de ir puliendo a medida que se va necesitando. Pero de empezar con los elementos que tenemos disponibles.

*Capacidades*: En paralelo al levantamiento de tareas, se realiza el análisis de capacidades. Si no existe base documental para identificar los tiempos consumidos en cada tarea, habrá que identificarlos. La manera más efectiva es pedirle a cada agente que tome sus tiempos durante una semana y los vaya apuntando. De ahí se sacarán los promedios[7]. Debe fiarse de ellos, es una primera aproximación que luego se pulirá. Condición *sine qua non*[8], explicar el objetivo que persigue al realizar la medición. Transparencia y claridad son imprescindibles para que todo el mundo esté integrado en lo que se busca[9]. Trasladar que se busca la competitividad del servicio es un mensaje muy claro y transparente. E identificar lo que va a ganar cada persona. *Win-win* es indispensable. Recomiendo igualmente identificar rápidamente los *quick wins*[10],

---

[7] Evidentemente una semana no es un lapso de tiempo que genere un número muy fidedigno. Pero para una primera aproximación es operativamente aceptable. Ya se irá puliendo poco a poco con la toma de más datos.

[8] Expresión latina que significa «sin la cual no» y se aplica a una condición que necesariamente ha de cumplirse o es indispensable para que suceda o se cumpla algo.

[9] Importantísimo pinchar todos los globos, todo el mundo ve siempre fantasmas. Sea muy prudente con esto, transparencia y coherencia son los *leit motivs* en estas actuaciones.

[10] Sí, ya lo sé. Esto parece un trabalenguas de términos ingleses. Es verdad que el castellano tiene mucha riqueza y permitiría usar términos para esto. Y desde luego mi abuelo Muñoz-Seca debe estar dándose la vuelta en Paracuellos. Pero este es el lenguaje de uso y ayuda a entenderse rápidamente. Si genera usted otro en castellano, dígamelo y veré si introducirlo en alguna revisión del libro.

puntos de acción rápidos que se pueden implantar para demostrar *win-wins* concretos. Esto ayuda muchísimo a mantener la tensión de mejora y logro. Nada como realidades para vender una idea. Como se dice Eliza en «My fair Lady» (versión cinematográfica de «Pigmalión»): «*Show me*»[11].

Renglón importante es diferenciar las tareas primarias y secundarias[12]. Su mero análisis hará que todos los participantes comprendan la importancia de las capacidades y cómo este análisis puede ayudar a mejorar sus actividades readecuando los consumos a aquellos elementos esenciales en el servicio. Las capacidades abren la puerta al cuestionamiento de toda la operativa. Son la forma más eficiente de hacer entender a todos los agentes cómo pueden conseguir el funcionamiento óptimo tanto para ellos mismos como para la empresa[13].

*Estructura del servicio:* Es totalmente inevitable que al analizar las actividades primarias y secundarias entre en liza el diseño actual del servicio. Se levantarán planteamientos de cambios, mejoras y abandonos. Y eso es positivísimo. Repensar la estructura del servicio uniéndolo al *stock* real de la UN y al uso de su capacidad genera avenidas de pensamiento que hasta ahora estaban dormidas. No menosprecie jamás la potencia de preguntar por qué. Suele obligar a replantearse cómo se tiene configurado el servicio y sus debilidades.

SPDM Express genera una dinámica de mejora imparable siempre que esté enmarcado en crear un ambiente de transparencia, de comunicación abierta y cuestionamiento. Ello abrirá, de forma paralela, el proceso de mejora y generará que la Triada de Oro empiece a desarrollarse.

## APLICACIONES PRÁCTICAS DE SPDM EXPRESS

Analicemos ahora dos aplicaciones prácticas Express. Una real y otra que sería una propuesta personal a un problema enunciado en el capítulo 1[14] del libro que todavía no hemos atacado[15].

Gonzalo, el Director de RRHH de la empresa Ángela María, estaba preocupado por los acontecimientos que se estaban desarrollando. Los directivos de las

[11] Don't waste my time, show me!
Don't talk of June, don't talk of fall
Don't talk at all!
Show me!

[12] Recordemos, tareas primarias aquellas son que se deben realizar con tiempo de respuesta 0 minutos. Tareas secundarias, aquellas que pueden agregarse o realizarse en momentos valle.

[13] El egoísmo bien entendido que nos conduce a la solución óptima.

[14] ¿Misterio?, ¿lo adivina?

[15] Y si no lo ataco ahora, se quedará en el tintero.

diferentes áreas no hacían más que pedirle incremento de plantilla y él se sentía francamente incómodo, pues pensaba que no era el camino adecuado. El planteamiento SPDM le parecía atractivo, pero al no ser una dirección de Negocio, no veía bien como convencer a sus colegas de abrir miras y pensar de una forma diferente. Se acogió a la idea de crear un prototipo Express[16] con una UN pequeña cuyo director, Alfredo, era bastante proclive a considerar nuevos enfoques.

Gonzalo hizo una propuesta de Promesa, esencia y rojo pasión que discutió con el CEO. Una vez acordado, se valoraron los criterios y se configuró un esquema de prioridades operativas de servicio.

Realizada esta labor, Gonzalo se focalizó en aprovechar todo lo que la empresa había ya trabajado y podía reusar. Tenían descripciones de puesto de trabajo y evaluaciones 360 que podían ser de gran utilidad. Partieron de las tareas de la descripción de puestos de trabajo para identificar los conocimientos que «oficialmente» debería tener cada puesto. Conjuntamente con Alfredo, revisaron el puesto, su conocimiento y el nivel de escala de conocimiento que Alfredo opinaba que debía existir. De la evaluación 360, extrajeron aquellas personas que habían recibido una evaluación muy satisfactoria y analizaron su perfil de conocimientos para identificar si existían conocimientos que el puesto de trabajo no mencionaba, pero que eran necesarios para la realización óptima de la tarea.

Reunieron al equipo de la UN, unas 30 personas. Presentaron los criterios prioritarios de la Promesa y analizaron conjuntamente con ellos el trabajo de conocimiento realizado para recabar su opinión. Resultado de ello fue el añadir conocimientos y pulir niveles, pues la Promesa y su esencia así lo requerían.

A continuación, se identificaron las actividades primarias y secundarias. Explicando que los cambios en el entorno iban a generar nuevas necesidades de tareas, se pidió a los participantes que tomarán durante una semana datos de consumos de tiempos. Con esta petición, se le entregó a cada uno su cuaderno Moleskine para que fueran apuntando aquellas mejoras de funcionamiento que veían, aportaran ideas de industrialización y apuntaran su «sueño operativo»[17]. Se estructuró toda esta información creando una matriz de capacidades primarias y secundarias y un listado de mejoras propuestas. A partir de ahí, se realizó un plan de acción para atacar la industrialización de algunas tareas, permitiendo así liberar capacidad.

La Figura 16.3 esquematiza cómo desde las tareas se sacan los conocimientos e identifican ocupaciones. El camino es liberar capacidad para poder desarrollar nuevos conocimientos que permitan asumir nuevas tareas.

---

[16] Bastante simplificado como verá usted. Pero ya sabe, cada empresa es un mundo y todo se debe adecuar a las necesidades de cada una.

[17] ¿Recuerda? Aquellas cosas que les gustaría cambiar y que nunca habían cambiado.

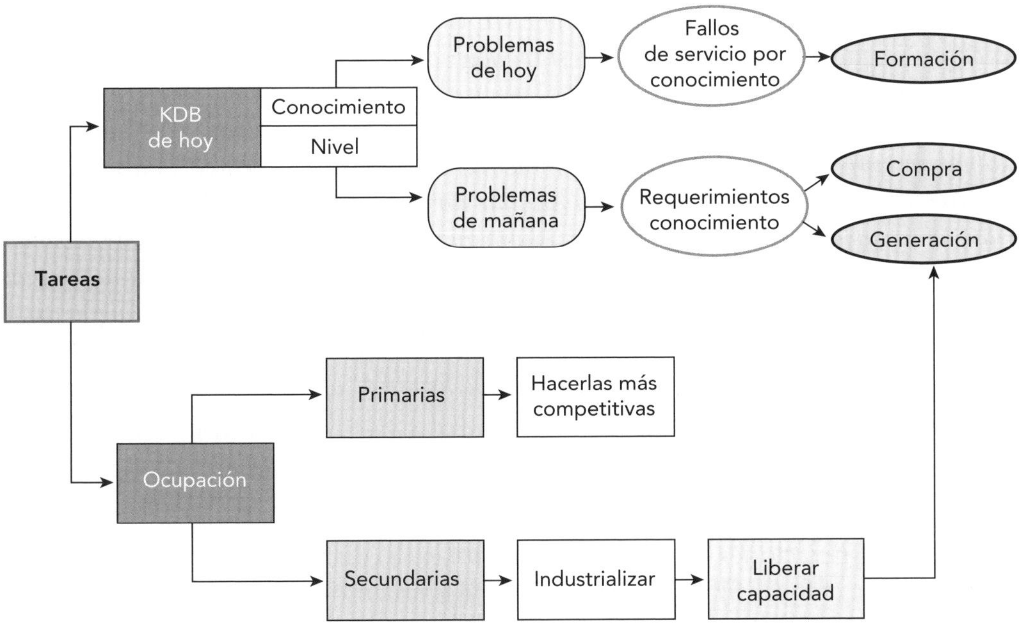


**Figura 16.3.** Esquema de aplicación.

En paralelo, se identificaron los problemas del servicio vigentes y los problemas del servicio que la nueva legislación y cambios del entorno iban a generar. Salieron bancos verdes, reprocesos e ineficiencias. Estas se atacaron y trabajaron, liberando capacidad. Esta capacidad liberada y la readecuación de actividades primarias y secundarias generaron la alternativa de no contratación. La estructura presente, conjuntamente con la industrialización del servicio efectuada, podía asumir nuevas tareas. Se requería formación para desarrollar el *stock* de conocimiento, pero la tasa de ocupación permitía tanto el consumo de tiempo de formación como la asunción de las nuevas tareas.

Después de un trabajo de tres meses, la UN de Ángela María estaba convencida del valor añadido de implantar SPDM Express. A día de hoy no tengo información de si están implantando SPDM de forma más integral, pero el objetivo de Gonzalo de abrir «miras» a algún miembro del equipo directivo se había conseguido. Lógicamente, la forma de «vender» internamente la ampliación de SPDM es demostrar su necesidad para atacar los problemas futuros, mejorar la eficiencia para no tener que incrementar más que la plantilla indispensable y aportar soluciones del servicio de cada día.

Pasemos al otro ejemplo que quiero atacar. ¿Se acuerdan de José Antonio, el amigo de Miguel Ángel en el Capítulo 1 cuando presentábamos el INAEM? Decía José Antonio, DG para EMEA de una multinacional farmacéutica: «*La empresa lo ha pasado mal, cayeron las ventas en la zona sur de EMEA y nos hemos tenido que poner manos a la obra. No quería echar a gente, pero sí reducir costes operativos. Contraté a unos consultores que me implantaron un enfoque* lean *y ahora tenemos menos reprocesos, menos derroche y más margen. Y los tiempos de respuesta se han reducido... Las fábricas no hablaban entre ellas, ni compartían problemas ni experiencias. Cada una iba por su camino. Bueno, esto todavía me pasa. Aunque ha mejorado un poquito con el proyecto lean, tengo un largo trecho de mejora. ...Ahora que ya somos todos "delgados" no sabemos cómo seguir progresando. Y tenemos que mover nuestras empresas de forma mucho más proactiva. Me gustaría dinamitar las formas de hacer actuales para conseguir algún cambio, pero no sé dónde poner las cargas. Esa es ahora mi obsesión. Sacar provecho de todo ese potencial que tengo. Es muy difícil cambiar la forma de operar. Pero hay que hacerlo».*

En el Capítulo 10 hemos propuesto a Miguel Ángel acciones SPDM atacando su SAS. Pues ahora, propongo un SPDM Express para José Antonio.

Una base fundamental de aportación de SPDM, que lo diferencia del resto de modelos de Operaciones, es el uso del conocimiento (Figura 16.4). Por lo tanto, José Antonio debe enfocar SPDM Express por conocimientos.

Si estamos en un modelo Express, debemos abogar por simplicidad. El esquema seguido por Gonzalo en Ángela María puede aplicarse perfectamente en esta situación. La única diferencia es que ahora no emergerán bancos verdes o ineficiencias, pues ya habrán sido limpiados con las actuaciones *lean* acometidas con

| JIT | Lean | Agile | SPDM |
|---|---|---|---|
| No hacer hoy lo que se puede hacer mañana. | No gastar nada en algo que no se necesita. Estandarizar. | Eliminar la incertidumbre evitable. | El recurso más poderoso de una empresa es su conocimiento. |
| No dejar pasar una oportunidad para aprender. | Evaluar todo el desperdicio y todos sus tipos. | Tener un plan B para la incertidumbre residual. | La resolución de problemas como eje organizativo y de acción. |
| La información en la puerta de la fábrica. | Mantener las operaciones en dirección única. | Luchar por tener plazo de entrega 0 min. | Aprender y aplicar el conocimiento al diferencial del servicio. |
| Implantar las sugerencias como motor de integración. | Equilibrar la carga. | Tener estructura operativa con holguras. | Convertir a todos los agentes de operaciones en captadores de necesidades ocultas de los clientes. |
| Búsqueda constante a la solución de problemas. | Hacer público los resultados. | Integrar todos los componentes de la Extended Enterprise. | La Extended Enterprise (empresa ampliada) del conocimiento. |

**Figura 16.4.** Modelos de Operaciones y SPDM.

anterioridad. Todo el trabajo anterior realizado, sea cual sea, aplicando lo que sea[18], se debe aprovechar. El foco de la actuación para José Antonio es ver cómo potenciar el uso conjunto del conocimiento y la solución de problemas entre las fábricas para crear aprendizaje cruzado e incremento de eficiencia a largo plazo. La Figura 16.5 resume como eje «conocimiento» en la implantación sugerida para José Antonio.

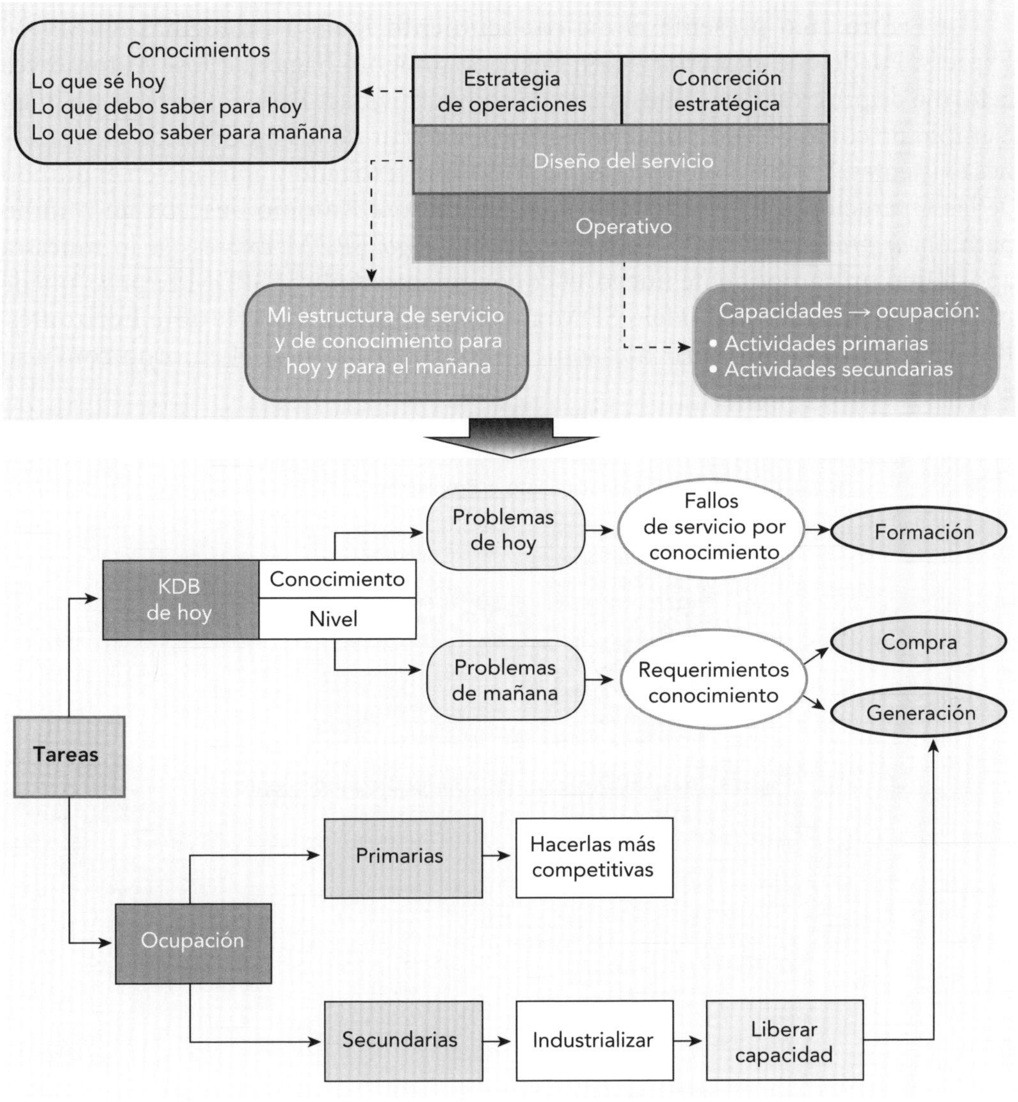


**Figura 16.5.**

[18] *Lean, Agile,* TPS, mejora de procesos, análisis de puestos de trabajos, 360, etc.

Igualmente, si José Antonio decide incluir *servitization*[19] en su propuesta, es posible que necesite nuevo *stock* de conocimiento para sus nuevos servicios y eso le hará mirar sus capacidades para ver si puede liberar ocupación. Siguiendo los pasos de Gonzalo, puede extraer del área de RRHH toda la información existente que le permita diagnosticar qué lagunas de conocimientos tiene que le están impidiendo resolver ciertos tipos de problemas.

La Figura 16.6 presenta el eje conocimiento igual a problemas en SPDM Express. Puede que esta aportación del conocimiento haga que José Antonio vea la forma de progresar en su búsqueda de competitividad. Para nosotros es un buen ejemplo de cómo SPDM puede construirse a partir de los modelos de Operaciones existentes. Y sobre todo aprovechar todo lo investigado y aplicado en el mundo de las Operaciones y los servicios hasta ahora. José Antonio buscaba un camino para *Sacar provecho de todo ese potencial que tengo.* SPDM Express se lo muestra aportando un componente nuevo, el conocimiento. Aplicar SPDM Express puede provocarle entender el modelo SDM al completo y ver cómo le abre horizontes. Recuerde mi obsesión, abrir horizontes para poder afrontar el entorno convulso al que nos enfrentamos.

**Figura 16.6.** SPDM Express con foco conocimiento.

[19] ¿Recuerda? Añadirle la capa servicio a la industria fabril para poder aportar más valor al portafolio de la empresa.

## HEMOS APRENDIDO

- SPDM Express es una forma reducida de aplicación SPDM.
- Su objetivo es hacer un piloto rápido que haga entrever la aportación del modelo SPDM.
- El ser Express lo limita, pero permite «hacer la pregunta adecuada, en el momento oportuno pidiendo la información relevante».
- Pasos.
  — Definir la Promesa, esencia y rojo pasión.
  — Analizar el nivel operativo.
  — Diseñar el servicio, centrándose en el diseño de concepto y la configuración operativa.
  — Ver el conocimiento que se necesita para la reconfiguración del servicio.
  — Implantar.

# Epílogo

Estimado lector, ya hemos llegado al fin y toca hacer el epílogo.

A partir de aquí, se encontrará usted con un Manual creado para ayudarle. Por petición de mi público que me ha solicitado (palabras textuales) «un kit de implementación del modelo SPDM». Yo no voy a hacer un kit, pero sí hemos creado este Manual de guía y apoyo. Recuerde, cada empresa tiene su belleza intrínseca y la gran aportación del directivo es encontrar aquellos elementos que, bien aderezados, pueden generar propuestas diferenciales[1]. Siempre, siempre, siempre, ser diferentes en algo para alguien.

Creo fervientemente en la aportación social de las empresas. No estamos para hacer negocios, estamos para hacer empresas que generen una riqueza a la sociedad y provean de un trabajo retador a sus miembros. Y para eso deben aportar algo diferente. Si no, morirán o serán zombis. Cada día que pasa de mi vida, guardo más respeto por los creadores de empresas, por los emprendedores que generan un bien para todos. Su infatigable esfuerzo, sus desvelos y sus sufrimientos son muy poco reconocidos. Y sin ellos no tendríamos países económicamente sostenibles. Y necesitan ayuda. Mi granito de arena es apoyarles en entender mejor sus empresas y hacerlas eficientemente perdurables.

El otro día un colega me espetó[2]: «Resúmeme tu libro en una frase». Y me quedé en blanco. ¿Resumir una vida profesional en una frase? ¡Menudo reto! Pues ahí va: *Un esquema conceptual para configurar las Operaciones en empresas de servicio, que*

[1] Se lo reconozco, propuesta muy femenina. Somos expertas en hacer resaltar el mínimo resquicio de diferencial que cada una tenemos en nosotras. ¿Estarían de acuerdo mis lectoras féminas?

[2] En este momento estoy pidiendo ayuda con el título del libro. Me salen títulos muy doctos y nada atractivos. Espero que el título que por fin lleve le haya parecido revelador. Esfuerzo estamos poniendo todos, desde mi familia y mi editor, hasta mis colegas, pasando por los PADES a los que estoy ahora dando clase, a quien también voy preguntando.

*mantiene el diferencial de forma sostenida*[3], *tiene como eje el uso del conocimiento y logra que la gente actúe de forma autónoma para cumplir lo prometido*[4].

¿Cuarenta años para esto? Pues sí, y posiblemente alguno más que ¡todavía me queda un trecho de aportación académica! Cada implantación que apoyo o asesoro me enseña algo. Cada clase que doy[5] me abre nuevos retos. Por eso es un caminar constante.

Este libro ha presentado mi modelo Service Problem Driven Management, SPDM, la «Gestión de Empresas de Servicio por Problemas». Aunque posiblemente debería llamarse «por soluciones», dado que la forma de gestionar es por soluciones.

La idea central se basa en dos pilares. Primero, el eje de una empresa de servicios es la solución constante de problemas, puesto que el servicio se finaliza con el cliente y ello acarrea una altísima variabilidad. Segundo, se gestionan cerebros de obra a los cuales hay que «exprimir» de tal forma que aporten un valor diferencial sostenible y sean capaces de llevar acabo «su» solución de problemas de forma autónoma siguiendo las prioridades de la empresa.

Todo ello inmerso en un escenario convulso, en donde los costes de personal son altísimos, se industrializa todo lo industrializable y la tecnología avanza para abrir caminos y sustituir al ser humano en tareas[6].

Las Operaciones deben proveer la infraestructura para hacer eclosionar el cerebro de obra, quitarle esa irritación que conlleva improductividad y facilitarle su crecimiento y divertimento[7].

Este es el entorno del mundo de las Operaciones en empresas de servicios. Enfrentarse a él, sin un esquema conceptual no solo dificulta la tarea, sino que también hace que no se contemplen elementos cruciales. Como me decía una CEO: «Mucho de lo que dices ya lo hago, pero no lo había puesto todo junto y, al ponerlo,

---

[3] Y lógicamente gane dinero. El diferencial aporta el dinero, como decía Steve Jobs: «*put products before profits*».

[4] Un poco larga, ¿no?

[5] Es intelectualmente muy estimulante compartir conocimientos con altos directivos. Desmenuzamos y discutimos, y siempre, siempre, todos aprendemos.

[6] Hasta los chinos están robotizando todo lo robotizable. Sus costes de personal se les han disparado. Claro que también han tratado de poner camaretos robots, y por ahora ha sido un fracaso estrepitoso. Pero seamos honestos, la tecnología nos da mucho pero también nos ha quitado mucho. Como me decían en mi época del Teatro Real, «ahora el telón se baja por ordenador y baja perfecto, han desaparecido las glorias y las glorias eran parte de nuestra forma de vivir...» Nota: las glorias son los movimientos oscilantes que hacia el telón cuando se baja a mano, ¿se acuerda? Subía y bajaba al final, hasta que se quedaba quieto.

[7] Nunca olvide que un cerebro de obra aburrido es un cerebro de obra no productivo.

he visto áreas que desconocía y no tenía en cuenta. SPDM me aporta una estructura para entender lo que estoy haciendo, descubrir lo que no hago, y ver la relación entre ambos.»

Hagamos un último, y breve viaje, de resumen del SPDM presentado en este libro.

Siguiendo la tradición familiar, empezamos con un relato. Un DG del mundo de la cultura y un DG del sector farmacéutico contrastaban problemas y experiencias. Ambos nos daban visiones complementarias, pues el ejemplo de cultura operativamente estaba anclado en el siglo pasado y el farmacéutico había implantado todo lo que los consultores «al día» le habían dicho que debía hacer. Y ambos estaban perdidos, ambos necesitaban un esquema conceptual que les aportara un camino de cómo extraer todo el potencial y la eficiencia de sus Operaciones. Introdujimos el mundo de las Operaciones, explicando en qué consisten. Seguimos presentando SPDM como modelo conceptual y aplicándolo, de forma somera, a la problemática de servicio del sector cultura presentada en el capítulo anterior.

Empezamos a desentrañar SPDM introduciendo los tres actores de las Operaciones y los primeros conceptos de concreción estratégica: Promesa, esencia y rojo pasión. A continuación bajamos al nivel operativo de SPDM para presentar las 6 variables de las Operaciones. Ellas configuran la estructura operativa y sin ellas no podemos alcanzar la eficiencia sostenible. A la capacidad, y su configuración, le dedicamos un capítulo entero, pues su especial relevancia para los servicios así lo requiere.

Presentada la estructura operativa, nos adentramos en la estrategia de Operaciones, cuye eje diferencial es el conocimiento. Dedicamos un capítulo a entender cómo identificarlo y aplicarlo, manejando el concepto *stock* de conocimiento. Identificamos su competitividad, sus niveles y sus lagunas. Y vimos cómo materializarlo y estructurarlo. Pero ¿quiénes generan conocimiento? Los cerebros de obra, cuyo potencial hay que exprimir para así dar valor a su trabajo. Se les exprime retándoles y funcionando por soluciones, no por problemas. Ello significa entender la estructura de los problemas y cómo facilitar su aceptación. Estas, más otras consideraciones, fueron el objeto del siguiente capítulo.

Los altos costes de personal no nos dejan más alternativa que industrializar todo lo industrializable. Por ello, en el capítulo sobre el enfoque «moderno» a la industrialización, se presentaron no solo las ideas clásicas, sino cómo crear una infraestructura para industrializar la solución de problemas informales. Industrializar no debe ser sinónimo de rigidez, debe aportar valor al liberar capacidad del cerebro de obra.

Entramos de lleno en el segundo nivel SPDM, el diseño de la estructura operativa, presentando el rediseño de servicio como alternativa constructiva a la demoledora reducción de costes. Rediseñar el servicio requiere entender los conceptos básicos sobre ello y ver al cliente como un miembro de una «tribu» específica, la persona, que necesita un servicio determinado.

Rediseñar el servicio no puede mantenerse a un nivel abstracto, debe bajarse a la realidad de implantación. Aparece aquí la SAS, Secuencia de Actividades de Servicio, como esquema conceptual para diseñar la estructura operativa. Presentadas todas las actividades de la SAS, la búsqueda de la mejora constante de servicio tuvo su capítulo basado en un enfoque de pequeñas mejoras, «mil mejoras de mil». La calidad, inseparable compañera en cualquier esquema de Operaciones, hizo su aparición, recuperando su propuesta originaria de cumplimiento de especificaciones haciendo las cosas bien hechas. Como último concepto de la SAS, atacamos la forma de extraer de los clientes sus demandas latentes para poder generar nuevas prestaciones de servicio. Aunque no queramos cambiar, el mundo cambia. Por ello siempre hay que ir 5 minutos por delante de la demanda identificando oportunidades que sólo los involucrados en la prestación del servicio pueden «pescar».

Una vez presentado el esquema completo SPDM, quedaba por atacar, posiblemente, lo más complejo: la implantación efectiva del modelo. Para ello, se introdujo el esquema de las 9 preguntas como la manera de lograr autonomía y proactividad de todos los miembros de la Organización. Conseguir que los planes se ejecuten, y los acontecimientos sean los deseados por la dirección, requiere no únicamente un plan de ataque estructurado a través de las 9 preguntas, sino también instaurar el «estilo» SPDM: «productividad-felicidad-soluciones». Se logra aplicando el enfoque de gestión «dirigir es servir». Unido a él se estructura una organización chata, en donde las Unidades de Conocimiento se convierten en el esquema propuesto para velar por la generación de conocimiento necesario para cumplir con el servicio prometido hoy y mañana.

Finalizamos la parte conceptual del libro con la propuesta de SPDM Express como una forma de conseguir, de forma sencilla, un entendimiento básico de las Operaciones entreviendo los resultados que el modelo completo puede aportar. Retomamos la problemática del relato inicial del directivo farmacéutico, para presentar ideas de consecución de soluciones. «Hacer la pregunta adecuada, en el momento oportuno, pidiendo la información relevante» significa no solo entender el problema de Operaciones, sino ver también huecos que quedan después de aplicar todo lo que está de moda en el mundo de las Operaciones. SPDM Express aporta respuesta a esta necesidad.

Este viaje, que le acabo de describir, lo he aderezado con ejemplos de empresas, a veces con sus nombres reales, otras con nombres ficticios. Unas sacadas de mi experiencia personal, otras sacadas de la investigación. Todas han aportado una bajada al terreno y propuestas para facilitar la trasmisión de conceptos.

Un objetivo importante de este libro es crear una «lógica de actuación» que facilite el diálogo en la empresa. Crear un discurso entendible y asimilable por todos los miembros de la Organización es un elemento esencial para la eficiencia. Se pierde mucha energía en malentendidos provocados por palabras que no son incorporadas de forma correcta, pues cada uno aplica «su» traducción. SPDM[8] permite generar un lenguaje común que facilita la comprensión y focaliza la productividad a largo plazo. Como bien resaltábamos en un anterior libro (Muñoz-Seca y Riverola, 2007), «lo importante es ocuparse, no preocuparse». Crear un lenguaje común entendible por todos es un paso esencial para ello. Recuerde, un servicio 5 estrellas requiere que se hable en plural.

Le dejo con el Manual, si quiere usted ir al grano y ponerse a implantar. O para que se lo dé a sus colaboradores y lo usen como guía. Le recuerdo, mi objetivo no es dar recetas[9], ni pasos a seguir de forma mecanicista. Quiero abrir horizontes. Espero que SPDM le ayude a ello y le aporte un esquema para reflexionar y alcanzar sus metas de excelencia del servicio.

Hasta siempre, estimado lector, ¡buen viaje a Ítaca![10]

*Cuando emprendas tu viaje a Ítaca*
*pide que el camino sea largo,*
*lleno de aventuras, lleno de experiencias*

*Ten siempre a Ítaca en tu mente.*
*Llegar allí es tu destino.*

C. P. Cavafis. *Antología poética.* Alianza Editorial, Madrid, 1999.

[8] Apoyado por su Diccionario, que usted debe cambiar para traducirlo al diccionario de «su» empresa.

[9] No se deje embaucar y seducir por gente que se las entregue como la panacea. Son disruptivas pues no provocan que usted piense. Y lo más importante es que piense y encuentre diferenciales en sitios donde nadie antes los había encontrado.

[10] Ítaca es la patria de Ulises (Odiseo), cuyo regreso al hogar constituye el tema central de la *Odisea* de Homero. El poeta Griego C. P. Cavafis. escribió el poema de «Viaje a Ítaca» relacionándolo con el cumplimiento de los sueños de cada uno.

# Manual

Iniciamos la sección dedicada al Manual. Será una descripción de pasos que aporten los esquemas necesarios para facilitar la implantación de SPDM.

El Manual está escrito de una forma sintética, aportando preguntas-guía y plantillas de actuación. Su objetivo es servirle de apoyo y propiciar una reflexión sobre los puntos clave que usted estime debe atacar para el cumplimiento de SPDM.

Pongo a su disposición formularios que he ido numerando de forma secuencial para poder identificar, de forma ágil, la sección a la que pertenecen. Estos formularios son de apoyo. Puede que usted considere más útil solo utilizar los pasos que guían. Ajuste su forma de operar a aquello que le resulte más KISS[1].

El Manual está dividido en 7 secciones:

A. ¿Qué quiero?

B. ¿Cómo hago que hagan?

C. ¿Cómo me hago más eficiente?

D. ¿Qué sé, qué no sé y qué debo saber?

E. ¿Puedo pensar en un diseño diferente del servicio?

F. ¿Cómo apoyo a mi gente para resolver problemas?

G. ¿Se me olvida algo para conseguir un éxito en la implantación?

En cada sección vienen identificados, con el sello EXPRESS, aquellos elementos que se incluyen en la propuesta exprés descrita en el Capítulo 16.

---

[1] Debo reconocer una debilidad por los formularios. Pero si usted no la tiene, invente el suyo o use una hoja en blanco siguiendo la guía. Haga aquello que le resulte más fácil y amigable. No es mi deseo adoctrinar a nadie, solo ayudar.

***¿Qué quiero?***

| A |
|---|
| Promesa |
| Sueño del servicio |
| Esencia |
| Rojo Pasión |
| 5 MMVs |

***¿Cómo hago que hagan?***

| B |
|---|
| 9 Preguntas |
| Matriz innovaciones |
| Icosálogo |

***¿Cómo me hago más eficiente?***

| C |
|---|
| Capacidades |
| Procesos |
| Tiempos & flujos |
| SI & RC |
| Perfil RRHH |

***¿Qué sé, qué no sé y qué debo saber?***

| D |
|---|
| Problemas = Conocimientos |
| KDB |
| VOC del I al V |
| Empresa ampliada conocimiento |
| UC |

***¿Puedo pensar en un diseño diferente del servicio?***

| E |
|---|
| Viaje cliente |
| Apoyo solución problemas |
| Configuración 6 variables |
| Observar/escuchar DNP |
| CIS |

***¿Cómo apoyo a mi gente para resolver problemas?***

| F |
|---|
| Reglas heurísticas |
| Técnicas de creatividad |
| Los agentes de la innovación |
| Relevancia/importancia |
| *Check-list* Formación |

***¿Se me olvida algo para conseguir un éxito en la implantación?***

| G |
|---|
| *Check-list* SPDM |

Repasemos las secciones que se han resumido en la figura anterior.

**A.** Primero, debe identificar «¿Qué quiere?», para lo cual:

- Sintetice la estrategia de la empresa en una frase: la Promesa. Traduzca en criterios sus cinco dimensiones, priorícelas y construya un mensaje claro para toda la organización. Esta priorización será la base para configurar la capa operativa.

- Especifique el sueño del servicio para identificar el objetivo último que se quiere lograr.
- Defina la Esencia, el ADN, y el Rojo Pasión, aquello que sustenta a la esencia. Jamás se deben perder o diluir.
- Identifique los Momentos de la Verdad o aquellos momentos en donde nos jugamos el servicio. Priorícelos según su efecto sobre las prioridades de la Promesa.

**B.** Ahora conjugue la infraestructura para que sus cerebros de obra actúen proactivamente:

- Proponga el esquema de las 9 preguntas orientadas a identificar qué se hace, quién lo hace y cómo se hace. Permite identificar los factores de bloqueo que impiden la proactividad.
- Partiendo de estos factores de bloqueo, construya proyectos para destruirlos. Con la ayuda de la matriz de innovaciones identifique el efecto que cada proyecto tendrá sobre la organización.
- Trabaje su propio perfil de directivo-educador a través del Icosálogo, midiendo su progreso a través de los indicadores diseñados.

**C.** A continuación, destruya la irritación del cerebro de obra e incremente su productividad operativa actuando sobre las 6 variables de las operaciones:

- Realice una matriz de capacidades para identificar la tasa de ocupación de los agentes, diseñar su estructura adecuada a su Promesa y saber la producción de servicio que puede acometer.
- Analice los procesos para cuestionárselo todo y hallar ineficiencias.
- Identifique los 7 tiempos, estudie el *layout* de su servicio y el flujo de movimiento de sus clientes.
- Analice sus reglas operativas, qué información se necesita para decidir y quién es decisor estratégico y operativo.
- Analice el perfil de RRHH que tiene y el que requiere su servicio.

**D.** Tras liberar capacidad del cerebro de obra, pasamos a identificar el *stock* de conocimiento. El paradigma problema = conocimiento permite modificar el vocabulario. A partir de este momento una persona se identifica por su *stock* de conocimiento y su capacidad de resolver el portafolio de problemas al que se enfrenta. Si no tiene *stock* de conocimiento para ello o se le desarrolla o se adjudica el problema a personas que sí lo tengan:

- De los procesos salen las actividades y de ahí los conocimientos que se aplican para realizarlas.
- De las decisiones salen los problemas que se resuelven y de ahí los conocimientos que se aplican en cada decisión.
- Use la herramienta del Ishikawa para descomponer aquellos problemas que no se entienden.
- A través de la unión problemas = conocimiento, identifique los conocimientos necesarios para resolver cada problema.
- Genere una Base de Datos de Conocimiento (KDB) siguiendo la estructura VOC.
- Valore cada conocimiento de I a V, usando la escala matriz ACC.
- Identifique sus lagunas de conocimiento.
- Identifique qué conocimiento debe haber en la empresa y cuáles deben estar en la empresa ampliada.
- Implante Unidades de Conocimiento como manera de desarrollar el conocimiento para resolver los problemas de hoy y de mañana.

**E.** A partir de aquí, se encuentra usted en disposición de diagnosticar su servicio y proponer configuraciones diferentes para atacar los bloqueos operativos con los que se encuentra. Para ello cuenta con la Secuencia de Actividades de Servicio, SAS, que propicia la definición de las actividades para la consecución de la implantación operativa del servicio:

- Use el Viaje del Cliente para conocer la realidad del diseño de su servicio.
- Al identificar los Puntos de Contacto, enuncie los problemas que un cliente se encuentra en su viaje.
- Configure sus variables operativas siguiendo las prioridades de su Promesa.
- A través de la observación y la escucha activa, entrene a sus agentes en detectar las demandas latentes de los clientes.
- Implante el Ciclo de Innovación de Servicios, CIS, para generar nuevos servicios o servicios complementarios a los actuales.

F. Apoye a sus agentes a resolver problemas, a generar ideas y a desarrollar un enmarque para entender el impacto de la solución de los problemas. El diseño del plan de formación SPDM apoyará el relleno de las lagunas de conocimiento detectadas para la eficiente solución de los problemas:

- Proporcione reglas heurísticas para ayudar a comprender mejor el problema y su origen.
- Incluya técnicas de creatividad para fomentar la creación de nuevas estrategias mentales y la aportación de soluciones novedosas a los problemas ya existentes.
- Identifique el papel que cada agente juega en el proceso de innovación.
- Utilice herramientas para generar una teoría de expectativas para que cada agente prevea la repercusión de sus actuaciones.
- Aprenda cómo la innovación generada incrementa el *stock* de conocimiento de la empresa.
- Genere una guía de diseño del plan de formación de la empresa.

G. Por último, utilice una *check-list* en la implantación SPDM para identificar todos los elementos y analizar aquellos que requieren más intensidad de atención en la implantación.

Mi idea con este Manual es acompañarle, espero que lo encuentre práctico y efectivo. Para su facilidad de seguimiento si necesita refrescar conceptos, cada sección lleva al lado una estrella 1 que indica el capítulo del libro en donde se refieren los conceptos.

¡Disfrute mucho en la implantación y vaya siempre poniendo hitos rápidos para que su gente vaya viendo progreso[2]!

[2] Si no ofendo a nadie, a mí el planteamiento *quick and dirty* me va. Resultados rápidos para que la gente vea actuaciones, que luego se irán puliendo poco a poco hasta llegar a un resultado más perfecto. Pero es imprescindible ver progresión. La gente se desinfla si no ve cómo el camino da resultados. Sé que es un poco «a lo Machado (se hace camino al andar…)» pero en nuestra sociedad actual de rapidez de actuaciones, este planteamiento se hace cada vez más imprescindible.

# A. ¿QUÉ QUIERO? 3

## I. Promesa

- Partiendo de la estrategia, sintetice en una frase lo que la empresa promete a sus clientes.

| | |
|---|---|
| Promesa | |

- Traduzca la Promesa en criterios para las cinco dimensiones (coste, tiempo, amplitud, innovación y consistencia). Vaya dimensión a dimensión y sitúe la traducción de cada criterio en el formulario.

**F.A1**

| Dimensión | Criterio (concreción de la dimensión en su empresa) |
|---|---|
| Coste | |
| Tiempo | |
| Gama | |
| Innovación | |
| Consistencia | |

- Priorización de los criterios: asigne a cada criterio un valor. Deben sumar 10 puntos. No reparta los valores de forma homogénea, esto hará disfuncional el ejercicio. La asignación viene generada por la importancia que cada criterio tiene para el cumplimiento de la Promesa. ¡Sea rotundo en la valoración!

**F.A2**

| Dimensión | Criterio | Puntuación |
|---|---|---|
| Coste | | |
| Tiempo | | |
| Gama | | |
| Innovación | | |
| Consistencia | | |
| SUMA | | 10 |

## II. Sueño del servicio

Todo directivo tiene un sueño del servicio. Aquello que desearía ver en la realidad. Su lista «secreta».

- ¿En qué consistiría su sueño?
- Especifique cuáles son los atributos que daría a su sueño del servicio.

F.A3

| | |
|---|---|
| El sueño del servicio | |

## III. Esencia

El ADN de la empresa. ¿Qué es aquello que constituye el eje diferencial de la empresa? ¿Qué elemento diferenciador tenemos que nos hace únicos?

- ¿Cuál es la base en la que se sustenta la identidad de la empresa?
- ¿Qué aspecto crearía un vacío importante si lo eliminásemos?
- ¿Qué echarían los clientes de menos si lo retirásemos de nuestro servicio?

Identificarla con una palabra.

F.A4

| | |
|---|---|
| Esencia | |

## IV. Rojo pasión

Aquello que sustenta la esencia. Elementos dentro de la estructura operativa que hacen realidad la esencia de la empresa.

Defina:

- ¿Qué componente del servicio hace realidad la esencia de la empresa?
- ¿Qué consecuencia tendría para el cumplimiento de la esencia el eliminarlo?

F.A5

| | |
|---|---|
| Rojo pasión | |

## V. Problemas que dificultan la consecución de la Promesa

F.A6

| | | Coste | Tiempo | Amplitud | Innovación | Consistencia | Valor total (suma) |
|---|---|---|---|---|---|---|---|
| | Criterio: | | | | | | |
| | Valor: | | | | | | |
| | Problemas | | | | | | |
| 1 | | | | | | | |
| 2 | | | | | | | |
| 3 | | | | | | | |
| 4 | | | | | | | |
| 5 | | | | | | | |
| 6 | | | | | | | |
| 7 | | | | | | | |
| 8 | | | | | | | |
| 9 | | | | | | | |
| 10 | | | | | | | |

## VI. Los Momentos de la Verdad

Este paso consiste en identificar los momentos críticos de interacción con los clientes, o Momentos de la Verdad (MMV). Un MMV es aquella situación en que «te la juegas» con el cliente. Para enumerar los MMV sugiero identificar:

- *Los puntos de interacción*: los momentos en los que hay interacción con el cliente.
- *Los riesgos*: análisis de lo que puede ir bien y lo que puede ir mal en cada interacción.
- *El proceso de interacción*: análisis del proceso de interacción empresa-cliente.

F.A7

| Puntos de interacción | Riesgos: ¿qué puede ir bien/mal? | Proceso de interacción | MMV |
|---|---|---|---|
| *Momentos en que hay interacción con el cliente* | *Análisis de lo que puede ir bien y lo que puede ir mal, o de cuáles son los riesgos* | *Breve descripción del proceso de interacción* | *Describir MMV* |
| | | | |
| | | | |
| | | | |
| | | | |
| | | | |

- Una vez identificados los MMV y habiendo creado una lista, es necesario focalizar los 5 MMV más críticos para el servicio. La identificación de estos 5 MMV se genera analizando qué MMV impactan a las dimensiones prioritarias de la Promesa:

  — Cumplimente la franja superior indicando la traducción de la Promesa en cada criterio y añada a continuación la valoración que se ha hecho de las mismas. A continuación, liste los MMV que se han detectado en la primera columna y pase a categorizarlos en función de cómo impacten en las variables descritas:

    - Si el MMV impacta en el criterio, marque 1.
    - Si el MMV no tiene impacto en el criterio, marque 0.
    - Para hallar la valoración total de cada MMV, multiplique la valoración resultado del impacto sobre el criterio (0/1) por el valor del criterio; a continuación, sume los resultados obtenidos en toda la línea.

  — Sume los valores y ordene extrayendo los 5 MMV más valorados.

**F.A8**

| | Coste | Tiempo | Amplitud | Innovación | Consistencia | Valor total (suma) |
|---|---|---|---|---|---|---|
| Criterio: | | | | | | |
| Valor: | | | | | | |
| Problemas | | | | | | |
| | | | | | | |
| | | | | | | |
| | | | | | | |
| | | | | | | |
| | | | | | | |
| | | | | | | |
| | | | | | | |
| | | | | | | |
| | | | | | | |
| | | | | | | |

# B. ¿CÓMO HAGO QUE HAGAN? 14

## I. Las 9 preguntas

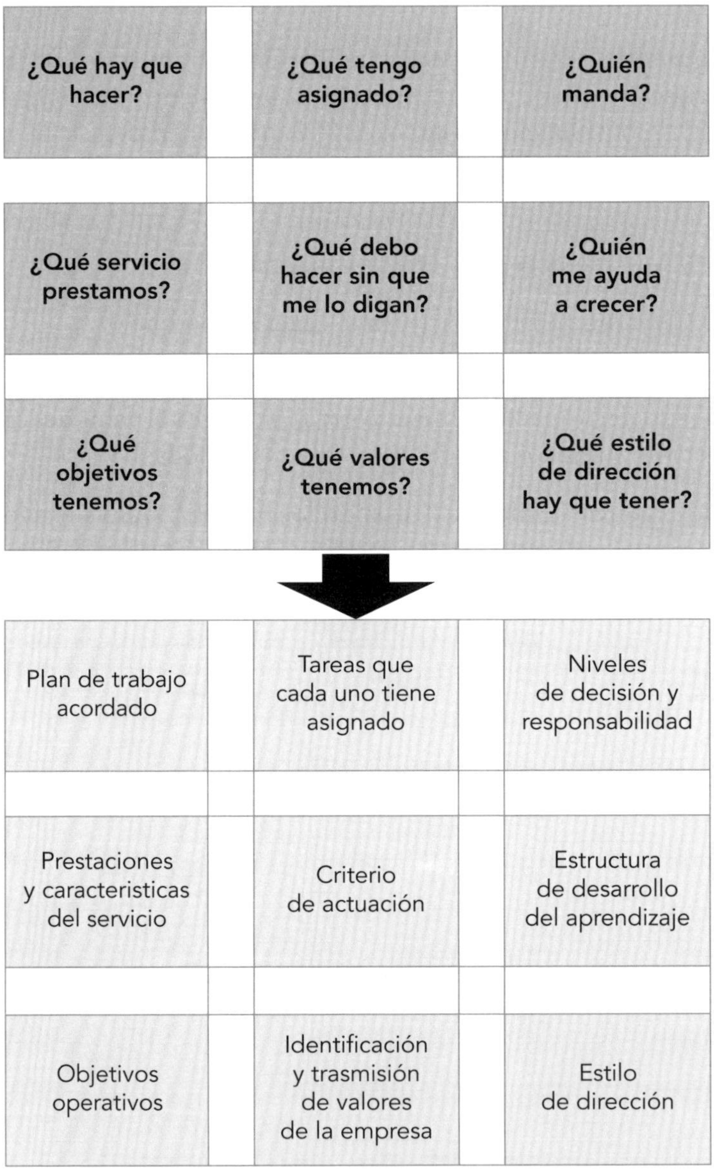


**Figura 1.** Las 9 preguntas.

- Seleccione a un equipo y pídales que identifiquen los factores de bloqueo que impiden que las 9 preguntas se respondan adecuadamente.

**F.B1**

| | | |
|---|---|---|
| 1. *¿Qué hay que hacer?* Plan de trabajo acordado | 2. *¿Qué tengo asignado?* Tareas que cada uno tiene asignadas | 3. *¿Quién manda?* Niveles de decisión y responsabilidad |
| | | |
| 4. *¿Qué servicio prestamos?* Prestaciones y características del servicio | 5. *¿Qué debo hacer sin que me lo digan?* Criterios de actuación | 6. *¿Quién me ayuda a crecer?* Estructura de desarrollo del aprendizaje |
| | | |
| 7. *¿Qué objetivos tenemos?* Objetivos operativos | 8. *¿Qué valores tenemos?* Identificación y trasmisión de valores de la empresa | 9. *¿Qué estilo de dirección hay que tener?* Estilo de dirección |
| | | |

- Extraiga de cada cuestionario los factores de bloqueo, únalos por numeración y lístelos.

**F.B2**

| | |
|---|---|
| 1 | Plan de trabajo acordado |
| 1 | |
| 1 | |
| 1 | |
| 2 | Tareas que cada uno tiene asignadas |
| 2 | |
| 2 | |
| 2 | |
| 3 | Niveles de decisión y responsabilidad |
| 3 | |
| 3 | |
| 3 | |

| | |
|---|---|
| 4 | Prestaciones y características del servicio |
| 4 | |
| 4 | |
| 4 | |
| 5 | Criterios de actuación |
| 5 | |
| 5 | |
| 5 | |
| 6 | Estructura de desarrollo de aprendizaje |
| 6 | |
| 6 | |
| 6 | |
| 7 | Objetivos operativos |
| 7 | |
| 7 | |
| 7 | |
| 8 | Identificación y trasmisión de valores |
| 8 | |
| 8 | |
| 8 | |
| 9 | Estilo de dirección |
| 9 | |
| 9 | |
| 9 | |

- Añada los problemas encontrados para el cumplimiento de la Promesa (F.A6).
- Valore los factores de bloqueo según las prioridades de la Promesa. Para ello:
  - — Introduzca en la parte superior del F.B3 las dimensiones/criterios/valoración de la Promesa.
  - — Aplique el valor de cada criterio a cada factor de bloqueo.
  - — Súmelos.

F.B3

| | Valor | Valor | Valor | Valor | Valor | |
|---|---|---|---|---|---|---|
| Dimensión | Coste | Tiempo | Innovación | Amplitud | Consistencia | Suma Valores |
| Criterio | | | | | | |
| Problemas de la Promesa | | | | | | |
| P | | | | | | |
| P | | | | | | |
| P | | | | | | |
| P | | | | | | |
| P | | | | | | |
| P | | | | | | |
| P | | | | | | |
| P | | | | | | |
| Plan de trabajo acordado | | | | | | |
| 1 | | | | | | |
| 1 | | | | | | |
| Tareas que cada uno tiene asignadas | | | | | | |
| 2 | | | | | | |
| 2 | | | | | | |
| Niveles de decisión y responsabilidad | | | | | | |
| 3 | | | | | | |
| 3 | | | | | | |
| Prestaciones y características del servicio | | | | | | |
| 4 | | | | | | |
| 4 | | | | | | |
| Criterio de actuación | | | | | | |
| 5 | | | | | | |
| 5 | | | | | | |

| | | | | | | |
|---|---|---|---|---|---|---|
| Estructura de desarrollo del aprendizaje | | | | | | |
| 6 | | | | | | |
| 6 | | | | | | |
| Objetivos operativos | | | | | | |
| 7 | | | | | | |
| 7 | | | | | | |
| Identificación y trasmisión de valores de la empresa | | | | | | |
| 8 | | | | | | |
| 8 | | | | | | |
| Estilo de dirección | | | | | | |
| 9 | | | | | | |
| 9 | | | | | | |

- Mantenga el número de origen (o P de problemas de la Promesa) de cada factor de bloqueo, pero haga desaparecer las preguntas y conviértalo en una lista corrida.
- Ahora cada factor de bloqueo solo tendrá el número de origen y su valor.
- Partiendo del valor de cada uno, organícelos de mayor a menor.

**F.B4**

| | | | | | | |
|---|---|---|---|---|---|---|
| P | | | | | | 0 |
| P | | | | | | 0 |
| P | | | | | | 0 |
| P | | | | | | 0 |
| 1 | | | | | | 0 |
| 1 | | | | | | 0 |
| 2 | | | | | | 0 |
| 2 | | | | | | 0 |
| 3 | | | | | | 0 |
| 3 | | | | | | 0 |

| | | | | | | |
|---|---|---|---|---|---|---|
| 4 | | | | | | 0 |
| 4 | | | | | | 0 |
| 5 | | | | | | 0 |
| 5 | | | | | | 0 |
| 6 | | | | | | 0 |
| 6 | | | | | | 0 |
| 7 | | | | | | 0 |
| 7 | | | | | | 0 |
| 8 | | | | | | 0 |
| 8 | | | | | | 0 |
| 9 | | | | | | 0 |
| 9 | | | | | | 0 |

- De este listado de los bloqueos más valorados, configure proyectos de actuación para destruir esos bloqueos.
  - Se pueden conjugar factores de bloqueo de valor elevado con factores de boqueo de menos valor, pero siempre manteniendo el espíritu de los de mayor valor.
- Liste los proyectos que han surgido de los factores de bloqueo de las 9 preguntas.

F.B5

| Listado de proyectos | Denominación (máximo dos siglas) |
|---|---|
| | |
| | |
| | |

## II. La matriz de innovaciones 13

- Sitúe los proyectos en la matriz de innovaciones. Recuerde los tipos de problemas que puede generar cada proyecto:

| Tipos de problemas | |
|---|---|
| Estructurados | Aquellos que se pueden resolver mediante la aplicación de una secuencia de operaciones o «proceso» de resolución de problemas. Las soluciones a estos problemas vendrán con un proceso de solución aplicativo. |
| No estructurados | Aquellos para los que, *a priori*, resulta imposible determinar qué soluciones son satisfactorias. Las soluciones a estos problemas vendrán con un proceso de solución exploratorio. |

- Evalúe *a priori* qué efecto podrá tener cada proyecto sobre la Organización.

| Categorización de proyectos | |
|---|---|
| Incrementales | Proyectos cuya implantación de cambios tendrá un alcance local y que supondrá un pequeño cambio.<br>Atacan problemas estructurados y de baja variedad. |
| Por extensión | Proyectos cuya implantación tendrá un efecto en diferentes unidades si bien no serán grandes cambios; requerirán de la coordinación de varios departamentos.<br>Atacan problemas estructurados y con una elevada variedad. |
| Radicales | Proyectos cuya implantación tendrá un alcance local, pero de gran impacto.<br>Atacan problemas no estructurados de baja variedad. |
| Revolucionarios | Proyectos cuya implantación tendrá un elevado impacto en el total de la empresa y que requerirán de una gran coordinación entre las distintas unidades.<br>Atacan problemas no estructurados y con una elevada variedad. |

- Sitúe los proyectos en cada cuadrante de la matriz de innovaciones.
- Evalúe si la Organización puede asumir las innovaciones que los proyectos generan.
  - — Ataque el plan de acción de cada proyecto una vez evaluado su impacto organizativo.

F.B6

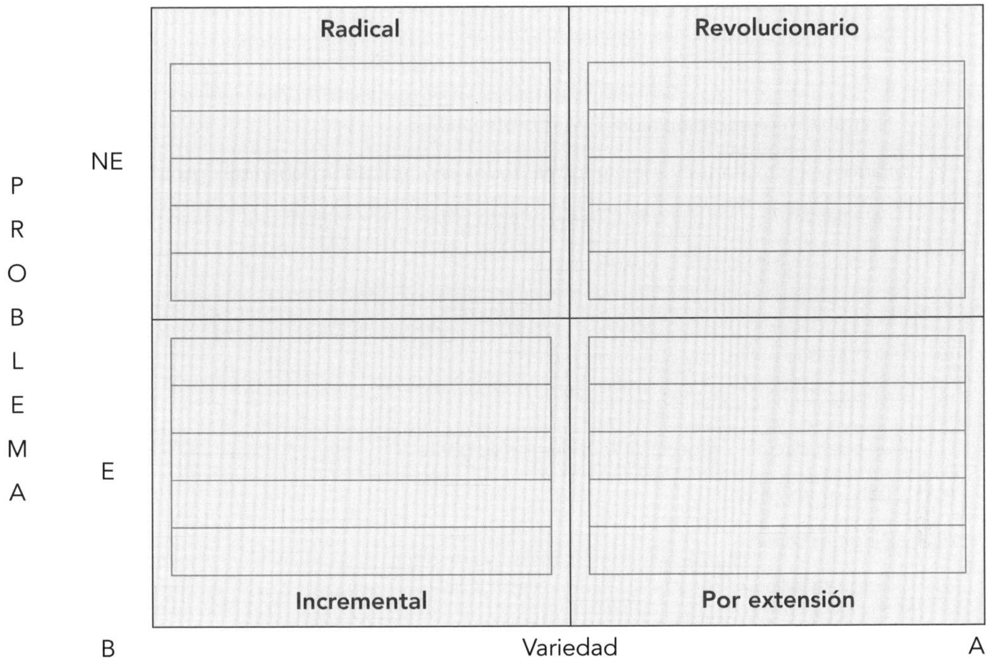


## III. El Icosálogo

- Son 20 reflexiones que se deben traducir en indicadores para lograr gestionar como directivo-educador.

| | Eficiencia |
|---|---|
| 1 | Somos las Operaciones del Sí, no las Operaciones del No |
| 2 | Hazlo sencillo, ya se complicará solo |
| 3 | El sentido de las Operaciones: ¿por qué? |
| 4 | No queremos una mejora de 1 millón de €, sino 1.000 mejoras de 1.000 |
| 5 | Todo es cuestionable una vez, hasta que nos ponemos de acuerdo |
| 6 | Hay que estar «pegado a las Operaciones» |
| 7 | Solo se puede ser Director General de 8:00 a 8:05 de la mañana |
| 8 | Hay que estar preparados cinco minutos antes |

**Figura 2.** *Continúa*

| Atractividad | |
|---|---|
| 9 | No me traigas problemas, tráeme soluciones |
| 10 | Seamos agresivos y audaces, pero honestos |
| 11 | No trabajemos sobre opiniones, sino sobre hechos |
| 12 | Para que las mejoras puedan funcionar todos los implicados deben salir ganando *(win-win)* |
| 13 | Para ser *world class* hay que tener el talento y darle cancha para que se manifieste |
| 14 | Un buen directivo debe repartir cartas |
| **Unidad** | |
| 15 | No hay que hacer, hay que hacer hacer |
| 16 | Donde tú no llegues, llegaré yo |
| 17 | Un buen directivo sabe sacar lo mejor de su gente |
| 18 | Trabajamos en plural |
| 19 | Dirigir es servir |
| 20 | Dirigir es educar |

**Figura 2.** *Continuación*

- Los indicadores deben ser formulados de manera homogénea de cara a poder puntuarlos *a posteriori* (n.º veces/día-semana-mes, porcentajes, etc.).
- Cada reflexión tiene una pregunta-guía que le ayudará a identificar el indicador más acorde con su empresa.

| Eficiencia | | |
|---|---|---|
| 1 | Somos las Operaciones del Sí, no las Operaciones del No | ¿Qué hago para que la actitud ante un problema sea positiva? |
| 2 | Hazlo sencillo, ya se complicará solo | ¿Qué cosas son complicadas de hacer? ¿Dónde tengo líos? |
| 3 | El sentido de las Operaciones: ¿por qué? | ¿Cómo hago para que la gente piense en las causas de lo que pasa? |
| 4 | No queremos una mejora de 1 millón de € sino 1.000 mejoras de 1.000 | ¿Cómo hago para que encuentren mejoras de 1.000 €? |
| 5 | Todo es cuestionable una vez, hasta que nos ponemos de acuerdo | ¿Volvemos siempre a los mismos problemas? ¿Qué hago para zanjar temas? |

**Figura 3.** *Continúa*

| | | |
|---|---|---|
| 6 | Hay que estar «pegado a las Operaciones» | ¿Estoy en contacto diario con la realidad del servicio? |
| 7 | Solo se puede ser Director General de 8:00 a 8:05 de la mañana | ¿Gastamos mucho tiempo en las reuniones en cuestionar a dónde va la empresa? |
| 8 | Hay que estar preparados cinco minutos antes | ¿Cómo hago para que mi gente anticipe los problemas y esté preparada para resolverlos? ¿Tengo culpables? |
| | **Aprender** | |
| 1 | No me traigas problemas, tráeme soluciones | ¿Cómo desarrollo en mi gente la capacidad de resolver problemas? ¿Cómo identifico sus lagunas de conocimientos? |
| 2 | Seamos agresivos y audaces, pero honestos | ¿Creo un clima de honestidad? ¿Reconozco cuando me equivoco? ¿Dejo que mi gente me lleve la contraria? |
| 3 | No trabajemos sobre opiniones, sino sobre hechos | ¿Trabajamos sobre métodos que se basan en hechos? ¿Hablamos mucho de estómago? ¿Tenemos metodologías de análisis? |
| 4 | Para que las mejoras puedan funcionar todos los implicados deben salir ganando *(win-win)* | ¿Tengo detectado cómo gana cada uno? ¿Sé lo que quiere cada persona de mi equipo? |
| 5 | Para ser *world class* hay que tener el talento y darle cancha para que se manifieste | ¿Cómo gestiono a mis cerebros? ¿Les clarifico las prioridades de mi servicio? ¿Soy consistente entre lo que digo y lo que hago? |
| 6 | Un buen directivo debe repartir cartas | ¿Les prevengo de los problemas? ¿Dejo que actúen y luego evalúo con ellos? |
| | **Integrar** | |
| 1 | No hay que hacer, hay que hacer hacer | ¿Bajo demasiado al detalle? ¿Doy libertad para que decidan? ¿Les acompaño en sus decisiones? |
| 2 | Donde tú no llegues, llegaré yo | ¿Estoy a disposición de mis colaboradores para que acudan a mí cuando lo necesitan? ¿Puedo aportarles ideas? |
| 3 | Un buen directivo sabe sacar lo mejor de su gente | ¿Me obsesiona el futuro de mi gente en la empresa? ¿Provoco su crecimiento cuestionándoles? ¿Les apoyo para que rellenen sus lagunas de conocimientos? |
| 4 | Trabajamos en plural | ¿Tomamos decisiones en consenso? ¿Respeto la opinión del especialista? |
| 5 | Dirigir es servir | ¿Apoyo sus decisiones? ¿Creo el entorno propicio para que compartan sus problemas conmigo? ¿Les apoyo cuando han cometido un error? |
| 6 | Dirigir es educar | ¿Busco maneras de que aprendan? ¿Entiendo sus diferencias individuales? ¿Ajusto los retos a su nivel de conocimientos? ¿Se frustran? ¿Introduzco innovaciones para que aprendan? |

**Figura 3.** *Continuación*

- Consensue los indicadores con su grupo de colaboradores más cercano. Este es un trabajo en equipo que debe ser seguido de forma conjunta.
- Reparta un juego de cada una de las categorías de indicadores al equipo; dé las siguientes instrucciones:
  - Valórese en cada uno de los indicadores.
  - En la columna de resultado de baremos, escriba únicamente un número (que en función de la definición del indicador será un porcentaje, un número de veces por día/semana/mes, etc.).
- Recopile todos los Icosálogos y realice medias aritméticas por cada uno de los indicadores.
- Realice un diagrama de barras para tener una perspectiva global y visual de la realidad de las barreras para alcanzar ser directivo educador.
- Establezca un plan de trabajo sobre aquellos indicadores que tengan una frecuencia más elevada que el resto.
- El F.B7 propone identificar preguntas *ad hoc* para su empresa a fin de identificar indicadores singulares para cada situación empresarial.
  - Los indicadores que se propongan deberán ser cuantitativos para poder hacer seguimiento de su evolución, es decir, se deberá poder dar respuesta a estos con un número o un porcentaje.

**F. B7**

| | Eficiencia | Preguntas | Indicadores | Resultado |
|---|---|---|---|---|
| 1 | Somos las Operaciones del Sí, no las Operaciones del No | | | |
| 2 | Hazlo sencillo, ya se complicará solo | | | |
| 3 | El sentido de las Operaciones: ¿por qué? | | | |
| 4 | No queremos una mejora de 1 millón de € sino 1.000 mejoras de 1.000 | | | |
| 6 | Hay que estar «pegado a las operaciones» | | | |
| 7 | Solo se puede ser Director General de 8:00 a 8:05 de la mañana | | | |
| 8 | Hay que estar preparados cinco minutos antes | | | |

| | Aprender | Preguntas | Indicadores | Resultado |
|---|---|---|---|---|
| 1 | No me traigas problemas, tráeme soluciones | | | |
| 2 | Seamos agresivos y audaces, pero honestos | | | |
| 3 | No trabajemos sobre opiniones, sino sobre hechos | | | |
| 4 | Para que las mejoras puedan funcionar todos los implicados deben salir ganando *(win-win)* | | | |
| 5 | Para ser *world class* hay que tener el talento y darle cancha para que se manifieste | | | |
| 6 | Un buen directivo debe repartir cartas | | | |
| | **Integrar** | | | |
| 1 | No hay que hacer, hay que hacer hacer | | | |
| 2 | Donde tú no llegues, llegaré yo | | | |
| 3 | Un buen directivo sabe sacar lo mejor de su gente | | | |
| 4 | Trabajamos en plural | | | |
| 5 | Dirigir es servir | | | |
| 6 | Dirigir es educar | | | |

## C. ¿CÓMO ME HAGO MÁS EFICIENTE? 4 5

Si usted ha aplicado en su empresa un proyecto *lean* o de eficiencia operativa, tenga solo en cuenta el apartado de capacidades.

### I. Matriz de capacidades y matriz de cargas

| Capacidades |
|---|
| • ¿Cuánta capacidad se necesita?<br>• ¿Cuántos agentes hay?<br>• ¿Dónde veo constricciones?<br>• ¿Dónde se atascan las cosas? |

- Pida a cada uno de sus procesadores (trabajadores) que defina el listado de tareas que realiza diariamente, que haga una estimación del tiempo que dedica a cada una, que durante tres días las cronometre y las anote en una tabla como la que sigue indicando si se trata de tareas recurrentes, excepcionales, etc.:
  — No se pueden incluir tareas realizadas de manera simultánea (por ejemplo, hacer informes mientras se atienden llamadas de clientes): solo una tarea por línea.

**F.C1**

| Responsable de | | |
|---|---|---|
| Tareas | Tiempo consumido en tarea (hora/día) | Tipo de tarea |
| | | |
| | | |
| Total | | |

- Rellene la matriz de capacidades de F.C2. Use de guía la Figura 4.

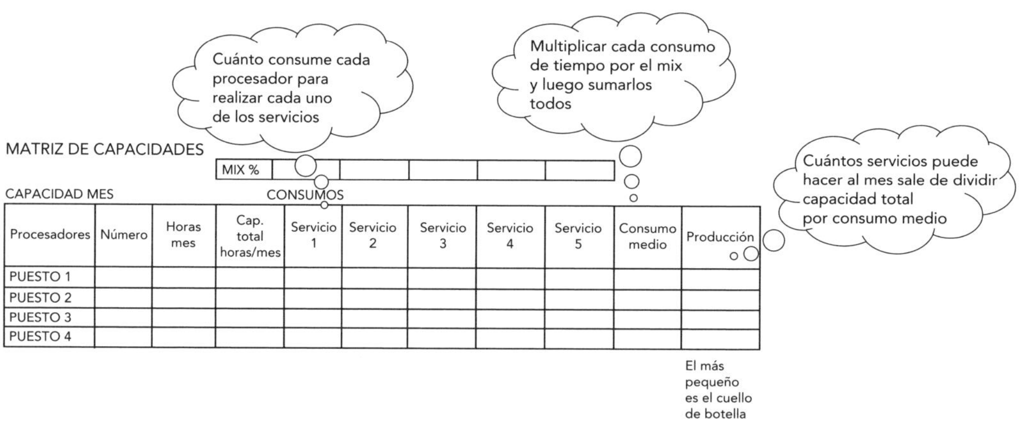


**Figura 4.**

F.C2

MATRIZ DE CAPACIDADES

| MIX % | | | | |
|---|---|---|---|---|

CAPACIDAD MES

CONSUMOS

| Procesadores | N.º | Horas mes | Cap. total horas/mes | Servicio 1 | Servicio 3 | Servicio 4 | Servicio 5 | Consumo medio | Producción |
|---|---|---|---|---|---|---|---|---|---|
| Puesto 1 | | | | | | | | | |
| Puesto 2 | | | | | | | | | |
| Puesto 3 | | | | | | | | | |
| Puesto 4 | | | | | | | | | |

- Procesadores: Tipos de puesto de trabajo (listarlos).
- Número de posiciones por puesto de trabajo (número de procesadores).
- FTE: aplicable a agentes a tiempo parcial *(Full Time Equivalent)*. Interesa saber cuántos agentes a jornada completa existen en la empresa.
- Número de horas trabajadas al año por cada trabajador: normalmente se usan las horas según convenio, pero si la empresa tiene condiciones más ventajosas sobre el convenio de aplicación, ajustar dichas cantidades.
- Número total de horas disponibles = número de procesadores x número de horas trabajadas por año.

Identifique los cuellos de botella y la producción máxima.

Ahora pasamos a hacer la matriz de cargas para ver el porcentaje de ocupación individual de cada procesador.

- La diferencia entre la matriz de capacidades y la de cargas (Figura 5), es que en la de cargas ya tenemos un número de servicios objetivo (una carga determinada)

MATRIZ DE CARGAS

CAPACIDAD MES

| MIX % | | | | | | N.º servicios |
|---|---|---|---|---|---|---|
| MIX NÚMERO | | | | | | |

CONSUMOS

| Procesadores | Número | Horas mes | Cap. total horas/mes | Servicio 1 | Servicio 2 | Servicio 3 | Servicio 4 | Servicio 5 | Consumo medio | Ocupación |
|---|---|---|---|---|---|---|---|---|---|---|
| PUESTO 1 | | | | | | | | | | |
| PUESTO 2 | | | | | | | | | | |
| PUESTO 3 | | | | | | | | | | |
| PUESTO 4 | | | | | | | | | | |

% de ocupación de cada procesador. Sale de dividir consumo entre capacidad

**Figura 5.**

y con ese número convertimos el mix en números enteros (al multiplicar la carga por el % de cada componente del mix).

La ocupación que nos da la última columna es la ocupación real de cada procesador.

F.C3

MATRIZ DE CARGAS

| | | | | | | | |
|---|---|---|---|---|---|---|---|
| | | MIX % | | | | | No servicios |
| CAPACIDAD MES | MIX NÚMERO | | | | | | |

CONSUMOS

| Procesadores | N.º | Horas mes | Cap total horas/mes | Servicio 1 | Servicio 2 | Servicio 3 | Servicio 4 | Servicio 5 | Consumo medio | Ocupación |
|---|---|---|---|---|---|---|---|---|---|---|
| Puesto 1 | | | | | | | | | | |
| Puesto 2 | | | | | | | | | | |
| Puesto 3 | | | | | | | | | | |
| Puesto 4 | | | | | | | | | | |

- Revise las tasas de ocupación de los procesadores y el listado de funciones que realizan. Pase a seleccionar, pidiendo a cada uno que lo haga, de cada listado las tareas primarias (tiempo de respuesta 0 minutos) y las tareas secundarias (tiempos de respuesta mayores, normalmente tareas de soporte).

F.C4

| Procesador | |
|---|---|
| Tareas primarias | Tareas secundarias |
| | |
| | |
| | |
| Total horas/semana | Total horas/semana |

- Analice si las tareas secundarias se pueden industrializar, hacer desaparecer, agregar.
- Rehaga la matriz de cargas solo con tareas primarias.
- Reflexione si la tecnología puede liberar capacidad con la técnica **CASADO** (**Ca**pacidades, **S**ustitución, **A**mpliación, **D**isponibilidad, **O**portunidad).

F.C5

| | |
|---|---|
| **Capacidades**<br>*¿Qué capacidades de qué procesadores intervienen en la tarea?* | |
| **Sustitución**<br>*¿Qué tecnologías pueden sustituir estas capacidades?* | |
| **Amplificación**<br>*¿Qué tecnologías pueden amplificar estas capacidades?* | |
| **Disponibilidad**<br>*¿Qué objetos deberían estar disponibles dentro de cada tecnología para que esta fuera utilizable inmediatamente?* | |
| **Oportunidad**<br>*¿Cuándo estarán disponibles?* | |

## II. Los procesos

**Procesos**

- ¿Son las tareas complejas?
- ¿Cuántas operaciones tienen que hacer?
- ¿Quién hace qué, cómo, cuándo, dónde y por qué?

Usemos el diagrama de flujo para identificar los procesos:

- Determinar el marco en el que se engloba el proceso o sus límites:
  - — Definir claramente dónde comienza el proceso en estudio (la introducción) y dónde termina (resultado final).
- Incluir el título del proceso, la fecha en que se hizo el diagrama y los nombres de los integrantes del equipo.
- Los integrantes del equipo deben estar de acuerdo en cuanto al nivel de detalle que deben mostrar en el diagrama de proceso para comprender claramente el proceso e identificar las áreas problemáticas.
  - — El diagrama de proceso puede ser un macrodiagrama de proceso simple en el que se muestre solo la suficiente información para comprender el flujo general del proceso o podría ser detallado y mostrar cada acción finita y punto de decisión.

- Determinar los pasos del proceso.
  - Elaborar una lista de todas las actividades principales, introducciones, resultados y decisiones.
- Establecer una secuencia de pasos.
  - Ordenar los pasos en el orden en que son efectuados.
  - A menos que se esté creando el diagrama de proceso de un proceso nuevo, establecer una secuencia de lo *que sucede* en realidad, no de lo *que debería suceder o* lo ideal.
- Dibujar el diagrama de proceso usando los símbolos apropiados:

| **Símbolos básicos para realizar un diagrama de proceso** | |
|---|---|
| 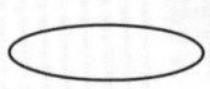 | Se usa un óvalo para mostrar los materiales, la información o la acción (introducciones) para comenzar el proceso o para mostrar los resultados al final (resultados) del proceso. |
| 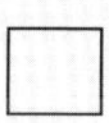 | Se usa un recuadro o rectángulo para mostrar una tarea o actividad realizada en el proceso. Aunque pueden venir múltiples flechas hacia un recuadro, usualmente solo un resultado o flecha sale de cada recuadro de actividad. |
| 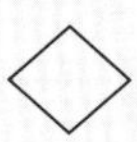 | El rombo muestra aquellos puntos del proceso donde se está haciendo una pregunta de las de respuesta sí/no o donde se requiere una decisión. |
|   | Un círculo con una letra o número identifica una interrupción en el diagrama del proceso y se continúa en otro lugar de la misma página o en otra página. |
| 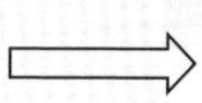 | Las flechas muestran la dirección o flujo del proceso. |

**Figura 6.**

- Ser uniforme en cuanto al nivel de detalle mostrado.
- Nombrar cada paso del proceso usando palabras que resulten comprensibles para todo el mundo.
- Añadir flechas para mostrar la dirección del flujo de los pasos en el proceso.
- Verificar si el diagrama de proceso está completo:
  - ¿Los pasos del proceso (introducciones, resultados, acciones, decisores, esperas/demoras) están identificados claramente?
  - Verificar que cada punto de continuación tenga un punto correspondiente en otro lugar del diagrama de proceso o en otra página del diagrama.

— Validar el diagrama del proceso con personas que no pertenezcan al equipo y que lleven a cabo las acciones del proceso. Señalar las añadiduras o sustracciones que estas recomienden. Traer las recomendaciones al equipo a fin de analizarlas e incorporarlas al diagrama de proceso final.

- Finalizar el diagrama del proceso cuestionándoselo todo, usando las 4W y la H para encontrar los bancos verdes.

**F.C6**

| | Cuestionamiento | Propuestas |
|---|---|---|
| Por qué (*Why*) | 1. ¿Qué se hace?<br>2. ¿Por qué se hace?<br>3. ¿Es necesario?<br>4. ¿Podría ser eliminado?<br>5. ¿Podría ser reemplazado por un proceso más sencillo?<br>6. ¿Podría combinarse con otro?<br>7. ¿Podría subcontratarse?<br>8. ¿Qué debería hacerse? | |
| Dónde (*Where*) | 1. ¿Dónde se hace?<br>2. ¿Por qué se hace allí?<br>3. ¿Podría localizarse en otro momento?<br>4. ¿Podría hacerse fuera de la percepción del cliente?<br>5. ¿Dónde debería hacerse? | |
| Cuándo (*When*) | 1. ¿Cuándo se hace?<br>2. ¿Por qué se hace entonces?<br>3. ¿Se necesita siempre?<br>4. ¿Interrumpe el flujo de otro proceso?<br>5. ¿Podría hacerse con menos frecuencia?<br>6. ¿Añade valor al servicio?<br>7. ¿En qué otro lugar podría hacerse? | |
| Quién (*Who*) | 1. ¿Quién lo hace?<br>2. ¿Por qué lo hace esa persona?<br>3. ¿Qué cualificaciones se necesitan?<br>4. ¿Podríamos reemplazarlo con alguien menos cualificado?<br>5. ¿Podría hacerlo un subcontratista?<br>6. ¿Podría hacerlo una máquina? | |
| Cómo (*How*) | 1. ¿Cómo se hace?<br>2. ¿Por qué se hace de ese modo?<br>3. ¿De qué otro modo podría hacerse?<br>4. ¿Cómo debería hacerse? | |

## III. Los flujos y tiempos

| Flujos y tiempos |
|---|
| • ¿Hay esperas? ¿Por qué? ¿Las puedo hacer psicológicamente más reducidas?<br>• ¿Hay lotes?<br>• ¿Cuánto duran los tiempos de preparación?<br>• ¿Los puedo eliminar? ¿Reducir?<br>• ¿Cómo es el *layout* de mi servicio?<br>• ¿Cómo son los movimientos en el sistema?<br>• ¿Cómo llegan mis clientes? ¿Los puedo ordenar? ¿Puedo reducir la aleatoriedad? |

- **Realice un análisis del *layout*** (distribución de los espacios físicos) de su empresa, con el siguiente cuestionario:

**F.C7**

| Análisis de los espacios | |
|---|---|
| ¿Cada una de las unidades tiene el espacio que necesita? | |
| ¿Existen zonas muy congestionadas y otras más vacías? | |
| ¿Las unidades que trabajan juntas están físicamente próximas? | |
| ¿Los elementos comunes y necesarios para el trabajo habitual están cerca y accesibles a todos los departamentos? | |
| ¿Existen zonas donde se rompe el flujo de trabajo? | |
| ¿En general la distribución de espacios facilita la realización del trabajo? | |
| Otros comentarios | |

- **Análisis de los 7 tiempos**

  — Hacer que los procesadores contesten el siguiente cuestionario:

F.C8

| Tipo de tiempo | Cuestiones | Propuestas de reducción de tiempo |
|---|---|---|
| 1. De operación: tiempo estándar de realización de tareas | • ¿Podemos reducir el tiempo de actividad?<br>• ¿Podemos incrementar la productividad del procesador?<br>• ¿Podemos combinar mejor la tecnología con la actividad? | |
| 2. De preparación: tiempo necesario para cambiar un procesador de actividad | • ¿Podemos eliminar los cambios?<br>• ¿Podemos eliminar la preparación?<br>• ¿Podemos hacer las preparaciones fuera de la vista de los clientes?<br>• ¿Podemos mejorar los métodos para cambiar de tarea? | |
| 3. De lote: el tiempo de espera por viajar juntos | • ¿Podemos reducir el tamaño del lote?<br>• ¿Podemos eliminar las economías de escala debidas al lote?<br>• ¿Podemos suavizar el flujo para que este se produzca por unidades? | |
| 4. De interferencia: tiempos de cola | • ¿Podemos dar citas?<br>• ¿Podemos reducir la variabilidad del servicio?<br>• ¿Podemos hacer rentables las esperas?<br>• ¿Podemos diversificar la capacidad? | |
| 5. De planificación: tiempo resultado de la planificación | • ¿Podemos eliminar variabilidades de llegada?<br>• ¿Podemos cambiar fácilmente la capacidad? | |
| 6. De seguridad: tiempo «por si acaso» | • ¿Podemos disminuir los retrasos?<br>• ¿Y la variabilidad durante aquellos?<br>• ¿Podemos penalizar el no llegar a tiempo? | |
| 7. De desorganización: tiempos de olvido | • ¿Hay retrasos inexplicables?<br>• Explicar lo inexplicable. | |

## IV. Sistemas de información (SI) y reglas operativas (RO)

**SI y RO**

- ¿Qué información se necesita para cada decisión?
- ¿Cómo llega la información?
- ¿Se recibe en el momento adecuado?
- ¿Quién debe recibir información de quién?
- ¿Por qué no encuentro la información que necesito para dar servicio?
- ¿Por qué no están nunca las bases de datos actualizadas?
- ¿Quién decide?
- ¿Quién se encarga de qué?
- ¿Quién ordena qué?
- ¿Cuáles son las decisiones relevantes?
- ¿Cuáles son las 5 reglas más críticas de cada servicio?

- Realice un esquema de decisores/decisiones que le ayude a comprender cómo se toman las decisiones en la empresa:
  - — Identifique primero los diferentes departamentos o personas involucradas en el proceso de decisiones que quiera analizar.
  - — Póngalos en horizontal en el primer bloque de F.C9.

**F.C9**

| Departa-mento 1 | Departa-mento 2 | Departa-mento 3 | Departa-mento 4 | Departa-mento 5 | Departa-mento 6 |
|---|---|---|---|---|---|
| | | | | | |
| | | | | | |
| | | | | | |
| | | | | | |

- A continuación, comience a describir las actividades debajo de la persona que se encarga de realizar la acción.
- Cuando se encuentre con una decisión, márquela con un recuadro.

F.C10

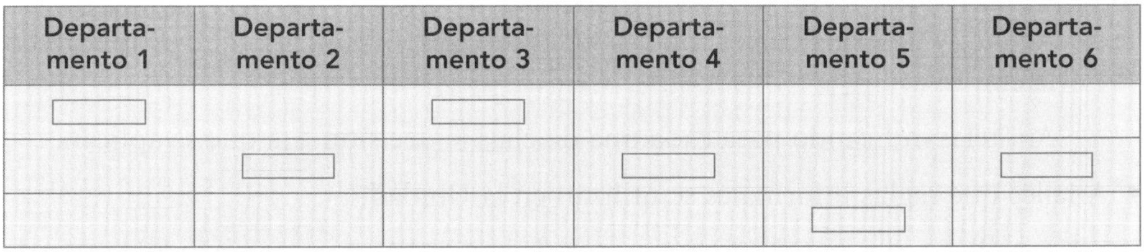


- Dibuje una nube al lado de las actividades/decisiones en las que aparece un conflicto o una duda.
  — Especifique el problema que acontece.

F.C11

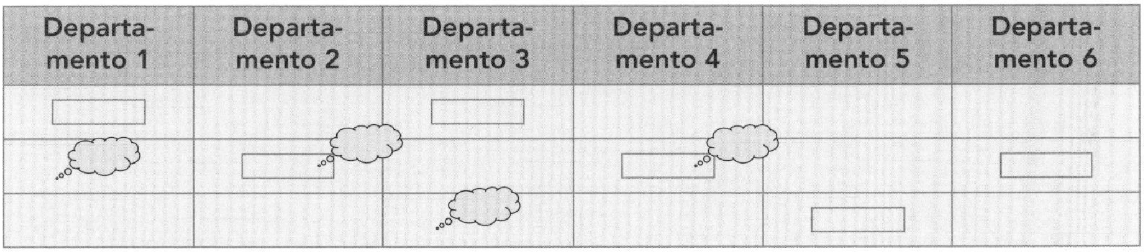


— Identifique:

- Quién está decidiendo qué.
- Si quien decide es estratégico u operativo para el servicio.
- Si recibe la información adecuada para su tipo de decisión.

— Tras el análisis del cuadro, realice una tabla con los listados de decisiones estratégicas y operativas que se realizan, quién las asume y reasigne responsabilidades en el caso de que no fueran adecuadas para el servicio prometido.

F.C12

| Decisiones operativas | Responsable | Información necesaria | Problemas en la toma de decisiones |
|---|---|---|---|
| | | | |
| | | | |
| | | | |
| **Decisiones estratégicas** | **Responsable** | **Información necesaria** | **Secuencia** |
| | | | |
| | | | |
| | | | |

- Identificación de las reglas operativas de la empresa:
  - Analice y describa cuáles son las reglas de comportamiento que se aplican en la empresa.
  - Anótelas indicando para cada una de ellas la decisión a la que se aplican.
- Analice qué reglas informales se utilizan en la Unidad.
  - Aquellas reglas que de alguna manera la hacen diferente destacándola en positivo con respecto a las demás.
- Liste las *best practices* para identificar reglas informales.
  - Una *best practice* es aquello que se hace diferente al resto porque funciona.

**F.C13**

| Listado de *best practices* |
|---|
| |
| |
| |
| |

- Identifique si las *best practices* tienen reglas formales o informales.
- Lístelas.

**F.C14**

| | Formales | Informales |
|---|---|---|
| Reglas | | |
| | | |
| | | |

- Liste todas las reglas tanto formales como informales identificando su origen.
- Evalúe si las reglas guardan coherencia con la Promesa y las prioridades.

**F.C15**

| | Código | Reglas |
|---|---|---|
| PROMESA:<br>CRITERIOS + MÁS VALORADOS | F | |
| | I | |
| | F | |

## V. Perfil de los RRHH

**RRHH**

- ¿Es muy caro mi recurso humano?
- ¿He industrializado todo lo que se puede?
- ¿He destruido ineficiencias?
- ¿El servicio los requiere monovalentes o polivalentes?
- Si son polivalentes, ¿pueden ser parciales?

- Dependiendo de las tareas que se han identificado en el análisis de capacidades, identifique si tiene perfiles monovalentes o polivalentes:
  — Monovalentes, en tareas sencillas que deben ser industrializadas.
  — Monovalentes, en especialistas.
  — Polivalentes que hacen muchas tareas sencillas que pueden combinarse con tecnología e industrializar.
  — Polivalentes con tareas muy complejas:
- ¿Deben ser escindidas para convertirse en polivalencias parciales y simplificar?

# D. ¿QUÉ SÉ, QUÉ NO SÉ Y QUÉ DEBO SABER? 6

## I. Procesos críticos

- Identifique el proceso para el cual se va a extraer el conocimiento.
  — Elija aquellos procesos que aportan mayor valor al servicio.
- Diagrame el flujo del proceso siguiendo las indicaciones vistas en el apartado C.
  — Si identifica problemas de ineficiencia, apúntelos en una hoja aparte para que sean tratados con las variables vistas en el apartado C.
- Liste las actividades que se realizan.
- A partir de las actividades, genere una lista de problemas técnicos y de decisiones que se toman.
- Liste los problemas y las decisiones halladas.
- Identifique el conocimiento que se necesita para resolver los problemas y tomar las decisiones.

**F.D1**

| Actividad | ¿Qué problemas se encuentra? | ¿Qué decisión se toma? | ¿Por qué se toma? | Criterios personales para la toma de decisiones |
|---|---|---|---|---|
| | | | | |
| | | | | |
| | | | | |

- Si no se entiende el problema bien, hay que descomponer. Utilice técnica del Ishikawa:

- Enuncie el problema que se debe descomponer.
- Escriba las categorías de causas principales que generen el problema.
- Conéctelas a la «espina dorsal» del diagrama:
  — No existen un número ideal de categorías o espinas a usar, dependerá del problema.

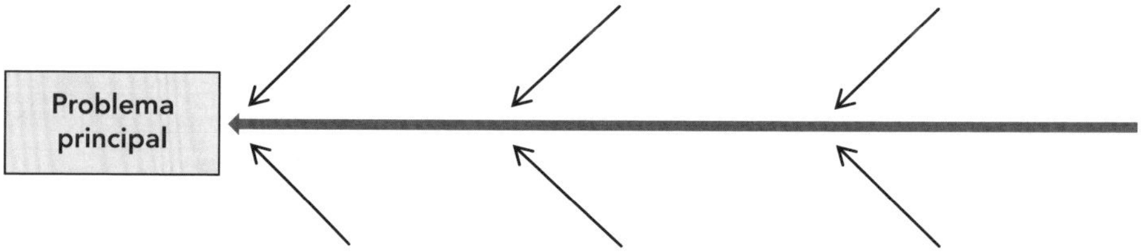


- Ahora reflexione sobre cómo cada categoría describe al problema y enuncie las causas que lo generan.
- Estas causas serán subcomponentes del problema y deberán quedar reflejadas como espinas. Extraiga líneas de cada una de las espinas. Las llamaremos las hijas.
- Cada subcausa puede tener a su vez un origen. Esto dará lugar a otro nivel de espinas que llamaremos nietas.
- Liste las hijas y las nietas que le parezcan más relevantes para entender el problema.

**F.D2**

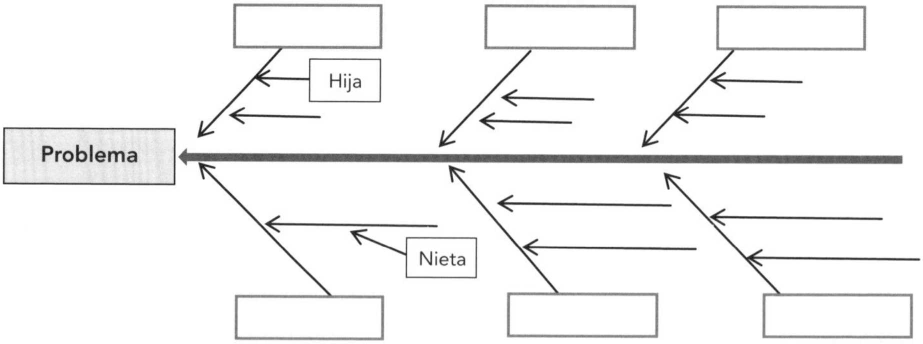

## II. Problemas = conocimientos

- Una vez entendidos los problemas, se pueden asociar conocimientos con problemas o con aquellas subcausas más relevantes.

F.D3

| Conocimientos identificados de los problemas | |
|---|---|
| Problema | Conocimiento asociado que lo resuelve |
| | |
| | |
| | |

- Traducir los problemas y sus componentes a conocimientos en formato VOC:

F.D4

| Verbo | Objeto | Condiciones | Comentarios |
|---|---|---|---|
| *Realización de una acción sobre un destinatario (enuncia el conocimiento)* | *Destinatario de la acción* | *Condiciones complementarias que debe cumplir una solución al problema (categorías, condicionantes temporales, etc.)* | *Comentarios que ayudarán a entender el conocimiento* |
| | | | |
| | | | |
| | | | |

## III-IV. KDB y VOC del I al V

- La lista de conocimiento en formato VOC configura la KDB.
- Elaborar un listado con los verbos usados de manera más frecuente de modo que se genere un diccionario de uso.

F.D5

| Verbo | Definición | Ocurrencias |
|---|---|---|
| *Introducir los verbos utilizados* | *Enunciar una definición de cada verbo* | *N.° veces que ocurre (frecuencia)* |
| | | |
| | | |
| | | |

- Identificación del nivel de conocimiento.

**F.D6**

| ¿Qué sé? | ¿Qué nivel tengo? | ¿Qué necesito para prestar un servicio 5 estrellas? | Fuente | ¿Cómo lo obtengo? | |
|---|---|---|---|---|---|
| *Conocimiento en forma VOC* | *De I-V* | *VOC de I-V* | *¿Quién tiene el conocimiento?* | *Compro* | *Desarrollo dentro de la empresa* |
| Conocimiento 1 | | | | | |
| Conocimiento 2 | | | | | |
| Conocimiento 3 | | | | | |

- Identificación de lagunas de conocimiento:
  - — Identificar la base de conocimientos del agente.
  - — Identificar los conocimientos que el problema requiere para ser resuelto.
  - — Identificar el nivel que tengo en cada uno de esos conocimientos y el que debería tener.
- Establecer el perfil necesario para rellenar esa laguna.
- Trazar el itinerario de adquisición de conocimientos desde el nivel que tiene el agente hasta el nivel que debería tener elaborando un listado de conocimientos concretos.

**F.D7**

| ¿Qué sé? | ¿Qué nivel tengo? | ¿Qué necesito para cumplir mis tareas? | ¿Cómo lo obtengo? Fuente |
|---|---|---|---|
| | | | |
| | | | |
| | | | |

## V. La empresa ampliada en conocimiento

- Posicione el conocimiento en el nivel que corresponda en la matriz ACC, F.D8, siguiendo el esquema propuesto en la Figura 7:

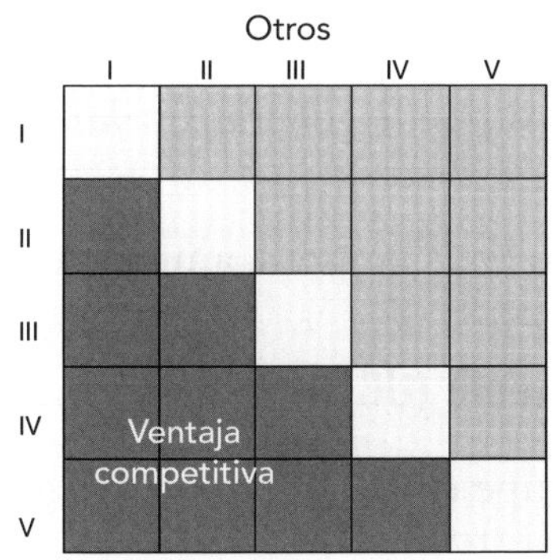


**Figura 7.**

**F.D8**

| | I | II | III | IV | V |
|---|---|---|---|---|---|
| I | | | | | |
| II | | | | | |
| III | | | | | |
| IV | | | | | |
| V | | | | | |

- Defina qué conocimientos debe poseer la empresa:

**F.D9**

| Listado de conocimientos necesarios | |
|---|---|
| **Conocimientos higiénicos** | **Conocimientos diferenciales** |
| *Conocimientos que no aportan valor diferencial pero que son necesarios para sobrevivir* | *Conocimientos que aportan un diferencial sobre lo que presenta el resto de empresas* |
| | |
| | |
| | |

- Identifique qué conocimientos deben ser suyos y cuáles pueden ser de terceros.
- De los suyos, identifique si puede generar un *hub* de los diferenciales que tengan un nivel alto.
- Analice cómo compartirlo en la empresa ampliada para hallar valor mutuo.

## VI. Unidades de Conocimiento (UC) 7

- Partiendo de la KDB, agrupe conocimientos para generar Unidades de Conocimiento.
  — Seleccione cuantas quiera según los conocimientos encontrados, agregando más o menos conocimientos.
- Los portadores de los conocimientos serán los miembros de las UC.
  — Pueden, y deben, tener diferente grado de nivel de cocimiento. Identifíquelos.
- El objetivo de una UC es el desarrollo de los conocimientos asignados.
- Las UC son dinámicas y pueden modificarse cada vez que se considere necesario.
  — No deben estar constreñidas a unidades funcionales o departamentales de la empresa.
- Pueden estar constituidas por personal de la empresa y de empresas colaboradoras en el esquema empresa ampliada.
- No tiene responsabilidad acerca del resultado de la aplicación de dichos conocimientos.
- Cada UC debe tener un custodio.
- Los responsables de la UC deberán considerar las siguientes cuestiones de cara a desarrollar la capacidad de los componentes:
  — De qué manera se solucionan problemas dentro de la UC.
  — Cómo se puede mejorar la manera de generar ideas.
  — Cómo descubrir alternativas para usar los conocimientos de la UC en las UN.
  — Qué factores de bloqueo impiden la implantación de nuevas ideas.
  — Qué impide pensar de otra manera (¿qué barreras existen?).
  — Qué herramientas necesitaríamos para desarrollar nuestra manera de pensar.

F.D10

| Listado de Unidades de Conocimiento | |
|---|---|
| Fecha de creación de UC | Puesta en marcha de las UC |
| | |
| | |
| | |
| | |

F.D11

| Unidad de Conocimiento X | |
|---|---|
| Fecha de creación de la UC | Custodio |
| Participantes | |
| | |
| | |
| | |
| | |
| | |

# E. ¿PUEDO PENSAR EN UN DISEÑO DIFERENTE DEL SERVICIO?

Esta sección contempla actuaciones para la implantación de actividades de la SAS. Empezamos con el viaje del cliente para entender tanto el servicio que damos como el que soñamos dar. Recomiendo hacer el viaje también en otros sectores para poder ampliar miras.

## I. El viaje del cliente para identificar las realidades del servicio y aquello que aporta valor 9

El propósito es entender la realidad del servicio. Para ello, identifique cuatro elementos:

- La realidad del servicio actual.
- Las necesidades actuales del cliente en relación al servicio ofertado.
- Sueño de la empresa: oferta futura de servicios al cliente (aspectos que en estos momentos no se están ofertando y que amplían la cartera de servicios).

- Los factores de bloqueo: aspectos que impiden la materialización del sueño de la empresa.

**F.E1**

| | Punto de contacto | Conoce | Se incorpora | Utiliza | Amplia | Abandona |
|---|---|---|---|---|---|---|
| Realidad | | | | | | |
| Necesidades del cliente | | | | | | |
| Sueño lo que deberiamos darle | | | | | | |
| Factores de bloqueo | | | | | | |

1. Conoce: como conoce el servicio.
2. Se incorpora: la forma en que se incorpora al servicio.
3. Utiliza: la utilización del servicio.
4. Amplia: como encauza su deseo de adquirir otras prestaciones.
5. Abandona: forma de finalización del servicio.

☺ Bueno
ϟ Malo
☼ Ausente
☾ Neutro

- La primera columna identifica los puntos de contacto o los momentos de interacción que la empresa tiene con el cliente, con independencia del agente que lo haga: tecnología o recurso humano.
  - Liste todos aquellos medios a través de los cuales el cliente contacta o se relaciona con la empresa.
- Las columnas siguientes describen el viaje del cliente:
  - *Conoce.* La forma en la que el cliente llega a la empresa: identifique los puntos de entrada en el mercado. ¿A través de qué medio el cliente ha conocido la existencia de la empresa?
  - *Se incorpora.* Describe cómo logra finalmente ser cliente: la forma en la que se incorpora al servicio, a través de qué agente y medio lo hace.
  - *Utiliza.* Defina el uso que hace del servicio actual ofertado, es decir, describa cómo se relaciona con la empresa una vez que ya pasa a formar parte de la cartera de clientes.
  - *Amplía.* Especifique cómo conoce servicios adicionales ofertados por la empresa y la forma en la que los incorpora a su cartera de servicios. Es importante conocer cómo encauza su deseo a adquirir nuevos servicios y qué agente le ofrece la información necesaria.
  - *Abandona.* Detalle cómo se produce la baja en el servicio.

**F.E2**

| Conoce | Se incorpora | Utiliza | Amplía | Abandona |
|---|---|---|---|---|
| ¿A través de qué medio el cliente ha conocido la existencia de la empresa?<br>Identifique una palabra clave que defina el servicio de la empresa y su esencia. | En el momento de la incorporación de un nuevo cliente: ¿qué objetivos tiene cada uno de los agentes de la empresa? | ¿Qué servicios de la empresa usan los clientes?<br>¿Cuáles no usan? ¿Por qué? | ¿Qué necesita la cartera de clientes actuales que no se les oferta?<br>¿Qué medios se ponen a disposición de los clientes para que aumente el número de servicios contratados por ellos? | ¿Por qué deja un cliente de usar los servicios de la empresa?<br>¿Es un abandono natural? |

- A continuación, valore la medida en que es satisfactorio el encuentro con el cliente en cuatro de las fases del proceso del servicio de la empresa, a través de cuatro emojis representativos (elija otros si no se identifica con las propuestas).

| | | | |
|---|---|---|---|
| ☺ Bueno | ⚡ Malo | ☼ Ausente | ☾ Neutro |

- Establezca indicadores internos de la Promesa.
- Establezca indicadores de servicio (máximo 5) por cada uno de los MMV definidos previamente.
- Defina indicadores sensoriales de entorno (por cada uno de los sentidos, si fuera posible en función del servicio).

## II. Apoyo a la solución de problemas 10

Un elemento crítico de SPDM es el apoyo a la solución de problemas. Este es el objetivo de la Ingeniería de Servicios. Para ello hay que proceder de la siguiente manera:

- Identificar el tipo de problema que acontece.
  - Estructurado:
    - Si se conoce el problema, se pasa a resolver.
    - Si no se conoce:
      - ★ Se traduce a formato VOC, F.D4.
      - ★ Se busca en KDB.

— No estructurado:
  - Descomponer.
  - Resolver elementos descompuestos.
  - Rellenar lagunas de conocimiento, F.D7.

Una excepción a este flujo es el tratamiento de los problemas informales. Las soluciones a los problemas informales deben estructurarse en formato VOC y compartirse formalmente[3]. La propuesta SPDM es la industrialización de la solución de problemas informales. Para ello:

- Regale un cuaderno Moleskine a sus agentes.
- Pida que anoten los dos problemas informales más importantes que resuelven a lo largo de la semana.
- En la reunión estándar de los equipos (semanal, quincenal, mensual) realice una selección de los problemas informales resueltos que aportan mayor valor al servicio.
- Estructure las soluciones en formato VOC para facilitar la recuperación.
- Divida el servicio en macroprocesos y cada uno descompóngalo en módulos.
- Enganche en cada módulo problemas informales resueltos
- Una el VOC de los problemas informales al nombre del módulo.

## III. Configuración de las 6 variables

- Defina cada variable en un valor extremo para el cumplimiento de la Promesa:
  — Cada Promesa requiere una configuración diferente de las variables, lo que a su vez nos dará un modelo de competir específico para cada empresa.
  — Otorgamos a cada variable dos valores extremos para facilitar nuestro posicionamiento en uno de ellos.
  — Use la lógica para relacionar las distintas variables:
    - Si el coste es una dimensión prioritaria, la ocupación de los agentes será elevada.
    - Si el tiempo de respuesta y la amplitud de gama son prioritarias, la ocupación no podría ser elevada pues el agente debe asumir cambios constantes.
    - La capacidad puede ser utilizada en un porcentaje muy elevado o bien utilizada en un porcentaje bajo.

[3] El cómo se comparten, manualmente o con uso de la tecnología, lo dejamos a la elección del lector.

- Los clientes pueden ser tratados en lotes de gran tamaño o en lotes de 1; también podemos pensar en un proceso de solución o bien secuencial o bien simultáneo.
- Los procesos pueden ser o sencillos o más complejos y sofisticados.
- El perfil de RRHH puede ser monovalente o polivalente.
- El sistema de reglas puede ser centralizado y planificado o bien distribuido según los acontecimientos.
- El sistema de información, SI, agregado con decisiones cada lapso de tiempo o a tiempo real.

**F.E3**

| Valores de las variables ←→ (sitúe su empresa) | | | | | |
|---|---|---|---|---|---|
| **Capacidades** | Planificada, alta *rho* | | | | Subordinada, baja *rho* |
| **Flujos** | Lotes | | | | Lote 1 |
| **Procesos** | Sencillos | | | | Complejos |
| **RRHH** | Monovalentes | | | | Polivalentes |
| **Sistema de reglas** | Anticipado y centralizado | | | | Esperar a ver y distribuidos |
| **Sistema de información** | Agregado | | | | Tiempo real |

- Identifíquese con una de las cuatro formas de competir (precio, especialidad, innovación y flexibilidad).

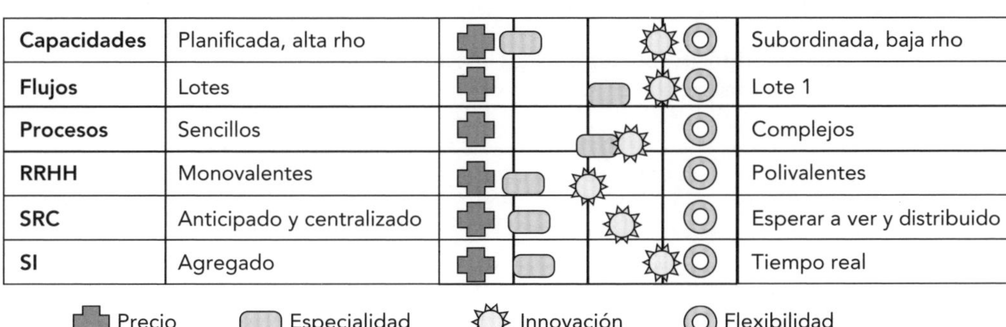


**Figura 8.**

- Reflexione sobre sus dimensiones y criterios prioritarios.
- Defina su perfil idóneo para cumplir con su Promesa y sus prioridades.

## IV. Demanda de nuevas prestaciones: observar y escuchar 13

Actuaciones para convertir a todos los agentes servidores en recolectores de necesidades latentes de los clientes. Guías para observar y ejercitar la escucha activa.

**F.E4**

| Check-list de la implantación del proceso de observación | | |
|---|---|---|
| **Pasos a seguir** | **Conforme ✔** | **Pendiente ✘** |
| Partiendo de las prioridades de la Promesa, defina los elementos clave a observar. | | |
| Diseñe la guía de observación (F.E5). | | |
| Comparta la guía de observación con los agentes para constatar que es clara y sencilla. | | |
| Seleccione un grupo prototipo de observadores. | | |
| Establezca un plan de formación para las técnicas recomendadas para DNP:<br>• Técnicas de observación directa: el agente toma conciencia del hecho al observar al cliente.<br>• Técnicas de observación participativa: el agente observa al prestar el servicio.<br>• Técnicas de observación estructurada: el agente tiene una *check-list* sobre prioridades del servicio que anota. | | |
| Comparta la hoja de control (F.E6) para facilitar las anotaciones de la observación. Las observaciones se harán en intervalos periódicos. | | |
| Reúna a sus agentes con el objetivo de que expongan sus registros de observaciones. | | |
| Cree un foro de participación en el que todos los agentes recomienden mejoras y hagan sus anotaciones en relación a las observaciones de los compañeros. | | |
| Estructure todas las recomendaciones. | | |

F.E5

| Guía de observación | | | |
|---|---|---|---|
| Nombre del agente: | | | |
| Criterio específico de la Promesa a observar: | | | |
| Aspecto a observar | Ocurre | | |
| | Sí | No | Anotaciones complementarias |
| | | | |
| | | | |
| | | | |
| | | | |
| | | | |
| | | | |
| | | | |
| Dudas/incidencias: | | | |

F.E6

| Hoja de control | | | | | |
|---|---|---|---|---|---|
| Identificación observación: | | | Agente que realiza la observación: | | |
| Fecha: | | | Lugar: | | |
| Listado MMV a observar | dd/mm/aa | dd/mm/aa | dd/mm/aa | dd/mm/aa | Incidencias ocurridas durante la observación |
| 1 | | | | | |
| 2 | | | | | |
| 3 | | | | | |
| 4 | | | | | |
| 5 | | | | | |
| 6 | | | | | |
| TOTAL | | | | | |

**F.E7**

| Guía de aplicación de la escucha activa | | | |
|---|---|---|---|
| | | **Hecho** ✔ | **Pendiente** ✘ |
| Liste los conceptos clave de la Promesa que se quieren identificar | | | |
| Defina las áreas que interesa conocer del cliente | | | |
| Preguntas guía de aplicación de técnicas | | | |
| Reflexión | ¿Estoy concentrado en las palabras del cliente? ¿Presto atención a lo que dice? ¿Estoy reformulando el efecto que provoca el escuchar sus propios pensamientos dichos por otras personas? | | |
| Parafrasear | ¿Estoy repitiendo al cliente el significado de lo que me acaba de decir, con mis propias palabras? | | |
| Etiquetar emociones | ¿Estoy adjudicándole etiquetas provisionales a los sentimientos que las palabras y actos del cliente expresan o implican? | | |
| | ¿Estoy repitiendo la idea principal del cliente durante la conversación? | | |
| ¿Realizo preguntas abiertas? | ¿Estoy creando pausas efectivas que creen un vacío en la conversación y empujen al cliente a seguir hablando? | | |
| Resumir | ¿Repito de manera concisa algunos de los puntos más destacados de la argumentación del cliente? | | |
| Aclarar | ¿Se da al sujeto la oportunidad de desarrollar su argumento y el agente comprueba el grado de precisión de las palabras del cliente? | | |

**F.E8**

| ***Check-list* para la observación y la escucha activa** |
|---|
| • Seleccione al equipo de agentes a los que va a entrenar. |
| • Indique que la observación será parte de su trabajo habitual y que se llevará a cabo en el entorno natural en el que lo desarrollen. |
| • Comparta prioridades de la Promesa y criterios valorados. |
| • Traslade la importancia de permanecer atentos a todos los detalles. Ponga énfasis en las interacciones con los clientes.<br>— Aplique las técnicas de escucha activa cuando esté con ellos. |

- Cuando se encuentren ante un cliente en situación definida como «situación de interés»:
  - Permanezca atento a todos los detalles definidos en la guía de observación.
  - Aplique técnicas de escucha activa en los momentos de interacción con los clientes.
  - Registre la conducta del cliente.
  - Anote inmediatamente después sus observaciones en un cuaderno.
  - Seleccione posteriormente (en el mismo día) aquellas observaciones más relevantes.
  - Categorice, divida o agrupe sus observaciones en función del objeto al que se refieran.
  - Realice una única hoja de transcripción de la observación una vez haya concluido los pasos anteriores.

- En la interacción directa con el cliente:
  - Anote en un bloc de notas los aspectos más relevantes o las nuevas preguntas que se le ocurran.
  - Establezca un vínculo con el cliente: inicie la interacción con preguntas de carácter general para que se sienta más cómodo.
  - Plantee preguntas para comprobar hechos y no para sondear opiniones.
  - Céntrese en información relativa al presente y no al pasado.
  - Haga preguntas que obliguen al cliente a compartir sus opiniones y a analizar la cuestión más en profundidad.
  - Plantee las nuevas preguntas que se le vayan ocurriendo durante la conversación con el entrevistado.
  - Resuma las observaciones más importantes y pregunte si las ha comprendido bien.
  - Pase a limpio sus notas justo después de la interacción para interpretarlas correctamente.
  - Represente gráficamente los datos y redacte un resumen por escrito de la observación.

## V. El Ciclo de la Innovación del Servicio (CIS): implantando las nuevas necesidades de los clientes

- Cree dentro de la empresa un repositorio de información en la que se anoten las nuevas demandas de servicio identificadas a través de la DNP.
  - Integración del agente con el servicio:
    - Los agentes deben ver el resultado de sus acciones.
- Categorice cada nueva demanda con un par de siglas.

**F.E9**

| Listado de nuevas demandas | | |
|---|---|---|
| Posibles nuevos servicios | Origen | Siglas identificativas |
| | | |
| | | |
| | | |

- Categorice cada servicio dentro de la matriz de nuevos servicios para identificar el impacto que su inclusión tendría en la empresa.

**F.E10**

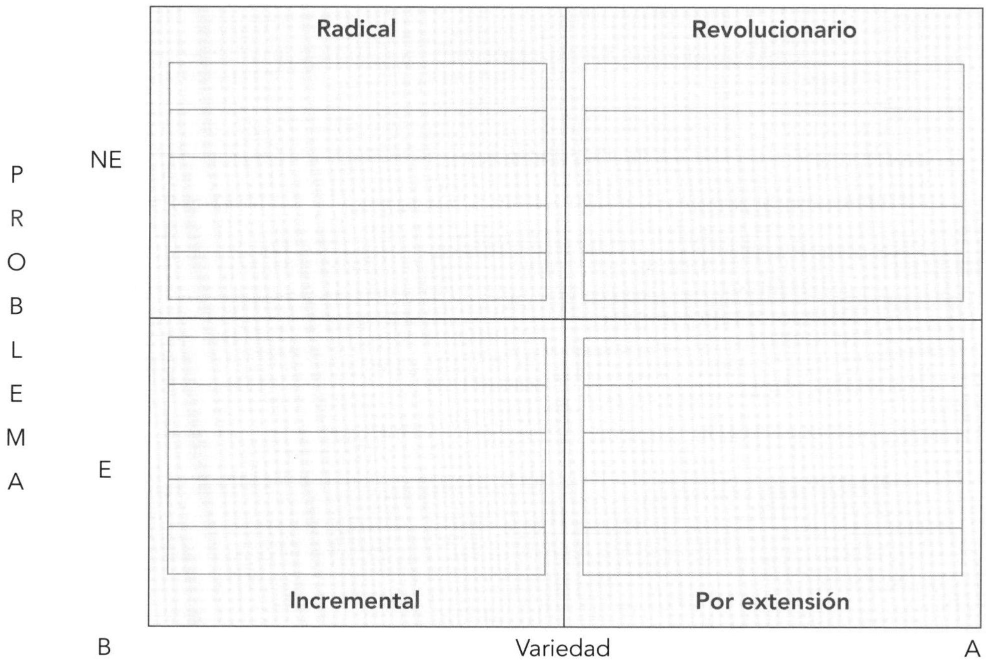


**F.E11**

| ¿Cómo lograr que DNP+CIS funcionen? | | |
|---|---|---|
| Comprobar | Conforme ✔ | Pendiente ✘ |
| 1. ¿Se encuentra traducida la Promesa y se aplica a cada uno de los puestos de trabajo? | | |
| 2. ¿Cada agente es consciente del impacto que su trabajo particular tiene sobre el global de la compañía? | | |

| | | |
|---|---|---|
| 3. ¿Las quejas del servicio le llegan al departamento responsable del diseño? ¿Son los encargados de solucionarlo? | | |
| 4. ¿Existen reglas operativas claras? | | |
| 5. ¿Existen indicadores del servicio? | | |
| 6. ¿El agente visualiza como la realidad del servicio afecta a su propuesta? | | |
| 7. ¿Se les explica a los agentes cómo se emplea la información que aportan, qué elementos se utilizan y cuáles se desechan? | | |
| 8. ¿Se recibe retroalimentación de los clientes en relación al nuevo servicio cuando se implanta o se encuentra en fase de testeo? | | |

## F. ¿CÓMO APOYO A MI GENTE PARA RESOLVER PROBLEMAS?

Esta sección está centrada en aportar herramientas que ayuden a los agentes a resolver problemas de forma eficiente y competitiva. El agente debe tener a su disposición un portafolio de elementos que le permitan entender la situación, tirar del ANDON si es necesario y apoyarse en estructuras que le permitan generar ideas. La implantación de las ideas requiere entender el papel de cada agente.

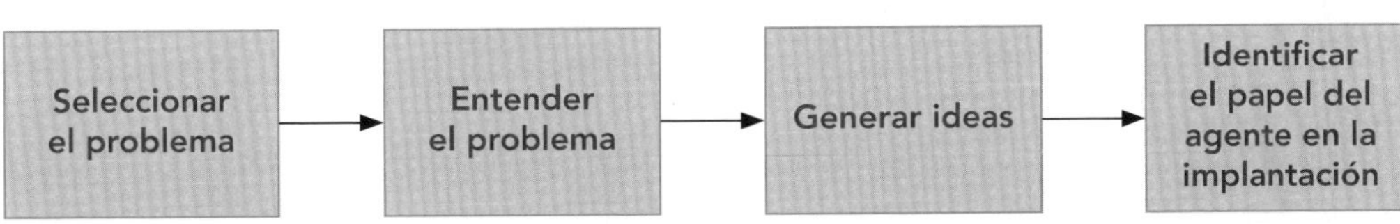


Finalmente, se debe proveer al agente de una teoría de expectativas sobre la relevancia del problema para el cumplimiento de la Promesa y la solución del problema debe generar aprendizaje para el *stock* de conocimiento. Esta sección provee de herramientas para realizar estos cometidos.

### I. Elección de problemas

Para facilitar la priorización de problemas, estructúrelos según las prioridades de la Promesa siguiendo la metodología MPR (metodología de problemas relevantes).

**F.F1**

| | | | | | | | |
|---|---|---|---|---|---|---|---|
| | Valor de los criterios | | | | | | |
| | CRITERIO / PROBLEMAS | Innovación | Coste | Tiempo | Amplitud | Consistencia | Conversión a valor y suma valor |
| 1 | | | | | | | |
| 2 | | | | | | | |
| 3 | | | | | | | |
| 4 | | | | | | | |
| 5 | | | | | | | |
| 6 | | | | | | | |
| 7 | | | | | | | |
| 8 | | | | | | | |
| 9 | | | | | | | |
| 10 | | | | | | | |
| 11 | | | | | | | |

\+ Valor suma

– Valor resta

0 No modifica el criterio

- Liste los problemas con los que se encuentra en el margen izquierdo de la tabla.
- Anote el valor de cada uno de los criterios en la primera línea de la tabla.
- Decida si cada uno de los problemas impacta o no en el criterio correspondiente siguiendo la leyenda que aparece en el margen derecho de la tabla.
- El valor +/-/0 se convierte en numérico al asumir en cada una de las celdas el valor del criterio al que se refiere.
- Sume y reste según convenga siguiendo la línea para obtener el valor de cada uno de los problemas.

## II. Elección de una técnica heurística para mayor comprensión del problema y su origen

| Heurística | Descripción sintética | Herramientas |
|---|---|---|
| 1. Generalización | ¿Se le ocurre algún problema más general que el suyo? | F.F2 Hojas de control |
| 2. Inducción | ¿Puede resolver el problema extrayendo una generalización a partir de una serie de ejemplos? | F.F3 Análisis de campos de fuerzas |
| 3. Variación del problema/problema relacionado con el suyo y ya resuelto | ¿Puede alterar o cambiar su problema para crear un nuevo problema o conjunto de problemas cuya solución le ayude a resolver el problema original?<br><br>¿Se le ocurre algún problema relacionado con el suyo que ya se haya resuelto y que pueda emplear para solucionar su problema? | F.F4 Diagramas de afinidad |
| 4. Problema auxiliar | ¿Puede encontrar un subproblema o problema secundario cuya solución le ayude a solucionar su problema? | F.F5/F.F6 *Card sort* |
| 5. Descomposición y recombinación | ¿Puede descomponer el problema y recombinar sus elementos de un modo diferente? | Diagrama de flujo F.C6 y/o Ishikawa F.D2 |
| 6. Dibujar | ¿Puede hacer un dibujo del problema? | *Storyboard* |
| 7. Trabajar hacia atrás | ¿Puede situarse en el objetivo e ir avanzando hacia atrás hasta llegar a algo conocido? | F.F7 Razonamiento inverso |

### 1. Generalización

Facilita la tarea de entender un objeto aislado a través de su observación como miembro de un conjunto más amplio.

- Observe un objeto/suceso/situación que pretenda analizar en profundidad.
- Anote en qué categorías superiores (de mayor alcance al propio observado) se puede encuadrar.
- Liste los atributos de cada una de las categorías al lado.

**F.F2**

| Hoja de control | | |
|---|---|---|
| **Objeto a analizar** | **Categorías a las que pertenece**<br>*Grupos en los que se puede englobar el objeto por compartir algunas de sus características principales* | **Atributos de cada categoría**<br>*Cualidad o característica propia del objeto, especialmente algo que es parte esencial de su naturaleza y que usamos para describirlo* |
| | 1: | 1.a |
| | | 1.b |
| | | 1.c |
| | 2: | 2.a |
| | | 2.b |
| | | 2.c |
| | 3: | 3.a |
| | | 3.b |
| | | 3.c |

## 2. Inducción

Proceso de extraer principios generales de hechos o ejemplos particulares.

- Dibuje una gran letra T en una lámina.
- En la parte superior de la T escriba la descripción de la situación ideal que le gustaría alcanzar.
- Mediante una tormenta de ideas, recopile fuerzas que le acerquen a esa situación ideal (internas o externas).
- Escriba esas ideas en la lista del lado izquierdo. A continuación, lleve a cabo otra tormenta de ideas para recopilar fuerzas que obstaculizan el avance hacia esa situación ideal.
- Escriba ese segundo listado en el lado derecho de la T.
- Otorgue prioridad a aquellos factores positivos que pueda reforzar, o determine qué factores negativos frenan en mayor medida el movimiento hacia el estado ideal y, por tanto, hay que eliminar:

— Puntúe en la casilla relativa al peso, siguiendo una leyenda del 1-5 (donde 1 apenas es importante y 5 sería el factor más importante) la relevancia de cada uno de los factores listados.

F.F3

| Análisis de campos de fuerzas | | | |
|---|---|---|---|
| Situación ideal a alcanzar: | | | |
| Peso | Factores positivos | Factores negativos | Peso |
| | | | |
| | | | |
| | | | |
| | | | |
| | | | |

**3. Variación del problema**

Se varía o modifica un problema para crear uno nuevo (o un nuevo conjunto de problemas) cuya solución ayudará a resolver el problema original.

- Formule el problema.
- Mediante un *brainstorming* reúna 20 ideas o temas. Escriba cada idea en una nota adhesiva.
- Sin hablar, ordene las ideas en entre cinco y diez grupos relacionados.
- Cree para cada grupo una tarjeta resumen o de encabezamiento, por consenso. Acuerden con rapidez una palabra o frase que refleje la idea o el tema principal de cada grupo; escríbala en una nota y colóquela sobre el grupo correspondiente. Esta es la tarjeta de encabezamiento preliminar.
- Para cada grupo, acuerden una frase concisa en la que tenga cabida tanto la idea central del grupo como todo lo que las notas adhesivas aportan a dicha idea.
- Escríbala y colóquela en lugar de la versión preliminar. Esta es la tarjeta de encabezamiento definitiva.
- Divida los grandes grupos en subgrupos, según proceda, y cree los subencabezamientos correspondientes.
- Finalmente, dibuje el diagrama de afinidad, en el cual se conectan todas las tarjetas de encabezamiento definitivas con sus respectivos grupos.

F.F4

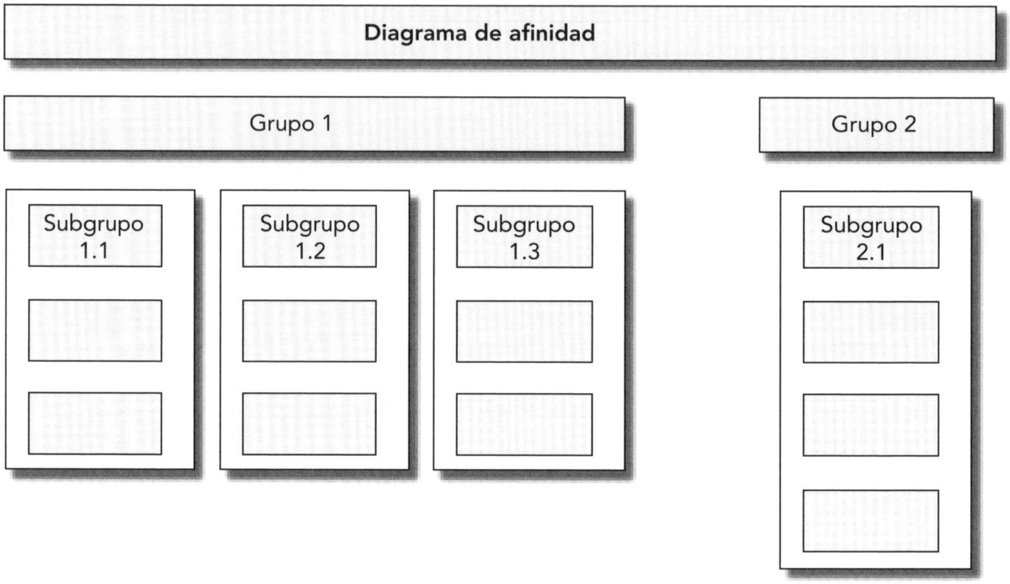


## 4. Problema auxiliar

Un problema auxiliar es un problema que consideramos no por sí mismo, sino porque esperamos que nos ayude a resolver otro problema, el problema original. Se prueba a resolver problemas auxiliares hasta que se descubre cómo resolver el problema original.

- Defina un problema que necesite solucionar.
- Descomponga en atributos, características o pequeños subproblemas el problema principal.
- Escriba cada uno de esos componentes en una tarjeta independiente.
- Agrupe las tarjetas por categorías en función de un orden lógico que considere.
- Estudie cada uno de los grupos que ha conformado (y que para usted tienen una identidad propia) y busque solución a cada uno de ellos.
- Analice si las soluciones planteadas para cada uno de los subgrupos pueden ser de utilidad para solucionar el problema principal.

F.F5

| *Card sort* | |
|---|---|
| **Definición de un problema** | **Funciones/atributos** |
| | 1. |
| | 2. |
| | 3. |
| | 4. |
| | 5. |
| | 6. |
| | 7. |

F.F6

| Grupo 1 | Grupo 2 | Grupo 3 |
|---|---|---|
| Atributo 5 | Atributo 1 | Atributo 2 |
| | Atributo 4 | Atributo 3 |
| **Solución posible A** | **Solución posible B** | **Solución posible C** |

## 5. Descomposición y recombinación

Implica dividir un problema en diversos componentes (descomponerlo) y examinar con atención cada elemento por separado hasta que surge una nueva imagen de sus relaciones e interconexiones (recombinación).

1. Diagrama de proceso. Figura 6 y F.C6.
2. Ishikawa F.D2.

## 6. Dibujar

Un *storyboard* es la descripción pictórica del servicio. Permite a los componentes del grupo identificar la historia del servicio y los detalles necesarios que deben especificarse para cumplirse los objetivos que se persiguen.

- Defina el objeto sobre el que se va a trabajar (servicio, línea de negocio, interacción con el cliente).

- Entregue un folio y pida que dibujen dicho «objeto». Deles las siguientes instrucciones:
  - — Establecer una línea temporal y dibujar los principales acontecimientos que ocurren en cada una de las secuencias.
  - — Identificar los momentos clave (MMV) de la historia.
  - — Apóyarse en números y letras para identificar línea temporal, personajes, etc.
- Exponga cada uno de los trabajos realizados y pídale al autor que lo explique.
- Abra un debate sobre la comprensión del dibujo, establezca consenso sobre los puntos más importantes identificados por todos los participantes, identifique errores en la definición de la secuencia.

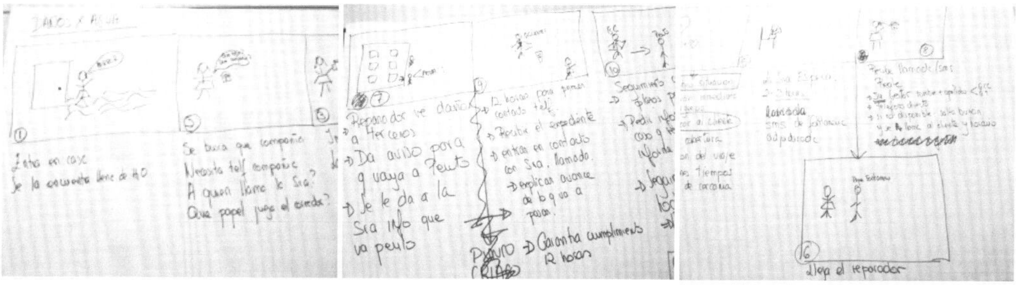

**Figura 9.** Ejemplo de *storyboard.*

## 7. Trabajar hacia atrás

Sirve para resolver problemas con una serie de factores o hechos relacionados para los que se carece de datos, normalmente al principio del problema. Suele ser necesario partir de la respuesta y trabajar metódicamente hacia atrás para recuperar la información que falta.

- Seleccione una pregunta con una cuestión que necesite resolver.
- Especifique un conjunto de reglas que describan situaciones tipo «Si X hace a y b, X es una C».
- Responder correctamente a la pregunta planteada, contando con la información de las mencionadas reglas.

F.F7

| Razonamiento inverso | |
|---|---|
| Pregunta: | |
| Reglas | |
| | |
| | |
| Listado de respuestas a la pregunta planteada | |
| | |
| | |

## III. Apoyo a la generación de ideas o creatividad.

- Presentamos dos técnicas que funcionan de forma efectiva.
  1. *Brainwriting.*
  2. Analogías.

**1. *Brainwriting* 6-3-5**

Proporciona estructura para generar un gran número de ideas y encontrar conexiones inusuales y combinaciones en medio de esas ideas.

- Agrupe un equipo de seis personas (número ideal) y defina el problema que se va a trabajar.
- Cada persona debe completar 1 hoja de trabajo 6-3-5 (6 personas escribiendo 3 ideas durante 5 minutos).
- Cada persona debe escribir el problema al principio de la hoja (de manera textual).
- Durante un período de cinco minutos, deben escribir en silencio tres ideas en la parte superior de la hoja en blanco. Dé las siguientes indicaciones:
  — No repase demasiado las ideas que escriba.
  — Cada idea debe ser breve pero completa (6-10 palabras).
  — Si no se le ocurren más ideas, deje la casilla en blanco.

**F.F8**

| Exposición del problema | | | |
|---|---|---|---|
| | 1 | 2 | 3 |
| 1 | | | |
| 2 | | | |
| 3 | | | |
| 4 | | | |
| 5 | | | |
| 6 | | | |

- Al finalizar los 5 minutos (o cuando hayan finalizado todos los participantes) pase la hoja de trabajo al compañero de su derecha, y así sucesivamente hasta completar la ronda y que la hoja se encuentre completa.
- Analice las ideas y seleccione las mejores.
  - — Revise todas las ideas y elimine duplicados, si bien puede mantener variaciones de la misma idea.
  - — Llegue a un consenso eligiendo las tres mejores ideas para poder aplicarlas.

**F.F9**

| Exposición del problema | |
|---|---|
| Selección de las tres mejores ideas | |
| 1 | |
| 2 | |
| 3 | |

**2. Analogías**

Técnica usada utilizando palabras aleatoriamente sin conexión, a modo de estimulación de nuevas perspectivas y soluciones.

- Escoja una palabra de una lista o de cualquier otro origen.
- Use la técnica *brainstorm* (ideas que vienen a la mente cuando se piensa en la palabra seleccionada) y regístrelas en la parte izquierda de una hoja.

- Tome las ideas identificadas en el paso anterior y reformúlelas al aplicarlas a los problemas. Para conectar las ideas a las palabras escogidas al azar, apóyese en estas preguntas:

  — ¿Se puede aplicar una de las ideas directamente al problema real tal y como está planteado?

  — ¿Se puede aplicar una de las ideas con algunas modificaciones al problema real?

  — ¿Tiene la idea algún pensamiento original preciso que pudiera ser la inspiración con algunas modificaciones al problema real?

Repita el proceso con nuevas palabras si la elegida no ha surtido el efecto deseado.

**F.F10**

| Problema | |
|---|---|
| Palabra elegida al azar | |
| Asociaciones/analogías | Ideas relacionadas con el problema |
| | |
| | |
| | |
| | |
| | |
| | |

## IV. Identificar el papel de cada uno en la implantación de las ideas o la innovación

**Tres papeles**

- Innovador: es el agente que introduce la innovación en su empresa.
- Innogestor: es el agente responsable de que la innovación tenga éxito.
- Innorreceptor (innosufridor): son los agentes que acaban «sufriendo» o notando los efectos de la innovación en su trabajo.

- Identifique el papel de cada agente:

**F.F11**

| | Conforme ✔ | Dudoso ✘ |
|---|---|---|
| **Innovador** | | |
| ¿Es el responsable de que la nueva forma de hacer se implante? | | |
| ¿Debe tener en cuenta el efecto de la innovación de manera previa a que se implante? | | |
| ¿Tiene *autoritas*? | | |
| **Innogestor** | | |
| ¿Tiene la responsabilidad de hacer que los problemas planteados por la innovación pasen a ser absorbidos por los innorreceptores? | | |
| ¿Es responsable de que el aprendizaje de los innorreceptores sea máximo durante el proceso? | | |
| ¿Es directivo de línea? | | |
| **Innorreceptor** | | |
| ¿Tiene que implantar la innovación? | | |
| ¿Debe dar respuesta a los problemas planteados por la innovación? | | |
| ¿Es el sujeto activo del proceso de aprendizaje? | | |

**F.F12**

| Identificación de los agentes de la innovación | | |
|---|---|---|
| **Innovador** | **Innogestor** | **Innorreceptor** |
| *Agente que introduce la innovación* | *Agente(s) responsable(s) de que la innovación tenga éxito* | *Agentes que «sufren» los efectos de la innovación en su día a día* |
| Agente 1: | Agente 1: | Agente 1: |
| | Agente 2: | Agente 2: |
| | | Agente 3: |

La identificación de los agentes de la innovación es importante por dos motivos:

- El éxito de la innovación depende en gran proporción de la forma en que la absorción de las innovaciones se asigne de manera correcta a cada uno de los perfiles en función del papel que desempeñen.
- En el momento de la implantación, cada uno de los actores de la innovación debe recibir un tipo de apoyo concreto para que el proceso sea un éxito (acuda a las páginas 239-241 del libro para más información).

## V. Relevancia: apoyar a generar teoría de las expectativas

Generar una teoría de las expectativas consistente con la Promesa que permita al agente formarse una idea del funcionamiento del entorno que le ayude predecir y/o anticipar el comportamiento del entorno del servicio ante un determinado evento.

F.F13

| | Conforme ✔ | Dudoso ✘ |
|---|---|---|
| ¿Conoce el agente la Promesa de la empresa? | | |
| ¿Tiene el agente un concepto claro de su entorno que le ayude a predecir las consecuencias de sus acciones? | | |
| ¿Posee elementos de medición y diagnóstico que le permitan interaccionar con su entorno? | | |
| ¿Tiene algún tipo de *feedback*? | | |
| ¿Es conocedor de las reglas formales (e informales) que imperan en la empresa? | | |

- Presentamos dos técnicas que funcionan de forma efectiva para la generación de la teoría de expectativas:

    1. Diagrama de árbol.
    2. Matriz de prioridades.

**1. Anticipar: diagrama de árbol**

Ayuda a descomponer gráficamente cualquier meta general en niveles de acción detallados que deben o pueden realizarse para alcanzar las metas establecidas.

Poder evaluar *a priori* el efecto de las actuaciones de cada uno para el servicio es crítico. El diagrama de árbol revela el nivel de complejidad real implicado en el logro de cualquier meta, haciendo accesibles y manejables los proyectos a los que se enfrenta, conectando todas las metas y submetas generales de la tarea, concretando los vínculos lógicos entre las diferentes partes del plan, así como los medios que se necesitan para llevarlo a cabo.

- Defina el objetivo del diagrama de árbol.
- Genere los encabezamientos principales del árbol, que son los subobjetivos principales a perseguir.
- Analice las tareas principales, que serán los medios fundamentales a través de los cuales se logra el objetivo planteado.

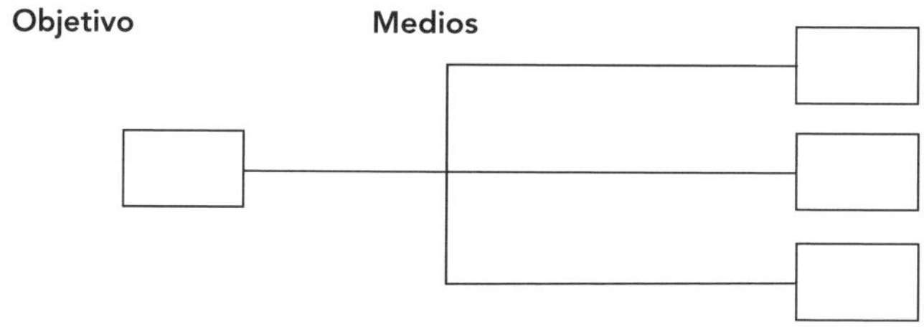


**Figura 10.** Primer paso para la construcción de un diagrama de árbol.

- Descomponga cada encabezamiento principal en más detalles:
  — Trabaje a partir del planteamiento del objetivo y del primer nivel de detalle, colocados lo mismo a la extrema izquierda que a la extrema derecha o que en la parte superior del trabajo y pregunte con respecto a cada elemento del primer nivel: ¿qué se necesita para lograr el planteamiento del objetivo?
  — Repita esta pregunta para cada nivel de detalle.
  — Detenga la descomposición de cada nivel cuando haya tareas asignables o cuando el equipo llegue al límite de su propia competencia.
- Revise el diagrama de árbol terminado para ver si tiene un flujo lógico y está completo.

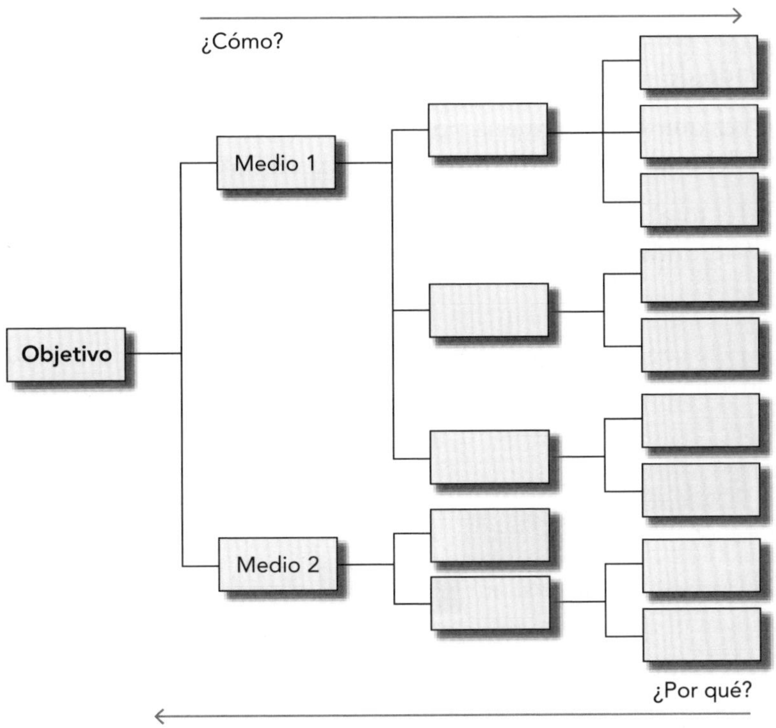


**Figura 11.** Ejemplo de diagrama de árbol.

## 2. Matrices de prioridades

Disminuyen las opciones a través de un enfoque sistemático de comparación de opciones mediante selección, ponderación y aplicación de criterios.

- Defina un acuerdo con respecto a la meta final a la que se pretende llegar mediante una frase clara y concisa.
- Elabore un listado de criterios relacionados con el objetivo (motivos, metas corporativas, líneas directivas).

**F.F14**

| Objetivo: | |
|---|---|
| Criterios: | 1. |
| | 2. |
| | 3. |
| | 4. |

- Elabore una matriz en forma de L y pondere cada criterio frente a los demás:
  - — Partiendo del eje vertical, compare cada criterio con los del eje horizontal.
  - — Cada vez que se registre una ponderación en una celda de fila, su valor recíproco debe ser registrado en la celda de la columna correspondiente.
  - — Halle el total de cada fila horizontal y conviértalo en un valor decimal relativo (= ponderación de los criterios).

**F.F15**

| Criterio/ criterio | C1 | C2 | C3 | C4 | Total de la fila | Valor decimal relativo |
|---|---|---|---|---|---|---|
| C1 | | | | | | |
| C2 | | | | | | |
| C3 | | | | | | |
| C4 | | | | | | |
| | | | | | Gran total | |

| Leyenda de la matriz de prioridades | |
|---|---|
| 1 = igualmente importante<br>5 = más importante<br>10 = mucho más importante<br>1/5 = menos importante<br>1/10 = mucho menos importante | **Total de la fila** = puntuaciones de calificación sumadas<br>**Gran total** = totales de filas sumados<br>**Valor decimal relativo** = suma total de la fila dividida por el gran total |

- Compare todas las opciones relativas a cada criterio ponderado:
  - — Para cada criterio, cree una matriz en forma de L con todas las opciones tanto en el eje vertical como en el horizontal y el criterio en la esquina izquierda de la matriz. Habrá tantas matrices de opciones como criterios a ser aplicados.
  - — Siga los mismos pasos para cada matriz que en el apartado anterior.
  - — Halle el total de cada fila horizontal y conviértalo en un valor decimal relativo (= calificación de la opción).

**F.F16**

| C1 | Opción 1 | Opción 2 | Opción 3 | Opción 4 | Total de la fila | Valor decimal relativo |
|---|---|---|---|---|---|---|
| Opción 1 | | | | | | |
| Opción 2 | | | | | | |
| Opción 3 | | | | | | |
| Opción 4 | | | | | | |
| | | | | | Gran total | |

- Use una matriz resumen en forma de L y compare cada opción en base a todos los criterios combinados.
  - — Coloque todos los criterios en el eje horizontal y todas las opciones en el eje vertical.
  - — En cada celda de la matriz, multiplique la «ponderación de criterio» de cada criterio por la «calificación de la opción»; esto crea una «puntuación de la opción».
  - — Sume las puntuaciones de las opciones a través de todos los criterios para obtener un total de fila.
  - — Divida el valor total de cada fila por el gran total y convierta al valor decimal final.

**F.F17**

| Criterio/ pciones | C1 | C2 | C3 | C4 | Total de la fila | Valor decimal relativo |
|---|---|---|---|---|---|---|
| Opción 1 | | | | | | |
| Opción 2 | | | | | | |
| Opción 3 | | | | | | |
| Opción 4 | | | | | | |
| | | | | | Gran total | |

- Escoja la mejor de las opciones.

## VI. Importancia: aprender cómo la innovación generada incrementa el *stock* de conocimiento de la empresa

Hacer llegar a cada agente información sobre el resultado que han tenido sus acciones en la competitividad de la empresa. Capturar los resultados y redireccionarlos al agente que los ha generado para provocar aprendizaje individual y materializarlo para la empresa.

Tres actuaciones:

1. Captura de la realidad.
2. Comparación entre observado y deseado. Diagrama de Pareto.
3. Redireccionamiento al agente generador de la idea.

### 1. Captura de la realidad

Captura de información sobre la realidad que está ocurriendo una vez implantada la innovación. Proponemos realizarlo por los MMV.

- Identificar cómo la innovación ha afectado a las prioridades de la Promesa concretadas en uno de los MMV de la verdad críticos del servicio.
- Identifique el número de veces que las actuaciones afectan a cada prioridad de la Promesa.

**F.F18**

| MMV afectado por la innovación | | | | | |
|---|---|---|---|---|---|
| | Coste | Tiempo | Amplitud | Innovación | Consistencia |
| Criterio: | | | | | |
| Valoración: | | | | | |
| ¿Qué cambio se ha efectuado? | | | | | |
| ¿Aporta valor? | | | | | |
| N.° de veces | | | | | |

**2. Comparación entre observado y deseado. Diagrama de Pareto**

También llamado ABC u 80-20. Permite identificar los datos críticos, priorizar y ordenar. Consiste en un gráfico en el que se representa en el eje horizontal un número de datos y en el vertical la criticidad de esos datos para el cumplimiento de la Promesa

- Permite asignar impacto a los datos.
- Discierne entre datos triviales y datos con impacto.
  - Paso 1. Enumere los datos de los MMV del paso anterior.
  - Paso 2. Clasifíquelos con respecto a su impacto en las prioridades de la Promesa.
  - Paso 3. Construya un diagrama de barras que plasme el impacto de la innovación en el servicio al cliente.

**3. Redireccionar**

Llevar los datos estructurados y analizados al generador de la innovación para que se genere aprendizaje tanto individual como organizativo.

- Información por excepción.
  - Los datos tienen una indicación asociada de impacto, y cuando pasan un umbral se envían al generador de la innovación.
- Información por origen.
  - Cada origen recibe toda la información sobre los impactos de la innovación en la Promesa y en los MMV críticos.
- Información resumen por perfiles.
  - Agregar la información obtenida de acuerdo con los perfiles de «persona» de cada servicio. Esto aporta mayor conocimiento sobre a realidad antropológica de la «persona».
- Síntesis estadística.
  - Obtención de indicadores numéricos de resumen de toda la información sobre la innovación y su efecto.

## VII. *Check-list* Formación

F.F19

| *Check-list* FORMACIÓN | | |
|---|---|---|
| Compruebe | Conforme ✔ | Pendiente ✘ |
| **1. Identificación de su cerebro de obra** | | |
| Papel que ocupa dentro de la innovación. | | |
| Forma de afrontar retos a través de PDE (Portafolio de Dimensiones Educativas) | | |
| *Stock* de conocimiento que tiene para resolver problemas. | | |
| **2. Directivo educador** | | |
| ¿Ha realizado el Icosálogo? | | |
| ¿Aporta *stock* de conocimiento o apoya en encontrarlo? | | |
| ¿Conoce las cuatro formas de apoyar en la resolución de problemas según el PDE? | | |
| ¿Ha identificado su propio PDE con el PDE de los miembros de su equipo? ¿Lo ha equiparado para lograr una mayor efectividad de las acciones formativas? | | |
| ¿Ha potenciado la creación de Unidades de Conocimiento como forma de potenciar al cerebro de obra? | | |
| ¿Ha identificado la autoritas dentro de su empresa? | | |
| **3. Diseño del sistema del plan de formación** | | |
| ¿Ha elaborado una guía para el diseño del plan de formación? | | |
| ¿El plan de formación diseñado está basado en la resolución de problemas en lugar de absorber y memorizar contenidos? | | |
| ¿Ha trabajado un diseño individualizado (en contraposición al estándar que se venía realizando), aplicándose en las necesidades propias de cada uno de los agentes? | | |
| ¿Ha contado con apoyo de mundos virtuales para el diseño del plan formativo? | | |
| ¿Su plan formativo se ha realizado en base a un modelo no estructurado? | | |
| ¿Su plan formativo está basado en un modelo tecnológico individual? | | |
| ¿Los directivos de línea son protagonistas del diseño del plan de formación? | | |
| ¿Ha tenido en cuenta la teoría de la expectativa de la que parte el agente para elaborar su plan formativo? | | |

***El Portafolio de Dimensiones Educativas, PDE. Implicaciones para la acción formativa**

Nace de la necesidad de individualizar el proceso de aprendizaje según las singularidades de cada individuo. El PDE presenta cuatro dimensiones que permiten individualizar el proceso de solución de problemas ya que cada individuo se enfrenta a un problema de forma singular generándose un reto individual. El directivo enuncia los problemas de la forma que a él le gustaría que se los propusieran y si no conoce su PDE, propone de acuerdo con su configuración personal.

Las dimensiones del PDE son:

- Proporcionar experiencias (PE) La necesidad del individuo de percibir resultados inmediatos y consecuencias de su resolución de problemas a través de las experiencias de otros.
- Analizar alternativas (AA) La evaluación de los diferentes caminos abiertos para la resolución del problema, anticipando las consecuencias negativas y/o positivas.

| | Proporcionar experiencias (PE) | Analizar alternativas (AA) | Dar conocimientos (DC) | Apoyar en el proceso (AP) |
|---|---|---|---|---|
| *Tipología* | Le interesa entender el mundo a través de las experiencias que otros han tenido. | Van con las listas de pros y contras. Les gusta ver la situación desde diferentes ángulos. | Pueden parecer «cuadriculados» pero necesitan saber cuál es el concepto que puede ayudar a explicar un problema. | El problema debe ser diseccionado y dividido, necesitando apoyo en cada etapa. |
| *Puedes preguntarle si le interesa* | Los ejemplos prácticos. | Entender las relaciones entre los diferentes componentes del problema. | Que se les explique el problema de una forma estructurada y ordenada. | Que se les muestre cómo se pueden enfocar los temas. |
| | Las discusiones con otros sobre el problema para ver qué opinan. | Darle vueltas a las cosas para verlas desde todos los ángulos. | Preguntar por qué son las cosas así y qué hay que las haga más fáciles de entender. | Necesitan recibir retroalimentación de cómo van progresando en la solución. |
| *Suelen* | Tratar de resolver problemas pensando qué hizo la vez anterior. | Discutir los temas en grupo para poder comparar lo que los demás piensan. | Pedir la ayuda de especialistas para entender mejor la situación. | Tabajan en grupos reducidos para poder ver el seguimiento de la solución de la tarea encomendada. |

**Figura 12.**

- Dar conocimiento (DC) La necesidad de relacionar el problema con un esquema conceptual que aporta el conocimiento necesario para resolver el problema.
- Apoyar en el proceso (AP) La necesidad de tener un guía en el proceso de resolución del problema que le apoye a identificar hitos y factores de bloqueo.

Las dimensiones pueden combinarse de diferente manera y los valores son dominante, intermedio y neutro El dominante es el que guía el estilo de entrar y aceptar el reto del problema con más facilidad.

**F.F20**

| Guía para el Diseño de un Plan de Formación |
|---|
| 1. Partiendo de la Promesa y las dimensiones críticas, haga una lista de las necesidades de conocimientos que se necesite. Use el diagnóstico de conocimientos. |
| 2. Agrúpelos, valórelos y elija aquellos de máxima prioridad. |
| 3. Identifique el tipo de problemas (virtuales) que se deben resolver para alcanzar el aprendizaje deseado. |
| 4. Diseñe un mundo virtual donde estos problemas tengan sentido. Establezca las reglas de comportamiento de este mundo y los mecanismos causa-efecto. |
| 5. Piense qué tipo de innovaciones va a incluir en las personas para generar los problemas deseados. Identifique su perfil de retos y sus lagunas de conocimiento. |
| 6. Piense cómo hacer que el reto de las innovaciones sea accesible a los participantes. |
| 7. Diga cómo va a apoyar la creatividad de los participantes. |
| 8. Ídem para el proceso de solución de problemas. |
| 9. Identifique cómo puede introducir la relevancia en este mundo virtual. |
| 10. Lo mismo para la importancia virtual. |
| 11. Analice qué tecnologías le van a proporcionar todos los pasos anteriores. |

# G. ¿SE ME OLVIDA ALGO PARA CONSEGUIR EL ÉXITO EN LA IMPLANTACIÓN?

F.G1

| *Check-list* SPDM | | |
|---|---|---|
| | Conforme ✔ | Pendiente ✘ |
| **1. Definición de Promesa, esencia, rojo pasión, MMV y sueño del servicio** | | |
| Definición de la Promesa. | | |
| Traducción de las 5 dimensiones de la promesa a criterios y priorización de estos. | | |
| Definición de la esencia. | | |
| Definición del rojo pasión. | | |
| ¿Cuál es el sueño de su servicio? ¿Cómo lo visiona? | | |
| Identificación MMV y especificación de los críticos. | | |
| **2. Proactividad** | | |
| 9 preguntas. | | |
| Impacto bloqueos en Matriz innovaciones. | | |
| Icosálogo | | |
| **3. Detección del conocimiento que necesito hoy y mañana** | | |
| Identificar lo que sé hoy:<br>• Configuración problemas igual a conocimientos.<br>• ¿Tengo una KBD?<br>• ¿Tengo el conocimiento en escalas?<br>• ¿Qué debo saber y qué debe saber la empresa ampliada?<br>• UC. | | |
| Identificar lo que debo saber hoy (lagunas de conocimiento):<br>• ¿He traducido los problemas que tengo a las necesidades de conocimiento?<br>• ¿He identificado el nivel de conocimientos que necesito siguiendo el indexado VOC? | | |
| Identificar qué necesito saber mañana:<br>• Impacto de los nuevos problemas y servicios.<br>• ¿He identificado los perfiles de agentes en función de su papel dentro de la innovación?<br>• ¿He pensado cómo debo adquirir el conocimiento que no poseo y que necesito para dar excelencia en el servicio? | | |

| | | |
|---|---|---|
| **4. Operativo** | | |
| Definición de las tareas por procesador y tasas de ocupación. | | |
| Diferenciación entre tareas primarias y secundarias. | | |
| Identificación de los procesos críticos de la empresa. | | |
| Industrialización de todo lo posible sin perder esencia. | | |
| Identificación del perfil de agente necesario para entregar el servicio. | | |
| Identificación de factores de bloqueo para reglas operativas y sistema de información.<br>• ¿Está definido un sistema de resolución de problemas formales?<br>• ¿Está definido un sistema de resolución de problemas informales?<br>• ¿Están identificados los sistemas de información formal e informal? | | |
| **5. Diseño del servicio** | | |
| Rediseño del concepto para matar bloqueos encontrados en el viaje del cliente. | | |
| Análisis de los puntos conflictivos de la configuración operativa según la Promesa. | | |
| Identificación de las demandas latentes. | | |
| Implantación del CIS. | | |
| **6. Facilitación de la mejora** | | |
| Identificación de la raíz de los problemas. | | |
| Criticidad de problemas. | | |
| Apoyo a la creatividad. | | |
| Los papeles de la innovación. | | |
| Aprendizaje de mejoras de servicio. | | |
| Diseño del sistema del plan de formación. | | |
| **7. SPDM Express** | | |
| Elección de Unidad visible y que sea referencia. | | |
| Prototipado de la implantación con seguimiento de hitos. | | |
| Compartir con organización resultados en *quick wins*. | | |

# Diccionario SPDM

*Nota:* los términos marcados con (*) son conceptos introducidos y desarrollados por Beatriz Muñoz-Seca como terminología específica en el área.

**5H+W:** herramienta consistente en un cuestionamiento sistemático de todo el proceso, donde hay que preguntarse cinco veces el por qué *(why?)*, dónde *(where?)*, cuándo *(when?)*, quién *(who?)*, qué *(what?)* y cómo *(how?)*.

**9 preguntas (*):** herramienta que identifica los factores de bloqueo que impiden implantar la proactividad y el estilo SPDM.

## A

**Acción formativa:** serie de actuaciones acotadas de acción, a veces virtuales, diseñadas para que el individuo logre, de forma gradual, natural y espontánea, el objetivo de aprendizaje deseado.

**Acciones/actuaciones informales:** aquellas actuaciones (tareas o decisiones) que se ejecutan en el día a día de la empresa, que no están materializadas y que emergen a través de la forma de funcionar habitual.

***Agile*, modelo:** modelo de operaciones centrado en poner productos en el mercado de forma rápida, con producción modular y cooperación entre empresas. Se focaliza además en eliminar la incertidumbre evitable, tener un plan B para la incertidumbre residual, luchar por tener plazo de entrega 0 minutos y tener una estructura operativa con holgura.

**Amplitud (*):** es una de las cinco dimensiones para concretar la Promesa; se define en criterios como la variedad planeada o la cartera de servicios, tanto potencial como real.

**Analizar alternativas (AA) (*):** es una de las cuatro dimensiones del PDE. El individuo entra en el problema a través de las distintas alternativas que se le plantean.

**Analogías:** técnica de apoyo a la creatividad que, trabajando con palabras aparentemente sin conexión, estimula la aparición de nuevas perspectivas y soluciones.

**Andón**: JIT. Parar la producción cuando el agente detecta un error, de modo que se pueda trabajar en una solución de manera inmediata y no se siga trabajando sobre la base de un fallo.

**Andragogía:** proceso de aprendizaje de un adulto.

**Aplicativo, proceso de resolución de problemas:** proceso de resolución de problemas conocidos que se caracteriza por ser rápido, sencillo, garantizar resultados a corto plazo y aportar información y experiencia, si bien no se aprende demasiado y no se obtiene nada nuevo.

**Apoyar en el proceso (AP) (*):** dimensión del PDE. El individuo entra al problema necesitando una descomposición de las partes del problema.

**Arquetipo**: ver persona.

**Atractividad (*):** Se concentra en velar por el proceso de aprendizaje del individuo. Conseguir que el proceso de aprendizaje sea continuo y que lleve a la ganancia del individuo y de la organización.

***Autoritas:*** la autoridad moral que una persona se gana por sus propios méritos y su impacto en la sociedad.

# B

**Beta:** versión en desarrollo.

***Brainstorming:*** técnica de creatividad consistente en fomentar la generación de nuevas estructuras de pensamiento y de soluciones a problemas existentes, con independencia de la calidad de las mismas, en un ambiente relajado, mediante la expresión libre de pensamiento a partir de una idea, palabra o propuesta realizada.

***Brainwriting* 6-3-5:** técnica de creatividad que proporciona una estructura para generar un gran número de ideas y encontrar conexiones inusuales y combinaciones en medio de esas ideas.

**Banco verde (*):** búsqueda de aquello que siempre se hace por inercia sin que nadie se cuestione si se puede mejorar o eliminar.

# C

**Caja de Operaciones (*):** es uno de los tres actores de las Operaciones que se configura a través de las seis variables (procesos, capacidad, estructura de flujos y configuración de la estructura de tiempo, perfil de RRHH, sistema de información y reglas operativas).

**Calidad**: cumplimiento de la especificación del servicio.

**Cálculo promedio:** cálculo realizado teniendo en cuenta las medias.

**Campos de fuerzas, análisis:** técnica inductiva que identifica las fuerzas y los factores que apoyan o van en contra de la solución de un problema para que lo positivo pueda reforzarse y/o lo negativo pueda ser eliminado o reducido.

**Capacidad:** horas disponibles de un procesador.

***Card short:*** herramienta usada para trabajar la técnica heurística del problema auxiliar.

**Cerebro de obra (*):** el RRHH del siglo XXI es cerebro de obra, no mano de obra. Sus características predominantes son: lo único que tiene es su conocimiento y se siente orgulloso de él, se mueve por retos, conoce muy bien lo que sucede en su entorno, tiene muy bien evaluadas a las demás personas, cultiva su identidad buscando diferenciarse y acepta la *autoritas* pero no la *potestas.*

**Ciclo externo(*):** ciclo que liga la solución de problemas/aprendizaje del individuo con actuaciones de mejora en la SAS. El deseo de actuar viene por entender el modo en que las mejoras de las SAS impactan en el servicio y en el aprendizaje.

**Ciclo de la Innovación del Servicio (CIS) (*):** ciclo de las SAS que une la Demanda de Nuevas Prestaciones (DNP) a Diseño de Concepto creando un camino estructurado para que los agentes servidores proporcionen ideas de necesidades latentes de los clientes. Promueve que agentes que prestan el servicio puedan encauzar necesidades reales o futuras que observan para convertirlas en nuevos servicios o prestaciones complementarias del actual.

**Ciclo Interno o Ciclo de Generación del Conocimiento (*):** ciclo de generación de conocimiento del individuo en donde se parte de un problema que requiere *stock* de conocimiento para ser resuelto, provoca generación de ideas que al implantarse (innovar) vuelven a generar problemas.

**Cocreación:** creación conjunta del servicio a través de la definición y resolución conjunta de problemas, permitiendo al cliente coconstruir la experiencia del servicio conforme a su propio contexto.

**Cocreador del servicio:** papel adoptado por el cliente según el cual su propio conocimiento ayuda a configurar el servicio que está recibiendo.

**Combinación:** mecanismo de generación de ideas consistente en agrupar de manera no usual ideas conocidas y usadas normalmente.

**Competitividad:** capacidad de diferenciación de una empresa sobre las demás.

**Competir por precio:** es una de las cuatro formas de competir definida por la literatura clásica, siendo la menos sostenible, ya que se define por competir en ser el más barato.

**Concreción estratégica** (*)**:** es el nivel más abstracto del modelo SPDM, que está compuesto por tres elementos: Promesa, esencia y rojo pasión.

**Conocimiento:** en SPDM lo identificamos como problema.

**Consistencia** (*)**:** es una de las cinco dimensiones que permiten concretar la Promesa; grado de variabilidad entre lo previsto y lo real. El cumplimiento de las especificaciones del servicio rige esta dimensión.

**Consumo:** es el tiempo que un procesador tarda en hacer una tarea.

**Consumo medio:** el consumo que cada procesador tiene dependiendo del mix.

**Consumo Promedio a Largo Plazo (PLP):** forma de medir consumos de tiempo de los procesadores en servicios (diferente al que se realiza en industria, donde el tiempo consumido es determinista), que implica realizar los cálculos teniendo en cuenta las medias de tiempos (consumidos) en un período de tiempo concreto (no ACP).

**Coste:** es una de las cinco dimensiones que permiten concretar la Promesa; es todo aquello que va asociado con el flujo del dinero.

**Creatividad simple:** capacidad para generar pequeñas nuevas ideas que hagan avanzar.

***Crowd Concept Design*** (*)**:** utilizar el conocimiento de los agentes en contacto con clientes para generar nuevas ideas de servicio.

**Cuello de botella:** procesador con la menor producción que limita la producción de servicios, siendo su constricción.

**Cuenta de resultados (CP&G) individual:** herramienta que refleja la repercusión de las actuaciones individuales en la CP&G global de la empresa.

## D

**Dar conocimientos (DC)** (*)**:** es una de las cuatro dimensiones del PDE. El individuo entra al problema a través de un marco conceptual abstracto.

**Decisiones operativas:** se caracterizan por su escasa importancia individual, si bien son colectivamente importantes. Son recurrentes, de ámbito reducido, con impacto sobre el servicio y delegadas.

**Decisiones estratégicas:** suelen estar asociadas al diseño del sistema de operaciones y se caracterizan por ser de gran importancia individual, la necesidad de tomarse a largo plazo, no recurrentes, de ámbito global, de impacto sobre la competitividad y asumidas.

**Demanda de Nuevas Prestaciones (DNP) (*):** actividad de la SAS, centrada en extraer la demanda latente de los clientes.

**Desarrollo de Concepto (*):** actividad de la SAS que genera, dentro de diseño del servicio, el «concepto diferencial del servicio» y debe incluir su esencia.

**Descomposición y recombinación:** técnica heurística consistente en dividir un problema en diversos componentes (descomponerlo) y examinar con atención cada elemento por separado hasta que surge una nueva imagen de sus relaciones e interconexiones (recombinación).

**Deseo:** se trata de una de las tres condiciones indispensables para implantar un enfoque de «mil mejoras de mil» que consiste en saber cuál es el objetivo «egoísta» que se persigue.

***Design thinking:*** concepto generado por IDEO y centrado en diseño del servicio. Empieza con un problema, o con una oportunidad, que activa la búsqueda de soluciones a partir de la investigación de campo generando ideas que conducen a las soluciones.

**Diagrama de afinidad:** herramienta diseñada para trabajar la técnica variación de un problema, que permite que el equipo genere creativamente un gran número de ideas/asuntos y luego organice y resuma agrupamientos naturales entre estos a fin de comprender la esencia de un problema y hallar soluciones.

**Diagrama de flujo de procesos:** herramienta diseñada para la identificación de procesos y el detalle de su desarrollo.

**Diagrama de Gantt:** herramienta gráfica cuyo objetivo es exponer el tiempo de dedicación previsto para diferentes tareas o actividades a lo largo de un tiempo total determinado.

**Dimensiones de la Promesa (*):** elementos que ayudan a concretar, traducir y priorizar la Promesa. Son cinco: coste, tiempo, amplitud, innovación y consistencia.

**Directivo/educador (*):** el directivo SPDM, basado en «hacer-hacer».

**Directivo de línea (*):** estamento que se encuentra entre la Alta Dirección y los técnicos. Son responsables de aplicar y difundir en forma de cascada por toda la organización.

**«Dirigir es servir» (*):** lema principal de SPDM que basa su diferencial en solucionar constantemente problemas y aboga por un servicio sostenible. El verdadero servir, educar, se configura como convertir la mente del colaborador en un ente flexible dispuesto a aceptar la inherente solución de problemas como una tarea cotidiana. Es uno de los componentes del Icosálogo.

**Diseño de interacciones:** centrado en satisfacer las necesidades y deseos de las personas que usarán el producto.

**Diseño de experiencias:** centrado en diseñar prestando atención a la experiencia del usuario y a las soluciones culturalmente relevantes.

**Donde tú no llegues, llegaré yo (*):** uno de los pilares de «Dirigir es servir», consistente en otorgar libertad a los agentes pero manteniéndose a disposición de apoyar cuando se necesite.

## E

**Eficiencia:** grado en que la organización resuelve bien los problemas operativos y consigue los objetivos que persigue. Se concentra en las acciones para resolver los problemas de hoy, resolver los problemas que llevan a mejorar la productividad de las operaciones.

**Empleabilidad (*):** generación de *stock* de conocimiento individual que aporta valor al individuo.

**Empresa ampliada *(extended enterprise)*:** unión entre proveedores, distribuidores, empresas y clientes para configurar el servicio como un todo interrelacionado.

**Escucha activa:** permite gestionar la interacción con los clientes de un modo que les hace comprender mejor sus necesidades reales y latentes.

**Esencia:** el ADN de la empresa.

**Estandarización:** capacidad de poner en práctica, tanto en el corto como en el largo plazo, un conjunto de métodos y condiciones que hace posible un alto rendimiento repetido.

**Estilo SPDM (productividad-felicidad-soluciones) (*):** cultura operativa según la cual la productividad se basa en solucionar problemas de forma eficiente.

**Estructura operativa (*):** segundo nivel de configuración del SPDM compuesto por la SAS y dividido en tres grupos: diseño de servicios, infraestructura operativa y prestación y mantenimiento del servicio.

**Estructura del tiempo:** siete tiempos o tiempos básicos de operaciones: de operación, de preparación, de lote, de interferencia o tiempo de cola, planificado, de seguridad (o tiempo «por si acaso») y de desorganización (o tiempos de olvido).

**Estructura preinventiva:** estructuras que favorecen la creación de ideas.

**Etnografía:** técnica de investigación antropológica. Los pasos de los que se compone son: identificación del problema o hecho a investigar, crear un equipo de personas destinado a dicho proceso, ir al punto focal del problema y analizarlo, establecer una fecha límite para la realización del estudio, metodología a aplicar (diseño de la estrategia realizando observación, entrevista y petición de documentos que puedan ser de utilidad) y estudio de los resultados e identificar el origen de los problemas del cliente, categorizándolos si fuera necesario.

**Exploración:** mecanismo de generación de ideas consistente en un cambio progresivo en la estructura conceptual, realizado mediante la aplicación sistemática de transformaciones conocidas pero usadas de forma inusual.

**Exploratorio, proceso de resolución de problemas:** proceso de resolución de problemas nuevos que se caracteriza por ocupar mucho tiempo, posibilidad de resultar frustrante, no garantizar resultados en un plazo determinado y favorecer el aprendizaje.

**Exprimir (cerebros de obra):** conseguir que aporten un valor diferencial sostenible y sean capaces de llevar a cabo «su» solución de problemas de forma autónoma siguiendo las prioridades de la empresa.

## F

**Factores de bloqueo:** aquellos que impiden la consecución de los objetivos planteados.

**Flujos:** los movimientos por el sistema.

***Full Time Equivalent* (FTE):** forma de calcular números de personas asignadas a puestos de trabajo cuando se tienen jornadas inferiores a las ocho horas diarias.

## G

**Generalización:** técnica heurística que facilita la tarea de entender un objeto aislado a través de su observación como miembro de un conjunto más amplio.

## H

«**Hacer la calle**» **(*):** expresión coloquial que traslada la necesidad de que la Alta Dirección baje al terreno, observe lo que sucede en su empresa y marque a partir de ese momento indicadores para el seguimiento operativo.

**Hacer-hacer (*):** pilar de «Dirigir es servir», consistente en enseñar a hacer.

**Higiénico, proceso:** aquel que es necesario pero no aporta diferencial.

***Hub* de conocimiento:** centro agregado de conocimiento que pasa a proveer a diferentes actores.

# I

**Icosalogo (*):** listado de 20 reflexiones que se traducen en indicadores para lograr gestionar como directivo-educador.

**Ideas imposibles:** aquellas que son paradójicas, que rompen las estructuras y que permiten hacer posible lo imposible.

**Idea sorpresiva:** idea no esperada que, en cuanto la ves o la tienes, la asimilas y reorganizas en tu pensamiento.

**Importancia (*):** bucle de aprendizaje que lleva la realidad del servicio a aquel que lo ha diseñado y propuesto.

**INAEM:** Instituto Nacional de las Artes Escénicas y de la Música. Organismo público español de la Secretaría de Estado de Cultura que se ocupa de articular y desarrollar los programas relacionados con el teatro, la danza, la música y el circo.

**Incertidumbre residual (*):** la incertidumbre que queda después de haber realizado mil análisis, planificaciones y ensayos.

**Indicadores sensoriales:** indicadores de los 7 sentidos. Muy recomendable tenerlos en servicios.

**Inducción:** técnica heurística consistente en extraer principios generales de hechos o ejemplos particulares.

**Industrialización del servicio:** estandarización de procesos y uso de la tecnología. En SPDM se amplía dicha definición creando módulos de servicio y enganchando soluciones de problemas infórmales a cada módulo.

***Industry* 4.0**: la cuarta revolución industrial creando un entorno plenamente tecnológico.

**Ineficiencia:** falta de eficiencia. Grado en el que las empresas no resuelven bien los problemas operativos, impidiendo la consecución de los objetivos que persiguen.

**Infraestructura operativa (*):** en la SAS, se ocupa de la configuración estratégica de las seis variables según la Promesa y de la definición de los indicadores de servicios.

**Ingeniería de Servicios (*):** actividad de la SAS centrada en apoyar el proceso de solución de problemas de forma eficiente. Potencia la agilidad y reducción de tiempo que se requiere para resolver problemas de servicio que afiancen la Promesa.

**Innovación:** hacer cosas nuevas o viejas de forma diferente.

**Innovación de extensión:** problemas estructurados de alta variedad.

**Innovación incremental:** problemas estructurados de baja variedad.

**Innovación radical:** problemas no estructurados de baja variedad.

**Innovación revolucionaria:** problemas no estructurados de alta variedad.

**Innovador:** aquel que introduce la innovación en la empresa.

**Innogestor** (*)**:** el agente responsable de que la innovación tenga éxito.

**Innorreceptor** (**o innosufridor**) (*)**:** el agente que acaba sufriendo los efectos de la innovación en su trabajo.

**Interrupción:** acción de parar la tarea que está realizando un agente para atender otra. Unido al tiempo de preparación.

***Intrapreneurship:*** emprendimiento dentro de la propia empresa.

**Ishikawa:** herramienta que permite identificar, explorar y exhibir gráficamente todas las posibles causas relacionadas con un problema a fin de descubrir sus componentes.

## J

***Just in Time*** **(JIT):** modelo de operaciones nacido en Japón y cuyo zénit se encuentra en el Toyota Production Systems (TPS), centrado, entre otros, en usar solo lo que se necesita, en el momento en el que se necesita y resolver problemas constantemente.

## K

***Kaizen:*** progreso hacia la mejora.

***Knowledge Data Base*** **(KDB)** (*)**:** base de datos de conocimientos.

***Kereitsu:*** término japonés del JIT relación con proveedores.

**KISS,** ***(Keep It Simple and Stupid)*****:** simplicidad.

**KJ, método:** enfoque *bottom up* creado por Shoji Shiba que parte de una lista de conceptos que se van uniendo por afinidad de imágenes. La similitud entre conceptos es por imágenes que sugieren conceptos similares.

## L

**Laguna de conocimiento** (*): diferencia entre la base del conocimiento que dispone un agente y el conocimiento necesario para resolver un problema determinado.

***Layout:*** configuración física del lugar donde se presta el servicio.

***Lean,* modelo**: modelo de operaciones centrado en erradicar el desperdicio evaluando todos los tipos, no gastar nada en algo que no se necesita, estandarizar, mantener las operaciones en dirección única, equilibrar la carga y hacer públicos los resultados.

**Libro de Petete:** término coloquial para identificar la materialización de experiencias y analizar las lecciones que se pueden extraer de ellas.

## M

**Matriz de Análisis Competitivo de Conocimiento (Matriz ACC)** (*): esquema que permite comparar la situación del conocimiento de una empresa con su situación en los competidores y así poder diagnosticar su zona de ventaja competitiva.

**Matriz de Cargas:** dada una producción x, permite encontrar la ocupación individual de cada procesador.

**Matriz de Capacidades:** esquema que permite encontrar la producción de clientes y da respuesta a las siguientes preguntas: ¿cuánta capacidad se necesita?, ¿cuántos agentes hay?, ¿dónde hay constricciones? y ¿dónde se atascan las cosas?

**Matriz de Nuevos Servicios:** representación del portafolio de nuevos servicios en cuatro cuadrantes, siendo cada uno de los cuadrantes definidos por el impacto (medido en tipo/variedad de problema) que este nuevo servicio puede tener en la estructura operativa de la empresa.

**Método:** un apoyo estructural que ayuda a identificar la raíz de los problemas y actuar de forma sistemática.

**Mil mejoras de mil** (*)**:** la mejora constante del servicio a través de muchas pequeñas mejoras.

**Mix del servicio:** composición, en porcentajes, de la cartera de servicios. Diferenciamos mix real, configuración del servicio real/actual, del mix estratégico, configuración del servicio deseado.

**Mix de *stock* de conocimiento:** composición en porcentajes de los tipos de conocimientos existentes en la empresa.

**Módulo del servicio:** clúster de actividades que juntos tienen una identidad, conformando un núcleo de subprocesos.

**Momentos de la Verdad (MMV) del Servicio**: instantes de interacción del cliente con las realidades de las operaciones.

## N

**No me traigas problemas, tráeme soluciones** (*)**:** forma de gestión propuesta por SPDM para implantar la gestión por soluciones. Orienta a que cada cerebro de obra proponga alternativas y soluciones a los problemas que se encuentra.

## O

**Observación:** primer paso del método científico consistente en observar con atención un fenómeno, hecho o suceso y registrar la información para analizarla posteriormente. Es una herramienta crítica para identificar las demandas latentes de los clientes.

**Objetivo operativo:** concreción de la especificación de la Promesa; es la meta que logra que cada actuación se integre en la consecución del servicio prometido. Lograr la identificación de cada miembro de la organización con el plan acordado exige especificar dichos objetivos operativos.

**Operaciones:** todas aquellas actividades que van desde una idea hasta un cliente satisfecho.

**Operativo, nivel** (*)**:** es el nivel más técnico y concreto del SPDM, donde se hace necesario formular la composición detallada de la Caja de Operaciones, definiendo las seis variables operativas que estructuran la operación básica: las capacidades, los flujos o los tiempos, los procesos, el perfil de los RRHH, el sistema de información y las reglas operativas.

**Oportunidad:** es una de las tres condiciones indispensables para poder implantar un enfoque de «mil mejoras de mil»; es el espacio, físico y mental, necesario para poder hacer emerger una idea y proponerla. El espacio físico requiere entender que las interrupciones son enemigas tanto de la productividad como de la reflexión, y el espacio mental es el apoyo a la creatividad.

**Organizaciones planas:** organizaciones con una jerarquía mínima; aquella en la que hay asunción de responsabilidades por parte de todos los componentes y con mínimas estructuras de control.

***Out of the Box*, pensar:** pensar fuera de la caja, fuera de los mecanismos habituales para encontrar modelos diferenciales de actuación.

## P

**Pareto, Diagrama de:** también conocido como regla del 80-20. Mediante el Diagrama de Pareto se pueden detectar los problemas que tienen más relevancia mediante la aplicación del Principio de Pareto (pocos vitales, muchos triviales) que afirma que hay muchos problemas sin importancia (80%) frente a solo algunos graves (20%).

***Penny Arcade:*** concepto basado en una máquina de clasificación de céntimos del Commerce Bank utilizado para designar la materialización de la esencia de una empresa a través de un elemento diferenciador y potenciador del servicio.

**Perfil monovalente:** perfil de RRHH dedicado en exclusiva a la realización de un portafolio focalizado de tareas.

**Perfil polivalente:** perfil de RRHH con conocimiento para desarrollar una variedad de tipología de tareas.

**Perfil polivalente parcial:** perfil de RRHH con conocimiento para desarrollar cierta variedad de actividades dentro de un mismo bloque de tareas.

**Perfil RRHH:** características competenciales de la tipología de los agentes que componen la estructura de la empresa.

**Persona:** personajes ficticios creados para categorizar arquetipos de clientes.

***Potestas:*** la autoridad que la estructura organizativa confiere a cada puesto.

**Portafolio de Dimensiones Educativas (PDE) (*) o Individualizar la presentación de un problema:** Las 4 dimensiones que componen el perfil de retos de un agente y su relación con el estilo de aprendizaje. El grado de intensidad de cada dimensión define el perfil PDE. La combinación PDE de cada persona es una vía de acceso a la aceptación del problema.

**Problema:** situación que alguien encuentra desagradable. Se dividen en estructurados y no estructurados.

**Problema estructurado:** aquellos que se pueden resolver mediante la aplicación de una secuencia de operaciones o «proceso de resolución de problemas». Se da en aquellas situaciones en los que la persona puede definir con precisión y de manera comprobable qué constituye una situación «agradable».

**Problema no estructurado:** aquellos que, *a priori*, resulta imposible determinar qué soluciones son satisfactorias. La persona responsable de las decisiones no percibe si una situación es agradable hasta que la experimenta.

**Problemas informales:** aquellos problemas que la empresa no tiene materializados.

**Problema auxiliar:** técnica heurística consistente en considerar un problema no por sí mismo, sino porque esperamos que nos ayude a resolver otro problema, el problema original.

**Procesador:** agente que hace la tarea.

**Proceso:** secuencia de operaciones básicas que describen las transformaciones que deben tener lugar en un servicio y que generalmente están definidas en forma de protocolos que guían en el quehacer diario. Si la secuencia se ejecuta debidamente, permiten resolver un problema.

**Producción de clientes:** número de clientes que podemos atender.

**Promesa (*):** traducción de la estrategia a elementos concretos que nos ayudan a configurar las Operaciones. Se centra en la priorización de las dimensiones.

**Proporcionar experiencias (PE) (*):** dimensión del PDE. El agente tiene necesidad de percibir, mediante el uso de un conjunto de experiencias, los posibles resultados y consecuencias inmediatos de su actividad de resolución de problemas.

**Prototipo:** convertir ideas en servicios reales que se prueban, se repiten y se perfeccionan.

**Prototipado:** actividad englobada dentro del diseño del servicio que debe prever la experiencia total del servicio.

**Pulverizar (problemas) (*):** llegar a su raíz, analizar sus causas y buscar alternativas de solución.

**Punto de contacto (PC):** agente, persona o tecnología que interacciona con el cliente convirtiéndose en el protagonista de la interacción. Los puntos de contacto críticos son denominados Momentos de la Verdad (MMV).

# R

**Razonamiento inverso:** herramienta destinada a trabajar la técnica de «trabajar hacia atrás».

**RAE:** Real Academia Española.

**Regla operativa (*):** conocimiento encapsulado que proporciona directrices y especifica prioridades para su uso inmediato por el agente. Se clasifican en formales e informales. Una de las seis variables de acción de la capa operativa SPDM.

***Rho:*** letra griega usada para identificar la tasa de ocupación de cada uno de los procesadores.

**Rojo Pasión** (*): fundamento que operativiza la esencia, aquello que la sustenta; elementos dentro de la estructura operativa que hacen realidad la esencia de la empresa.

***Role playing:*** forma de enseñar a observar en el que los participantes interpretan escenas en las que se describen distintos roles y actividades, para pasar posteriormente a analizarlas.

***Rolling forecast:*** revisión periódica del *forecast* (previsión) de la demanda para ajustar las previsiones a la realidad.

## S

**Secuencia de Actividades de Negocio (SAN) (*):** esquema conceptual utilizado para estructurar las Operaciones y enfocada a industria fabril, usado como base para la construcción de la SAS. Se divide en tres subcadenas (cadena de diseño, de adición de valor y de servicio) y diez actividades (investigación, diseño y desarrollo; garantía de calidad; diseño del proceso; compras; logística de entrada; logística de salida; producción; integración a medida; mantenimiento de la promesa y continuidad de la interacción).

**Secuencia de Actividades del Servicio (SAS) (*):** modelo de configuración de la estructura en servicios compuesta por siete actividades y divididas en tres grupos: diseño de servicios, infraestructura operativa, y prestación y mantenimiento del servicio. Describe las actividades que intervienen en la transformación de una idea siempre cambiante de prestación de servicio.

***Self-service Technologies* (SST):** aquellos sistemas que propician que los clientes produzcan por sí mismos procesos estandarizados sin la ayuda de personas físicas.

**Sentido común:** acervo que cada persona tiene originado por sus experiencias y conocimientos.

**Servicio**: beta (prototipo) que se acaba de construir con el cliente y que requiere que el agente resuelva problemas que no están especificados en procesos o protocolos. Producto inacabado que finaliza con el cliente.

***Service Problem Driven Management* (SPDM) (*):** modelo orientado a la configuración integral de las Operaciones en empresas de servicio.

***Servizitation:*** aportar componentes de servicio a los productos industriales buscando nuevas formas de ampliar el portafolio.

**Siete tiempos** (*)**:** identificación de los componentes del elemento tiempo en siete: operación, preparación, lote, interferencia, planificación, seguridad y organización.

**Sistema de información:** conjunto de mecanismos que mueven, almacenan y suministran información a los diferentes agentes; es una de las seis variables que componen la caja de operaciones.

***Show me:*** expresión coloquial tomada de la película *My fair Lady* para identificar la necesidad de basarse en hechos y no percepciones subjetivas.

**SPDM Express** (*)**:** versión de implantación rápida del SPDM dirigido a aquellas empresas que, o bien ya hayan acometido actuaciones de mejora operativa o bien necesitan hacer una implantación piloto para evaluar el efecto sobre su servicio. Incide en cinco puntos fundamentales: definición de promesa, esencia y rojo pasión, análisis del nivel operativo, diseño del servicio centrándose en el diseño del concepto y la configuración operativa, identificación del conocimiento que se necesita para la reconfiguración del servicio e implantación.

***Spotlighting:*** capacidad organizativa basada en la escenografía que pretende que los agentes presten atención a los momentos clave del servicio para poder detectar necesidades latentes de los clientes y satisfacerlas.

***Storyboard:*** descripción pictórica del servicio identificando las actividades de cada paso del *script*. Permite a los componentes del grupo identificar la historia del servicio y los detalles necesarios que deben especificarse para cumplirse los objetivos que se persiguen.

**Sueño del Servicio** (*): forma en la que la alta dirección visiona cómo debe producirse la prestación del servicio, qué componentes de valor se deben entregar y cómo se debe diferenciar.

**Sueño operativo** (*)**:** sueño que tiene cada agente tiene para realizar una prestación del servicio más eficiente y/o competitivo.

***Supply chain:*** cadena de aprovisionamiento.

***Stock* de conocimiento** (*): conjunción del conocimiento que la empresa tiene materializado y/o reside en el cerebro de sus agentes.

## T

**Tarea primaria** (*): aquella que requiere un tiempo de respuesta de 0 minutos.

**Tarea secundaria** (*)**:** aquella tarea que puede realizarse en el momento en el que el procesador encuentre más conveniente o tenga un valle de clientes.

**Tasa de olvido** (*)**:** propiedad del conocimiento según la cual, si no se usa, se pierde.

**Tempo:** compás o ritmo en una acción.

**Tiempo:** es una de las cinco dimensiones para concretar la Promesa; todo aquello que incorpora magnitudes de tiempo.

**Tiempo de operación:** tiempo estándar de realización de tareas, es el tiempo de realizar la tarea per se.

**Tiempo de preparación:** tiempo para preparar la tarea que se va a realizar.

**Tiempo de lote:** tiempo que consume un ítem esperando a que el otro ítem sea procesado pues ambos viajan juntos.

**Tiempo de Interferencia o Tiempo de Cola:** tiempo de espera para ser servido.

**Tiempo de Planificación:** tiempo que de forma voluntaria se ha adjudicado a la secuencia de ejecución de la tarea.

**Tiempo de seguridad:** también denominado «tiempo por si acaso». Colchón de tiempo que el procesador se adjudica para asegurarse que tareas de otros le llegarán con suficiente antelación para así poder usarlas en su tarea.

**Tiempo de desorganización:** también denominado tiempo de olvido. Es el tiempo que se consume buscando cosas.

***Toyota Production System* (TPS):** sistema de producción japonés implantado por la empresa Toyota que se resume, entre otras, en las siguientes cuatro reglas para los servicios: lo importante es el detalle (se deben detectar y resolver problemas; todo trabajo debe ser especificado en contenido, secuencia, tiempo y resultado), las relaciones deben enfocarse como cliente-proveedor y deben ser claras y directas, las conexiones del sistema deben ser sencillas y eficientes, y la experiencia no es la única fuente de aprendizaje y el gestor enseña a mejorar.

**Trabajar hacia atrás:** técnica heurística consistente en resolver problemas con una serie de factores o hechos relacionados para los que se carecen de datos, normalmente al principio del problema. Suele ser necesario partir de la respuesta y trabajar metódicamente hacia atrás para recuperar la información que falta.

**Transformación:** mecanismo de generación de ideas consistente en la creación de un nuevo marco, una nueva manera de pensar.

**Triada de Oro** (*): Tres maneras complementarias y sinérgicas de actuar (eficiencia, atractividad y unidad) que conforman la nueva cultura operativa.

## U

**Unidad** (*)**:** grado de identificación de los miembros de la organización con la Promesa. Lograr que cada individuo se sienta plenamente identificado con las prioridades de la empresa y sus valores. Lo que se traduce en pertenecer.

**Unidades de Conocimiento** (*) **(UC):** clúster de conocimiento que se forma por diferentes individuos de diferentes UN cuyo nexo común es la similitud de conocimientos que se agregan. Se trata de una unidad organizativa, no funcional, que agrupa un portafolio de conocimientos.

**Unidad de Negocio (UN) o Unidad de Servicio (US):** unidad funcional de servicio.

## V

**Valores operativos:** aquellos que guían el cumplimiento de los principios del servicio.

**Variación del problema:** técnica heurística que varía o modifica un problema para crear uno nuevo (o un nuevo conjunto de problemas) cuya solución ayudará a resolver el problema original.

**Viaje del cliente:** visualizar cómo el cliente experimenta el servicio al interactuar con las personas y estructuras que lo entregan. Descompone el servicio en cinco fases (conoce, se incorpora, utiliza, amplía y abandona) y lo cruza con los PC a los que el cliente está expuesto.

**VOC** (*) **(Verbo-Objeto-Condición), formato:** estructura de indexación de conocimientos permitiendo recuperarlos en base a cualquiera de estos tres componentes.

## W

***Win-win*** **(enfoque):** aquel en el que todos los agentes que participan salen beneficiados. Todos ganan.

# Bibliografía

Aarts E. H. L. y Marzano S. (2003). *The New Everyday. Views on Ambient Intelligence*, 010 Publishers.

Abernathy, W. C. y Clark, K. B. (1985). «Innovation: Mapping the Winds of Creative Destruction», *Research Policy*, 114, pp. 3-22.

Alsmadia, M, et al, (2012). «A comparative analysis of Lean practices and performance in the UK manufacturing and service sector firms», *Total Quality Management*, Vol. 23, n.º 4, 381-396.

Alvarez de Mon, S. (2012). *El Instituto Weizmann*, E-156, IESE.

Aristóteles, José Luis Calvo Martínez (trad.) (2001). *Ética a Nicómaco*, Alianza Editorial.

Baldwin, C.Y y Clark, K.B. (2000) *Design rules: the power of modularity*, MIT PRESS.

Bitner, M. J. y Brown, S. W. (2006). «The Evolution and Discovery of Services Science in Business Schools», *Communications of the ACM*, julio, pp. 73-78.

Bitner, M., Brown, S., Goul, M. y Urban, S. (2008). *Service Science Journey: Foundations, Progress, Challenges*. Soringer US.

Böttcher, M. y Klinger, S. (2011) «Providing a method for composing modular B2B services», *Journal of Business & Industrial Marketing*, Vol. 26, n.º 5, pp. 320-331.

Boden, M. A. (1994). *La mente creativa, mitos y mecanismos*, Gedisa, Barcelona.

Brown, T. (2008). «Design Thinking», *Harvard Business Review*.

Brown, T y Wyatt, J. (2010). «Design Thinking for Social Innovation», *Stanford Social Innovation Review*, invierno.

Chesbrough, H. W. y Spohrer, J. C. (2006). «A Research Manifesto for Services Science», *Communications of the ACM*, 49(7), pp. 35-40.

Cooper A., Reimann R y Cronin D. (2005). *About Face 3: The Essentials of Interaction Design*, Wiley.

DeVor, R., R. Graves, y J. Mill (1997). «Agile manufacturing research: accomplishments and opportunities», *IEE Transactions*, 29, pp. 813-823.

Fagan, T., Harmon, E. y Lukes, T. E. (2007). «Improving Productivity in Product Services», *The McKinsey Quarterly*.

Fitzsimmons, J. A. (1985). «Consumer Participation and Productivity in Service Operations». *Interfaces*, 15(3), pp. 60-67.

Frei, F. X. (2003). *Commerce Bank*, *HBS*, 9-603-080, IESE 605-S05, Rev. 18 de marzo.

Frei, F. X. (2006). «Breaking the Trade Off: Between Efficiency and Service», *Harvard Business Review*.

Genzuk, M. (2003). *A Synthesis of Ethnographic Research*, Center for Multilingual, Multicultural Research, Rossier School of Education, University of Southern California.

Genzuk, M. (2008). «The Four Things a Service Business Must Get Right», *Harvard Business Review*.

Hammer, P. (1992). *Business Process Reingenieering*. Addison-Wesley,

Heskett, J. L., Sasser, W. E. y Hart C. W. (1990). *Service Breakthroughs*, The Free Press.

Heskett J. L., Sasser W. E. y Schlesinger L. A. (1997) *The service profit chain*, The Free Press.

Hamel, G. (2011). «First, Let's Fire all the Managers», *Harvard Business Review*, diciembre.

Issa, J. (2013). «Four techniques for active listening», *Online Psychology Degrees* (http://www.onlinepsychologydegrees.com/articles/active-listening-techniques/).

Katzan, H. (2008). *Service Science: Concepts, Technology, Management*, Bloomington.

Kerig, P. K. y Baucom, D. H. (2004). *Couple observational coding systems*, Lawrence Erlbaum Associates.

LaValle, S., *et al.* (2011). «Big data, analytics and the path from insights to value», *MIT Sloan Management*, 50(2).

Levitt, T. (1976). The industrialization of Service. *Harvard Business Review*. sept-oct.

Meuter *et al.* (2005). «Choosing among alternative service delivery modes: An investigation of customer trial of self-service technologies». *Journal of Marketing*: abril, Vol. 69, n.° 2, pp. 61-83.

Meyer, S. *et al.* (2002). «The Service Concept: The Missing Link in Service Design Research?», *Journal of Operations Management.*

Moss Kanter, R. (1999). «Change is everyone's job: Managing the extended enterprise in a globally connected world», *Organizational Dynamics,* Volumen 28, n.° 1, pp. 7-23, primavera.

McAfee, A. y Brynjolfsson, E. (2012). «Big data: The management revolution», *Harvard Business Review,* octubre.

Muñoz-Seca, B. (1993). *Análisis estratégico de operaciones - Diseño estático,* PN-336, IESE.

Muñoz-Seca, B. y Riverola, J. (1997). *Gestión del Conocimiento,* Folio, (Biblioteca IESE de Gestión de Empresas, 46).

Muñoz-Seca, B. (2000). «Construyendo y generando una fuerza de trabajo creativa y flexible: Las competencias clave, empleo y nuevas tecnologías», *Cómo las nuevas tecnologías transforman el mundo del trabajo,* Estudios y Ediciones IESE, páginas 127-155.

Muñoz-Seca, B. y Riverola, J. (2000). *Casos Iberoamericanos de innovación y operaciones,* Colección Innovación Práctica, COTEC.

Muñoz-Seca, B. (2001). *Los estilos de educar: el portafolio de dimensiones educativas y sus variables de acción,* PN-417, IESE.

Muñoz-Seca, B. (2001). *Los estilos de aprender,* PN-416, IESE.

Muñoz-Seca, B. y Riverola, J. (2003). *Del buen pensar y mejor hacer: Mejora permanente de la gestión del conocimiento,* Ediciones McGraw Hill.

Muñoz-Seca, B. (2006). *Gestión en el sector de la salud, Vol. 2, Elementos de gestión en las instituciones,* «Aplicando Problem Driven Management (PDM) en entornos de alta cualificación», editado por Jaume Ribera, José A. Gutiérrez Fuentes y Magda Rosenmöller, Pearson-Prentice Hall, páginas 599-619.

Muñoz-Seca, B. y Riverola, J. (2007). *Ópera y Operaciones. Cómo gestionar las operaciones en el siglo XXI: Reflexiones desde el Teatro.* Editorial Pearson.

Muñoz-Seca, B. (2010). *Compitiendo desde las operaciones: la implantación de la nueva cultura operativa,* PN-456, IESE.

Muñoz-Seca, B. (2011). *Reinventar la calidad,* PN-482, IESE.

Muñoz-Seca, B. (2011). *La secuencia de actividades de servicio (SAS)*, PN-481, IESE.

Muñoz-Seca, B. (2011). *Una visión general del diseño de servicios*, PN-478, IESE.

Muñoz-Seca, B. (2011). *Una visión general del diseño de servicios en las artes escénicas*, PN-479, IESE.

Muñoz-Seca, B. y Riverola, J. (Eds.) (2011). *Arte y Eficiencia*, EUNSA.

Muñoz-Seca, B. (2012). «¿Qué significa ser internacional en el sector cultural?» en *El discreto encanto de la cultura. Nuevas estrategias para la proyección exterior de la cultura: un enfoque práctico*, E. Marco y J. Otero (Eds.). Real Instituto Elcano y Ariel, Serie Arte y Patrimonio.

Muñoz-Seca, B. (2012). *La secuencia de actividades de servicio en el ámbito sanitario*, PN-485, IESE.

Muñoz-Seca, B. (2012). *Introducción al establecimiento de indicadores de funcionamiento del servicio en el sector cultural*, PN-483, IESE.

Muñoz-Seca, B. (2012). *El Servicio de Neonatología del Hospital 12 de Octubre de Madrid*, P-1124.

Muñoz-Seca, B. (2013). *La mejora del servicio: mil mejoras de mil*, PN-494, IESE.

Muñoz-Seca, B. (2013). *Demanda de nuevas prestaciones*, PN-489, IESE.

Muñoz-Seca, B. (2013). *Ingeniería de servicios: una estructura para apoyar el proceso de solución de problemas*, PN-488, IESE.

Muñoz-Seca, B. (2013). *Métodos de optimización japoneses*, PN-490, IESE.

Muñoz-Seca, B. (2014). *Un modelo para configurar las Operaciones en empresas de servicios*, PN-495, IESE.

Muñoz-Seca, B. y Riverola, J. (2014). *El Instituto Nacional de Artes Escénicas y de la Música, INAEM*. P-1129, IESE.

Muñoz-Seca, B. (2015). *Industrializar el servicio para liberar capacidad del cerebro de obra*, PN-501, IESE.

Noesner, G. W. y Webster, M. (1997). «Crisis intervention: Using active listening skills in negotiations», *Law Enforcement Bulletin*.

Prahalad, C. y Ramaswamy, V. (2004). *The Future of Competition: Co-Creating Unique Value with Customers*. Boston: Harvard Business School Press.

Polya, G. (1957). *How to Solve It* (2.ª ed.), Princeton University Press.

Pruitt, J. y Adlin, T. (2006). *The Persona Lifecycle. Keeping People in Mind Throughout Product Design,* Morgan Kaufmann.

Porter, M. (1995). *Competitive Advantage: Creating and Sustaining Superior Performance,* The Free Press.

Ries, E. (2011). *The Lean Startup: How Today's Entrepreneurs Use Continuous Innovation to Create Radically Successful Businesses.* Crown Business, Random House.

Riverola, J. y Muñoz-Seca, B. (1997). *El diseño de procesos y la reducción del tiempo de servicio.* Folio (Biblioteca IESE de Gestión de Empresas, 41).

Rogers, C. R. y Farson, R. E. (1957). «Active listening», en R. G. Newman, M. A. Danziger y M. Cohen (eds.) (1987): *Communication in business today,* Heath and Company.

Spear, S. y Bowen, H. K. (1999). «Decoding the DNA of the Toyota Production System», *Harvard Business Review,* septiembre-octubre.

Spohrer, J. C. y Riecken, D. (2006). «Service Science» en *Communications of the ACM,* 49(7), pp. 3134.

Spohrer, J. C. *et al.* (2007), «Steps Toward a Science of Service Systems», *Computer,* 40(1), pp. 7177.

Staats, B. y Upton, D. (2011). «Lean Knowledge work», *Harvard Business Review,* octubre.

Tuunanen *et al.* (2012). «Typology for modular service design: review of literature», *Int Journal of Service Science, management, Engineering and Technology,* 3(3), pp. 99-112.

Ulrich, K.T. y Eppinger, S.D. (2003). *Product Design and Development,* McGraw-Hill.

Von Hippel, E. (1986). «Lead users a source of novel product concepts», *Management Science,* vol. 32, n.º 7.

Wheelwright, S. C. y K. B. Clark (1992). *Revolutionizing Product Development,* Free Press.

Wilson, E. B. (1952), *An introduction to scientific research,* McGraw-Hill.

Womack, J. P., Jones, D. T. y Roos, D. (1991). «The Machine That Changed the World: The Story of Lean Production», *Productivity Press.*

Zeithaml, V., Parasuraman, A. y Berry, L. (1990). *Delivering Quality Service: Balancing Customer Perceptions and Expectations.* The Free Press.

Zhang, Q. (2012), «Lean Six Sigma: A Literature Review», *Interdisciplinary Journal Of Contemporary Research In Business,* febrero.

Zomerdijk, L. y Voss, C. (2009). «Service Design for Experience-Centric Services», *Journal of Service Research.*

Zomerdijk, L. y Voss, C. (2011). «NSD Processes and Practices in Experiential Services», *Journal of Product Innovation Management.*